U0553501

威廉·詹姆士哲学文集

王成兵 主编

第 3 卷

宗教经验种种

——人性的研究

[美] 威廉·詹姆士 著

尚新建 译

THE VARIETIES OF RELIGIOUS EXPERIENCE

William James

商务印书馆

The Commercial Press

William James

THE VARIETIES OF RELIGIOUS EXPERIENCE

A Study in Human Nature

The Modern Library / Random House,Inc. ,U. S. A. ,1929

本书根据美国现代文库 / 兰登书屋出版公司 1929 年版译出

威廉·詹姆士

(William James, 1842—1910)

总　序

实用主义（Pragmatism）产生于 19 世纪 70 年代的美国，在 20 世纪的前三十年间发展到鼎盛时期。作为一种具有典型美国色彩的思想文化产品，实用主义以其独特的哲学风格与话语方式在美国的哲学、政治和文化领域中产生了巨大的影响。作为现代西方哲学的主要流派，实用主义与分析哲学、当代欧洲大陆哲学等具有不可忽视的学术关联。实用主义在西方哲学东渐史中扮演了一个重要角色，它对于现代中国的哲学、文化、教育和社会生活等方面产生了很大的影响。

威廉·詹姆士（William James，1842—1910，也译为威廉·詹姆斯）是实用主义最主要代表人物之一，也是美国哲学史上第一位真正具有世界性影响的哲学家。

《威廉·詹姆士哲学文集》的翻译、研究和编辑正式启动于 2017 年。国内外十几所大学的实用主义研究专家参与了这个工作。本文集尽量收入詹姆士的经典哲学著作、论文和演讲稿等。已经完成翻译与编辑的文稿有：

第 1 卷《实用主义——某些旧思想方法的新名称》（*Pragmatism: A New Name for Some Old Ways of Thinking*）。1907 年初版。该书的主要内容来自詹姆士于 1906 年 11 月和 12 月在波士顿的罗威尔学院和 1907 年 1 月在纽约哥伦比亚大学发表的演讲。该书是实用主义哲学的经典文献之一。该书阐释了实用主义的形而上学观、哲学党派原则、实用主义的基本原则、实用主义真理观、实用主义的方法论和实用主义的宗教哲学观等。该书一经问世便大受欢迎，仅在出版当年就印刷了五次。该书也当即引起了欧洲哲学界高度关注。

第 2 卷《心理学原理》（*Principles of Psychology*）。1890 年初版。《心理学原理》是詹姆士用时十二年（1878—1890）完成的著作。该书是实用主义和心理学史上最为重要的著作之一。通过《心理学原理》，詹姆士的哲学思想得以成型和流传。该书是詹姆士全部哲学思想的纽带，它既呈现出詹姆士后来思想发展的主要脉络，也阐释了詹姆士的彻底的经验主义、实用主义以及他对宗教信仰和道德信仰两者之间关系与运作方式所作的分析。

第 3 卷《宗教经验种种 —— 人性的研究》（*The Varieties of Religious Experience: A Study in Human Nature*）。1902 年初版。《宗教经验种种》是詹姆士以其在英国爱丁堡大学的吉福德讲演（Gifford Lectures）为基础写成，是他生前出版的最为重要的哲学著作之一，也是美国宗教学领域中最为重要的经典文献之一。詹姆士在该书中提出，要从宗教生活的层面发掘人性的秘密，这与他认识、发掘和揭示人性的学术使命一致。该书提出了"个人宗教"的观念，认为宗教在于个人的原始性的亲身体验。该书还讨论了宗教生活的展开。詹姆士的这部著作是其思想整体的一个重要组成部分。如果说彻底经验主义和实用主义是詹姆士哲学的核心，那么，该书通过对宗教体验的全面考察，使得詹姆士的哲学更为丰满。时至今日，该著作对于学术界所进行的现代性语境下的世俗化研究仍具有非常重要的价值。

第4卷《真理的意义——〈实用主义〉续篇》(*The Meaning of Truth: A Sequel to 'Pragmatism'*)。1909年初版。《真理的意义》是詹姆士继《实用主义》出版之后对自己的实用主义真理学说的再阐释。该书对人的认知活动、人本主义与真理、实用主义对真理的解释等核心学说，进行了更充分、更具针对性和更深入的讨论。詹姆士在书中还严肃地回应了学术界对实用主义的多种批评。

第5卷《信仰的意志及其他通俗哲学论文集》(*The Will to Believe and Other Essays*)。1897年初版。《信仰的意志及其他通俗哲学论文集》探讨了信仰与道德的哲学问题，涉及如何有意义地生活以及道德生活在现代社会中的地位等问题。该书还对当时流行的一些哲学问题（如决定论、个体性等）及其代表人物进行了研究。该书所表达的哲学观念是詹姆士哲学思想走向成熟和研究重点发生转向的重要标志。

第6卷《若干哲学难题》(*Some Problems of Philosophy*)。1911年初版。《若干哲学难题》是詹姆士离开人世之前数周写作和修改的书稿。詹姆士在书中对西方哲学史和现代西方哲学的一些难题（如哲学观、形而上学、一与多、存在、知觉与概念、理智主义等）进行了深入的探讨。

第7卷《彻底的经验主义论文集》(*Essays in Radical Empiricism*)。1912年初版。《彻底的经验主义论文集》是詹姆士去世后由其学生和同事编辑的论文集。该书聚焦于詹姆士的彻底经验主义学说和形而上学思想。书中讨论的彻底经验主义不仅成为詹姆士哲学的重要组成部分，也对现象学哲学、非理性主义哲学（如柏格森、萨特、弗洛伊德等）和分析哲学（如维特根斯坦等）产生了明显的影响。此外，该书集中讨论的很多哲学问题与当今的心灵哲学、知识论等论题有着密切的关联。

第8卷《一个多元的宇宙》(*A Pluralistic Universe*)。1909年初版。《一个多元的宇宙》的核心文本来自詹姆士在英国曼彻斯特学院的希伯特讲座（Hibbert Lectures）上发表的关于现代哲学问题的讲稿。该书体现了詹姆士所代表的古典实用主义对黑格尔等人的观念论的批评，展示了詹姆士的多元论的哲学立场和实用主义态度。该书还揭示了詹姆士彻底经验主义的学术主张，以及詹姆士对柏格森等现代欧洲哲学家的看法。该书有助于人们理解詹姆士哲学与欧洲哲学思想的内在关系。

第9卷《威廉·詹姆士哲学论文集》(*Selected Philosophical Essays by William James*)。本卷收录了詹姆士发表于不同时期的20多篇哲学论文，时间跨度从1876年詹姆士赴哈佛大学哲学系任教到1910年去世。其中既有与詹姆士本人哲学思想发展有重要关系的文献（如他发表的第一篇真正意义上的哲学论文《评斯宾塞对心灵的定义：作为"适应"产物的心灵》），有反映他对实用主义哲学的一些思考的论文，还有他写作的某些重要书评或演讲稿，等等。

第10卷《威廉·詹姆士哲学书信集》(*Selected Philosophical Correspondence of William James*)。在詹姆士生活的时代，信件是哲学家之间进行学术交流的重要媒介。据统计，现存的詹姆士来往信件不少于五千封。《威廉·詹姆士哲学书信集》选取了詹姆士与柏格森（Henri Bergson）、罗素（Bertrand Russell）、皮尔士（Charles

Sanders Peirce）、杜威（John Dewey）、桑塔耶拿（George Santaya-
na）、布拉德雷（Francis Herbert Bradley）、席勒（Ferdinand Canning
Scott Schiller）、佩里（Ralph Barton Perry）、罗伊斯（Josiah Royce）
以及意大利实用主义者等同时代的知名哲学家的来往书信。在这
些书信中，詹姆士与哲学界同行或讨论哲学问题，或彼此分享研究
的进展和新发表的成果，或进行直接的思想交锋。此外，本书信集
还精选了詹姆士与家人或圈外朋友的谈论自己的学术活动及其影
响的信件。这些信件在某种程度上反映出詹姆士思想成长和影响
发动的印迹。

　　改革开放四十多年来，中国学术界的实用主义研究总体上呈现
出逐步升温的态势。研究工作已不再仅仅停留于对实用主义的一
般问题的讨论，更开始挖掘实用主义的内在逻辑和当代哲学意义。
国内外研究者在文本、话题和话语方式等方面趋于同步，各方的对
话和交锋已经在实用主义研究的某些前沿地带展开。实用主义经
典文本的编辑、翻译、研究和出版，已经成为研究工作的不可或缺
的组成部分。《威廉·詹姆士哲学文集》的翻译和出版既是当代中
国学术界的实用主义研究的水到渠成的成果，也为进一步推进实用
主义研究提供了关键的文献支撑。

　　詹姆士的哲学在中国学术界有一百多年研究的历史。自20世
纪二三十年代起，学术界翻译和出版过一些詹姆士的哲学文献，有
的文献甚至出版了若干个译本。《威廉·詹姆士哲学文集》有意识
地选用了若干部由商务印书馆出版的高水平译本。在翻译本文集
的过程中，各位译者虚心地学习和参考先前的译本，努力更准确和
完整地传递詹姆士本人所要表达的思想。在此，向为詹姆士哲学文

献翻译做出贡献的各位前辈学者与同行表示感谢和敬意。

　　《威廉·詹姆士哲学文集》的部分成果来自我承担的国家社科基金重大课题"《威廉·詹姆士哲学文集》翻译与研究"（17ZDA032）。课题从立项到结项历时六年多。在这个过程中，多位国内外知名专家对课题给予了各种指导、支持和关心。课题组的诸位专家展现出极高的学术热情和专业水准，较圆满地完成了各自承担的研究和翻译任务。各位专家出色的专业能力和良好的合作精神，保证了课题的顺利推进，从而为本文集的编辑和出版打下了良好的基础。在此，向课题组的各位专家表示由衷的感谢。

　　编辑、翻译和出版多卷本的《威廉·詹姆士哲学文集》是一项困难的工作，尤其需要来自专业出版人员的密切合作和精心指导。商务印书馆总编辑陈小文、学术中心主任李婷婷、学术中心哲社室主任李学梅和责任编辑卢明静等老师为文集的编辑、翻译和出版提供了多方面的支持。在此，向商务印书馆的各位老师表示衷心的感谢。

王成兵

2024 年 6 月 28 日于山西大学哲学学院

中译者导言

威廉·詹姆士的《宗教经验种种》(下文简称《种种》)的确是一部伟大的作品。

美国著名的宗教哲学家约翰·斯密在 20 世纪 80 年代写道：

> 本世纪有关宗教题材的著作，就最初轰动和持续影响而言，没有哪一部能与威廉·詹姆士的《宗教经验种种》相媲美。不过，詹姆士的成功倒不是因为宗教思想领域后继无人，缺乏旗鼓相当的力作。例如，尼布尔(Reinhold Niebuhr)的《自然与人的命运》以及蒂利希(Paul Tillich)的《存在的勇气》，都曾给人们留下极其深刻的印象。然而，这些著作的范围和影响比较有限。相反，詹姆士的《宗教经验种种》则关涉一个全球论题——东西方宗教经验的多维层面——他的生动实例加上他的精彩描述，激发了国内外好几代读者的兴趣和想象力。八十年后的今天，《宗教经验种种》仍然是一部值得重视的著作。正如许多作者指出的，无论我们如何评价宗教或詹姆士对所引实例的解释，他所描述的各种经验展示了基本的事实，需要我们思考。①

---

① John E. Smith, "Introduction", in *The Varieties of Religious Experience*, Massachusetts：Harvard University Press, 1985, xi.

如果说,斯密的赞美还局限于宗教思想领域,那么艾迪则试图将詹姆士对宗教经验的探讨与一般的哲学方法联系起来,从更广阔的领域给以肯定。艾迪说:"威廉·詹姆士是在经验的意义上尝试宗教经验现象学的第一人。"而且"到目前为止,他在这方面所做的努力几乎后无来者。"①艾迪的意思是说,从现象学发展的历史看,胡塞尔一生对宗教现象不感兴趣。他的后继者海德格尔、萨特、梅洛-庞蒂等人,除了梅洛-庞蒂偶尔从现象学的观点讨论一些相关问题,其他人根本没有涉足宗教经验。至于宗教哲学领域以略乌(Van Der Leeuw)、爱利雅德(Mircea Eliade)、瓦赫(Joachim Wach)以及奥托(Rudolph Otto)等人为代表的所谓"宗教现象学",其思想传统沿袭狄尔泰,而非胡塞尔。这个学派的主要工作是运用解释学方法理解宗教典仪、宗教象征、宗教制度等等,建立若干相对普遍的人类学、社会学形态或类型,以解释历史上的宗教。因而与其称之为"现象学",倒不如叫"形态学"(morphology)或"类型学"(typology)更贴切。胡塞尔意义上的宗教现象学,确切地说,应该是宗教经验现象学,主要关注宗教经验的内容与活动,揭示它们的本质结构及关系。② 迄今为止,真正从事这方面工作的只有詹姆士,而且他是独立进行这项工作的,其重要成果就是他的《种种》。当詹姆士运用新的哲学方法(即胡塞尔意义上的现象学方法,尽管那是詹姆士自己创立的)研究宗教现象时,便对宗

---

①　James M. Edie,*William James and Phenomenology*,Bloomington and Indianapolis:Indiana University Press,1987,p. 52.

②　Ibid,pp. 49—51.

教的本质有了全新的理解。

蓝伯斯在其新著《威廉·詹姆士与经验的形而上学》中试图重新评价《种种》。他认为《种种》一书的确是詹姆士最著名的著作，甚至是美国宗教论著中最杰出的著作。然而，恐怕也正是由于这种宗教主题，致使它成为詹姆士作品中让人误解最多的一部著作。人们往往从宗教心理学和宗教思想的角度理解这部著作，却忽略了围绕这些宗教经验的哲学问题。[①] 按照蓝伯斯的看法，《种种》一书尽管讨论宗教经验，但其背后隐含着詹姆士的整个哲学体系，即经验的形而上学。《种种》的成功之处恰恰在其深厚的哲学背景，因而应该从詹姆士的彻底经验主义出发加以理解。

不难看出，对詹姆士的《种种》，人们交口称赞，但并非众口一词。这至少说明两个问题：(1)《种种》是一部杰作，因而为众人称道；(2)《种种》并非像有人认为的那样，通俗易懂，如同一部理论小说，供茶余饭后观赏。诚然，书中的确引录大量宗教体验的个案或实例，真实生动，引人入胜，但它们同时也那么扑朔迷离，神秘莫测，给人以无限遐想的空间，让不同人得到不同的理解和收获。因而，尽管都感觉其"伟大"，却得出不同的结论并给予不同的评价。或许，《种种》之所以伟大，也是由于她的复杂和神秘。理查德·尼布尔看到这种复杂性，他说，读者将发现，"《种种》的二十讲和后记设计了一次复杂的冒险，将各种不同的思想线索编织在一起，构成一张风格独特、魅力无穷的壁毯，而原来的设计方

---

① David C. Lamberth, *William James and the Metaphysics of Experience*, Cambridge：Cambridge University Press, 1999, pp. 97—98.

案始终没有完成"①。

正是由于《种种》伟大而复杂,我们有必要就其结构和内容向中译本读者做一简单介绍,帮助读者理解原著。这是本篇导言的目的。

一、《种种》一书的形成

詹姆士的《种种》是在吉福德讲演的基础上整理而成的。

1897年初,几乎同一时间,詹姆士分别收到爱丁堡大学和阿伯丁大学的邀请,请他主持吉福德讲座,讲授自然宗教。出于各种考虑,詹姆士拒绝阿伯丁,接受了爱丁堡。其中的一个重要理由是:阿伯丁的演讲定在1898—1899年和1899—1900年,比爱丁堡早1—2年(爱丁堡最初的时间安排是1899—1900年和1900—1901年),詹姆士感觉准备时间过于仓促。主持吉福德讲座在詹姆士眼里是一种荣耀,因此,他力求完美无瑕。他在给弟弟亨利的信中说:"我必须竭尽全力,这个题目基本在我学校授课的范围之外,我需要一个较长的空闲时间进行研究。"②

事实上,宗教问题对詹姆士来说并不陌生,除了他家庭的宗教

---

① Richard R. Niebuhr, "Willim James on Religious Experience", in *The Cambridge Companion to William James*, edited by Ruth Anna Putnam, Cambridge: Cambridge University Press, 1997, pp. 214—215.

② 转引自哈佛大学版《种种》编者文章: "The Text of *The Varieties of Religious Experience*", in *The Varieties of Religious Experience*, Cambridge: Harvard University Press, 1985, p. 521。

背景外,他本人亦经历过宗教与科学的生死搏斗,致使他一生的学术生涯都渗透着深刻的宗教关怀。[①] 只不过长期的教学和心理学研究,使他无暇整理自己的宗教思想。1882 年他父亲去世,使他萌发这一心愿。用培里的话说,《种种》是詹姆士尽孝道的结果。[②] 老亨利去世不久,詹姆士在给妻子的信里写道:"今后你有一个新的功能,或者,与其说是新功能,倒不如说是老功能重新理智化:你必须承担责任,让我更多地理解一点儿父亲意义上的宗教对人的心灵生活和命运具有什么价值和意义。按照父亲的说法,这并非必不可少的一件事。但对其他人来说,它是必不可少的。我的朋友完全忽略了它。我作为他的儿子(如果没有别的理由的话),必须帮助它在他们心目中占据应有的位置。因为这个缘故,我必须学会正确地解释它,你必须帮助我。"[③]吉福德讲座是一次绝好的机会。

为了准备吉福德讲座,詹姆士投入大量精力:写信给友人,搜集宗教经验方面的传记材料,讨论宗教问题,阅读相关资料。也就是在这一时期,他得到包括斯塔伯克教授在内的许多人的支持,有幸接触到许多有关宗教经验方面的珍贵资料。在此基础上,他逐渐形成第一个讲演的初步计划。他在 1898 年 10 月 19 日兴奋地对妻子说:"我对第一个吉福德讲演已经有了好的想法;因此我认

---

① 参见拙著:《美国世俗化的宗教与威廉·詹姆士的彻底经验主义》,上海人民出版社,2002 年。

② Ralph B. Perry, *The Thought and Character of William James*, II, Boston: Little, Brown & Co., 1935, p. 323.

③ Ibid.

为,计划现在开始明晰起来。"①

　　然而,准备工作并不像想象的那么顺利。由于教学和其他工作干扰,研究时断时续,有时甚至根本无暇顾及。他时常抱怨说:"这些日子,阅读几乎毫无进展,干扰太多,浪费了时间。""一个月来,我没有机会读一行有关吉福德讲座的资料。现在看来,我必须整个夏天泡在剑桥,弄出我的第一门课程来。"②1899 年 5 月,情况发生了变化,詹姆士因心脏病需要出国疗养。他坚持利用这个机会积极备课,但进展缓慢。实际上在这段时间里,他的阅读和写作几乎都是在床上进行的,一天只能工作两三个小时,而且,他的健康状况全无改善。或许是因祸得福,爱丁堡方面考虑到詹姆士的健康,将其演讲时间推迟一年。这为詹姆士赢得一些时间备课,当然,他同时也要与病魔作斗争(有一个时期詹姆士病情严重,他曾向爱丁堡提出辞呈,但爱丁堡方面不准,并允许他的演讲可无限期推迟)。

　　1900 年 9 月,詹姆士给爱丁堡的朋友塞斯写信,通报自己的身体状况以及准备演讲的进展情况。他在信中称第一门课程基本成形,前四讲已经完稿,其他六讲资料齐备,腹稿成熟,可随时喷涌而出。他随信寄去课程的大纲:③

　　①　转引自哈佛大学版《种种》编者文章:"The Text of *The Varieties of Religious Experience*",in *The Varieties of Religious Experience*,Cambridge:Harvard University Press,1985,p.524。

　　②　转引自哈佛大学版《种种》编者文章:"The Text of *The Varieties of Religious Experience*",in *The Varieties of Religious Experience*,Cambridge:Harvard University Press,1985,pp.524,535。

　　③　同上书,第534—535 页。

1.宗教是"神经病"吗?

2.宗教是"残存物"吗?

3.看不见之物的实在

4.一次生,健全心态的态度

5.病态心灵

6.异样人格,二次生与救赎

7.新生、皈依,等等

8.圣洁、苦行,等等

9.神秘主义与信仰

10.结果

　　如果将这份提纲与《种种》的目录对照一下,就会发现二者极其相似,后者不过是前者的扩充。事实的确如此,詹姆士在《种种》的序言里已经明确指出,他原来构想的吉福德讲演有两门课,两个讲题,第一个讲题是描述性的,题为"人的宗教欲望",第二个讲题是形而上学的,题为"以哲学满足这些欲望"。然而当他下笔时,"一旦涉及心理学问题,内容出乎意料地多;因此,第二个讲题就完全搁置了。现在,这二十讲都是描写人们的宗教性格"①。应该指出的是,尽管詹姆士最终没能写出第二个讲题,但是他对这一讲题情有独钟。他曾写信给友人介绍他的两门课程,称"第一门课是对'各种宗教经验'的客观研究,第二门课是我的夙愿和遗嘱,阐述最

---

①　William James, *The Varieties of Religious Experience*, New York: Longmans, Green and Company, 1907, Preface.

符合一般宗教需求的哲学"①。后来人们在詹姆士的一个笔记本里发现了第二门课的大纲,写作日期不详。笔记本记有"宗教经验种种"和"宗教哲学的任务"两大标题,后一标题下的内容如下:②

　　1. 统一的神化

　　2. 从实用的角度考虑它的各种意义

　　3. 邻接的个案,毗邻及其作为终极关系的辩解

　　4. 消解于亲密的投射

　　5. 认知关系

　　6. 驳倒布拉德雷

　　7. 驳倒罗伊斯

　　8. 解释实用主义

　　9. 取代—结局

　　10. 进化

　　这里已经进入詹姆士经验主义的形而上学和实用主义哲学,完全是抽象理论。按照詹姆士的构想,两门课程一个侧重素材,一个侧重理论;一个描写,一个论辩,交相辉映,彼此补充,珠联璧合,从不同角度全面地向听众介绍他的宗教观。遗憾的是,由于健康原因,此计划最终未能实现。好在每门课程相对独立,各自的内容

---

　　① James to Miss Frances R. Morse, Dec. 23, 1899, in *Letters of William James*, vol II, p. 112.

　　② 转引自哈佛大学版《种种》附录 IV(*The Variettes of Religious Experience*, Cambridge: Harvard University Press, 1985, p. 493)。

和逻辑均完整无缺,自圆其说。在友人的建议下,他扩充第一讲题,放弃第二讲题。

詹姆士的吉福德讲座终于在 1901 年 5 月 16 日开讲。初次讲演取得圆满成功,无论出席人数还是听众的兴趣,都出人意料。他在给弟弟亨利的信里描述了这一天讲演的情景:

> 天气晴朗,听众有两三百人,挤满了屋子——似乎比预料的要多。在办公室与六七位教授和主持人缪尔会面后,我们穿上礼袍,随一个执权标的领队者,穿过院子走进讲演厅。据爱丽丝[①]和 H 讲,一时间,学生们(约占听众的 1/3)吹口哨、唱歌、跺脚。缪尔向听众介绍我,结结巴巴,趔趔趄趄。我站起来,开始宣读我的材料。听众精力集中,心领神会,最后报以长时间的热烈掌声……总之,生米已经下锅,严寒已经过去,热烈的反应已经开始产生。[②]

讲演的成功使詹姆士精神大振,一扫长期病患带来的抑郁情绪,随后的讲演自然进展顺利。全部讲演分两段,分别在 1901 年春和 1902 年春进行。1902 年 6 月 9 日詹姆士写道:"最后一讲今天结束,——约四百听众,鸦雀无声,聚精会神,热情洋溢,直到终场。然而,一切都结束了,我是多么高兴啊!"[③]

---

① 爱丽丝,詹姆士的妻子。
② 转引自 *The Varieties of Religious Experience*,第 540 页。
③ Ralph B. Perry,*The Tought and Character of William James*,II,Boston:Little,Brown & Co.,1935,p. 326.

詹姆士在准备讲演稿时,已经有了出版的计划。很快,书稿付梓刊印,出版发行,并立刻受到读者的热烈欢迎。詹姆士告诉友人:

> ……书卖得出奇的好,因为一本只卖3元多。现在已经印了10000册。我收到许多陌生人寄来的热情洋溢的信函。评论者无一例外,都用了"不满足"这个词,以抚慰自己的良心,尽管如此,他们仍然对我抱以同情和赞许。[①]

《种种》的初版是1902年6月,8月第二次印刷,有所修订,随即多次重印。据统计,第一版问世后50年,重印40次,加上其他出版社的印刷,共达56次,还不算国外的各种译本。[②]

《种种》的第一版也是最流行的版本,由朗曼出版社出版,曾为学术界广泛运用。1985年,哈佛大学出版社重新整理出版《种种》,将其列入哈佛版的"威廉·詹姆士著作集"第15卷。这一版本在文本上并无多大变化,但编者对文本做了历史考证,不仅在长文"《宗教经验种种》的文本"中详述文本的形成过程,而且增加了若干附录,将詹姆士文献档案中有关《种种》的部分草稿、笔记和书信公之于众。编者还对文本增加了一些编者注,以帮助读者更好地理解文本的内容。这是《种种》目前最好的学术版。不过,该书的文字印刷错误稍多。

---

① Ralph B. Perry, *The Tought and Character of William James*, II, Boston: Little, Brown & Co., 1935, p. 326.

② John E. Smith, "Introduction", in *The Varieties of Religious Experience*, Cambridge: Harvard University Press, 1985, xii.

二、《种种》的思想内容

1.《种种》的写作意图

《种种》有一个副标题:"人性的研究",常常为人忽略。然而,它对理解詹姆士的写作意图,深入领会文本的意义,都至关重要。詹姆士在致友人莫斯的一封信里谈及《种种》的主题,他说:

> 我给自己设定的问题很难:第一,捍卫(一反我的"阶级"偏见)"经验",反对将"哲学"作为世界宗教生活的支柱——我的意思指祈祷、引导,以及所有私人直接感受到的那类东西,反对对我们的命运和世界的意义持高贵的、普遍的观点;第二,使听众和读者相信我自己坚信不疑的东西,即,尽管宗教的所有特殊宣示都是荒谬的(我指它的教义和理论),然而,整个宗教生活却是人类最重要的功能。恐怕这是一个近乎不可能的任务,而且可能将失败;但是,尝试它是我的宗教行为。①

詹姆士这里所说的第二点似乎给出了人性研究的结论:"宗教生活是人类最重要的功能。"将宗教生活与人性联系起来,或者说,从宗教生活的层面发掘人性的秘密,这正是詹姆士《种种》的目的和特点所在。

---

① James to Miss Frances R. Morse, Apr. 12, 1900, in *Letters of William James*, Vol. II, p. 127.

从某种意义上说,认识人性、发掘人性、揭示人性是詹姆士整个学术生涯的使命。他早年从事解剖学和生理学,试图从自然科学的角度研究人性,结果发现这些学科仅局限于人的肉体,触及不到人的灵魂。因而,他转向心理学研究。他借助心理学手段分析意识的不同层面,发现了规定个体自我的经验之流(意识流)。然而这个时期,他的主要工作是分析意识的结构,揭示意识流的基本特征,阐释意识的各种机能,尚无暇顾及道德与宗教的层面。直至19世纪90年代,他才逐渐转向这些领域。詹姆士知道,只有超出普通心理学领域,将心理学的研究成果用于人的自由、审美、道德、宗教等各个层面,才能深入理解人性。詹姆士的《种种》将宗教生活与人性联系起来,正是他的学术历程的一个必然结果。

詹姆士的结论对于19世纪末和20世纪初的西方,是振聋发聩的呐喊。自笛卡尔创立近代哲学之后,人们愈益强调"人是理性的动物",也就是说,从理性的角度理解人,理解人性。其结果不仅是相信理性至上,将理性看作人的本质,而且将理性规则等同于物质世界的运动规律,从而将人变成"科学"的人:"生物人"或"物质人"。拉美特利"人是机器"的论断就是这种趋势的极端代表。在他眼里,人的一切机能,包括人的灵魂,都服从物质的运动规则,与机器并无差别。固然,人有自身的特殊需求,也有满足这种需求的各种能力,但这种需求和能力都取决于他的身体结构。人的本质如此,人的其他一切生活自然应该由此出发加以考虑。所以霍尔巴赫声称,肉体人与道德人的区分显然是荒谬的。人纯粹是物质的,所谓道德人,不过是从另一角度观看而已,其物质本性并无改变。道德的命运尚且如此,更何况宗教呢?它们统统变成物质运动的副产品。詹姆士的《种种》恰恰反其道而行之,将宗教生活作为人生的最主要功能,应该说是对当时盛行的西方科学主义的挑战。如果套用一般定义的格式,似乎可以这样表述詹姆士的意思:人不仅是理性动物,人更是宗教动物。

　　应该承认,肯定宗教与人性的内在关联并不新鲜,古已有之。古希腊人在追求不朽的过程中,将人与神紧密联系起来,不断诉诸信仰和崇拜。甚至与宗教分离而诞生的哲学,也总少不了宗教的内涵。正如巴雷特评价柏拉图时所说的:"哲学是灵魂寻求拯救,这对柏拉图来说,则意味着从自然界的苦难和罪恶中解脱出来……哲学决不能放弃这些原始要求,这些要求是过去的一部分,是永远也消失不了的。"柏拉图的哲学"充满神话和直觉因素",到处"显露出一种超乎他们自身的伟大启示,他们透露给世人的也正是这样一种启示"①。希腊人的不朽灵魂,本身就具有神性,本身就是神的见证。中世纪更是把信仰看作人与动物的根本区别,信仰的核心是圣爱与博爱。人性只有在圣爱与博爱中才得以实现,人只有在信仰中才得到拯救。上帝与人的关系是施恩者与受恩者的关系,是造物主与受造物的关系。这种关系中最重要的东西在于 Spirit(灵)。《创世记》2:7 说:"神用地上的尘土造人,将生气吹在他的鼻孔里,他就成了有灵的活人。"灵即精神。精神既然为上帝所注入,便成为人与上帝联系的纽带。人的宗教性质十分明显。然而,詹姆士与古人不同。如果说,古希腊人仍然保留了先民敬神的遗风,中世纪人为基督教神学体制的枷锁所束缚,那么,詹姆士

---

　　①　巴雷特:《非理性的人》,段德智译,上海译文出版社,1992 年,第 5 页。

则生活在经过科学洗礼的时代。他的结论是对历史反思的结果，是理性深思熟虑的结果。他对丰富的宗教经验进行科学的分析，非但不排斥宗教，反而充分肯定人类的宗教本性。在詹姆士心目中，宗教与科学绝非水火不容，反而和平共处。正因为如此，他甚至试图创立一门所谓"宗教科学"。

事情就那么奇特。詹姆士用科学的方法分析宗教经验，却得出宗教乃人类本性的"非科学"的结论。事实上，解开这个谜团正是正确理解詹姆士哲学的关键一步。我们前面所引詹姆士信中的第一点似乎为解决这个问题提供了线索：他说宗教的支柱是经验，并非哲学，因而他要捍卫经验，反对哲学。一般认为，这里所说的"哲学"指罗伊斯的绝对哲学。有信为证。詹姆士1900年9月写信给罗伊斯说：

> 你依然是我关注的中心，我心灵磁石的磁极。当我写作时，一只眼看纸，另一只眼盯着你。当我构思吉福德讲稿时，就是计划如何推翻你的体系，打破你的安宁。我过着一种寄生于你的生活，因为我的宏伟志向，就是成为你的征服者，并这样留名史册。①

信的口气有点玩笑，但至少有一点可以肯定，即詹姆士反对以罗伊斯为代表的传统哲学。罗伊斯是一位黑格尔主义者，维护绝

---

① James to Josiah Royce, Sept. 26, 1900, in *Letters of William James*, Vol. II, p.136.

对理念,其结果最终将思想与感情、哲学与经验分离,将宗教的价值限制在思想体系的发展,而非感情和经验。如果从这种结果出发,詹姆士的反对不仅针对黑格尔主义,而且针对所有建立在僵化理论基础上的哲学,即他所说的"理性主义"。[①] 因为他用以反对哲学的"经验",正是他的意识之流,或经验流,其基本特征是生动、鲜活,始终保持生命的活力。他借以考察宗教经验的方法,最根本的一条是保持它们的鲜活性,将活生生的经验呈现给读者。任何概念或范畴,一旦脱离具体的经验过程,便立刻死亡,失去其原始内涵。就像生物的器官一旦从活体上摘除,便立即失去原有功能一样。詹姆士用经验反对哲学,实际上是为了防止冰冷生硬的哲学理论扼杀生机勃勃的宗教生活。究竟是什么支撑着人的宗教?不是任何抽象的概念或理论,而是人亲身经历的生活。宗教的意义和价值在这种真实的生活之中。

其实,詹姆士的这种探究方式自《心理学原理》便已开始。遗憾的是,这一点似乎并不为人们所认识。罗宾逊在《通往人性的科学》一书中,将詹姆士的心理学与实验心理学混为一谈,将他的人性研究等同于对认知能力和情感机制的研究。[②] 就连约翰·斯密,也将詹姆士的心理学考察与他的宗教和哲学研究加以分离,认为它们分属詹姆士学术生涯的不同阶段,以为《种种》是詹姆士从

[①] 参见詹姆士的《多元的宇宙》、《实用主义》等书。

[②] Daniel N. Robinson, *Toward a Science of Human Nature：Essays on the Psychologies of Mill，Hegel，Wundt，and James*，New York：Columbia University Press，1982.

心理学转向哲学的一个重要标志。① 这种看法的弊端在于,割裂詹姆士一以贯之的统一思想,看不到他的心理学与其哲学以及宗教研究之间的内在联系,因而既不能正确理解他的宗教关怀,又无法从总体上把握他的思想展开的脉络。正如译者曾经指出的,②詹姆士的心理学与他后来的实用主义、彻底的经验主义以及宗教研究是一脉相承的。其间自然有思想的发展过程,但基本架构和雏形在他撰写《心理学原理》时就已经确立了,后来的研究无非是早期思想的展开和深化。正如西方人建筑大教堂,因经费问题往往分阶段进行,时断时续,整个过程需要几十年甚至几百年。然而,教堂的总体结构早有蓝图。各期建设相对独立,但都按规划为后期留有空间,甚至要在建设过程中照顾后期的具体布局和衔接。詹姆士撰写《心理学原理》时,已经经历过"宗教病"的折磨,已经怀有深切的宗教关怀。尽管当时没有直接探讨宗教问题,但已经为其预留地盘,宗教与哲学的考虑已经作为更大的结构衬托或支撑着他的《心理学原理》。正因为如此,他的心理学独树一帜,与当时颇为流行的实验心理学分道扬镳。只有从这一点出发,我们才能深刻地领会《种种》的独到之处:这里并非心理学与哲学的区分或对立,而是"经验"与传统哲学的区分与对立。"经验"代表詹姆士哲学的精髓:将人们带进生活经验,直接体会经验的流动,体验事物本身的走向。当你进入其中,自然会体验到,宗教生活是人类的最重要的功能。

---

① John E. Smith,"Introduction",in *The Varietie of Religious Experience*,Massachusetts:Harvard University Press,1985,xiv.

② 参见拙著《美国世俗化的宗教与威廉·詹姆士的彻底经验主义》。

2. 宗教的本质

宗教是一种复杂的文化现象，涉及人类生活的各个方面，包括社会、制度、组织、典仪、习俗、道德、思想、心理、语言、艺术等等。然而，在詹姆士看来，宗教的本质在于个人的亲身体验。为此，他提出"个人宗教"的概念。他在《种种》一书中说：

> 我们一开始便注意到一种广泛的分界，将宗教领域分为两个方面。一方面是制度宗教；另一方面是个人宗教。正如萨巴蒂埃（M. P. Sabatier）所说的，宗教的一支最注意神，另一支则最注意人。崇拜和献祭，感动神性的程序，神学、典仪和教会组织，都是制度宗教的本质要素。假如我们仅限于讨论制度的宗教，那么，就必须把宗教界定为一种外部技术，即赢得神宠的技术。反之，比较注重个人的宗教部分，关注中心是人自己的内心倾向，他的良心、他的功过、他的无助、他的不全备。虽然上帝的宠眷——无论失还是得——仍是宗教生活的一个本质特征，而且，神学也在其中扮演重要角色，但是，这种个人宗教所激发的行为，不是仪式的行为，而是个人行为。个人独自料理宗教事务，而教会组织，包括牧师、圣礼以及其他媒介，都统统降到了次要地位。宗教关系直接由心到心，由灵魂到灵魂，直接发生在人与上帝之间。①

---

① 本书第 29—30 页（此为原书页码，即本书边码，余同）。

詹姆士的意思很明确：制度宗教与个人宗教分属不同的层面或领域，个人宗教是原生的，制度宗教则是次生的。

宗教制度是宗教的外表形式，为人所见；个人宗教则指宗教的内在意图，与某种不可见的世界联系在一起。人们辨认宗教，常常依据宗教的外部特征，殊不知，即使最简单的崇拜仪式，也为不可见的内在的宗教动机所驱使。尽管宗教的外部形式清晰可见，甚至可以触摸，似乎是实实在在的，然而，一旦离开宗教的内在方面，它便成为一个没有生命的躯壳。不光是宗教仪式方面，甚至宗教教义、学说、伦理、社会等各个层面，都远没有个人的宗教经验和行为重要。没有信徒的意念和体验，很难说有什么宗教。因此，宗教的本质部分在于个人的宗教经验，个人宗教比制度宗教更根本。他说：

> 个人宗教，至少在某种意义上，证明比神学或教会中心主义（ecclesiasticism）更根本。教会一经建立，便间接地依存于传统。然而无论哪个教会，其创立者的力量最初都来源于他们个人与神的直接感通。不仅基督、佛陀、穆罕默德这等超人的创教者如此，而且一切基督教派的组织者都莫过于此。所以，连那些仍旧坚持个人宗教残缺不全的人，似乎也承认它是最原始的东西。①

詹姆士的意思很清楚：宗教的本质主要在于个人体验，在于个人感受。传统宗教或者落入哲学家和神学家的教条，或者过分注

---

① 本书第 31 页。

重教会的礼仪制度,注重外在的形式,实际上把次生的东西当作源泉,其结果必然扭曲宗教本身,阻碍宗教功能的正常发挥。按照詹姆士的理解,宗教实质上意味着"个人独自产生的某些感情、行为和经验,使他觉得自己与他所认为的神圣对象发生关系"①。真正的宗教依赖于个人对神圣对象的感觉和品味。丧失个人与神的交流,丧失个人对神圣的切身感觉,就从根本上取消了宗教。不幸的是,这正是近代宗教的现状。詹姆士强调宗教经验正是为了恢复宗教的本来面目。

宗教是一种情感态度,是个人针对某一境遇做出的整体反应。在同一环境下,宗教徒与普通人的反应大不相同。例如,事业失败,生活失意之时,即便有德之人,也不可能始终屏息运气,紧绷肌肉,坚持不懈,因为最坚强的人,到了身体开始衰朽,或者病态的恐怖侵入心灵之时,也免不了心情抑郁,万念俱灰。谁能与自然规律抗衡呢?万事万物都是有生有灭的,我们最终都会成为无可奈何的失败者。"我们当中心智最健全的人,其肉体材料与疯子和囚犯是相同的。况且,体魄最强健的人,最后也是一死。无论何时,我们一旦感受到这一点,就觉得我们立志进行的事业都是空虚的,暂时的,因而,我们的一切道德似乎只是一块狗皮膏药,用来掩盖永远无法医治的疮痍,我们的一切善行似乎是最空洞的代用品,替代我们的生活应该植根其中的福祉——生活应当如此,然而实际并非如此,哀哉!"然而对宗教徒来说,到了这时,自有宗教前来营救他们。"有一种心态,只有宗教徒知道,其他人并不知道。进入这

---

①　本书第32页。

种心态,个人表现自我和坚持自己立场的意志统统没有了,他情愿闭口无言,情愿化作虚无,为上帝的滔天洪水所裹挟。进入这种心态,我们最害怕的东西变成了安全的处所;我们德行的死期变成了精神的生日。我们灵魂的紧张时期终于结束,随之而来的是幸福的松弛、平稳的深呼吸、永恒的现在,以及无须忧虑的未来太平盛世。恐惧不是用纯粹的道德暂时压制,而是积极地清除和荡涤干净。"①这就是宗教的功能和力量。

宗教情感或宗教经验与某种特殊的对象发生联系。因为"我们的一切态度,道德的、实用的、情绪的以及宗教的,统统起因于意识'对象',即我们相信与我们并存的东西,无论它们的存在是现实的,还是想象的"②。所谓宗教经验,指个人对超自然的不可见世界的一种特殊感受,由此产生一种临现感、平和感、快乐感或神圣感。或者说,宗教经验是个人直接感受的一种神秘现象。詹姆士曾经这样描述宗教经验:

　　　　人的意识好像有一种实在感,感受到客观的临现,知觉到我们所说的"有个东西在那",比任何特殊"感觉"更深刻、更普遍,尽管当下流行的心理学认为,实在最初都是由后者发现的。假如真的如此,我们可以认为,感觉首先激发了实在感,然后才像平常那样,产生出态度和行为。但是,其他事物,例如同样可以激发实在感的观念,恐怕也具有感觉对象一般具

---

① 　本书第 46—47 页。
② 　本书第 53 页。

有的特权,即显现实在。宗教概念能够触及这种实在感,因此,它们尽管模糊不清,遥不可及,几乎不可想象……信众还是不顾他人的批评去信仰它们。[①]

詹姆士的意思是说,人的内在灵魂为实在感所渗透,使人感受到外界对象在场,完全不同于抽象的知识,不同于一般的心理感觉。也就是说,许多人相信宗教的对象,根本不是通过纯粹的理性概念,而是通过对这种实在的直接感受,是经验中的相遇。人的信仰是随着这些经验而产生的。

对这种经验的对象,那些理性主义者极力反对,认为它们毫无意义,因为理性主义者坚信,我们的一切信念必须具有可靠依据。这里的依据是指:(1)明确表述的抽象原则;(2)确定的感觉事实;(3)以这些事实为基础的明确的假设;(4)明确的逻辑推论。凡不合这些规则的东西,都是不确定的模糊之物,必须统统加以摈弃。然而,詹姆士却回答说:

　　如果观察一下人的整个心理生活,观察一下脱离学问和科学的生活,以及人们内心深处的私人追求,那就不得不承认,理性主义论述的那部分生活,相对说来,十分肤浅。它的论述无疑具有威望,因为它能言善辩,滔滔不绝,它要求你拿出证据,它能诡辩,用言语将你打倒。但是,它还是不能说服你,让你信服。既然你有直觉,它们一定来自你的深层本性,

———————————————

① 　本书第58页。

远远超越理性主义栖居的言说层面。你的整个潜意识生活，你的冲动、你的信仰、你的需要、你的直感，统统为这些前提做准备，现在，你们的意识感受到它们的结果至关重要。你的内心绝对有某个东西知道，这种结果肯定比与它相抵触的理性主义诡辩更真实，不管后者多么机智。[1]

人的亲身体验是最好的裁判。脱离自己现实的生活，为抽象的原则或"真理"所束缚，实在是本末倒置。道理很简单，"出于冲动的信念建立了真理的原型，用语言表述的哲学不过将其转译成花里胡哨的公式。非推理的直接确信是我们内心的深刻部分，推理论证只是表面的展示。本能是领导，理智是随从。假如有人……感受到活生生的上帝就在面前，那么，你们对他的批评教育不管多么高明，恐怕都是徒劳无功，丝毫也不能改变他的信仰"[2]。

3. 宗教生活的展开

詹姆士的《种种》运用大量个人的传记材料和生动实例，真实再现了人类光怪陆离、不可思议的宗教生活。詹姆士怀着同情态度，详细描述了人类的各种宗教现象。他的描述文字优雅、眼光独到、笔法细腻，力透纸背，或发人深省，或给人启发，或令人震撼。当然，也会让人生疑。读者惊讶地发现，人们所经历的宗教经验居然那么丰富多彩、五光十色、纷繁复杂，简直让人应接不暇；无数的

---

[1]   本书第 72—73 页。

[2]   本书第 73—74 页。

教派和教宗,无数的教义和教规,无数的宗教行为和宗教感受,难道没有什么统一性? 这也是他在结论一讲的提问:"我们是否应当假定,在一切人那里,宗教与其他成分的混合应是同样的? 我们是否应当假定,所有人的生活应该表现同样的宗教成分? 换句话说,有这么多的宗教类型、宗教派别以及宗教教义存在,是否是一件遗憾的事情?"他的回答斩钉截铁:"不!"其理由是:"神圣不可能仅仅意味一个德性,必定意味一批德性;不同的人倡导不同的德性,因此,都可能发现有价值的使命。每种态度只是人性全部信息的一个音节,所以,需要我们全体把它的意义完整地拼写出来……我们必须坦率地承认,我们生活在局部系统中,并且,各个部分在精神生活中无法彼此交换。"[①]这正是詹姆士宗教多元论的反映。生活本来就是多样的,宗教自然亦是多元的。用某一抽象原则统一丰富多彩的人类宗教生活,其结果是扼杀活生生的宗教。

不过,《种种》对各类宗教生活的描述仍然遵循一条基本线索:由简至繁,从主观性情到经验结果,从原初的宗教情绪到最终的神秘主义形式,在不同层面逐一揭示个人宗教经验的各种不同类型,将个人的宗教生活展示在读者面前。我们下面便按照詹姆士的思路,简单勾勒宗教生活的展开过程。

詹姆士认为,人在生活中必须对周围事物从整体上做出反应,由此产生最原初的宗教情绪。所谓"神",就是满足人的这种需求和渴望。因此"宗教无论是什么,都是一个人对人生的整体反应"。不过,"面对世界的感受,确实需要迎合我们特有的个人气质,使我

---

① 　本书第 477 页。

们或奋发或疏懒，或虔敬或侮慢，或郁闷或狂喜；我们的反应，虽然无意，且难以言说，往往还是半觉不觉，然而，却是对'我们居住的这个世界的性质如何'这一问题的最完全的回答。它最明确地表达了我们对这个世界的感觉"[①]。按照詹姆士的划分，这种原初的宗教情绪有两个类型：健全心态的宗教与病态灵魂的宗教，前者表现一种乐观主义精神，后者则是悲观主义的典型代表。

　　拥有健全心态的人似乎是天生的乐天派，世界、自然和人类在他们眼里都那么美好和善良，使他们有意无意地将其与神统一起来。他们或者断然否认世间罪恶的真实存在，满怀激情为灿烂的阳光和幸福的生活而歌唱，或者对罪恶视而不见，遮遮掩掩，强调事物的美好性质，坚信美好最终战胜丑陋，善良最终战胜邪恶。他们陶醉于自己的幸福生活，只需此生此世，便能够享受宗教的快乐，因而詹姆士称之为"一次生"灵魂。病态灵魂亦叫"二次生"灵魂，因为包括他们在内的整个世界暗无天日，污秽不堪，罪恶滔天，其自身亦无回天之术，故而悲观失望，唯有等待超自然的神灵前来拯救，让他们与罪恶的世界一起燃烧，死而后生。两者的差别虽说反映个人的不同气质，实际上更多地取决于人们对罪恶的不同态度：前者认为罪恶不过是个体与事物不协调，因而可以调整或治愈；后者则认为事物的本质即罪恶的，无药可医，除非神灵拯救。两种态度直接影响人的行为，都具有宗教的性质。因为"生活行为的最大问题，是如何争取神圣的力量，让它们站在自己一边，人敞

———————————

[①]　本书第35页。

开自己的心灵,让神圣的力量注入"[1]。不过,二者相比,"最完备的宗教,应该最充分地发展悲观主义因素。佛教和基督教当然是我们所知道的最完备的宗教。它们实质上是救赎的宗教:人必须随虚妄的世界一同死去,然后才能降生于实在的生活"[2]。

病态灵魂并非意识不到现世的美好,但感受更多的是罪恶与丑陋,因而,他的自我是分裂的。分裂的自我激烈争斗,若获得安宁与平和,必须重新达到统一。统一有多种方式:或逐渐的,或突然的;或凭借理智的洞见,或凭借神秘的经验,如此等等。而且,混杂的人格重新获得统一,不一定非得采取宗教的形式。从相信上帝到不信上帝,最后断然弃绝宗教生活,从而获得统一人格者,亦不是没有先例。然而,宗教皈依与其他形式不同。詹姆士的所谓"皈依"意味着再生或新生,个人由此确信,分裂的自我完全被征服,达到统一。自我的转变实质上意味着建立一个主导目标,驱逐所有对手,成为个人能力的"习惯中心"。用詹姆士的话说:"原来处于意识边缘的宗教观念,现在占据了中心位置,而且,宗教目标构成他能力的习惯中心。"[3]这个过程中,皈依者现时的罪感与希冀新生活的理想是皈依的两个基本因素。所有皈依都包含这两个因素。不过,哪个因素占据主导地位,将导致不同的皈依类型。这是就获取心理结果的方式而言。如同回忆名字:

　　通常,你竭力搜索,在脑海里浏览与这个名字相关的地

---

①　本书第 106 页。
②　本书第 162 页。
③　本书第 193 页。

方、人和物。但是，这种努力常常无效：你觉得，好像用力越多，希望反而越少，名字似乎被堵塞了，朝那个方向施加压力，只能使它更难想出来。相反的方法则经常奏效。完全放弃努力，考虑完全不同的事情，半个小时，忘记的名字便浮现出来，在你的脑海里漫游，正如爱默生所说，它是那么漫不经心，好像根本没有邀请它。心灵内部隐含的某个过程从努力开始，努力停止后继续进行，结果就好像是自发产生的。①

　　努力搜索的过程是自觉的，放弃而后获取则是不自觉的。皈依历史中亦有类似的两种方式，詹姆士分别称作"有意的类型"与"屈从的类型"。前者在于一点一滴地建构，形成一套新的道德和精神习惯。当然，也有一些临界点，达到临界点，前进的速度便突然加剧。后者在于放弃个人的意志，事实表明，除非个人停止抵抗，停止按照自己的意愿努力，否则，解脱永远不会来临。即便有意的类型，其最后一步也必须留给屈从。因为运用个人的意志，就是停留在原来的生活领域，注重的依然是不完全的自我。若获得新生，"他必须放松，也就是说，他必须依赖那个支撑正义的伟大力量，让它按自己的方式完成它已开始的工作，而这种力量，正是从人的本心喷涌而出的……从这种观点看，所谓顺从行为，就是让自我进入新的生活，成为新人格的中心，以前认做自我的客观真理，现在则从内部变成活生生的现实"②。人的绝境便是上帝的机会。

---

① 本书第 202 页。
② 本书第 206 页。

从人们的皈依的事例中,可以看到人的宗教需求,看到人对宗教如何形成深刻的洞见和感悟。

从"圣徒性"一讲开始,詹姆士从描述个人的宗教类型转而描述宗教经验的结果,即宗教经验对经验者的生活产生什么影响,将个人具体的宗教经验置于整个人生的广阔背景。詹姆士通过圣徒的实例表明,皈依的直接结果是平和与安宁,领受神灵的恩典,将自身全部奉献给神,从而获得真正的幸福。为一切宗教所共有的圣徒性,其基本特征有四个:

(1)感觉过着一种更广阔的生活,超越尘世微末的私利;确信存在着一种理想力量,它不仅是理智的,似乎也是可感的。

(2)感觉理想力量与我们自己的生活是连续的,亲密无间,并心甘情愿为理想的力量所支配。

(3)极度的兴奋与自由,好像约束自我的界限融化了。

(4)有关非我的要求,情绪中心转向慈爱与和谐,转向"是",而远离"不"。①

这些圣徒生活的特性是皈依的结果,是心灵得到净化的标志,源于个人自觉地屈从于神,奉献给神。圣徒完全牺牲掉自我,从而换取生活的幸福。此幸福并非尘世的享乐,而是实践中的禁欲、苦行、纯洁与慈善。当他放弃自己的意志,把自己全部交给神灵安排

---

① 本书第266—267页。

时,便相信神的旨意,相信对他人要有仁慈之心,并付诸具体行为。

问题在于如何评价这些圣徒品性和行为,用什么标准进行评价。詹姆士的回答是:

> 我试图用常识检验圣徒性,借助人类的标准去判定,宗教生活能在多大程度上尊奉为一种理想的人类活动。假如能够尊奉,那么凡激发宗教生活的神学信仰,便在这个程度内是可信的。否则,就不可信。所有这些,仅仅指涉人的行事原则。它只是使人类事务的不适者消亡,使人类事务的最适者生存,并将这个原则用于宗教信仰。假如我们不带偏见地正视历史,那就必须承认,最终没有任何宗教曾以其他的方式被建立或被证实。宗教始终在证实自己;宗教始终要满足它们时代盛行的各种生活需要。倘若它们过分侵害其他需要,或者,倘若新产生的其他信仰比它们更好地满足同样的需求,那么,先前的宗教便被取而代之。①

詹姆士的意图很明显,就是让人们重视自己内心经验和常识的呼声,摈弃抽象的教义或原则。倘若从这一点出发,圣徒性必然揭示人性中美好的东西,必然证明宗教信仰的生活功用。圣徒的偏激性格的确有悖常人的习惯,让人望而生畏。但是,常人之所以觉得偏激或过分,完全是因为环境使然:那是因为圣徒稀少,多数人与圣徒正相反对,在这种环境里,圣徒行为必然显得不合时宜。

---

① 本书第 324—325 页。

圣徒生活的偏激并不说明圣徒性格本身荒谬。恰恰相反,圣徒的生活方式正是人类未来的预言家。正如詹姆士所说:"一切圣徒具备的人类慈善,以及有些圣徒的过度,都是真正创造性的社会力量,试图将原本只是可能的某种美德变为现实。圣徒是善良的创作者,是善良的添加者。人类灵魂的发展潜力深不可测。"①从圣徒的怪异性格中,可以看到人类应当追求的理想美德和美好生活。不合时宜的圣徒用不合时宜的言行使环境得以改善,并促使许多人皈依,从而有效地激励善良,缓慢地将世俗秩序转变为天国的秩序。

詹姆士对宗教生活的描述在"神秘主义"的几节讲演达到高潮,不仅更深入地展现个人宗教经验的特征,而且揭示了全部宗教经验所依赖的前提。詹姆士明确指出:"个人的宗教经验,其根源和中心,在于神秘的意识状态。"②他在致蓝金的信里说:"一切宗教的母亲之海和源头在于个人的神秘的经验,这里'神秘的'一词取广义。"③詹姆士所谓的神秘经验有四个主要标志:(1)不可言说性;(2)可知性;(3)暂时性;(4)被动性。④ 一句话,神秘经验的发生尽管也需要先前的酝酿,具有一定的秩序,但神秘经验仅为经验者所感受,而且经验者本人并非产生神秘经验的原因。自然界的

---

① 本书第 349 页。

② 本书第 370 页。

③ James to Henry W. Rankin,June. 16,1901,in *Letters of William James*,vol. Ⅱ,p. 149.

④ James,*The Varieties of Religious Experience*,New York:Longmans,Green and Company,1907,pp. 371—372.

某些方面似乎具有特殊力量，能够唤起这种神秘经验，但是，它仅为经验者所知晓，却无法传达给其他人。不可言传性是一切神秘主义的精髓。问题在于，神秘经验作为宗教经验的源泉，其权威性能否为人们所认同；神秘主义能否保证，它所倾向的二次生、超自然的对象以及泛神论都是真实的？詹姆士的回答分三个部分：

    1.神秘状态得到充分发展之时，通常是——而且有权利成为绝对权威——完全支配经验它们的那些个体。

    2.神秘状态无权强迫外人承担义务，让他们毫无批判地接受它们的启示。

    3.神秘状态打垮了非神秘或理性意识的权威，这些权威仅仅建立在理智和感官的基础上。神秘状态表明，理性意识只是意识的一个种类。它们还揭示了其他真理的可能性：为了维持生命，我们内心事物总会对神秘状态作出反应，因此，我们可以自由地继续相信这种真理。[①]

    并不是说理性没有权威，而是说，在宗教信仰的事务上，理性的论证都是第二位的，次生的，"感受才是宗教更深刻的根源"。信仰是人生的依靠。如果一个人经历的神秘经验是他赖以生活的力量，我们其他人有什么权利命令他按照另一种方式生活？即便我们把他关进疯人院之类的地方，其结果非但无法改变他的信念，反

---

    ① 本书第 414 页。

而迫使他更顽固地坚持自己的信念。神秘经验与理性认知都具有人性的深刻根源，二者只有互补，才能使人生更为协调，更为健康。这意味着宗教不仅是人生的重要功能，甚至比理智更本源。

詹姆士最后总结说：

> 我们所看到的宗教生活的特性，应该包括以下几个信条：
>
> 1. 可见世界是更广阔的精神世界的一部分，前者的主要意义是从后者获得的；
>
> 2. 与这个更高的世界达成融洽或和谐的关系，是我们的真正目的；
>
> 3. 祈祷或与世界精神——这个精神无论是"上帝"，还是"法则"——的内心交感，是产生实际作用的过程，精神能量在现象世界流动并引发结果，无论是心理的还是物质的；
>
> 宗教也包含以下心理特性：
>
> 4. 一种新的热情像天赐的礼物一样进入生活，其形式或者是感情的迷恋，或者激发真诚和英雄气概；
>
> 5. 安全的保障与平和的性情，而且，在与他人的关系上，友爱的情感占优势。①

人的宗教经验来源于人的欲望和需要，宗教在人的生活中占据极其重要的地位。因而，将人称作"宗教的动物"，并无丝毫过分。

---

① 本书第475—476页。

三、《种种》与詹姆士的哲学

　　读者在读到最后几讲时或许会产生疑问：詹姆士强调宗教经验的优先地位，将哲学与神学放在次生地位，强调"经验"而反对"哲学"，难道他的论述不是以某种哲学为背景？尽管我们前面将他所反对的"哲学"限制在"绝对主义"的范围，然而，詹姆士在《种种》中不是分明反对从某种既定的理性原则出发解释宗教的性质吗？《种种》与詹姆士的哲学究竟是什么关系，占据什么地位？

　　以上问题的解决至关重要，因为它们直接影响读者对《种种》的理解。按照前面所引的蓝伯斯的看法，《种种》一书背后隐含着詹姆士的整个哲学体系，要正确理解《种种》，必须从这种哲学背景出发。蓝伯斯的说法有一定道理，詹姆士的《种种》的确根植于他那深厚的哲学土壤。不过，应该指出的是，詹姆士的哲学尽管也有许多命题和原则，但是，那些东西并非哲学的目的，而是手段。更确切说，他的哲学无非提供一架阶梯，帮助人们进入或得以展开自己的经验世界。阶梯本身并不进入个人的经验。如同教授气功者，他告诉听众如何发功的理论只是一种门径，并非气功本身。教授者不过是给听众指点道路，实际地走路并到达目的地还须听众本人身体力行，无人可以替代。个人的发功过程才是真正的气功；经验者本人的经验过程才是真正的经验。这种性质正是詹姆士哲学的独到之处。认识到这一点，也就不难理解詹姆士为什么反对从某种既定原则出发解释宗教的性质了。

　　如果说，詹姆士哲学是提供阶梯让人们展开自己的经验世界，

《种种》是引导读者去领略宗教经验,那么,詹姆士哲学与《种种》的关系便转换为经验与宗教经验的关系。既然神秘经验是宗教经验的根源,上述关系自然可以通过神秘经验加以理解。

巴尔那德认为,神秘经验除了不可言说性、不可知性、暂时性和被动性四个特征之外,在詹姆士的论述背后,实际隐藏着另一个没有明说的定义,即"神秘经验是经验到与超自然的实在相接触,力量强大,改天换地,并包含个人的理解"。[①] 巴尔那德的看法是正确的,这正是从詹姆士哲学背景理解神秘经验的结果。如果说,四个特征更多的是描述神秘经验的外部形态,巴尔那德的"隐藏"定义则试图透过这四个特征揭示神秘经验的性质和内容。该定义有两点特别值得注意:

(1)强调神秘经验的"经验"性质。这不是同义反复,而是要说明神秘经验是日常意识状态的扩展,是一个完整的意识状态。按照詹姆士的彻底经验主义,意识是一个不间断的流,是一个场。但这"一"中有"多",不同时刻的意识状态范围有很大差别,意识场周围的模糊边缘时大时小。日常意识的注意通常是有限的,这种注意的视野勾勒出意识的边界,似乎在界外有个潜意识领域。事实上,意识场的边缘始终模糊不清,边缘的内容不时进入意识的视野。也就是说,意识的范围在扩大。我们不知道意识最后能够扩大到什么程度,但我们确实知道,某些时候界外的内容进入意识的视野,构成统一的意识状态。神秘经验就是这种意识状态,就是意

---

① G. W. Barnard, *Exploring Unseen Worlds: William James and the Philosophy of Mysticism*, p. 17.

识场的扩展。从这个角度看,神秘经验与日常经验在性质上没有根本区别,只是范围的大小有所不同。詹姆士曾经通过麻醉状态证明这一点。他说:

> 我们正常的清醒意识,即我们所谓的"理性意识",只是一种特殊的意识,在这个意识周围,还有完全不同的潜在的意识形式,仅仅由于一层薄幕将它与它们隔离。我们可以一辈子不觉察它们的存在,但是,倘若有必要的刺激,它们将一触即发,完全呈现,表现为某种确定的心理状态,或许在某个地方具有自己的应用场所和选用范围。①

就经验性质而言,"潜在的意识"更根本,更贴近源始状态,更能体现经验的本来面目。或者说,这种状态的经验才是完全意义的经验。进入这种经验,意味着面对无限的可能,进入暧昧不明的复杂关系,憧憬幸福而高尚的生活。个人的意识觉得为巨大的力量所推动,所改变,尽管不可言传,却是实实在在的经验。不难看出,只有在经验的基础上,只有根据彻底经验主义,才能理解神秘主义,才能更好地解释神秘经验。正如詹姆士指出的:

> 理性在我们的其他许多经验上起作用,甚至对我们的心理经验发生作用,但绝不会在这些特殊的宗教经验现实地发

---

① James, *The Varieties of Religious Experience*, New York: Longmans, Green and Company, 1907, p. 378.

生之前,将它们推导出来。……宗教经验一旦现实地产生并给予,在接受者的眼里,宇宙万物的范围将大大扩展。宗教经验暗示,我们的自然经验,我们严格的道德经验和慎行经验,恐怕都不过是真正的人类经验的一个片段。宗教经验模糊了自然的轮廓,开拓了最为奇怪的可能性和视野。[①]

神秘经验的效用不纯粹是解释世界,或主要不是为了解释世界,而是为了使经验者获得"救赎"。按照詹姆士的看法,尽管神秘状态否认用语言描述自身,但是,它们确实蕴含或支持一种相当明确的趋向,即看到生活的希望。神秘经验鼓励经验者"出世",至少怀有出世的愿望,以脱离或缓解现世的苦难。这种"救赎"之感实际上指向一个"他者",这正是我们应该注意的第二点。

(2)神秘经验让经验者遇见一个具有权威的超自然的"他者"。这实际上指神秘经验的内容。其实,就生理和心理机制而言,经验没有"宗教的"与"非宗教的"之分,我们说一种情绪或经验是"宗教的",完全取决于经验的对象。所以,詹姆士说:

> 宗教的爱情只是人的自然爱情指向宗教的对象;宗教的恐惧只是对"交往"的一般恐惧,就是说,神明报应的观念可以激动人心,使人的胸部产生普通的震颤;宗教的敬畏就是我们身体的战栗,其感觉如同我们黄昏时留在林莽之中,或是在山

---

① James, *A Pluralistic Universe*, New York: Longmans, Green and Co. , 1909, p. 306.

峡之间,不过这次,是由于我们想到超自然的关系。对宗教徒的生活发生作用的种种情操,都有类似的情形。宗教情绪是具体的心理状态,即一种感受加一种特殊的对象,因此,当然是与其他具体情绪截然有别的心理状态。但是,我们并没有理由假定,存在一个单纯而抽象的"宗教情绪",其本身是一个独特的基本心理感情,毫无例外地出现在每一个宗教经验中……因此,似乎并没有一种基本的宗教情绪,只有共同的情绪仓库,可以为宗教对象所利用……①

　　詹姆士想透过个人动态的心理生活揭示神秘的对象,即宗教对象。也正是由于这个原因,詹姆士认为,神秘经验并不展示任何一种"本质",只是表现出一些特征。也就是说,只能从形态上加以描述。

　　詹姆士所说的"神秘对象",可以通过加拿大精神病医生柏克(R. M. Bucke)所描述的"世界意识"窥见一二。巴克说:"世界意识的首要特点,在于它是关于世界(cosmos)的意识,是关于生活和宇宙秩序的意识。伴随这个意识,出现了理智的启蒙,独自将个人提升到新的生活层面——使他几乎成为一个新种的成员。……随之而来的,还有所谓的不朽感,一种对永生的意识,不是相信他将来会永生,而是意识到他已经永生。"②这种不朽之感意味着人与"世界"的界限已经打破,人与"绝对"融为一体。这种状态迫

———————————

　　① James, *The Varieties of Religious Experience*, New York: Longmans, Green and Company, 1907, pp. 27—28.

　　② 本书第389页。

使经验者惊呼:"上帝就在这里!"经验者觉得自己已经消失,逐渐融化在上帝的无边海洋之中。詹姆士借用波默(Jacob Boehme)的话说:

> 当你完全脱离创造物,脱离可见物,对一切自然物和创造物而言,你变成了无,那么便进入永恒的一,这个"一"就是上帝……灵魂在这里说,这一无所有,因为我完全被剥夺,赤身裸体;我什么都不能做,因为我没有任何能力,只能像水一样倾泻;我什么都不是,因为我的存在无非是存在(Being)的一个影像,对我来说,只有上帝才是我存在(I AM)。因此我固守自己的虚无,将荣誉归于永恒的存在,我自己毫无意志,让上帝的意志,支配我内心的一切,上帝是上帝,上帝就是一切。①

亲历神秘状态的经验者不能不相信,自己与一个更大更广的实在整体有着密切的接续关系。这种关系为他开辟一个新领域,使他觉得为一种超越的力量所把捉。作为个体,经验者不过是这个神圣统一体的一个元素。"世界意识"带来一种新的"实在"的信息,这种"实在"为宗教信徒称作"上帝"。因此,神秘经验的核心内容就是与这种神圣生活的连续感。经验者意识到,心灵的"这个崇高部分是与同一性质的'还有'(MORE)毗邻相继的,'还有'在他之外的宇宙运作,他可以与'还有'保持有效的接触,当他的低劣部

---

① 本书第 409 页。

分在海难中崩溃时,他可以以某种方式搭乘'还有'的船,使自己得救"①。这种 MORE 的拯救功能事实上相当于宗教的救赎作用,因此,MORE 指向神明,指向上帝。

通过神秘经验与一般经验的关系,我们可以断定,詹姆士的《种种》是其思想体系的一个重要组成部分,不可或缺。假如将彻底经验主义看作詹姆士哲学体系的核心,②那么,《种种》的理论背景便是彻底经验主义,必须借助后者才能完全理解前者;反之,假如没有《种种》对宗教经验的全面考察,詹姆士的彻底经验主义亦是不完整的。

以上文字,尽管得自笔者数年的阅读、翻译和研究,但仍不过为一管之见,其意图无非是帮助读者走近《种种》,理解《种种》。倘若读者通过这篇文字能够由此及彼,亲自披览《种种》,那实在是笔者的最大心愿。相信读者定会跟随詹姆士的思路,进入川流不息、丰富多彩的经验之流,领略宗教体验的种种奥秘。倘若读者在阅读过程中心领神会,颇出心得,形成自己的想法和看法,并且不吝赐教,对笔者的文字和译文提出批评和建议,那更是笔者的荣幸。真正的学术不是在吹捧或诋毁中发展,而是在批评、切磋和争论中发展。

尚新建

2003 年 11 月

---

① 本书第 504 页。
② 参见拙著《美国世俗化的宗教与威廉·詹姆士的彻底经验主义》第三章。

目　　录

　　引论：这门课不是人类学的，而是讨论个人经历。事实问题与价值问题。事实上，笃信宗教的人往往是神经病态的。批判排斥宗教的医学唯物主义。推翻宗教性源说。心的一切状态都受神经条件限制。心态的意蕴不能根据其来源评定，必须根据结果的价值加以评定。价值的三个标准；来源不能用为标准。如果有优等智力伴随，精神病态的气质便显出优势，特别是对宗教生活。

　　简单地界定宗教毫无用处。并无一种特别的"宗教情操"。制度宗教与个人宗教。我们只限于讨论个人的宗教。为这组演讲而下的宗教定义。"神圣的"一词的意义。神圣的就是引起庄重反应的东西。要把我们的定义弄得十分严格是不可能的。我们必须研究比较极端的实例。接受宇宙的两种方式。宗教比哲学更热烈。宗教的特征是笃信庄重的情感。宗教能克服不幸。从生物学的观点看，需要这种能力。

知觉对象与抽象观念。后者对信念的影响。康德的神学观念。除特殊感官给予的感觉之外，我们还有其他的实在感。"临在感"的例证。非实在的感受。神圣之物临在的感觉：实例。神秘经验：实例。上帝临在感的其他实例。非理性经验颇有说服力。理性主义在建立信仰方面软弱无力。在个人的宗教态度上，占据优势的或者是热情，或者是庄重。

幸福是人的主要考虑。"一次生"性格与"二次生"性格。惠特曼。古希腊人感情的混合性质。成系统的健全心态。它的可推理性。自由主义基督教指明这个道理。通俗科学鼓励的乐观主义。"医心"运动。其信条。实例。罪的学说。它类似于路德派神学。以松弛、得救赎。方法：暗示、冥想、"回忆"、证实。适应宇宙的可能架构多种多样。附录：两个医心实例。

健全心态与悔罪。健全心态的哲学本质上是多元主义的。病理的心态——它的两个程度。每个人的痛觉阈限不同。自然的福利不牢靠。每人一生中的失败或虚幻的成功。一切纯粹的自然主义都是悲观的。古希腊罗马人的观点毫无希望。病态的不幸。"快感缺乏症"。牢骚忧郁症。生活趣味是纯粹的恩赐。失了生活趣味，物质世界看上去大不相同。托尔斯泰。班扬。阿莱因。病态的恐怖。这种病态需要一个超自然的宗教才能解脱。健全心态与病态的对立。罪恶问题无法逃避。

大概牵涉潜意识的影响。表示品格永久变化的机械图式。圣徒性的几个特点;高级权力的实在感。心灵的平和,慈善。恬静,坚忍等等。这些与松弛作用的联系。生活的纯洁。苦行主义。顺从。贫穷,民主主义的情操与人道主义的情操。剧烈激动的一般结果。

圣徒性必须以它的结果对人生的价值来评判。然而,上帝的实在性也必须判定。"不宜的"宗教为"经验"所淘汰。经验主义不是怀疑主义。个人的与部落的宗教。宗教创立者的孤独。腐败在成功之后。过度。过分的虔奉是信奉狂;是虔诚的专注。过度纯洁。过度慈善。完善的人仅适于完善的环境。圣徒是酵母。苦行的过度。苦行主义是代表英雄生活的象征。黩武主义与自甘贫穷可能是等价的。对圣徒品格的毁誉。圣徒与"强"人。必须考虑他们的社会功能。抽象地说,圣徒是最高的典型,但在现有环境里,圣徒会失败,所以,我们自己做圣徒是在冒险。神学真理的问题。

界定神秘主义。神秘状态的四种标志。神秘状态构成另一个不同的意识领域。低级神秘状态的实例。神秘主义与酒。"麻醉的启示"。宗教神秘主义。自然界的种种面目。对上帝的意识。"世界意识"。瑜伽。佛教神秘主义。苏菲主义。基督教神秘主义者。他们的启示感。神秘状态的健身作用。神秘主义者用否定语描述。与绝对者的同一感。神秘主义与音乐。三个结论:(1)神秘状态为处于这种状态的人树立

权威;(2)但是,对任何其他人则不然;(3)可是,他们打破了理
性的状态单一权威。神秘状态强化了一元论和乐观主义的
假设。

在宗教范围内,情感起首要作用,哲学起次要作用。理智
主义在建构神学时,声称要避免主观的标准。"教义神学"。
批评它对上帝属性的说明。"实用主义"是对概念价值的检
验。上帝的形上属性没有实际意义。上帝的道德属性为一些
拙劣的论证所证明;系统神学的崩溃。先验唯心主义的遭遇
好点儿吗?它的原理。引述凯德。它们很好地复述了宗教经
验,但作为推理的证据。则未必令人信服。哲学能为宗教做
的,是把自己变成"宗教科学"。

宗教的美感成分。天主教与新教的对比。牺牲与忏悔。
祈祷。宗教以为,精神功业实际上在祈祷中完成。至于完成
了什么,有三种程度不同的意见。第一种,第二种,第三种。
自动现象。它们常见于宗教领袖。犹太人的实例。穆罕默
德。约瑟夫·施密斯。宗教与一般的潜意识区域。

宗教特性综要。各人的宗教不必相同。"宗教科学"只能
暗示宗教信条,不能明示宗教信条。宗教是否原始思想的"遗
迹"?近代科学摈弃了人格概念。神人同形说及对人格的信
念是前科学的思想特点。尽管如此,人格的力量是实在的。
科学的对象是抽象的,只有个体化的经验是具体的。宗教倚

…

1   宗教经验种种

仗具体。宗教首先是生物的反应。它的最简单术语是不安与得救;叙述得救的情形。高级权力的实在性问题。作者的假设:(1)潜意识的自我介于自然区域与较高区域之间。(2)较高区域,或者"上帝"。(3)上帝在自然界内产生实在的结果。

将本书的哲学立场界定为片断超自然主义。批评普遍的超自然主义。原理的不同必然引起事实的不同。上帝的存在能造成事实上的哪些不同? 灵魂不朽问题。上帝的惟一性与无限性问题;宗教经验不对这个问题作肯定答复。多元论的假设更符合常识。

序　言

　　假如我不曾有幸应爱丁堡大学之聘，主持吉福德讲座（Gifford Lecturer）①，讲授自然宗教，恐怕绝不会写这本书②。因为这一聘任，我必须讲授两门课程，每门十讲；我在寻找这两个讲题时，发觉第一门课可以是描述性的，题为"人的宗教欲望"；第二门可以是形而上学的，题为"以哲学满足这些欲望"。可是，当我下笔时，一旦涉及心理学问题，内容出乎意料地多；因此，第二个讲题就完全搁置了。现在，这二十讲都是描写人的宗教性格。在第二十讲，我暗示（并非表述）了我个人的哲学结论；哪位读者想直接了解它们，可以翻看那一讲的最后两大段及本书的后记。我希望将来我能以更明白的方式阐述这些结论。

　　我相信，与单纯占有抽象公式（不管多么深刻）相比，博识种种特例往往使我们更精明，所以，我这些演讲充满了具体的例证，并且，这些例证都是从宗教性情比较极端的表现中选取来的。因此，

---

　　①　文献导言应该向詹姆士请教过，其中的一些细目由詹姆士选定。1902 年 7 月夏季神学讲座，在题为"宗教中的理智和情感"（Intellect and Feeling in Religion）的演讲中，詹姆士探讨的问题或许属于形而上学第二教程。在演讲笔记（bMS AM 1092.9[4479]）的封面上，詹姆士注明："无聊的作品，决不出版。"——译者

　　②　威廉·詹姆士将本书献给他的岳母伊利莎白·普特南·吉本斯（Elizabeth Putnam Gibbens）。——译者

有些读者恐怕还没有将书读过一半,就觉得我所提供的是这一主题的讽刺画像。他们会说,这种到了抽搐地步的虔诚,并非正常的心理。不过,假如他们耐心读完这本书,我相信,这种不良的印象将烟消云散。因为在那儿,我把宗教冲动与矫正过激行为的常识原则结合起来,让每位读者自己下结论,无论多么温和的结论,完全随其所愿。

　　我在撰写这些演讲时得到不少人的帮助,对他们致以深深的谢意:斯坦福大学的斯塔柏克教授①,他把广泛搜集的丰富的手写材料让给我;东诺斯菲尔德的蓝金②是我未曾谋面,但经过考验的朋友,我有一些宝贵的信息来源于他;日内瓦的伏卢诺③,牛津的席勒④,以及我的同事蓝德⑤为我提供了文献;还有同事米

---

　　① 斯塔柏克教授(Edwin D. Starbuck,1866—1947),美国心理学家,曾执教于哈佛大学。他保存了他给詹姆士的五封信(bMs AM 1092,信在 1023—1027),两封詹姆士给斯塔柏克回信的复制文件(bMs AM 1092.1)。还有《宗教心理学:宗教意识生长的经验研究》(*The Psychology of Religion:An Empirical Study of the Growth of Religious Consciousness*),London:Walter Scott,1899(WJ 350.83),也有若干本小册子。詹姆士为《宗教心理学》所写的前言在《宗教和道德》(*Religion and Morality*)一书中重印。该书收入《威廉·詹姆士著作集》中。——译者

　　② 蓝金(Henry w. Rankin)是马萨诸塞州诺斯菲尔德赫尔蒙男校的图书馆馆长。他与詹姆士有书信往来,这些信件收入《威廉·詹姆士书信集》(*The Letters of William James*),ed. Henry James,2vols. Boston:Atlantic Monthly Press,1920. 其他信件保留在 Houghton(＊67M-96)。在詹姆士撰写《宗教经验种种》之前,蓝金曾经为他提供了一些剪报、小册子和书籍。詹姆士与蓝金的书信往来,有相当一部分内容与相关资料有关。——译者

　　③ 伏卢诺(Theodore Flournoy,1854—1920),瑞士心理学家。——译者

　　④ 席勒(Canning Schiller,1846—1937),英国哲学家,詹姆士最亲密的朋友之一。——译者

　　⑤ 蓝德(Benjamin Rand,1868—1963),美国哲学文献学家和编纂家,哈佛大学哲学图书馆哲学讲师和图书馆馆长。——译者

勒①和我的一些朋友，纽约的瓦德②、最近住在克拉科的鲁托斯拉甫斯基③，都给了我重要的提示和忠告。最后，我对住在基恩谷上格伦莫拉的戴卫森④的感激之情难以言表，他不幸去世，我曾与他谈过话，并利用他的书。

于哈佛大学
1902 年 3 月

---

① 米勒（Dickinson S. Miller, 1868—1963），美国哲学家，哈佛大学哲学讲师。——译者

② 瓦德（Thomas Wren Ward，出生于 1844 年），美国银行家，詹姆士在哈佛大学读书时的朋友。——译者

③ 鲁托斯拉甫斯基（Wincenty Lutoslawski, 1863—1954），波兰哲学家、作家。在《宗教和道德文集》一书中，詹姆士提到过与鲁托斯拉甫斯基的关系。詹姆士也为鲁托斯拉甫斯基的《灵魂世界》（*World of Souls*）一书撰写前言。该前言收入《宗教和道德文集》中。——译者

④ 戴卫森（Thaomas Davidson, 1840—1900），苏格兰出生的作家，威廉·詹姆士的密友。——译者

第一讲　宗教与神经病学

　　我站在这张讲桌后面,面对着许多博学的听众,实在怀着不少的惶恐。我们美国人从欧洲学者生动的谈吐以及他们的书里接受教诲,这种经验已经习以为常了。在我们哈佛大学,没有哪个冬天是毫无收获地白白度过的,总有来自苏格兰、英格兰、法兰西、德意志的专家,代表他们本国的科学或文学,给我们做或大或小的讲演——这些专家,或是接受我们的邀请,专程横渡大西洋为我们讲演,或是当他们游历我们国家时,半路为我们截获的。欧洲人说话,我们听,似乎是理所当然的事情。我们说话,欧洲人听,则是相反的习惯,我们还未曾养成。所以第一个冒此风险的人,免不了因为这种自大的行为产生一种负疚感,尤其在美国人想象的圣地,像爱丁堡这样的地方,必定如此。爱丁堡大学的哲学讲座颇具荣耀,这在我的童年便已留下深刻的印象。当时,伏勒塞①教授的《哲学论文》刚刚出版,那是我翻看过的第一部哲学著作。我十分清楚地记得,书中描述了汉密尔顿爵士②的教室,引起我的敬畏之情。汉

---

　　①　伏勒塞(Fraser,1819—1914),苏格兰哲学家。詹姆士从1864年开始保留的读书笔记中,广泛记载了他阅读的作品,其中提到伏勒塞的这本书。——译者
　　②　汉密尔顿爵士(Sir William Hamilton,1788—1856),苏格兰哲学家。根据佩里记载,他的《形而上学和逻辑讲演录》(Lectures on Metaphysics and Logic,1859)第一卷,后从詹姆士藏书中被卖掉。——译者

密尔顿的讲演是我强迫自己研读的第一部哲学著作,此后,我沉浸于斯图尔特①和布朗②的作品中。童年的这种敬畏情结,绝不会随着年龄的增长而消失。应该承认,鄙人由土生土长的村野一跃而起,一时间当真成为这里的一员,变成这些名流的同事,不仅使我有一种现实感,而且同样使我有一种梦境之感。

　　既然我有幸收到这个聘约,便觉得不应拒绝。学术生活也有冒险的义务,所以,此时此刻我站在这里,不再说推辞的话。我只说一句:现在,无论这里还是阿伯丁③,潮流已经开始由西向东,我希望继续这样流下去。将来年复一年,我希望有好多美国人应邀来苏格兰的各大学讲演,换取苏格兰学者去美国讲演;我希望我们的民族在所有这些高层事业上变得像一个民族一样;并且,与我们英语相关的特种哲学气质和特种政治气质,越来越弥漫于全世界,影响全世界。

　　至于我即将进行的这个讲演的方式,我既不是神学家,也不精通宗教的历史,更不是人类学家。我特别熟悉的,只有心理学这一门学问。在心理学者看来,人的宗教倾向至少同人之心性的其他事实一样有趣。因此,作为一个心理学者,我似乎自然应该邀请你

---

①　斯图尔特(Dugald Stewart,1753—1828),苏格兰哲学家。根据佩里记载,斯图尔特的《人类心灵哲学的要素》(*Elements of the Philosophy of the Human Mind*,1818)第一卷的著名拷贝,后从詹姆士藏书中被卖掉。——译者

②　布朗(Thomas Brown,1778—1820),苏格兰哲学家。——译者

③　罗伊斯(Josiah Royce,又译鲁一士),美国哲学家,詹姆士在哈佛大学的同事。他于1899年、1900年两度在阿伯丁的吉福德讲座讲演。阿伯丁讲演最初是邀请詹姆士的,但是,他拒绝了,并推荐罗伊斯担此重任。这使詹姆士夫人感到非常失望。——译者

们一同去描述性地考察一下那些宗教倾向。

假如这个研究是心理学的,它的主题就不是宗教的制度,而必然是宗教的感情和宗教的冲动;而且,仅限于那些有文献记载的比较发达的主观现象,它们都是由口齿清晰、完全自觉的人在敬奉和自叙的文字里记述的。固然,事物的起源和早期阶段总是饶有趣味的,但是,假若诚心寻求它的全部意义,就必须注意更进化、更完善的形式。因此,我们最关切的文件,其作者都在宗教生活中作出最大成就,并最有能力理智地表述他们的观念和动机。当然,这些人或是较近代的作者,或是其作品已成为宗教经典的古代作者。所以,我们发现,最富启发的"人类文件",无须到特别博学的文库里去搜寻——这些文件就在"常行的大路"上;这种由我们问题的性质自然而发的情形,与本讲演者缺乏专门神学知识的情况非常吻合。我可以引述你们大多数人此前已经看过的书,从那些书里摘取个人忏悔的语句和段落,而不会减低我的结论的价值。固然,将来到这里讲演的学人和研究者,有的更具冒险精神,或许会从图书馆的书架上发掘出一些文件,使他的讲演听起来比我的更精彩,更奇诡。然而我怀疑,即使他掌握那么多稀奇古怪的材料,是否就一定能比我更深刻地理解问题的精髓。

宗教倾向是什么? 这些倾向的哲学意义是什么? 从逻辑的观点看,这两个问题属于完全不同的两个层面;不弄清这个事实,必将引起混乱。因此,在进入我所说的文件和材料之前,稍微讨论一下这种区分。

新近的一些逻辑著作,将任何事物的研究统统分为两类。第一类研究的是:事物的性质是什么? 它怎么来的? 有怎样的构造、

起源和历史？第二类研究事物的重要性、意义或意蕴是什么，既然
这个事物已经摆在面前。第一类问题的答案由实存判断或实存命
题表示。第二类问题的答案则由价值命题表示，即德国人说的"评
价"（Werturteil），如果我们愿意，亦可叫作精神判断。这两类判
断，任何一种都不能直接从另一种演绎出来。它们二者出于完全
不同的理智成见。我们的心灵首先分别作出判断，然后再把它们
加在一起，将它们组合起来。

　　就宗教而言，尤其容易区分这两类问题。每个宗教现象都有
自己的历史，都由自然的前因发生。现在的所谓《圣经》评论，其实
只是从这种实存判断的观点研究《圣经》——初期的教会过于忽视
这种评论。那些《圣经》撰述者是在什么样的生活条件下为这部圣
书作出各自的贡献呢？他们陈说的时候，各人心里想的是什么？
这些问题分明是历史事实问题；我们看不出，这类问题的答案怎么
能顺便决定另一个更为深入的问题，即这部书以这种确定的方式
出现，作为生活的指导，并作为神的启示，对于我们有什么用呢？
要答复后一个问题，我们心中必须已经具备某种普遍原理，知道一
事物应该有什么特性才可以使启示的意义拥有价值；这个理论就
是我刚才说的精神判断。把这种判断与实存结合起来，确实可以
推出另一个关于《圣经》的精神判断。具体地说，假如我们关于启
示－价值的理论断言，任何具有启示－价值的书必须是无意形成
的，并不出于作者的自由臆想，或者说，这种书必须没有科学的和
历史的错误，并不表现地方的或个人的激情，那么，《圣经》落在我
们手里恐怕就要倒霉了。假如相反，我们的理论承认一部书尽管
含有错误和热情，尽管是人有意做的，但只要真实记录了伟大灵魂

的内心体验,反映他们与命运的殊死搏斗,仍不失为一种启示,那么,结论恐怕就有利得多。你们看到,实存的事实本身不足以决定价值;因此,最好的考订者决不会把实存问题与价值问题混为一谈。面对同样的事实结论,有些人采取这种观点,有些人则采取那种观点,其原因在于他们关于价值基础的精神判断有所不同。

我所以一般地谈论这两种判断,是因为有好多信教的人——诸位中有些人可能也包括在内——还没有实际应用这个区别,因而,对我下边的讲演必须采用纯粹实存的观点考察宗教经验的现象,或许觉得有点儿诧异。我从生物学和心理学的角度处理这些现象,好像它们只是个体历史的奇闻轶事,于是,你们有些人可能认为,我把那么崇高的题目给贬低了,甚至未等我充分表达我的宗旨,就怀疑我是否故意损坏人生的宗教方面的价值。

当然,这种结果绝非我的意图;而且,你们的这种偏见,将使我谈及的大部分内容无法产生预期的效果。因此,关于这一点,我要再说些话。

毫无疑问,全心全意地追求宗教生活,实际上的确使人变得独特怪僻。我这里不是指那些普通的宗教信徒——那些人无论佛教徒,基督徒,还是伊斯兰教徒,都遵从他们国家相沿成习的宗教仪式。普通信徒的宗教是别人替他准备好的,由传统传授给他,借模仿而形成固定的形式,并通过习惯保存下来。研究这种二手的宗教生活,于我们很少裨益。我们必须搜寻那些原创的经验,它们才是大量暗示感受和模仿行为的原型。这种经验,只能到那样的个人身上寻找:对于他们,宗教不是枯燥的习惯,而是巨大的狂热。

这种人是宗教方面的"天才"，像其他作出突出贡献、值得立传纪念的天才一样，宗教天才也往往表现出神经不稳的症状。宗教领袖常发生异常的心理变态，或许比其他方面的天才还多些。他们总是天生的情绪敏感者。他们往往过着矛盾的内心生活，一生曾有一部分沉浸在忧郁之中。他们不知道节度，容易着迷和钻牛角尖；并常常陷入恍惚的状态，听见耳语，看见幻象，作出各种各样一般归为病态的特殊行为。而且，他们生涯中的这些病态往往帮助他们树立宗教的权威和影响。

如果你们要求一个实例，那么最好的例子是乔治·佛克斯①这个人。他所创立的贵格派（the Quaker）不管怎样称赞都不为过。在当时那个虚伪的时代，贵格派强调根植于内心的真诚，要求返回原始的福音道理，远非人们在英国所曾知晓的。今天，我们基督教各派正趋于宽大自由，就这个范围而言，他们实质上不过是恢复佛克斯和早期贵格派很久以前提出的主张。此时此刻，恐怕无人敢宣称，佛克斯的悟性和能力有毛病。每个直接认识他的人，从克伦威尔以至郡长和狱吏，似乎都承认他有超人的能力。可是，从他的神经体质看，佛克斯患了最严重的精神病或精神错乱。他的日记有许多这类记载：

> 我正与几位朋友行走，抬头看见了三个高阁的顶尖。它们深深地震撼着我的生命。我问朋友那是什么地方。他们说

①　乔治·佛克斯（George Fox, 1624—1691），英国的布道者，教友会创始人。——译者

血的路线，并走进积蓄他们鲜血的市场洼地，以纪念那些殉道者。他们的血一千多年前便已流尽，现在已经冷却在街头。所以我有一种血腥感，并遵行主的命令。（第97—98页）

尽管我们注意研究宗教的实存条件，但是，恐怕也不能忽略宗教的这些病态方面。我们必须描写它们，称呼它们，就像它们发生于不信教的人一样。诚然，我们的情感和爱慕所垂注的对象，若为理智所把握，与任何其他对象等量齐观，我们自然就看不到这个对象。对于一个对象，理智要做的第一件事就是归类，把它归于其他某种东西。然而，凡是我们认为无限重要并引起我们崇拜的对象，都好像必然是自成一类，独一无二的。假如一只螃蟹听见我们不费吹灰之力，毫无歉意地把它归于甲壳类，就此了事，它恐怕会觉得身受奇耻大辱。它会抗议说："我不是这种东西，我只是我自己，我自己！"

理智做的第二件事是揭示事物发生的原因。斯宾诺莎说过："我将把人们的行为和欲望当作线、面和立体的问题加以分析。"他在另一个地方指出，他要用观察一切其他自然物的眼光来考察我们的情欲及其特性，因为我们情欲的结果必然产生于它们的性质，就像三内角等于两直角这种关系必然出于三角形的性质一样。同样，泰纳①在他的英国文学史导言里说："无论道德事实还是物理

①　泰纳（M. Taine，1828—1893），法国心理学家、哲学家，著有《英国文学史》（*Histoit de la literatue anglaise*，4vols.，Paris：Hachette，1863—1864）。詹姆士的藏书中有他的这部作品。——译者

事实,都没有关系。它们总是有原因的。野心、勇气、诚实有原因,就像消化、肌肉动作、体温有原因一样。邪恶与美德像矾和糖一样,也是产品。"理智声称要披露每件事情的实存条件,我们读到这种宣言时,总觉得——至于这些作者实际获得了多少成功,相比之下,他们的计划又多么大言不惭,多么不堪忍受,我们暂且存而不论——我们内心深处的生活之源受到威胁,受到否认。我们以为,这种冷血的归类,威胁着要戳穿我们灵魂的根本秘密,好像一旦说明了它们的来源,同时也就解释了它们的意义,并威胁着要使它们看上去没有什么价值,不比泰纳所说的有用的杂货更宝贵。

人们假定:来源一旦被认定为卑下,精神价值便烟消云散了。这个假定的最常见的表现,或许是感情迟钝的人对比较善感的知交常做的那些评论。例如,阿伏勒那么相信灵魂不朽,是因为他的性情太情绪化。芬妮非常谨慎,纯粹是因为神经过度激动。威廉对世界的悲观是由于消化不良——大概因为他的肝脏麻木了。伊利莎喜爱她的教堂,是歇斯底里性格的一个症状。彼得要是多在户外运动,恐怕就不会对他的灵魂那么发愁了。如此等等。这类推理有个例子发挥得颇为淋漓尽致,就是指明宗教情绪与性生活的联系,借此来讥评宗教情绪。这是一种时髦,今天常见于某些作者。依他们的意思,皈依宗教是青春期和青年期的危机①。圣僧圣尼的苦行和教士的虔诚供奉,只是父母的自我牺牲本能误入歧途的实例。对于身患歇斯底里病、渴望自然生活的修女来说,基督

①　斯塔柏克表明,皈依通常发生在10—25岁之间,伴随着若干年的青春期。他指出:"宗教与性成熟之间的关联,直到近期才被绝大多数社会学家、精神病学家、心理学家所认同。"——译者

不过是想象的人物，为了替代世俗的恋爱对象。凡此种种。①

　　这种对我们所反感的心理状态大加轻诋的方法，大体说来，我　13

---

　　①　这个思想正如我们时代流行的许多观念一样，避开独断的一般论述，只是部分展现，且凭借暗讽。在我看来，很少有什么概念，比把宗教重新解释为性变态更无意义了。运用的手法常常那么粗俗，让人想起天主教的著名嘲讽：对宗教改革的最好理解是记住，它起源于马丁·路德想要一个修女——结果比原因不知大了多少倍，而且，大多性质相反。诚然，在广泛搜集的宗教现象中，有些明显是色情的——例如，多神教中的性欲神和淫猥仪式，还有一些基督教神秘主义与救世主合一的出神之感。然而，为什么不能以酒神和谷神崇拜为证，或者根据一些圣徒对圣餐的出神之感，把宗教称作消化功能紊乱？宗教语言用我们生活提供的贫乏象征做外衣，而且，只要心灵激烈地要求表达，整个机体都会发出评论的泛音。在宗教文字中，取自吃喝的语言相当丰富，恐怕与取自性生活的语言一样广泛。我们追求正义"如饥似渴"[见《马太福音》5：6。——译者]；我们"发现主是一剂美味"；我们"尝了，知道他是善"[《诗篇》34：8。——译者]曾经闻名新英格兰的一部教义入门书，其副标题是"美国婴儿的精神乳汁：取自新旧约的乳房"；基督教祈祷文字的确是漂浮在乳汁里，不是从母亲的观点看，是从婴儿的观点看。

　　例如，圣弗朗西斯（Saint Francis de Sales）这样描述"寂静的祈祷"："在这个状态，灵魂好像吃奶的婴儿，他的母亲一面抱着他，一面抚慰他，让乳汁流进他的嘴，他甚至连嘴唇也不动一下。正是在这里……我们的主希望我们喝到充足的奶，是主将奶灌到我们嘴里，而我们品咂甜美的奶汁，却不知它来自主。"他又说："想想婴儿贴着哺乳母亲的乳房，你将看到，吸奶的乐趣给他小小的震动，让他越来越贴近母亲。祈祷期间，与上帝相连的心也屡屡运动，力求贴得更近，同时也更接近神的美味。"见《圆满之路》（Le Chemin de la perfection），第 31 章[1898 年版]；《论上帝的爱》（Traicte de l'amour de Dieu），第七卷，第 1 章[1763 年版]。

　　事实上，人们同样可以把宗教解释为呼吸功能的倒错。《圣经》充满呼吸压迫的语言："你的耳朵不要避开我的呼吸；我的心在喘动，我的力气快要耗尽；我的骨头因为整天呼喊而老化[《诗篇》38：9—10。——译者]；就像牡鹿气喘吁吁奔向溪流[《诗篇》32：1。——译者]，我的灵魂同样气喘吁吁地奔向您，我的上帝。"[节略]《上帝在人内心喘息》（God's Breath in Man）是美国最著名的神秘主义者哈里斯（Thomas Lake Harris[美籍英裔牧师。——译者]）主要著作的书名。在某些非基督教国家里，宗教修行的基础就在于调息。

　　这些论证很充分，如同人们听到的对性欲说的证明。然而，后者的鼓吹者说，他们的主要论证在其他方面并非相同。他们说，宗教的两种现象，即忧郁和皈依，实质上是青年期的现象，因此，与性生活的发展同时。很容易反驳上述观点。即便所说的同时发

们当然都熟悉。在某种程度上，我们都用这个法子，批评那些我们
认为心态趋于紧张的人。可是假如别人批评我们激昂的宗教情
绪，说它"不过"表现了我们的器官状态，我们就觉得受到了莫大的
侮辱和伤害，因为我们知道，无论我们机体的特质如何，我们的心
理状态仍有独立的价值，显示生动的真理。我们希望，这种医学唯
物主义可以闭住嘴巴了。

　　"医学唯物主义"似乎是一个好名称，可用来称呼我们刚才
说的那种头脑简单的思想体系。医学唯物主义把圣保罗去大
马士革路上所见的幻象，说成大脑枕部皮层病灶放射的结果，
断定他是癫痫患者，结论干脆利落①。这种唯物主义说，圣特

_____

展是真的(其实不是)，那也不单单指性生活，而是青年期萌发的高级心理生活。人们
似乎可以主张，对力学、物理学、化学、逻辑学、哲学，以及社会学的兴趣，既然都是在青
年期发生的，与诗歌和宗教的兴趣同时，那么也应该是性倒错。然而，这简直荒谬绝
伦。而且，假如以同时为根据的论证可以确定，那么如何解释这一事实，即最虔诚的宗
教年龄似乎是老年，而那时，性生活的旺盛期已经过去？

　　实际上，为了解释宗教，人们最终必须考察宗教意识的直接内容。一旦这样做，就
会发现，宗教大都与性意识的内容完全无关。二者的一切截然不同：对象、心境、能力，
以及所驱使的行为。任何一般的化归同类根本不可能：我们最常见的是截然对立和敌
视。假如现在，性欲说的支持者说，这个反驳于他们的主张无害：倘若没有性器官分泌
化学物质到血液中，大脑就得不到养料，供宗教活动之用，那么最后这个话也许对，也
许不对。但是无论如何，它是一句空洞的废话：我们不能由此得出结论，帮助我们解释
宗教的意义或价值。从这个意义上说，宗教生活不仅依赖性器官，同样也依赖脾脏、胰
脏和肾脏，因此整个性欲说失去了效力，发散成一种模糊的泛泛之谈，即心灵在一定程
度上依赖于身体。

　　①　莱特福特(Joseph Barber Lightfoot，1828—1889)，英国牧师，达累姆郡主教。
他在《圣保罗的(加拉太书)》(*Saint Paul's Epistle to the Galatians*，1865)一书中，根据
《圣经》文本一些不确定的意义提出，保罗患有癫痫病。近现代人对这一问题的评论，
可参见穆林斯(Terence Y. Mullins)的"保罗肉身的苦恼"("Paul's Thorn in the
Flesh"，*Journal of Biblical Literatur*，76，1957，pp.299—303)。——译者

雷莎①是歇斯底里病人，阿西西的圣方济各是遗传性退化病人。佛克斯所以对当时的虚伪不满，渴求精神的真诚，是大肠失调的症状。卡莱尔发抒悲苦的高唱，可用十二指肠溃疡和胃溃疡来解释。医学唯物主义说，所有这些心理的过度紧张，假如你寻根究底，纯粹属于身体问题（极可能是出于自身中毒），由于生理学尚未发现的种种腺体的作用失常而起。

　　于是，医学唯物主义认为，所有这些名人的精神权威，统统被它打倒了。②

　　让我们从最可能的方面看看这个问题。近代心理学发现，某些确定的心身联系确实有效，因而提出一个方便的假设，假定心理状态依随身体状态这种关系是彻底的、全面的。假如我们采纳这个假设，那么，医学唯物主义所坚持的，当然是对的，即便不是所有的细节都正确，至少一般说来是对的。圣保罗确实一度犯过癫痫类的疾病，假如不是真正的癫痫发作的话；佛克斯是遗传性退化病人；卡莱尔无疑是自身中毒，因为身体的这个器官或那个器官，不论哪个，无关紧要。如此等等。但是，我问你，对心理史的事实进行这种实存的论述，怎么能以这种或那种方式决定这些事实的精

———————————

　　①　詹姆士为《特雷莎自传》(*Vie de Sainte Terese ecrite par elle-meme*，Paris：Lecoffre，1884)编写索引，涉及她的疾病的地方有第 34 页、第 48 页、第 53—61 页、第 89 页、第 131 页、第 138 页、第 164—165 页、第 168 页、第 183 页。詹姆士对特雷莎疾病的兴趣，可能是蓝金引起的。詹姆士·亨利·柳巴(James Henry Leuba)的《宗教神秘主义心理学》(*Psychology of Religious Mysticalism*，New York，Harcourt，Brace，1925，pp. 197ff)，讨论过特雷莎的癔病。柳巴说，争论是由哈恩(Hahn)率先引起的。——译者

　　②　医学唯物主义论证的最佳实例，见比纳—桑格雷的论文"虔信类型"，载《催眠术评论》(*Revue de l'Hypnotisme*)，第十四卷，第 161 页。

神意义呢？根据刚才说过的一般心理学假设,我们的心理状态,无论是高是低,是健康还是染病,没有一个不是依靠某种机体过程的。科学理论同样依靠身体的作用,其程度与宗教情绪的依靠完全相同。假如我们详尽地知晓这些事实,那么,我们无疑应当看到,"肝脏"断然决定了倔强的无神论者的信条,同它断然决定卫理派（Methodist）教徒悔悟自己的灵魂是一样的。假如肝脏以某种方式改造了渗过它的血液,人们就变成卫理派信徒,那么,换一种方式,我们便成为无神论者。我们的一切狂喜与冷淡,追求与渴望,疑问与信仰,莫过于此。无论它们的内容是宗教的还是非宗教的,同样起因于机体的作用。

除非有人预先创立某种心身理论,将一般的精神价值与确定的生理变化联系起来,否则,用机体的原因说明宗教心态,否认宗教心态具有高等的精神价值,将是完全不合逻辑的、武断的。不然的话,我们的思想感情,甚至我们的科学理论,还有我们的不信,恐怕再不会有揭示真理的价值了;因为它们都毫无例外地产生于当事人当时的身体状态。

不消说,医学唯物主义事实上不会得出这种彻底怀疑的结论。它像普通老百姓一样确信,有些心态本质上高于其他心态,能够揭示更多的真理;在这方面,它不过运用了通常的精神判断。它并没有掌握任何生理学理论,说明它所崇尚的那些状态是如何发生的,何以要相信它们。因此,对于它不喜欢的心态,浮泛地将它们与神经和肝脏连在一起,将它们与指谓身体疾病的名目联系起来,这种贬损完全是不合理的,并且自相矛盾。

让我们公平地对待整个事件,坦然地面对这些事实吧。当我们认为某些心态高于其他心态时,是否真的因为我们知道了这些心态的机体前因呢? 不! 总是出于两个完全不同的理由:或是因为我们从中得到直接的愉快,或是因为我们相信它会给我们的生活带来良好的后果。我们轻蔑地谈论"发烧的幻想",当然不是贬低发烧本身,相反,据我所知,华氏 103°或 104°或许更适合真理的萌发与形成,远远胜过平常华氏 97°—98°的血液温度。其实,是那些幻想本身不适宜,或是因为它们经不起痊愈时期的评判。我们赞赏健康引起的思想,这种判断并非健康的特种化学代谢所决定。实际上,我们对这种代谢几乎一无所知。我们说这些思想好,是因为它们具有内在的愉快品质;我们视它们为真理,是因为它们与我们的其他意见相一致,它们满足了我们的需要。

　　较内在的标准与较外在的标准不一定总连在一起。内心愉快与有用这两件事,并非必然遥相呼应。直接感觉到的最"好",若用其他经验判断衡量,不一定是最"真"。酒醉的菲力浦①与酒醒的菲力浦不同,是著名的例证。假如"觉得好"就可以决定,那么,酒醉就是最实在的人类经验了。然而,酒醉的发泄,无论当时带来多大满足,它所依存的环境却不能长久维持它的效力。两个标准不一致,其结果导致了不确定,渗入到我们的许多精神判断。有一些情感的、神秘的经验(我们以后要举很多例子),当它们出现时,使人深深觉得它们具有内在的权威和光明。然而,这种情况很少见,并非人人俱有。而且,人以后的生活并不与这些经验发生关系,抑或,与它们抵牾的可能比证实它们的可能还大。有些人比较信从

---

　　①　菲力浦(Valerius Maximus Philip),罗马历史学家。——译者

这些顷刻间的启示,有些人则宁愿为平常的结果所指导。因此,人类的许多精神判断互相冲突,相当悲惨。这一组讲演完结之前,我们就会深切感觉到这种冲突。

18　　然而,这种冲突决不能用纯粹的医疗检测加以解释。有一个例子颇具说服力,证明严格相信医疗检测是不可能的。这就是近来一些作者宣扬的天才①起于病态这个学说。摩鲁②博士说:"天才不过是神经病谱系诸多分支中的一支。"朗布洛索③博士说:"天才是近于癫痫一类的遗传性退化作用的一个症状,并且与道德的癫狂相关。"尼斯贝特④先生写道:"一个人的生平一旦风光得可以,记载下来的也足够详细,可供研究之用,那么,他不免要算作病态的一类……并且,大体说来,天才越高,病态也越深,这点值得注意。"⑤

问题在于:这些作者断言天才的作品都是疾病的结果,并自鸣得意之后,是否贯彻到底,进而怀疑这些成果的价值呢?他们是否能从新的实存条件学说,推演出一个新的精神判断呢?他们是否直率地禁止我们以后再赞美天才的作品呢?是不是简直等于说,

---

① 詹姆士在"特殊心理状态"的系列讲演中,曾经涉及关于天才与精神错乱之间的关系,该讲演是 1896 年詹姆士去洛尔研究院之前做的。在其他场合,他也偶尔提及过。19 世纪 90 年代,詹姆士在《心理学评论》(*Psychological Review*)上发表过大量的评论文章,这些文章表明,这一时期,詹姆士对反常心理学有浓厚的兴趣。詹姆士的个人藏书,也有大量的反常心理学方面的著作。——译者

② 摩鲁(Dr. Moreau,1804—1884),法国医生。——译者

③ 朗布洛索(Dr. Lombroso,1835—1909),意大利社会学家和医生。詹姆士在《心理学评论》1895 年 5 月,第 2 期,第 288—290 页,曾经评论过他的著作。——译者

④ 尼斯贝特(Mr. Nisbet,1851—1918),英国多面手作家。——译者

⑤ 尼斯贝特(J. F. Nisbet):《天才的疯狂》(*The Insanity of Genius*),第三版,伦敦,1893,第 xvi,xxiv 页。

没有任何神经病患者可以成为新真理的揭示人呢？

不！他们直接的精神本能压倒了他们；爱好逻辑一贯的医学唯物主义，只有在忘乎所以的情况下才可能忘却的那些推论，统统为他们所拒绝。诚然，这一派的一个门徒，曾想利用医学论证全盘否认天才的作品（即，他所不能欣赏的现代艺术品，而且，这类作品有很多）具有价值。[①] 但是，大部分杰出作品并没有引起非议；这种从医学方面的攻击，或者仅限于那种世俗的庸作，人人都认为它们实在偏执，或者专门针对宗教的表现。然而，所以如此，正是因为这个批评家由于内部的或精神的理由不喜欢宗教的表现，本来已经排斥了它们。

在自然科学和工业技术领域，任何人都不会因为指出作者的神经病气质而推翻什么意见。在这里，无论作者的神经气质属于哪一类，意见总是用逻辑和实验检验的。对宗教的意见也一样。它们的价值只能直接用精神判断加以确定；这种判断，第一是根据我们自己的直接感受，第二是根据我们所确定的宗教意见与我们道德需求的经验关系，以及我们认作其他真理的经验关系。

总之，直接洞察力，哲学的合理性，以及道德的有益，是我们惟一可用的标准。纵使圣特雷莎的神经系统像最镇定的母牛一样健全，但是，如果她的神学由刚才所说的那些检验证明是卑鄙的，那么，现在恐怕根本不可能存在。反之，如果她的神学经得起检验，

---

① 诺尔道（Max Nordau），见他题为《退化》（*Degeneration*）的巨作。［诺尔道（1849—1923），德国医生和作家。詹姆士在《心理学评论》，1895 年 5 月，第 2 期，第 289—290 页的文章中评论过他的著作："谁要是想运用诺尔道的方法描述他自己的人格，几乎无法帮助他记载最严重的蜕变过程。"——译者］

那么,她在世时无论患了多么严重的歇斯底里症,无论她的神经多么失调,都无关紧要。

　　现在你们看到了,归根结底,我们回到一些普通的原则,经验论哲学始终坚持,我们追求真理之时,必须以这些原则为指南。种种独断论哲学一直在寻求某些真理标准,企图使我们不用诉诸未来。独断论哲学家所钟爱的梦想就是发现某种一目了然的标志,一旦注意到它,就能直接地和绝对地,在当下并永久地完全避免任何错误。显然,从真理标准方面看,只要真理的各种起源可以彼此分辨,那么,真理的起源就是一个绝好的标准。独断意见的历史表明:起源始终是一个走红的标准。起源于直觉;起源于教皇的权威;起源于超自然的启示,如幻相、幻声,或来历不明的种种印象;起源于崇高神灵的直接附身,表现为预言或警告;起源于一般无意识的表达。所有这些起源,都曾用来证实宗教史上的种种意见。因此,医学唯物主义论者只是许多晚出的独断论者,不过巧妙地将以前独断论的局面整个翻转过来,用起源的标准瓦解宗教,而不是建立宗教罢了。

　　只有对方借助于超自然的起源,这些医学唯物主义者才能有效地谈论病态的起源,并且,除了起源的论证,不讨论任何其他事情。但是,起源的论证很少单用,因为这种论证的不充分太明显了。以起源为依据驳斥超自然宗教的人,最犀利的或许是莫兹利①博士。然而,连他也不得不说:

　　"我们有什么权利相信,大自然只能借助健全的心灵开展工作呢?她也许发现,不健全的心灵更适合某种特殊目的。只有所做

---

　　①　莫兹利(1835—1918),英国生理学家和心理学家。——译者

的工作,以及工人做工时所依赖的品性,才是惟一重要的;假如他在其他方面的品性特别残缺,也就是说,他是伪君子、犯奸者、怪僻者,或是疯子,那么,从全宇宙的观点看,并没有多大关系。……因此,我们又回到古老的、最后的真理标准,就是:人类共同认可,或者,为人类中受过教育和训练的佼佼者所赞同。”①

换言之,莫兹利博士验证信仰的最后标准不是信仰的起源,而是该信仰产生整体效应的方式。这也是我们自己的经验论标准。并且,即使主张超自然起源的坚定分子,最后也不得不采用这个标准。那些形形色色的幻象和神示,有的分明是愚妄的,那些形形色色的恍惚和痉挛,有的对于行为与品性毫无结果,它们本身并无意义,更不是神圣的。在基督教的神秘主义历史中,有些神示和经验确是神圣的奇迹,有些则是魔鬼恶意伪造的,因而,使信徒罪上加罪;如何区分这两类神示和经验,始终是个困难的问题,需要最好的良心指导者贡献全部聪明和经验。最后,总要用到我们经验论的标准,即通过它们的效果认识它们,而不是通过它们的根源。爱德华兹②的《论宗教感情》详尽阐发了这个论题。人的美德的根源,我们根本观察不到。无论什么现象,都不能绝对无误地证明上帝的恩典。只有我们的实践才是惟一可靠的证据,证明我们真的是基督徒,甚至对于我们自己,也是如此。爱德华兹说:

我们现在审判自己所采用的证据,恐怕正是末日降临之

---

① 莫兹利(H. Maudsley):《自然原因与超自然显现》(*Natural Causes and Super-natural Seemings*),1886,第 257 页。

② 爱德华兹(Jonathan Edwards,1703—1758),美国神学家。——译者

时,当我们站在上帝面前,这位最高审判官将采用的主要证据。……对任何宗教学教授来说,凡上帝的恩典,其存在都以基督徒的实践作为最后证据。……我们的经验多大程度上由实践产生,它们就在多大程度上是精神性的和神圣的。

22　　天主教作家同样强调这一点。幻相、幻声,或其他明显的天赐恩惠,留下种种善良的性情,它们才是惟一的标志,使我们深信它们不是在欺骗信从者。圣特雷莎说:

　　睡不好,不能使脑筋得到更大的力量,只能使它更枯竭,同样,纯粹发挥想象,其结果只能是削弱灵魂。灵魂得不到营养和精力,只能收获衰颓与反感;反之,真正的天赐形象则使灵魂获得不可名状的精神财富,身体的力量也焕然一新。我利用上述理由,反对那些常常诋毁我的人;他们将我所见的异象,说成人类公敌制造的产品,看作我自己在玩弄想象的把戏。……我请他们看神灵亲手交给我的珍宝——就是我的实在性情。所有认识我的人都发现我变了;我的听忏教士能够做证;这种改进明见于一切方面,绝非隐晦的。乃是人人分明看到的。这个异象根除我的罪恶,使我充满着大丈夫的勇气以及其他美德。我根本不相信这些异象会出于魔鬼之手,他既然要丢弃我,引我到地狱去,何必用一个与他的利益正相反对的方法呢? 因为我看得很清楚,这些异象中,任何一个都足以使我拥有那些财富。①

————————————————

①　《圣特雷莎传》(*Vie de Sainte Terese*),第28章。

我恐怕扯得太远了；当我宣读我的病理学计划时，或许用不着这么多话就能消除你们的担忧。无论如何，你们现在必定已经做好准备，愿意单凭结果去判断宗教生活了。并且我假定，关于病态起源的种种怪论，将不再玷污你们的虔诚。

然而，你们也许还要问我：既然宗教现象的结果是我们对宗教现象进行价值评判的最后根据，那么，为什么还要对宗教现象的条件开展那么多的实存研究，以此吓唬我们呢？为什么不干脆摈弃病理学问题呢？

对这一点，我有两个答复：第一，有一种压制不住的求知欲迫切地推人前进；第二，考察一件事物的过度和倒错，以及它在其他领域的等价物、替代物，还有最近的相关物，总可以使我们更深地理解它的意义。并不是说，我们原来对其低等同类物的贬斥，现在统统可以泼向它，而是说，通过对比，我们可以确认它的好处究竟在哪儿，同时可以弄清，它将会遇到何种堕落的危险。

癫狂状态有个好处，可以把心理生活的特殊因素离析出来，使我们直接审视它们，摆脱通常环境施加的遮掩。它们的作用是心理解剖，同解剖刀和显微镜于身体解剖的作用一样。我们要想正确地理解一件事，必须从它的环境外和环境内两方面观察它，并且熟悉它的整个变异情况。因此，对于心理学家，幻觉研究是领悟正常感觉的门径，错觉研究是正确了解知觉的钥匙。病态的冲动和强迫的概念，即所谓"固定观念"，曾帮助心理学揭示常态意志；迷念和妄想也曾将常态信仰弄得更明白。

同样，正如上文所说，将天才归入心理病态现象的企图，可以说明天才的本质。介于正常与癫狂之间、胡思乱想、疯狂的气质、

心理失衡、精神病性的退化（只举出许多同义词中的几个）等现象，都有某些特性和倾向，它们一旦与个人的优秀智力相结合，很可能
24 使他名垂青史，影响他的时代，机会远远超过不那么神经质的人。当然，怪癖与优秀智力之间没有特别的联系，[①]因为大多数精神病患者智力低下，智力优秀者通常是神经系统正常的人。不过，精神病态的气质，无论与何种智力相联，往往带有热烈而亢奋的性格。有怪癖的人情绪特别敏感。他很容易为固定观念所左右，执迷不悟。他的构想有可能立刻就变为信仰和行动。假如他得到一个新的观念，除非公布它，或者以某种方式"宣泄它"，否则将不得安宁。常人遇到难题，他这样对自己说："我应该怎样考虑它？"可是，若有怪癖的人遇上难题，他的问题将是："我对这件事必须做点儿什么？"贝尚特夫人[②]是灵魂高尚的女人。她的自传有一段说："很多人希望慈善事业兴旺发达，但很少人肯费力气参与这个事业，愿做牺牲支援这个事业的人就更少了。'总该有人做这件事，但为什么是我？'这是没有骨气的温和者的口头禅。'总该有人做这件事，为什么我不该做？'这个呐喊出于人类最诚实的仆人，他们急切地冲向前，去履行自己的义务。在这两个名句之间，隔着好几个世纪的道德进化。"此言不虚！平常的庸人与精神病态者的不同命运，也就在这两个名句之间。因此，优秀智力与精神病气质合并在一人

---

① 正如贝恩（Bain）教授正确指出的，优秀智力似乎仅仅在于"类似联想"能力的极大发展。［贝恩（1818—1903），苏格兰哲学家和心理学家，詹姆士在《心理学原理》中提到过他。——译者］

② 贝尚特夫人（Mrs. Annie Besant，1847—1933），英国社会学家，通神论者，作家。——译者

身上(在人类才性的无穷排列与组合之中,两者总会屡屡合并的), 25
最有可能创造良好条件,造成那种列入名人辞典的杰出天才。这
种人不甘做智慧的评论家和理解者。他们的观念缠住他们,他们
不顾利害,试图将自己的观念强加于他们的同胞或他们的时代。
当朗布洛索、尼斯贝特,以及其他先生祈求统计学为他们的奇谈怪
论辩解时,就可以算作这类人。

　　现在说到宗教现象,譬如忧郁,我们将看到,它构成每一完整
的宗教发展的一个重要因素。譬如快乐,它是成功的宗教信仰赐
予的。譬如顿悟真理的那种昏迷般的状态,所有的宗教神秘主义
者对此都有报告。[①] 所有这些现象,统统属于各种广泛的人类经
验的特例。宗教的忧郁,作为"宗教的"不管可能具有什么特色,无
论如何也是一种忧郁。宗教的快乐还是快乐。宗教的昏迷还是昏
迷。我们一旦放弃荒谬的观念,不再认为"一事物一经归入其他事
物,或者一经披露它的起源,事情便彻底解决了",我们一旦同意在
判定价值的时候,依据实验的结果和内在的性质,那么,还有谁看
不出,我们真心诚意将宗教忧郁、宗教快乐,以及宗教昏迷与别种
忧郁、别种快乐,以及别种昏迷相互比较,这比拒绝考察它们在普
通系列中的地位,好像它们完全超出自然秩序,恐怕会更能清楚地
确认这些现象的特殊意义呢?

　　我希望这组讲演能证实我们的假设。说到许多宗教现象起源
于精神病态这一层,即使上天作证,认定这些现象是人类最宝贵的

---

　　① 见《心理学评论》(*Psychological Review*,第二卷,287,1895),对天才疯狂的评
论。

经验,也丝毫不会使我们诧异或困窘。任何有机体都不能使具有
它的人悟到全部真理。几乎没有人不是有点儿脆弱,甚至有病;可
是,我们的弱点会给我们意外的帮助。精神病气质易起情绪,这正
是道德感不可或缺的条件;我们具有强调的热情和倾向,这是实践
的道德力的本质;我们爱好形而上学和神秘主义,它们使个人的旨
趣超出可感世界。因此,什么还会比这种气质更自然引人进入宗
教真理,窥视宇宙的各个角落呢?尽管那种粗俗强健的神经系统
总是竭力掩盖这些真理,不让所有者本人知晓,而是自鸣得意,不
时地显露他的肱二头肌请人试按,常常拍打着胸膛,感谢上天没有
在他的体内塞进丝毫的病态成分。

　　假如真有上界来的灵感,那么,这很可能指:神经病气质能够
满足所需要的感受性的主要条件。说了这么多,我想现在可以放
下宗教与神经病态的问题了。

　　这一大堆旁系现象,有病态的也有健康的。为了更清楚地理
解各种宗教现象,我们必须将它们与这些旁系现象加以比较。依
照教育学的术语,这些旁系现象就是我们用以了解宗教现象的"统
觉群"(the apperceiving mass)①。我能设想这组讲演具有的新颖
方面,就在于这种广泛的统觉群。或许,我可以在更宽泛领域成功
地讨论宗教经验,超出通常的大学课程。

---

　　① "统觉群"一词来自德国哲学家希尔伯特(Johann Friederich Herbart,1776—
1841),见希尔伯特所著《科学的心理学》(*Psychologie als Wissenschaft*),2 vols,
Konigsberg:Unzer,1824—1825,II,209—229。詹姆士的《与心理学教师交谈》(*Talks
to Teachers on Psychology*,*Works*,pp. 94—100)一书,深入讨论了这一概念。——译
者

第二讲　论题的范围

　　大多数论及宗教哲学的书都从一段定义开始,试图准确地界定宗教的本质。这种所谓的定义,有些我们或许会在这组讲演的后几部分提到。现在,我可不愿故作博学,向你们一一列举它们。事实上,宗教的定义有那么多,彼此的歧义又那么大,已经足以证明,"宗教"一词不可能代表单一的原则或单一的本质,它毋宁是个集合名称。人心从事理论思维,总企图将丰富的材料过度简单化。这是一切绝对主义和片面的独断论滋生的根源,哲学界和宗教界深受它们的骚扰。我们不想对这个题目直接采取片面的观点,宁可在开头的时候就坦白承认,宗教的本质恐怕不是单一的[①],有可能发现许多特性,哪一个都具有同等的重要性。例如,假如我们探讨"政府"的本质,有人会说是权威,有人说是服从,有人说是警察,又有人说是军队,也有人说是议会,还有人说是法典;然而,无论什么时候,假如不具备所有这些东西,那就根本没有具体的政府。这些东西,一时这一件更重要,一时又是那一件更重要。认识政府最 全面的人,绝不肯白费力气去寻找一个定义,以界定政府的本质。

---

　　① 在《心理学原理》(*Works*,pp. 959—963)中,詹姆士表明,事物的本质将会随着兴趣的改变而改变。——译者

他既然熟悉政府的一切特点,当然以为把这些东西合而归一的抽象概念与其说是启迪人们,不如说是误导人们。为什么宗教就不是一个同样复杂的概念呢?①

　　让我们也考察一下"宗教情操"。我们看到,好多书都谈到宗教情操,好像它只是一种心理事物。

　　我们发现,在许多关于宗教心理学和宗教哲学的书中,作者企图具体指明宗教究竟是什么现象。有人将它与依赖感联系在一起;有人以为它由恐怖而生;还有人把它与性生活联系起来;又有人将它等同于无限感;诸如此类,用不同的方式设想宗教情操,本身就应引起疑虑,怀疑它是否单一的特殊过程。我们一旦将"宗教情操"看作集合名词,包括宗教对象分别引起的许多情操,我们就会看到,宗教情操或许根本不是任何一种特殊的心理性质。有宗教的恐惧、宗教的爱情、宗教的敬畏、宗教的欢乐,等等。不过,宗教的爱情只是人的自然爱情指向宗教的对象;宗教的恐惧只是对"交往"的一般恐惧,就是说,神明报应的观念可以激动人心,使人的胸部产生普通的震颤;宗教的敬畏就是我们身体的战栗,其感觉如同我们黄昏时留在林莽之中,或是在山峡之间,不过这次,是由于我们想到超自然的关系。对宗教徒的生活发生作用的种种情

_____

　　① 这里,最好还是请读者去看柳巴(Leuba)教授的文章,该文全面而精彩地讨论了所有这些宗教定义的无用。文章是在本文之后发表的,见《一元论者》(*Monist*),1901年1月。[柳巴的文章题目是"宗教心理学研究导论"。詹姆士在写给斯塔柏克的信中说,"我不仅认为柳巴的见解在方方面面都是通常意义上的不成熟的医学唯物主义,而且我讨厌他的探讨缺乏公开性。"——译者]

操，都有类似的情形。宗教情绪是具体的心理状态，即一种感受加上一种特殊的对象，因此，当然是与其他具体情绪截然有别的心理状态。但是，我们没有理由假定，存在一个单纯而抽象的"宗教情绪"，它本身是一个独特的基本心理感情，毫无例外地出现在每一个宗教经验中。

因此，似乎并没有一种基本的宗教情绪，只有共同的情绪仓库，可以为宗教对象所利用，于是，似乎也可以证明，没有一种特殊的且本质的宗教对象，也没有一种特殊的且本质的宗教行为。

宗教的范围既然这么广，要想讨论全部分明是不可能的。我这组讲演必须限于这个题目的一小部分。固然，对宗教的本质下个抽象定义，进而坚守这一定义，反对其他一切定义，这种举动确实十分愚蠢。但是，这并不禁止我为了这组讲演，对"宗教是什么"的问题提出自己的一管之见，从"宗教"这个名词的许多意义中选出一个，希望你们特别留心，并随我的意思宣布，凡我说到的宗教，就是指那个意义。其实，我必须这样做；现在我先划出我所选择的范围。

有一个简单划定范围的方法，就是排除这个题目的其他方面。我们一开始便注意到一种广泛的分界，将宗教领域分为两个方面。一方面是制度宗教；另一方面是个人宗教。正如萨巴蒂埃[①]所说的，宗教的一支最注意神，另一支则最注意人。崇拜和献祭，感动神性的程序，神学、典仪和教会组织，都是制度宗教的本质要素。

---

① 萨巴蒂埃(M. P. Sabatier, 1858—1928)，法国新教作家。——译者

假如我们仅限于讨论制度的宗教,那么,就必须把宗教界定为一种外部技术,即赢得神宠的技术。反之,比较注重个人的宗教部分,关注中心是人自己的内心倾向,他的良心、他的功过、他的无助、他的不全备。虽然上帝的宠眷——无论失还是得——仍是宗教生活的一个本质特征,而且,神学也在其中扮演重要角色,但是,这种个人宗教所激发的行为,不是仪式的行为,而是个人行为。个人独自料理宗教事务,而教会组织,包括牧师、圣礼以及其他媒介,都统统降到了次要地位。宗教关系直接由心到心,由灵魂到灵魂,直接发生在人与上帝之间。

在这一组讲演里,我将完全不提制度宗教,完全不谈教会组织,尽量少论系统神学和关于神的观念;我所要说的,尽可能限于纯粹的个人宗教。在你们有些人看来,这样赤裸裸地考察个人宗教,无疑显得太残缺了,似乎根本不配冠以"宗教"这个通名。你们或许会说:"尽管它是宗教的一部分,但只是未经组织的原料;假如独立地为它命名,最好把它叫作人的良心或道德,不能叫作宗教。'宗教'这个名称,应该留给组织完全的感情、思想以及制度构成的系统,应该留给教会,简言之,所谓个人宗教,只不过是教会的一小部分。"

然而,假如你们这样说,那只能更清楚地表明,定义问题是多么容易流于名称的争执。与其延长这种争论,毋宁随便接受什么名称,用来称呼我所要讨论的个人宗教。假如你喜欢,随便叫作良心或道德,不一定非叫宗教——无论叫什么名字,它都同样是值得我们研究的。在我看来,有证据表明,个人宗教包含的某些要素,是单纯的道德所没有的;这些要素,我很快就会指出来。因此,我

仍然把个人宗教称作"宗教"。在最后的讲演里,我将提及一些神
学和教会中心主义(ecclesiasticisms),并谈谈个人宗教与它们的 31
关系。

　　个人宗教,至少在某种意义上,证明比神学[①]或教会中心主义
更根本。教会一经建立,便间接地依存于传统。然而无论哪个教
会,其创教者的力量最初都来源于他们个人与神的直接感通。不
仅基督、佛陀、穆罕默德这等超人的创教者如此,而且一切基督教
派的组织者都莫过于此。所以,连那些仍旧坚持个人宗教残缺不
全的人,似乎也承认它是最原始的东西。

　　按编年推算,宗教中确有一些东西比道德意义上的个人虔诚
更原始。实物崇拜和巫术的历史似乎就早于内心的虔诚——至
少,我们关于内心虔诚的记载就没有前两件的记载那么久远。假
如人们将实物崇拜和巫术看作宗教的发展阶段,那么可以说,个人
的内心宗教以及它所创立的真正的教会中心主义,就是第二手,甚
至第三手的现象。然而,许多人类学家,如耶万斯[②]和弗雷泽[③],已
经明确地将"宗教"与"巫术"对立起来。而且,即使完全不提这件

---

　　①　1901 年 6 月 16 日,詹姆士写给蓝金(Rankin)的信中说:"在这些演讲中,我探
讨的基础是,一切宗教的根本要点在于个人的神秘经验,我在非常宽泛的意义上使用
神秘主义一词。一切神学,一切教会中心主义都是次生的;经验很容易与主观上的理
智偏见相结合,人们几乎可以说,经验没有任何先验的理智的援助,而是属于比理智更
深层、更重要,也更实际的范围。因此,理智的争论和讨伐也不能摧毁经验。我认为神
秘的或者宗教意识属于延伸的阈下自我,神示突然闯入了这一细长的区域。因此,我
们心悦诚服地承认,存在着一个比我们通常的意识范围更大、更强有力的生活范围,意
识范围将随着它继续发展下去。"(《书信》34)詹姆士在《人的不朽》中表达了同样的观
点,该书已再版,收入《著作集》的《道德和宗教文集》中。——译者

　　②　耶万斯(Jevons,1858—1936),英国宗教和哲学史家。——译者

　　③　弗雷泽(Frazer,1854—1941),苏格兰人类学家。——译者

事实,依然可以断定:导致巫术、实物崇拜和低级迷信的全部思想体系,不仅可以叫作"原始宗教",其实同样可以叫作"原始科学"。于是,这个问题又变成了名词之争。无论如何,凡涉及这些早期的思想和感情,我们的知识总带有极大的揣测性,总是那么不完全,恐怕不值得再讨论下去。

32   因此,我现在请你们武断地接受宗教的定义,对我们来说,宗教意味着个人独自产生的某些感情、行为和经验,使他觉得自己与他所认为的神圣对象发生关系。这个关系或许是道德的,或许是物质的,或许是仪式的,因此,那些神学、哲学和教会组织,显然都是从我们所说的宗教中派生出来的。不过,正如我曾说过的,在这些讲演里,直接的个人经验就足以占用我们的所有时间,所以,我们几乎无法讨论神学或教会制度了。

这样武断地界定我们的考察范围,将避免很多争论。但是,假如我们把定义弄得过于狭窄,那么,仍然有可能围绕着"神圣"一词争论一番。有些通常被世人叫作宗教的思想系统,并不积极地假定有个上帝。佛教就是如此。当然,按照通俗说法,佛陀就处于上帝的地位;但严格说来,佛教体系是无神的。近代的先验唯心主义,如爱默生主义,似乎也让上帝蒸发了,变成抽象的理想。超越主义者的崇拜对象,不是一个具体的神明,不是一个超人的位格,而是事物内含的神圣性质,是宇宙本质的精神结构。爱默生在1838年对神学院毕业班做的讲演(就是使爱默生成名的讲演)里,坦率地表明这种崇拜对象是纯粹的抽象律法,结果使那个讲演成为话柄。爱默生在那篇讲演里说:

这些律法自行其是。它们超越时间,超越空间,亦不为环境左右;因此,人的灵魂里有个公道,其报应是即刻的、全面的。做好事的人立即高贵了。做了卑鄙事情的人,就因为那件行为而变得下贱。摒弃污浊同时也增添了纯洁。假如一个人内心正义,那么,他在一定程度上就是上帝。上帝的平安,上帝的不朽,上帝的尊严,都随着正义进入他的身体。假如一个人作伪,欺骗,那他是欺骗自己,不再认识自己的存在。品行总会被人得知。盗窃不能让人富有;施舍不会使人贫穷;谋杀行为会发声,石墙也能透过去。哪怕一点点虚伪——例如,虚荣心,想给人留个好印象,博取宠爱的表现——都将立刻玷污所望的结果。然而,只要说真话,一切灵活的或顽冥的东西都是保证人,就是地下的草根,似乎也活动起来,要求替你做见证。因为万事万物源于同一精神,这个精神因不同的应用而有不同的名目,或者叫爱情,或者叫正义,或者叫节制,就像大洋因冲刷不同的海岸而冠以不同的名称一样。人在多大程度上离开这些目标,他的力量及其储备就丧失到什么程度。他正在萎缩……越来越少,变成一粒微尘,一个质点;直至绝对的邪恶带来绝对的死亡。见到这个律法,便在心中唤起一种情操,即我们所说的宗教情操,给我们带来最高的幸福。它陶冶人、支配人的力量神奇无比。它是山霭。它是世界的熏香。它让天空和山岩崇高,使群星默默歌唱。它是人的至高幸福。它使人不可限量。当人说"我应该";当他为爱情所激动;当他听从上帝的警告选择善举,践行伟业之时,深邃的旋律便从最高智慧涌入他的灵魂。从此,他能够崇拜,并因他的

崇拜而扩展;因为他永远不能背弃这个情操。这个情操的一
切表现充满了神圣和永久,越纯洁就越神圣、越永久。(这些
表现)比所有其他作品更能影响我们。那些古老的语句,只要
能够表达这种虔诚,仍然清新可人,芳香依旧。耶稣给人类留
下的独特印象,证明这种渗透作用的微妙效力。耶稣的名字
与其说写入人类的历史,毋宁说是刻进人类的历史。①

　　这是爱默生的宗教。宇宙有一个神圣的灵魂主持秩序,这是
道德的灵魂,也是人的灵魂内的灵魂。但是,这种宇宙灵魂究竟是
纯粹的性质,像眼睛的那种明亮,或像皮肤的那种柔软,还是一种
自觉的生活,像眼睛那样看,或像皮肤那样触,这在爱默生的文字
中并无明确的断定,因而常常引起误解。这个宇宙灵魂游移于这
些东西的边缘,有时偏倚这一边,有时偏倚那一边,更适宜文学需
要,而不是哲学的需要。然而,无论它是什么,它总是主动的。假
如它是上帝,我们同样可以信任它,靠它保护一切理想的利益,让
世界的天平保持平衡。爱默生最后表达这一信仰的词句,实乃文
学上的一流佳作。他说:"假如你爱人民,为人民,那你绝不可能逃
避应得的施报,无论躲藏还是谋划,都无济于事。神的公道一旦被
扰乱,冥冥之中的报应总在恢复它的平衡。要使天平的横梁倾斜,
根本不可能。世上的一切暴君、庄园主和垄断者,想用他们的肩头
挺起这条横梁,实在是枉费心机。沉重的衡针,永远垂定在它的线
上,无论人还是尘,无论星还是日,必须照它的指示排位,否则,将

---

① 《杂文》(*Miscellanies*),1858,第118页,节选。

被它的反冲力碾成粉末。"①

如果有人说,激发爱默生表达这种信仰,并发出这番感慨的内心经验,完全不配称作宗教经验,那未免太不合理了。爱默生的乐观主义和佛教的悲观主义求助个人的那种感动,以及个人在生活中对它们作出的那种反应,事实上与最好的基督徒的感动和反应并无分别;而且好多方面是一致的。因此,从经验的观点看,我们必须把这些无神的或半无神的教义称为"宗教"。因此,当我们在自己的宗教范围谈论个人与"他所谓神圣的"关系时,必然从广泛的意义理解"神圣的"一词,用它指示任何"似神"(*godlike*)的对象,无论它是不是具体的神。

然而,假如把"似神"看作漂浮②不定的普遍性质,那么,这个词就变得含糊不清,因为宗教史上曾有过许多神,而且,神的属性也是参差不齐。既然我们与"似神"的关系决定我们宗教徒的特征,于是要问,这种似神的本质——无论是否体现为具体的神——到底是什么呢?我们先回答这个问题,然后再继续讲下去。

首先,神被看作存在和权力的至尊。神笼罩一切,包罗一切,没有什么能够逃出神的手心。关于神的,既是真理的开端,又是真理的定论。凡是最原始的,包罗万象的,最深切真实的,按照这个标准,都可以当作似神的,因此,一个人的宗教或许就是他对原始真理的态度,无论什么态度。

---

① 《演讲与生平概述》(*Lectures and Biographical Sketches*),1883,第186页。

② "漂浮"(Floating)一词来自布拉德雷。[布拉德雷(Francis Herbert Bradley,1846—1924),英国哲学家。——译者]

　　像这样的定义,可在某种程度上为其辩护。宗教无论是什么,都是一个人对人生的整体反应,因此,为什么不能说,任何对人生的整体反应都是宗教呢?整体反应与偶然反应不同,而且,整体态度与通常的或职业的态度亦不同。要理解它们,必须进入生存前景的背后,品味其余整个宇宙的奇妙之感,感受它那永存的风采。这种感觉无论亲密还是疏远,恐怖还是有趣,可爱还是可憎,每个人都不同程度地具有。面对世界的感受,确实需要迎合我们特有的个人气质,使我们或奋发或疏懒,或虔敬或侮慢,或郁闷或狂喜;我们的反应,虽然无意,且难以言说,往往还是半觉不觉,然而,却是对"我们居住的这个世界的性质如何"这一问题的最完全的回答。它最明确地表达了我们对这个世界的感觉。不管这些反应有何特性,我们为什么不能把它们叫作宗教?固然,假如将"宗教的"一词仅限制在一个意义上,那么,这种反应有些可能是非宗教的;但是,它们仍然属于一般范围的宗教生活,因而,一般应该归入宗教的反应之类。我的一个同事曾经谈及一个学生的无神论热情,说"他信仰'无上帝'(No-God),并且崇拜'无上帝'"。反基督教的狂热分子表现出的气概,从心理学看,常常与宗教狂热无别。

　　然而,将"宗教"这个词用得这么广泛,尽管从逻辑的理由看,的确持之有故,却总带来一些不便。甚至对于整个人生,世上也有人持轻蔑的、夷然不屑的态度;在有些人那儿,这种态度是不变的,有系统的。即使从不偏不倚的批评哲学的观点看,这种态度或许是对待生活的合理方式;但是,把它叫作宗教态度,语言上未免牵强。例如,伏尔泰七十三岁时写信给一位朋友说:"至于我,虽然衰弱,却要继续战斗到最后一刻;我身中一百枪,那就还击二百枪,我大笑。我在门口看见日内瓦烈火熊熊,为鸡毛蒜皮的小事争吵不休,我又大笑;感谢上帝,即使世界常常变成悲剧,我还是能把它看作一幕滑稽剧。一天终结,一切扯平;所有日子终结,所有一切更是彼此扯平。"[①]

一个体弱多病的人,居然老当益壮,充满坚韧的斗鸡精神,实在令人佩服,然而,把它叫作宗教精神,未免古怪。不过当时,这正是伏尔泰对整个人生的反应。Je m'en fiche 是句粗俗的法语,相当我们英语的感叹句"Who cares?"(才不在乎呢!)最近,法国人又新造了 Je me'n fichisme(我不在乎主义),表示存心不把人生的事情看得太严重。出于这个想法,凡遇到危急关头,说一句"万物皆虚幻"便可摆脱烦恼,转危为安。那位雅致的文学天才勒南[②],晚年陷入衰颓,就把这种"不在乎"变成轻佻的渎神文字,从中取乐。今天,他的文字还是"万物皆虚幻"心境的最好表白。下段引文是个例证:"即使违反明证,我们也必须尽义务,"——勒南这样说;可是往下,他接着说:

> 有很大可能,这个世界只是一个仙童的默剧,没有上帝照管。所以我们必须自己安排,以致无论哪个假设应验,我们都不会完全上当。我们必须听从上界的话,但是,听从的方式要讲究,假如第二个假设果然成真,我们也不至于完全被骗。如果事实上,世界并非严肃的事情,那么,恪守教义的人将成了

---

① 这段话出自伏尔泰 1766 年 12 月 22 日写给伯尼斯(Cardinal Francis Joachim de Pierres de Bemis)的信。——译者

② 勒南(Renan,1823—1892),法国哲学家和历史学家。——译者

肤浅之徒；而沉溺俗世的人，即神学家现在所说的轻佻之徒，反而成了真正的精明人。

因此，有备无患。要准备发生任何事情——也许这才是明智之举。随一时的情境，让自己听命于自信，听命于怀疑，听命于乐观，听命于嘲讽，这样，我们就可以确信，至少在某些时刻，我们将得到真理。……愉悦是一种哲学心态；这似乎是对自然说，我们待它并不比它待我们更认真。我主张，人们谈论哲学，应该始终面带微笑。我们修德全靠上帝；但是，我们有权在美德之上添加我们的嘲讽，作为个人的报复。我们使用这种方式，以戏谑报复戏谑，还报得恰到好处；自然过去玩弄我们，现在我们以同样的伎俩玩弄自然。圣奥古斯丁的话："主，假如我们被欺骗，那是被您所骗！"如今依然是至理名言，很符合我们现代人的感受。我们只是要让上帝知道，假如我们接受这个骗局，我们的接受是明知的，故意的。我们对于美德投资，甘愿事先损失些利益；不过，我们不希望因为对投资进行过分认真的算计而显得可笑。①

假如这种玩世不恭的系统偏见也叫作宗教，那么，"宗教"一词常常引起的联想，确实得抛弃掉。常人的"宗教"，无论有什么更特别的意义，总是指一种严肃的心态。假如有哪句话能够包括宗教的普遍含义，那么，这句话是："在这个世界里，一切并非虚无，无论

① 《对我青年时代的回忆》(*Feuilles detachees faisant suite aux souvenirs d'enfance et de jeunesse*,Paris:Calmann Levy,1892),第394—398页,节选。

现象暗示着什么。"假如一般理解的宗教能够制止什么,那正是勒南这类戏谑之谈。宗教利于庄重,不利于孟浪;面对一切虚浮之谈和狡黠之语,宗教说:"请缄默!"

然而,假如宗教反对轻浮的玩世态度,那么同样,它也反对沉重的牢骚和抱怨。在有些宗教,世界简直像悲剧;但是,人们认为这种悲剧具有荡涤瑕秽的能力,并以为有一种解脱的途径。在后面的一篇讲演中,我们将看到不少宗教的忧郁。不过,若借用马库斯·奥勒留①的生动比喻,受难者像一头献祭的小猪,躺在那里乱踢乱叫,那么,根据普通语言的用法,所谓"忧郁"就完全没有资格被称为宗教。一个叔本华②或一个尼采③的心境——标准稍低一点儿,有时可以说,我们悲观的卡莱尔也是这样——虽然常常是一种让人崇高的忧郁,但往往好像是一块食物从牙缝间溜掉时的悻悻心态。这两位德国作家的警句,有一半儿时候,让人想起的是两只垂死的耗子吱吱尖叫。他们缺乏宗教的忧郁所发出的涤荡瑕秽的格调。

我们称作"宗教"的态度,必须包含着庄重、严肃和仁慈。假如态度欢乐,至少不至于冷笑或窃喜;假如态度愁苦,也不至于哀号或诅咒。我要你们留心的宗教经验,正是这种严肃的经验。

---

　　①　奥勒留:《安东尼努斯皇帝的思想》(*The Thoughts of the Emperor M. Aurelius Antoninus*,tran. George Long,Boston:Ticknor and Fields,1864,p. 262)中写道:"想象每一个人事事悲伤或不满,像一头猪被献祭那样,又踢又尖叫。"——译者

　　②　詹姆士在 1883 年 8 月 10 日给希勒布兰德的信中谈及对叔本华的看法。——译者

　　③　詹姆士的藏书中有尼采的《道德的谱系》和《超越善与恶》。詹姆士对尼采的看法,可参见《书信》II,第 233 页。——译者

因此,我想再次收缩我们的定义(也许还是武断的),宣布定义中
所含的"神圣"一词,并非仅仅意味着原始、实在和包容之物,因
为假如不加任何限制,这个意义恐怕过于宽泛。"神圣"所意味
的原始实在,迫使人们对之作出严肃而庄重的反应,而不是诅咒或
嘲弄。

　　然而,严肃也好,庄重也罢,以及所有这类情感态度,很可能有
形形色色的形态,况且,无论我们怎样定义,最后必须承认,在我们
讨论的经验范围内,并没有一个界限分明的概念。假如在这种条
件下,还自称我们的名词绝对是"科学的"或"精确的",那只能表示
我们对自己的工作缺乏了解。固然,事物或比较神圣或不太神圣,
心态或更多宗教的或较少宗教的,反应或较多整体性或较少整体
性,但是,彼此的界线始终模糊不清,处处都有数量和程度的不同。
不过,当事情发展到极端,绝不会产生"什么经验是宗教的"这样的
问题。对象的神圣以及反应的庄重,都相当明显,根本不容怀疑。
只有当心灵状态的特征不那么鲜明时,我们才会迟疑不决,难以判
断心灵状态到底是"宗教的"还是"非宗教的",是"道德的"还是"哲
学的"。然而,这种特征不明的心灵状态,根本不值得我们研究。
有些状态,只是出于客气,才称它们为宗教的,对此,我们无须理
睬;我们惟一有益的工作,是研究那种无人会误认为其他事物的心
灵状态。我在前一个讲演说过,我们若对一件东西了解得最为透
彻,只有好像用显微镜观看它,或者把它放大到最大的形式。这个
道理不仅适用于别种事实,同样适用于宗教现象。因此,值得我们
注意的宗教精神,应该是不容误解的极端事例。至于那些暗淡不

清的现象,我们完全可以安心地不予理睬。例如,蓝柏生[①]名为
《密语》的自传,展现了他对人生的整个反应,证明他是一个极其温　40
文而雅的人。他说:

> 我对命运一向顺从,因此,每每想起必须离开所谓愉快的
> 生存习惯,离开美妙的人生幻境,并不觉得有多少痛苦。我不
> 想重复虚度的一生,因而,亦不想益寿延年。说来奇怪,我并
> 不希望变得年轻。我铁石心肠,听天由命。我所以谦卑地顺
> 从,因为这是神的旨意,也是命中注定。我害怕自己的疾病加
> 重,成为周围人的负担,成为我所爱的人的负担。不!让我走
> 吧,尽可能地安宁和舒服。假如了结之后便是平静,那就让它
> 了结吧。
>
> 我不知道,为了这个世界,或者为了我们在世间逗留,有
> 多少话要说;假如这样的安排能使上帝愉快,那也一定能使我
> 愉快。我问你,人生是什么?难道不是一种残缺不全的幸
> 福——操心后厌倦,厌倦后操心,总是无缘无故地怀有期望,
> 玩弄着明天更美好的离奇骗局?充其量,人生不过是个任性
> 的孩子,必须陪他玩,哄着他,想方设法让他安静,让他入睡,
> 然后才不必操心了。[②]

这是一个复杂的心态,而且仁慈、顺从、柔美。就个人而言,我

---

① 蓝柏生(Frederick Locker Lampson,1821—1895),英国作家。——译者
② 蓝柏生:《密语》(*My Confidences. A Autobiographical Sketch Addressd to My Descendants*,London:Smith,Elder,1896),第 414 页,第 413 页。

不反对总体上把它叫作"宗教心态",但是,我敢说,在你们许多人眼里,它太不经心,太不专诚,根本不配用这么好听的名字。不过,叫不叫它宗教心态又有什么关系呢?无论如何,它太微末了,无助于我们的提示。有这种心态的人描述它时,若不是考虑到别人具有的更激烈的宗教情绪——他觉得无法与之匹敌——自己恐怕绝不会选用现在这些词语的。我们所要研究的对象,正是这些激烈的心态,至于那些色调微弱,边界模糊的心态,完全可以丢弃不管。

41   我在前面谈论个人宗教既没有神学,也没有仪式,却具有纯粹道德并不包含的一些元素时,指的就是这种激烈的情形。你们可能记得,我答应很快指出这些元素是什么。现在我可以说明我的意思了。

据报道,我们新英格兰的一位超验主义者富勒①女士有一句口头禅,就是"我接受这个世界"。有人将这个话告诉了卡莱尔,据说,卡莱尔讥讽道:"天哪!她最好如此!"道德与宗教的全部考虑,归根结底就是我们接受世界的态度。我们究竟只是勉强地接受这个世界的一部分,还是诚心诚意地全部接受呢?我们反对世上的某些事情究竟是取激烈态度,绝不宽恕,还是认为这个世界即便有恶,却仍有一些生活方式必然引向善呢?假如接受全部,究竟是屈打成招——如卡莱尔说的,"天哪!我们最好如此!"——还是热诚地同意呢?纯粹的道德,承认并服从它认为支配世界的全部法则,

---

① 富勒(Margaret Fuller,1810—1850),美国的批判者和变革者。——译者

就此而言,亦接受了它。但是,这种服从可能让心灵感受沉重压力,态度冷漠,始终觉得是一个束缚。反之,对强大而发达的宗教而言,侍奉上帝绝不会觉得是束缚。宗教摈弃了冷淡的顺从,用欢迎的情绪取而代之,其强烈程度不等,从恬静的愉悦直至热烈的欢腾。

对一个人来说,接受这个世界,究竟是像斯多亚派那样,不露声色地顺应必然,还是像基督教圣徒那样,满怀激情地感受幸福,二者间有着情感与实践的巨大差异。这种差异的程度之大,相当于被动与主动,自保心态与攻击心态。即使个人能够凭借诸级台阶,逐步地由一个状态发展到另一个状态,即使不同的个人代表许多中间阶段,但是,只要你把两个典型的极端并列排放,互相比较,你立刻会觉得,你所面临的是两个互不相连的心理世界,而且,从这一世界进入那一世界,你必须跨越临界点。

如果我们把斯多亚派的呼喊与基督教的加以对比,看到的就不仅仅是教义的不同,而是情绪的不同。当罗马皇帝奥勒留沉思安排万物的永恒理性时,其话语冷若冰霜,这种态度在犹太教文字中极其罕见,在基督教文献中则闻所未闻。所有这些作者都"接受"这个世界;然而,奥勒留的神情多么缺乏激情,多么缺乏兴味啊!将他的名句"若神不顾及我和我的子女,其中定有原委"①,与约伯的呐喊"即便他杀我,我还是信赖他"做一比较,你立刻就会明白我所说的差异。斯多亚派对他愿意听命的世界之神只是恭敬从命;但是,基督徒对他的上帝简直是热爱。尽管抽象地说,结果似

---

① 引自《思想》(*Thoughts*,p.193)。——译者

乎完全相同,二者都无怨无悔地接受了现实境况,但是,情绪气氛截然不同,就好像北冰洋与热带的气候一样。奥勒留说①:

> 人的义务是安慰自己,静候自然的解决,不必心烦,而是从下列思想中求得安慰:第一,凡我遭遇的,没有不是依从世界本性的;第二,我无须做任何有悖于我内心的上帝及神性的事情,因为没有人能够强迫我僭越。②假如有人不满意世上发生的事情,便自行退却,与我们的共同自然具有的理性相分离,那他就是世界上的大脓疮。同一个自然界产生这些事情,同样也产生了你。因此,即便每件事情似乎都不遂意,你也应一概接受,因为每件事都会促进世界的健全,都会促进宙斯的繁荣与幸福。假如不是对全局有用,宙斯不会使任何人遭受他所遭受的事情。假如你切除什么东西,那就等于破坏了全局的完整性。假如你不甚满意,设法毁掉什么东西,那么,你就在你的能力范围内,把它给切除了。③

　　试把这种态度与撰写"日耳曼神学"的那位老基督徒加以对照:

> 人们为真正的光明所照耀,便弃绝一切欲望和选择,将自

_____

　　① 《思想》,第 150 页(bk. V, sec. 10),第 132 页(bk. V, sec. 29),第 147—148 页(bk. V, sec. 8)。第一段,詹姆士没有使用朗的翻译,这一差异值得注意。例如,詹姆士说"我内心的上帝及神性",朗说"我的上帝和魔鬼"。——译者

　　② 第五卷,第 10 节(节选)。

　　③ 第四卷,第 29 节;第五卷,第 8 节(节选)。

己和一切东西托付给永恒的上帝。因此,每个彻悟的人会说:
"上帝之手对人怎样,我也愿意对上帝怎样。"这种人是自由
的,他们已经除去对痛苦和地狱的恐惧,也不再期盼奖赏和天
堂,他们的生活纯然顺从永恒的上帝,完全自由地去热爱。一
个人如果真正感受并考虑自己是谁,是什么人,并发现自己卑
鄙无耻,狗彘不若,就会自惭形秽,妄自菲薄,觉得即使天地间
的一切造物都起而反对自己,也是合情合理的。因此,他不
会,也不敢,希望得到安慰和解脱;他宁愿没有安慰和解脱。
他从不哀怜自己的苦难,因为在他看来,这些苦难都是正当
的,对此绝无二话可言。这就是所谓真正的悔罪;他就是此时
此刻进入地狱的人,没有人能够安慰他。现在,上帝并没有抛
弃这种地狱里的人,而是把手放在他身上,驱使那人无欲无
念,只想着永恒的至善。当那人无欲无念,只想着永恒的至
善,无我无己,只追求上帝的荣耀时,他便分享各种各样的喜
悦、幸福、和平、宁静与安慰。从此,那人进入了天国;这个地 44
狱和这个天堂,是一个人寻求安全的两条路,真正发现它们的
人是幸福的人。①

　　这位基督徒作者接受他在世界上的位置,其态度是多么积极,
多么主动啊!奥勒留只是同意这一规划,那位日耳曼神学家则是
迎合这一规划。前者在字面上恪守协议,后者则跑出来拥抱神的
旨意。

----

① 第 10,11 章(节选):温克沃斯(Winkworth)的译本。

诚然,斯多亚派偶尔也能迸发出基督徒一样的热情。例如,经常被引用的奥勒留的这段文字:

> 世界啊! 凡与你和谐的事物,也与我和谐。凡合你时间的事情,对我也恰逢其时,不早亦不晚。自然啊! 四季带给你的一切,都是我的果实:万事万物都源于你,在于你,回归你。诗人说,亲爱的凯克洛普斯之城;难道你不想说,亲爱的宙斯之城吗?①

然而,这段虔敬的文字若与真正的基督徒的抒情相比,还是显得冷淡。例如,看看《模仿基督》②的话:

> 主啊! 您知道什么最好;无论这个还是那个,完全随您所愿。您愿意给什么就给什么,愿意给多少就给多少,愿意什么时候给就什么时候给。请您随意处置我吧,只要您认为这样最好,只要能够最大地增添您的荣耀。您愿意将我置于何地就将我置于何地;您可以随便在我身上做任何事情,以实现您的意志。……有您在近旁,还能有什么灾祸呢? 宁愿为您而贫,不愿失却您而富。得着天堂若没有您,我宁肯浪迹天涯,脚踏实地陪伴着您。您的所在就是天堂;您不在的地方,看到

---

① 第四卷,第 23 节。[《思想》,第 130 页(bk. IV, sec. 23)。——译者]
② 凯姆匹斯(Thomas Kempis, 1380—1471),德国教士和作家。——译者

的就是死亡和地狱。[1]

45

生理学上有个可靠的原则：研究一个器官的意义，需要探索该器官最独特的作用，从中找出其他器官无法履行的机能。这个原则确实也适用于我们目前的研究。我们最终判断宗教经验所依据的本质，必定是独特的元素或性质，是任何其他地方都无法找见的。这种性质当然最为显著，在那些最偏执、最夸张、最强烈的宗教经验中，也能很容易地一望而知。

平凡心灵的经验是那么冷静，那么理性，因而不能把它们叫作宗教经验，只能叫作哲学经验。将更为强烈的经验与这些哲学经验加以比较，便发现一个十分明显的特征。我以为，就我们的目的而言，这个特征应该是宗教的一个重要的实际差别。至于这个差别究竟是什么，只要抽象地设想一个基督徒的心灵与一个道德家的心灵，并将二者互相比较，就能很容易地揭示出来。

我们说，某一生活是刚健的、淡泊的、道德的或哲学的，某种程度上是看它很少为卑微的私人利益所左右，更多地投入需要付出努力的客观目的，即便这种努力带来的是个人的损失和痛苦。战争需要"志愿者"，这是战争的积极方面。从道德的观点看，生活就是一场战争，最高奉献就是一种世界范围的爱国主义，同样需要志

46

---

① 本汉（Benham）的译本：第三卷，第 15、59 章。参照玛丽·爱默生（Mary Moody Emerson）的话："让我成为这个美好世界的一个污点，最卑微的人，最孤独的受难者，但有一个条件——我知道是上帝这么做的。纵使上帝在我的每条路上布下冰霜和黑暗，我还甘心爱他。"爱默生（R. W. Emerson）：《演讲与生平概述》，第 188 页。［玛丽·爱默生是鲁道夫·R. 爱默生的叔母。——译者］

愿者。甚至不能拿枪作战的病人,也能进行这场道德战争。他可以主动地转移注意力,不再考虑自己的前程,无论现世的还是来世的。他可以训练自己对眼下的失落泰然处之,埋头于现在依然可得的客观利益。他可以顺从大众的消息,对别人的遭遇表示同情。他可以培养快乐的生活态度,对自己的痛苦默不作声。他可以思索他的哲学所展示的各种人生理想,实践他的道德体系所要求的各种义务,诸如忍耐、顺从、信赖之类。这种人的生活达到了最崇高、最广阔的层面。他是一个勇敢的自由人,并非猥琐的奴隶。然而,他依然缺乏某些东西,那是卓越的基督徒所富有的,如神秘主义的和禁欲的圣徒,并使他成为完全不同类型的人。

基督徒同样蔑视那种穷途潦倒、一蹶不振的病房态度;圣徒的生活对肉体的病状毫无感觉,漠然置之,其他人的经历恐怕不会有类似记载。纯粹道德家的轻视需要意志力,基督徒的轻视则产生于高级的情感激动。有了情感的激动,便无须意志的努力。道德家必须屏息运气,绷紧肌肉。只要能够维持这种竞技姿态,一切都会顺利——道德就足够了。然而,竞技姿态总有松懈之时。即使最坚强的人,到了身体开始衰朽,或者病态的恐怖侵入心灵之时,也不可避免地要松弛。对①满面病容,自觉无药可医的人②,奢谈什么个人立志和奋发图强,无异于让他做最不可能的事情。他现

---

① 以下几句引自詹姆士为《已故亨利·詹姆士遗作》(*The Literary Remains of the Late Henry James*)所作的序,参见遗作《宗教和道德文集》(*Essay in Religion and Morality*,*Works*,p. 62)。关于道德立场和宗教立场之间的对比,是威廉·詹姆士解读父亲思想的基础。——译者

② 来自莎士比亚的《哈姆莱特》(第三幕,第一景,第53行)。——译者

在渴望的,正是对他的无能为力给予安慰,使他觉得世界之神承认他,保护他,万事万物都像他一样在衰落,在凋谢。看来,我们最终都会成为这种无可奈何的失败者。我们当中心智最健全的 47 人,其肉体材料与疯子和囚犯是相同的。况且,体魄最强健的人,最后也是一死。无论何时,我们一旦感受到这一点,就觉得我们立志进行的事业都是空虚的,暂时的,因而,我们的一切道德似乎只是一块狗皮膏药,用来掩盖永远无法医治的疮痍,我们的一切善行似乎是最空洞的代用品,替代我们的生活应该植根其中的福祉(*weil-being*)——生活应当如此,然而实际并非如此,哀哉!

到了这时,宗教前来营救我们,将我们的命运攥在它的手里。有一种心态,只有宗教徒知道,其他人并不知道。进入这种心态,个人表现自我和坚持自己立场的意志统统没有了,他情愿闭口无言,情愿化作虚无,为上帝的滔天洪水所裹挟。进入这种心态,我们最害怕的东西变成了安全的处所;我们德行的死期变成了精神的生日。我们灵魂的紧张时期终于结束,随之而来的是幸福的松弛、平稳的深呼吸、永恒的现在,以及无须忧虑的未来太平盛世。恐惧不是用纯粹的道德暂时压制,而是积极地清除和荡涤干净。

在后面一些讲演里,我们可以看到许多例子证明这种愉快的心态。我们将看到,宗教达到最高境界时,能够成为激情无限的东西。宗教像爱情,像盛怒,像希望、抱负、嫉妒,像每一种本能的热望和冲动,为生活增加了一种魅力,根本无法用理性和逻辑从其他事物推演出来。这种魅力的到来犹如恩赐——生理学家告诉我们,这是有机体的恩赐;神学家则说,这是上帝的恩赐——我们要么有,要么没有。有些人不会拥有这种恩赐,就像他们不会根据一

个命令就爱上某个女人一样。因此,宗教感情绝对增大了主体的
48 生活范围。它给予主体以新的力量。外部的战役失败了,外部的
世界抛弃了他,这时,宗教为他赎回并激活内部的世界。没有宗
教,内部世界不过是一片空旷的荒地。

如果宗教对我们有任何确定的意义,那么在我看来,它应当意
味着这种扩大的情感领域,意味着这种热烈信从的品性,因为在宗
教领域,所谓严格的道德充其量只能点头服从。宗教的意味应当
是:斗争已经结束,我们获得新的自由,世界的旋律在我们耳边响
起,展现在我们面前的是无穷无尽的占有。①

这种绝对的、永久的幸福,我们只能在宗教里发现。它具有我
们前面已经谈论许多的庄重成分,因而既不同于纯粹动物的快乐,
也不同于纯粹现时的快乐。庄重很难抽象地界定,但是它的某些
标记却分明可见。庄重的心态并非粗俗简单——它似乎包含一定
分量的对立面,融化其中。庄重的喜悦在甜蜜中保留了一丝苦涩;
庄重的悲哀则是我们直接认同的悲哀。然而,有些作家尽管意识
到最高的幸福是宗教特有的,却忘记了这种复杂性,将一切幸福叫
作宗教的,只要是幸福。例如,爱理斯②先生便认为,凡灵魂从压
抑中解脱出来,都是宗教。他说:

---

① 再说一遍,世上有许多人,性情忧郁的人,他们的宗教生活缺乏这种欢喜。他
们从广义说是宗教的。然而,就最激烈的意义看,他们不是。我希望撇开词语之争,以
把握宗教的类型差异,首先需要研究的,正是最激烈意义上的宗教。

② 爱理斯(Havelock Ellis,1859—1939),英国心理学家和作家。詹姆士复制了
他的《新精神》(New Spirit,3rd. ed,London:Walter Ascott,1892,pp.232—233)。詹姆
士把这一复制本交给了维德纳,但是,显然它被丢失了。——译者

生理生活的最简单功能也可以充当宗教的仆人。熟悉波斯神秘主义的人都知道,酒亦可作为宗教的工具。的确,在一切国家,在一切时代,身体的某种扩展形式都曾与宗教崇拜密切相连,诸如唱歌、跳舞、饮酒、性冲动之类。即使灵魂发笑时的片刻扩张,也是一种宗教修炼,不管其程度多么低微。凡世界对我们机体的冲击,只要结果不是难受或痛苦,不是强壮男子的肌肉收缩,而是整个灵魂的愉快扩展或渴望,那就是宗教。我们所渴望的,正是这种无限世界,每一小小波浪,只要搭载我们驶向那个世界,我们都高兴地乘它而去。①

这种直接将宗教等同于任何幸福的做法,忽略了宗教幸福的本质特征。我们得到的普通幸福是"慰藉"(reliefs),暂时摆脱实际经验或即将面临的不幸。而最具特色的宗教幸福,并非纯粹的摆脱感。它不再需要摆脱。它外表上将不幸认作牺牲的一种形式——内部则认为不幸将永远被克服。假如你问:宗教如何步履艰辛,面对死亡,却又每每化险为夷,免于灭亡? 我无法解释,因为这是宗教的秘密;要理解这一点,你必须自己成为一个极端的宗教徒。我们以后列举的例子,哪怕涉及最简单的、心智最健全的宗教意识,也会发现这种复杂的牺牲品质,较高级的幸福抑制了较低的不幸福。卢浮宫珍藏了雷尼②的一幅绘画,描绘圣米迦勒(St. Michael)用脚踏在撒旦的脖子上。绘画图案复杂,主要是因为有魔

① 《新精神》[1892年版],第232页。
② 雷尼(Guido Reni,1575—1642),意大利画家。——译者

鬼的形象。寓意深长,也是因为有魔鬼——就是说,世界因为有个
恶魔而更加丰富多彩,只要我们始终把脚踏在恶魔的脖子上。在
宗教意识里,恶魔是消极或悲剧的因素,只配这个地位。也正是由
于这个缘故,宗教意识从情感的观点看是那么丰富。[①] 我们将看
到,某些男女的宗教意识如何采取反常的禁欲形式。有些圣徒的
生存,完全依靠这种消极因素,依靠屈辱和贫穷,受难与死亡的念
头——他们的外部状况愈不堪忍受,内部灵魂便愈是幸福。除非
宗教情感,绝无其他情感能够使人达到这种特殊的境界。因此,如
果我们询问宗教对人生的价值,我想,答案不能到色彩单调的事例
中寻找,只能到极端的事例中寻找。

　　我们开始从最极端的可能形式出发研究宗教现象,后面便可
以随意减弱。这些极端的例子,在日常的世俗观点看来令人厌恶,
却迫使我们承认其宗教价值,并给以尊重,足以证明宗教对一般的
生活具有某些价值。我们将过分的地方删除、缓解之后,便可以测
定宗教正常影响的范围了。

　　面对许多怪癖而极端的现象,的确给我们的工作带来困难。
你会问:"假如宗教的每个表现都需要修正、冷却、删减,那么,就整
体而言,宗教怎么能够成为人的最重要的功能呢?"这个主张似乎
是个悖谬,毫无道理——然而我相信,我们最后的论点大抵如此。
人人都会发现,自己必须对自己领悟的神圣采取一定的态度——
你们应该记得,这正是我们的宗教定义。事实证明,这种个人态度

---

　　① 这个寓意深刻的例证,取自我那不幸去世的同事和朋友,爱沃雷特(Charles
carroll Everett)。[爱沃雷特(1829—1900),哈佛大学神学家。——译者]

既是一种无可奈何,又是一种自我牺牲。即是说,我们必须承认,至少在一定程度上依赖于纯粹的恩典,或多或少要有所舍弃,以拯救我们的灵魂。我们生活其中的世界结构要求:

> 你应当舍弃! 应当舍弃!
> 那是永恒的歌
> 回荡在每个人的耳边,
> 我们的一生,时时伴随着
> 那嘶哑的歌唱。①

　　总而言之,我们最终依赖这个世界。我们受到引诱和逼迫,作出了牺牲与退让——尽管那是慎重观察后接受的——就像进入我们惟一永恒的安息之地。在那些缺乏宗教的心灵状态,忍让出于迫不得已,不加抱怨地付出牺牲已是顶点。相反,在宗教生活里,退让与牺牲都是积极的奉献,为了增进幸福,甚至添加了不必要的舍弃。因此,宗教使一切必然之物变得从容而快活。如果宗教是造成这种结果的惟一力量,那么,作为人的能力,它的至关重要性是不容置疑的。宗教成为生活的一个主要器官,其功能是人性的任何其他部分都无法成功履行的。从我们所说的纯粹生物学的观点看,现在看到的结论是必然的,也是我们第一讲勾勒的纯粹经验的证明方法应该得出的。至于宗教的另一个功能,即形而上学的

---

　　① 引自歌德的《浮士德》(*Faust*, ed. Eric Trunz, Hamburg: Christian Vegner, 1963, p. 53, lines 1549—1553)。——译者

启示,我们现在暂且不说。

　　然而,预示考察的结论是一回事,安安稳稳地得出结论则是另一回事。下一讲,我将离开迄今为止我们热衷的广泛议论,直接论述具体事实,开启我们真正的航程。

第三讲　看不见的实在

　　倘若让一个人用最宽泛、最普遍的语言描述宗教生活的特征，他恐怕会说，宗教就是相信有一个看不见的秩序，我们的至善就在于调整自己，与这种秩序保持和谐。这种信仰和这种调整都是灵魂的宗教态度。在这一小时里，我请诸位关注这种态度或信仰不可见对象所引起的一些心理特征。我们的一切态度，道德的、实用的、情绪的，以及宗教的，统统起因于意识的"对象"，即我们相信与我们并存的东西，无论它们的存在是现实的，还是想象的。这种对象或许呈现于我们的感官，或许仅仅呈现于我们的思想。无论哪种情形，都引起我们作出反应。许多场合，思想对象引起的反应极其地强烈，绝不亚于可感对象引起的反应。甚至比后者更强烈。回想起曾经被人侮辱，可能比从前直接面对侮辱更让人气愤。我们事后对犯错误的羞愧感，常常比犯错误的顷刻更为强烈。一般说来，我们整个明哲而道德的高级生活，都建立在一个事实的基础上，即眼下现实的物质感觉对我们行为的影响比遥远事实的观念产生的影响微弱得多。

　　大多数人的宗教有更具体的对象，他们崇拜的神是在观念里认识的。例如，很少基督教徒有机会亲眼目睹救主的形象，尽管作为奇迹，目睹这类现象有丰富的记载，值得我们将来注意。既然对神圣人物的信仰决定了信徒的普遍态度,因此,基督宗教的整个力量是借助纯粹观念发挥的,个人以往的经验,并不直接模仿它们。

　　宗教除了这些具体对象的观念,还充满了抽象对象,它们具有同等的力量。上帝的属性,诸如他的神圣、他的正义、他的仁慈、他的绝对、他的无限、他的无所不知、他的三位一体、进行救赎的各种圣礼,圣体的运作过程,等等,分明是取之不竭的源泉,激发基督徒沉思。① 我们后面将看到,一切宗教的神秘主义权威都断然主张,成功的祈祷,或沉思高级的神圣真理,其先决条件就是没有确定的感觉形象。人们预期(后面可以看到,有大量证据证明这种预期)这种沉思将大大影响信徒以后的态度。

　　关于上帝、创世设计、灵魂、自由以及来世生活之类的信仰对象,康德②提出一种奇怪的学说。他认为,严格说来,这些东西根本不是知识的对象。我们的概念必须始终关涉感觉内容,而"灵魂"、"上帝"、"不朽"这类词,没有任何独特的感觉内容,因此,从理论上讲,这些词毫无意义。然而十分奇怪,它们对于我们的实践,居然具有确定的意义。我们的行为就好像(as if)③有上帝存在;感

---

　　① 例如:"最近,我沉思了表现圣灵的人格,以及他与圣父圣子相区别的几段文字,深感惬意。这个题目要求穷根究底,才能发现;然而,一旦发现,便使人们感觉神性的完满,感受到它在我们内心并作用于我们,比仅仅思考圣灵对我们的作用要真实得多,生动得多。"奥古斯都·海尔(Augustus Hare):《宁静生活备忘录》(*Memorials of a Quiet Life*),1876,卷三,244,玛丽亚·海尔(Maria Hare)致露西·海尔(Lucy A. Hare)。[奥古斯都·海尔(1834—1903),英国作家。玛丽亚·海尔是奥古斯都·海尔的母亲。露西·海尔是她的表姐。——译者]

　　② 詹姆士的藏书有一些康德的著作,参见《一些哲学问题》(*Works*,note to 14. 6)。——译者

　　③ as if 是德国哲学家维辛格(Hans Vaihinger,1852—1933)使用的核心概念,他用这一核心概念发展出新康德主义的一种形式。——译者

受好像是自由;思考自然好像她充满了特别的设计;制订计划时好像我们永存不朽。于是,我们发现,这些词确实使我们的道德生活发生真实的变化。从康德所说的实践方面看,或者,从我们行为的观点出发,"现实中具有不可思议的对象"这种信念,完全等同于"它们可能是什么"的知识,只要允许我们积极设想它们。因此,正如康德断言的,我们看到心灵有一种奇妙现象:即竭尽全力相信一些事物的真实临现,尽管对其中任何一个事物,它无法形成任何观念。

我向你们提起康德学说,目的不是就其哲学的这一奇妙部分发表意见,判别真伪,而是想透过一个以极端闻名的例子,展示我们所考虑的人性的特征。我们对实在的情感,确实强烈地依赖于信仰的对象,甚至我们的整个生活都完全极化了,感觉到所信仰的事物存在着,然而,若做确切描述,却很难将那个东西呈现在心灵面前。好像一根铁棒,没有触觉,没有视觉,没有任何表象能力,却有很强的内部磁感能力,来往于近旁的磁体以各种方式诱发它的磁力,使它自觉地采取不同的态度和倾向。这根铁棒根本无法向你提供任何外部表征,用以描述某些动因具有强烈的激动力量。至于它们的临现、它们对于生活的意义,它浑身上下的每根纤维都能敏锐地意识到。

这种使我们深切感受其在场,却又无法用语言描述的力量,并非仅仅为康德所谓纯粹理性的理念所具有。一切种类的高级抽象,都有同样微妙的力量。想一想我上一讲说过的爱默生的几段文字。不仅对这位超验主义作家,而且对我们所有人来说,这个包含具体对象的整个宇宙,是在一个更广阔、更高级的抽象观念的宇宙中遨游,并从中获得意义。时间、空间、以太渗透一切事物,同样,(我们觉得)抽象的以及实质的善、美、力量、意义、正义等,也渗透一切善的、美的、强大的、有意义的、正义的事物。

这些观念以及其他抽象之物,构成一切事实的背景,成为我们设想的一切可能之物的源头。它们将所谓"本性"赋予每一具体事物。我们认识的每个事物,都因为分有某一抽象性质而是其"所是"。它们没有形体,没有特征,没有痕迹,因而无法直接观察它们。但是,我们却能利用它们领会其他事物,而且,面对实在世界,假如我们失去这些心灵的对象,失去这些形容词、动词、谓词以及分类和概念的名目,将立刻陷入困境,一筹莫展。

抽象之物绝对地决定了我们的心灵,这是人类境况的一个基本事实。我们随着它们被极化,被磁化,趋向它们,背离它们,追求它们,把握它们,憎恨它们,祝福它们,就像它们是具体的实存一样。它们是实存(beings),是它们所居领域的实在物,就像变化的可感物是空间领域的实在物一样。

57　　　柏拉图曾为这种普遍的人类感受辩护,精彩而动人①,所以此后,人们始终把主张抽象对象是实在的学说,认作柏拉图的"理念论"。例如,在柏拉图看来,抽象美是完全确定的个别存在,为理智所认识,是世上所有衰败的美之外的另样东西。柏拉图在《会饮篇》那段经常为人引用的文字里说:"正确的进路应该利用世上的美做阶梯,借以攀升,最终获取那个至美,从一种美进到两种美,从

---

① 参见《柏拉图谈话录》(*The Dialogues of Plato*,tran. B. Jowett,4vols,Oxford:Clarendon,1871,WJ835.70,I,527)。——译者

两种美进到所有美的形式,从美的形式到美的行为,从美的行为到美的概念,再从美的概念进入绝对美的概念,最后知道美的本质。"[1]上一讲,我们已经隐约看到,像爱默生这样柏拉图化的作家,采用什么方式处置事物的抽象神性,处置世界的道德结构,将其看作值得崇拜的事实。现在,世界各地许多没有上帝的教会,叫作道德会,就有类似的抽象神性的崇拜,将道德律作为终极对象加以信仰。许多人认为,"科学"真的取代了宗教。于是,科学家把"自然律"当作理应尊崇的客观事实。有一个解释希腊神话的杰出学派[2],以为希腊诸神起源于半隐喻的拟人法,将自然界各大领域——天空、海洋、大地等等——的抽象规律和秩序人格化。至今,我们还在说清晨的微笑,微风的亲吻,寒冷的吞噬,并不当真以为这些自然现象实际具有一副人的面孔。[3]

关于希腊诸神的起源,我们此刻无须发表意见。不过,我们罗列的全部例子,得出这样一个结论:人的意识好像有一种实在感,感受到客观的临现,知觉到我们所说的"有个东西在那",比任何特殊"感觉"更深刻、更普遍,尽管当下流行的心理学认为,实在最初都是由后者发现的。假如真的如此,我们可以认为,感觉首先激发了实在感,然后才像平常那样,产生出态度和行为。但是,其他事物,例如同样可以激发实在感的观念,恐怕也具有感觉对象一般具

---

① 《会饮篇》,乔伊特(Jowett)译本,1871,i,527。

② 詹姆士也许记得德裔生理学家弗里德利希・马科斯・穆勒(Friedrich Max Muller,1823—1900)的理论。——译者

③ 例如:"自然无论表现什么方面,都始终那么有趣,所以下雨时,我似乎看见一个美丽的妇人在哭泣。她越苦恼,就越是美丽。"[圣皮埃尔(B. de Saint-Pierre,1737—1814),法国作家。——译者]

有的特权,即显现实在。宗教概念能够触及这种实在感,因此,它们尽管模糊不清,遥不可及,几乎不可想象,甚至在性质是什么这一点上,也像康德的道德神学的对象一样,并非实体,信众还是不顾他人的批评去信仰它们。

若证明这种囫囵的实在感存在,幻觉经验可以提供最奇妙的证据。幻觉通常得不到完全的发展:幻觉者觉得屋里有个"存在",占据确定的位置,采取特殊的照面方式,有着最严格意义的"实在",经常突如其来,转瞬即去;然而,却看不见,听不到,摸不着,不能用通常的"感觉"方式认知。我先给你们举个例子,然后再谈论宗教特别关注的对象。

我的一个朋友①算是最敏锐的知识分子之一,他曾经历了几次这方面的经验。他这样回答我提出的问题:

> 59
>
> 过去几年里,我几次感受到所谓"临现意识"。这种经验显然不同于平时具有的经验,尽管我想,许多人恐怕也把后者叫作"临现意识"。然而,在我看来,这两类经验差别甚大,如同一方感觉着不知从何而来的温暖,另一方则站在熊熊烈焰之中,五官完全进入戒备状态。
>
> 我的第一次经验大约发生在一八八四年九月间。前一天的晚上,我住在学校宿舍里,上床之后,产生一种强烈的触摸幻觉,觉得我被一只胳膊抓住,拉我起来,搜索闯进屋里的人。

---

① 朋友可能指理查德·霍奇森(Richard Hodgson,1855—1905),澳大利亚出生的心理学研究者,詹姆士的亲密合作者。詹姆士在伦敦心理学研究会时给霍奇森的信,至少可以证明他们的亲密关系。——译者

然而,真正的临现感第二天晚上才来。我上了床,吹灭蜡烛,睁着眼思考前一天晚上的经验。忽然,我觉得有个东西进入房间,停在床边。它只逗留了一两分钟。我无法用普通的五官辨认它,但是随着它,却生出一种不快的恐惧"感"。它与普通知觉不同,更能从根本上动摇我的存在。这种感受疼痛得要命,好像有大面积撕裂,主要在胸部,但是在体内——不过,与其说是疼痛,不如说是恐怖。无论如何,某个东西在我面前,我知道它就在眼前,其真切程度远远超过以往认识的任何活生生的血肉之躯。我意识到它来,也知道它走:几乎瞬间从屋门溜出去,"恐惧感"随即消逝。

第三天晚上,我休息时,脑子依然考虑准备的课程,忽然感觉到昨天晚上在那儿的东西又出现了(尽管不知道它怎么来的),感觉到那种"恐惧感"。我集中精力,竭尽全力告诫那个"东西",如果是灾祸,赶紧走开,如果不是灾祸,告诉我它是谁,或是什么,如果它不能解释,那就请走。我强迫它离去。它像前一天晚上那样走了,我的身体很快恢复常态。

我生活中还有另外两次,产生了同样的"恐惧感"。有一次,这种感觉居然持续了一刻钟。在这三次经验中,外界空间里确确实实有某个东西站在那儿,尽管无法描述,却比平常活生生的普通人站在身旁的伴随感要强烈得多。那个东西似乎离我很近,比普通的知觉更实在。我觉得它很像我,也就是说,似乎是有限的、弱小的、痛苦的,但是,我不认为它是一个物或一个人。

当然,这种经验与宗教没有关系。不过,有时也会涉及宗教。这位通信者告诉我,在另外的场合,他不止一次产生的临现感,同样强烈,同样突然,只不过性质是快乐的。

> 不仅意识到某物在那儿,而且融入了其中的快乐,惊讶地意识到一种无法言表的好。既不模糊,也不像某种诗歌、风景、花朵或音乐激发的情绪,而是确凿的知识,知道近旁显现一种伟大的人格,它消逝之后,仍然留有记忆,如同知觉到实在。一切都可能是梦,但它绝对不是。

很奇怪,我的朋友并不从神学的观点解释这些经验,将其看作上帝的临现。但是很明显,将它们解释成神灵存在的启示,并非不自然。我们涉及神秘主义主题时,还将更多地谈论它们。

这些现象荒诞离奇,为了不让你们思绪混乱,我冒昧地读几段同类的①简短叙述,表明我们论及的只是一种明显的自然事实。第一例摘自《心理学研究会杂志》,讲述临现感片刻间发展成形象清晰的幻觉——但是,我将故事的幻觉部分略去。叙述者说:

> 我读了大约二十分钟的书,完全为书所吸引,心灵平静安详,一时忘记了我的朋友。突然,没有任何警示,我的整个存在进入最高的紧张状态或活跃状态。我强烈地意识到,屋里

---

① 《心理学研究会杂志》(*Journal of the Society for Psychical Research*,英文版,1895年2月7日,第25—28页)。叙述者是基耐先生,他与迈尔斯(Frederic William Henry Myers,1843—1901,英国随笔作家,心理学研究者)有信息交流。——译者

不仅有另一个存在物,而且与我相当接近。这种意识的强烈程度,没有经验过的人恐怕难以想象。我放下书,虽然异常激动,却泰然自若,没有任何恐惧感。我没有改变姿势,眼睛盯着火炉,不知怎的,我发觉我的朋友 A. H. 正站在我的左肘边,但被我坐的安乐椅遮住了。我依然没有改变姿势,只是稍微转动了一下眼睛,看见一条腿的下半部。我突然认出他经常穿的灰蓝质料的裤子,但是这种质料是半透明的,我想和烟雾一样薄。接下去,视觉幻象出现了。[①]

另一个报告者说:

我夜里很早就醒了⋯⋯觉得好像被人故意叫醒,首先想到的是有人破门而入⋯⋯然后转过身,又想睡,立刻觉得屋里有东西存在,而且特别奇怪,感觉到的不是一个活人,而是一个精神存在。这样讲或许让人笑话,但是,我只能按照我所经历的事实告诉你。除了说我意识到有个精神在那儿,真不知道还有什么更好的办法描述我的感觉⋯⋯同时,我还强烈感受到一种乖戾的恐惧,好像有奇怪而可怕的事情即将发生。[②] 62

日内瓦的佛洛诺伊教授给我提供了他朋友的印证,那是一位女士,有无意识书写的功能:

---

①　《心理学研究会杂志》,1895 年 2 月,第 26 页。
②　古纳(E. Gurney):《生活的幻象》(*Phantasms of the Living*),1886,i,384。
[古纳(1847—1888),英国美学家、心理学研究者。——译者]

　　我在无意识书写时,觉得书写并非出自潜意识的自我,因为总觉得身外有个东西存在。有时,它表现出明确的特性,甚至可以指出它的准确位置。这种临现的印象根本无法描述。其强烈程度和清晰程度,随着那位冒名顶替的书写者的人格而有所不同。如果那是我爱的人,那么在书写开始前,立刻就能够感觉到。我的心似乎认出了它。

　　我在以前出版的一部书①里,曾大段引录了一个古怪的例子,记叙一个盲人感受到面前有物存在。呈现在他面前的形象是一个留灰胡须的男人,穿着黑白相间的外套,从门下边的缝儿里钻进来,穿过地板向沙发走去。有这种类似幻觉的盲人是格外理智的报道者。他完全没有内部的视觉形象,不能想象光或颜色,而且他确信,其他感觉,如听觉等,并未参与这一虚假的知觉过程。这个知觉似乎是一个抽象概念,具有实在感和直接附着于它的外部空间感,换句话说,是一个完全客观化、外表化的观念。

　　这种事例,以及其他不胜枚举的事例,似乎充分证明,我们的心理机制有一种当下的实在感,比特定感官得到的感觉更弥漫,更普遍。在心理学家眼里,探索这种感受的机体部位是个有趣的问题:最自然的莫过于将实在感与肌肉感②联系起来,与肌肉正在激动待发的感受联系起来。无论什么刺激我们行为,或令我

---

　　① 指《心理学原理》。——译者
　　② 《心理学原理》中讨论过肌肉感、神经兴奋作用、运动感等。参见 *Works*,第833—838页,第1100页。——译者

们毛骨悚然[①]——我们感官这样做是最经常的——恐怕都会觉得是实在的,当下的,尽管只是一个抽象观念。不过,我们目前并不考虑这种模糊的假设,因为我们的兴趣在能力,而不在它的机体部位。

同所有积极的意识作用一样,实在感也有消极的对应面,形式为经常困扰人们的非实在感,有时亦可听到这种抱怨。阿克曼夫人[②]说:

> 每当我想起我偶然出现在地球上,这个地球为天体的灾变所戏弄,在空间中滚动,每当我发现周围的存在物都同自己一样,生命短暂,难以捉摸,热情地追求那些纯粹的奇思妙想,便体验到一种奇怪的感受,觉得是在梦中。我在梦中好像经历着爱慕和痛苦,不久即将死去。我最后的话是:"我始终在做梦。"[③]

我们在另一次讲演中将看到,这种事物的非实在感,在忧郁症病人身上,如何成为焦灼的痛苦,甚至导致自杀。

我们现在可以断定,在明显的宗教经验领域,许多人(到底有多少,无法确定)信仰的对象,不是理智认作真理的纯粹概念,而是直接领悟的类似感觉的实在。这些对象实在呈现的感受起伏不

---

① 狄更斯的作品中有这样的话,一个胖男孩说"我想让你毛骨悚然"。参见《匹克威克俱乐部遗作》[*The Posthumous Paper of the Pickwick Club*,2 vols. London:Chapman and Hall,n. d. I,123,ch. 8]。——译者

② 阿克曼夫人(Ackermann,Louise Victorine Choquest,1813—1890),法国诗人。——译者

③ 《隐遁者的思想》(*Pensees d'une solitaire*),1882,第66页。

定,信仰者的信仰也在冷热之间摇摆不定。有些实例比抽象描述
更让人明白,我马上就列举几个。第一个例子是负面的,痛惜失去
了实在感。这是从我熟悉的一位科学家的自叙中摘录的,涉及他
的宗教生活。我以为,这个实例清楚表明,实在感更像感觉,并非
严格意义的理智活动。

> 我在二三十岁时,越来越倾向于不可知论,越来越不相信
> 宗教,但是,还不能说我完全丧失了斯宾塞(Herber Spencer)
> 充分描述的那种"不定意识",即对现象背后的绝对实在有所
> 意识。我以为,这个实在并非斯宾塞哲学里的纯粹不可知者,
> 因为,虽然我早已停止对上帝做幼稚的祈祷,而且对它从来没
> 有做过正式祈祷,不过,近年的经验告诉我,我与它始终保持
> 着一种关系,实际上等于祈祷。我现在知道,凡遇到麻烦,特
> 别是我在家里或工作中与别人发生冲突,或者,当我精神低落
> 或为什么事情愁眉不展时,常常要退避三舍,求助于我觉得自
> 己与这种基本的宇宙它(cosmical *It*)之间发生的奇特关系。
> 面对具体的麻烦,它在我一方,我也在它一方,随你怎么说都
> 行。它总是给我力量,似乎赋予我无限的生命力,让我感受到
> 它在面前扶助我,支持我。其实,它是永不干涸的源泉,流出
> 生生不息的正义、真理和力量。每每软弱无力之时,我都本能
> 地求助于它,它总能把我救出苦海。我现在知道,我与它是一
> 种人与人的关系,因为近年来,我丧失了与它交往的能力,意
> 识到一种确确实实的损失。过去,我求助它时,总能够找到
> 它。随后的几年里,有时还能找到它,再后来,完全与它失去

联系。我记得有好几个夜晚，因为焦虑，躺在床上无法入睡。 65
我在黑暗中辗转反侧，试着探索心灵中那个熟悉的更高心灵
之感。原来它是那么接近，好像唾手可得，现在接通电路，寻
求支持，却没有电流。没有它，只是一片空白：我什么也不可
能发现。现在，我将近五十岁了，已经完全丧失与它交往的能
力。必须承认，我的生活失去一个伟大的助手。生活变得死
气沉沉，索然无味。我现在明白了，我以前的经验也许就是正
统的祈祷，只是我不用这个名字叫它罢了。实际上，我所说的
"它"不是斯宾塞的不可知者，而是我自己本能的、个人的上
帝。我以前依靠它，获得极大的同情，但不知怎么回事，现在
失去了它。

在宗教徒的传记里，最通常的手法是一会儿描写信仰的活跃
期，一会儿描写信仰的困难期。或许，每个宗教徒都记得特殊的危
急时刻，直接洞见真理，直接感知活生生的上帝的存在，日常信念
的消沉颓废一扫而空，无影无踪。罗维尔①的通信就有一小段，记
载了这类经验：

　　　上个星期五晚上，我得到一个启示。我在玛丽那儿，偶然
　　谈起神灵的显现（我说，我经常隐隐约约意识到面前有神灵存
　　在），普特南加入谈话，与我辩论起神灵问题。正当我谈论时，

───────────

　　① 罗维尔（James Russell Lowell，1819—1891），美国诗人、随笔作家。这封信引
自《罗维尔书信》，日期是 1842 年 9 月 20 日。詹姆士对罗维尔的看法，可参见《书信集》
上卷，第 314—315 页。——译者

忽然觉得面前的整个世界升腾起来,好像模糊的命运从深渊里朦胧出现。以前,我从未如此清楚地感觉到神灵就在我的内心,就在我身旁。整个屋子似乎充满了上帝。空气似乎因为某个东西存在而来回震颤,我不知道那是什么。我的谈话有了一种先知的平静和清晰。我不能告诉你这个启示是什么。我还没有研究透。但是总有一天,我将完成它,到那时,你们将听到它,并承认它的伟大。①

　　这儿还有一个更长、更为展开的经验,出于一位牧师的手稿。
66　我是从斯塔柏克搜集的手稿里摘录的:

　　　　我记得那个晚上,几乎在山顶的那块地方,我的灵魂好像敞开,进入无限,内部世界与外部世界奔腾咆哮,汇合在一起。这是深空呼唤深空——我自己的奋斗在内心开辟的深空,得到的回应是外部深不可测的深空,超出星际之外。我与创造我的上帝单独待在一起,到处是世界的美、爱、懊悔,甚至诱惑。我没有寻找他,却觉得自己的精神与他的完全融合为一,对周围事物的日常感觉变得暗淡无光。此时此刻,剩下的只有难于言表的喜悦与欢乐。完全描述这种经验是不可能的。很像一个庞大的乐队产生的效果,所有单个的音调融为一体,形成优雅的和声,听众只觉得灵魂飞扬,情绪高涨,几乎无法

---

　　① 《罗维尔书信》(*The Letters of James Russell Lowell*, 2vols. London: Osgood, Mcllvaine, 1894), 1894, i, 75。

控制。夜晚的宁静为更神圣的沉默所震撼。黑暗捕捉神的光临,因为看不见他,感受便越发真切。我不能怀疑他的存在,就像不能怀疑我的存在一样。的确,两者之间如果有什么不同,我倒觉得自己的存在并没有他那么实在。

就在这时,我内心产生了对上帝的最高信仰,还有上帝的最真实的观念。我终于登上神灵之山,感受到周围的永恒之神。但是此后,我的心再没有产生过同样的激动。假如有过,我想就在那时,我面对上帝,从他的精神里得到新生。据记忆,我的思想或信仰并没有发生突然变化,只是早年的粗陋概念好像开了花。旧的没有破坏,只是迅速而惊奇地得以展开。从那时起,我所听说的有关上帝存在证明的讨论,没有一个能够动摇我的信仰。既然我曾经感受了神灵的存在,便不会长期丢失它。我关于上帝存在的最可靠的证据,植根于圣灵显现的时刻,得自那种最高经验的记忆,还有从阅读和反省获得的信念,相信所有曾经看见上帝的人具有某种相同的经验。我以为,可以正当地把它叫作神秘主义经验。我没有足够的哲学知识为它辩护。我觉得,我的叙述非但不能清楚地传达它,反而用语言遮掩了它。不过,尽管没有多少价值,我还是尽可能地详细描述它。

还有一个文件更加确定,作者是瑞士人,我是直接从原文法语翻译过来的。[1]

_____

[1] 经佛洛诺伊(Flournoy)教授允许,我从他搜集的心理学文献中借用这一材料。

　　我当时非常健康：我们的野营已经第六天了，是一个很好的锻炼。前一天，我们从锡克斯特经比埃到特里安。我不觉得疲乏，也不觉得饥渴，心理状态同样良好。在佛拉兹，我获得家里来的好消息。我没有任何忧虑，近的远的都没有，因为我们有个好向导，对我们要走的路线，没有丝毫疑虑。当时的情形，最好用"平衡状态"加以形容。突然，我觉得自己被举起，上帝出现在面前——我所说的完全是我当时意识到的他的慈善和力量好像完全渗透了我。我的情感剧烈地震荡着，根本无法通知同伴继续前行，别等我。我坐在石头上，再也无法站起来，热泪从眼眶溢出。我感谢上帝，在我生命的历程中，他教我认识他，维持我的生命，怜悯我这个微末的生物和罪人。我诚恳地乞求他，允许我奉献自己的生命，按照他的旨意行事。我觉着他的答复是：我应该每天每日在谦卑和贫穷中秉承他的旨意，让他，全能的上帝，判定我是否应在某个时刻作更为明显的见证。渐渐地，这种出神状态离开我的心，也就是说，我觉得上帝收回他所赐予的感通，我能继续行走了，但很慢，依然强烈地为内心的情感所攫取。而且，我不断哭泣了几分钟，双眼红肿，我不愿让同伴们看见。这种出神状态持续了四五分钟，尽管当时的感觉似乎要长得多。我的同伴在巴林的岔路口等了我十分钟，但是，我花了二十五或三十分钟才赶上他们，因为我记得，他们说我耽误了大约半小时。这种印象相当深刻，我一边缓慢爬坡一边自问，西奈山的摩西与上帝的感通能否比我更亲密。我想还应该指出，在我的出神过程，上帝无形、无色、无嗅、无味；而且，他在面前的感受并无确定的方位。毋宁说，由于一个精神的灵呈现面前，我的人格好像被改变了。但是，我越是寻找词汇表达这种密切的交往，就越是觉得无法用普通的形象加以描述。其实，最能向读者表达我的感受的，无非是这句话：上帝虽然看不见，但是就在面前；他不为我的感官所觉察，我的意识却能感知他。

人们最常用形容词"神秘的"专门指谓经历短暂的状态。当然，上面两人描述的狂喜状态就是神秘经验，稍后的演讲里，我还要更多地谈论这种经验。现在，节录另一个神秘经验或半神秘经验，心灵进入这种状态，显然是因为禀性虔诚。这是从斯塔柏克搜集的材料里取来的。报告人是位女士，其父是当时的一位名流，反对基督教的作家。她的皈依突如其来，这充分表明，有些人的上帝临现感纯系天然。她说，她少时的培养教育让她对基督教学说一无所知。后来去德国，与一些基督教朋友交谈之后，读了《圣经》并做祈祷，最后得救的计划像一道光照亮了她。她写道：

　　直到现在，我还无法理解如何拿宗教和上帝的命令当儿戏。当听见天父召唤我的那一刻，我的心便认得。我跑，我伸出臂膀，大声喊叫："这儿，我在这儿，天父。"哦，幸福的孩子，我应该做什么？我的上帝回答："爱我。"我热情地呼喊："我爱您，我爱您。""到我这儿来吧"，天父这样说。"我会去的"，我的心怦怦地跳。我停下来问了一个问题？没有。我根本想不起问我是否足够善良，也不会对我的不健全有所迟疑，或者，探讨他的教会是什么样子，或者⋯⋯去等待，直到心满意足。

满足了！我已经满足了。难道我没有找到我的上帝和天父？难道他不爱我？难道他没有唤我？难道没有我可以出入的教会？……从那以后，我的祈祷总能得到直接的答复——是那样富有意义，就像与上帝交谈，聆听他的回答。上帝的实在观念须臾没有离开过我。

还有一个例子，作者是二十七岁的男子，他描述了经验，或许几乎等同于性格，但是并不生动：

> 我好几次感受到，我与神之间有过密切的感通，十分愉快。这些会合的到来不经请求，无法预见，似乎完全在于暂时祛除通常笼罩生活之上的各类习俗……有一回，我从高山之巅举目远望，沟壑纵横起伏的风景尽收眼底，一直伸展到高凸的狭长海洋，直抵天边。从同一地点俯视脚下，只能看见一大片无边无际的白云，飘动的白云表面，露出几个高耸的山峰，包括我脚下的这座，它们似乎来回穿梭，拖动着抛下的船锚。我几次的感受是：暂时忘记了自己是谁，同时得到启迪，发现我平时不曾看到的生活的深刻意义。正是此时，我觉得可以理直气壮地说，我曾享受过与上帝感通。当然，假如没有神的存在，世界将是一片混沌。没有神降临，我根本无法设想生活。

70　　　下面的例子也是从斯塔柏克教授搜集的手稿里摘录的，反映更常见的上帝临现感，即惯常的感受。它出自一位四十九岁的男

子之口——或许,成千上万的基督徒几乎众口一词:

> 我觉得,上帝比任何思想、事物或人物都更实在。我实实
> 在在地感受到他就在面前,我的生命与他的律法和谐一致,就
> 像它们刻进我的灵与肉。我在阳光和雨水中感觉他,除了敬
> 畏交织着甜蜜的安宁,几乎无法描述我的感受。我与他交谈,
> 祈祷并赞美,就像与同伴交谈。我们的感通十分愉快。他不
> 时应答我,谈吐清基,字字句句似乎都震撼我的外耳,但一般
> 只留下强烈的心理印象。通常,《圣经》的经文展示出上帝的
> 新景观,还有他对我的爱以及对我安全的关切。我能列举上
> 百个例子,涉及学校事务、社会问题、财政困难,等等。他是我
> 的,我也是他的,这种感觉从不曾离开过我,那真是一种永久
> 的快乐。没有它,生活是空白,是沙漠,是无边无际、走投无路
> 的荒野。

我再举些例子,是不同年龄和性别的人写的。它们还是从斯
塔柏克教授的材料里选出来的,数量大大增加。第一例来自二十
七岁的男子:

> 我觉得上帝非常实在。我与他交谈,经常得到答复。我
> 求上帝指导之后,心灵突然产生一些思想,与平时接纳的思想
> 大相径庭。一年多以前,我接连几个星期惶恐不安。灾难降
> 临时,一片茫然。但是没多久(两三个小时),我清楚地听见圣
> 经的一段话:"我的恩赐对你足够了。"我每每想起灾难,都能

听见这段经文。我想我未曾怀疑过上帝存在,也不曾将上帝从意识中抹掉。上帝经常涉入我的事务,且显而易见。我觉得,他还不时地指导许多微末的细节。但是,有两三次,他下达的行为方式与我的抱负和计划正相反对。

另一段是一个十七岁男孩的陈述(尽管带着明显的稚气,但仍有心理学价值):

> 有时,当我去教堂,坐下来,参加礼拜的时候,出来之前觉得上帝和我在一起,就在我右边,和我一块儿吟诵《诗篇》……我还觉得自己坐在他身边,抱着他,吻他,等等。我在圣坛行圣餐礼时,总想触摸他,而且,通常觉着他就在面前。

其他的几个例子,下面一并给出,并无什么顺序:

> 上帝像空气一样环绕我周围。比我的呼吸还贴近我。我差不多活在他当中,在其中运动,获得我的存在。
>
> 有时,我似乎就站在他面前,与他交谈。祈祷有了回应,常常是直接的,势不可挡,启示他的光临与力量。有时,上帝似乎离得很远,但这总是我自己的错。
>
> 我有面临某物的感觉,它围绕我周围,强烈同时又给予安慰。有时,它似乎用强健的臂膊拥抱我。

这是人的本体论的想象,这是它的作品所拥有的说服力。不可名状的存在为人所意识,其感受异常强烈,犹如幻觉。它们决定了我们的生活态度,就像对世上另一个人的日常感受(每个人都为这种感受所纠缠)决定了恋人的生活态度一样。众所周知,恋人有一种感受,始终觉得自己是他的偶像,即便他的注意力转向其他事物,不再记得她的特征。他无法忘记她;她自始至终影响着他,永不间断。

我谈过这种实在感令人信服,现在,必须在这个问题上多花一点儿时间。对感受者来说,实在感像直接的感觉经验一样具有说服力,而且,它们通常比纯粹逻辑确认的结果更有说服力。诚然,人们可以完全没有这种感受。或许,你们在座的各位恐怕不止一个根本没有它们。但是,如果确实有,而且十分强烈,你们大概会情不自禁地认为,自己真正感知到了真理,并将其看作一种实在的启示,任何反驳论证都无法改变你的信念,不管你能否用言辞加以拒绝。与哲学神秘主义相反的意见,通常叫作理性主义(rationalism)。理性主义主张,我们的一切信念最终应当为自己寻找表述清晰的根据。在理性主义者眼里,这些根据必须由四部分组成:(1)可明确表述的抽象原则;(2)确定的感觉事实;(3)以这些事实为基础的明确的假设;(4)明确的逻辑推论。从积极方面看,理性主义体系的确具有辉煌的发展趋势,不仅哲学是它的成果,物理学(属于好东西之列)也是它的成果,然而,不确定之物的模糊印象,在其中并无立足之地。

不过,如果观察一下人的整个心理生活,观察一下脱离学问和科学的生活,以及人们内心深处的私人追求,那就不得不承认,理性主义论述的那部分生活,相对说来,十分肤浅。它的论述无疑具有威望,因为它能言善辩,滔滔不绝,它要求你拿出证据,它能诡辩,用言语将你打倒。但是,它还是不能说服你,让你信服。既然你有直觉,它们一定来自你的深层本性,远远超越理性主义栖居的言说层面。你的整个潜意识生活,你的冲动、你的信仰、你的需要、你的直感,统统为这些前提做准备,现在,你们的意识感受到它们的结果至关重要。你的内心绝对有某个东西知道,这种结果肯定比与它相抵触的理性主义诡辩更真实,不管后者多么机智。理性主义层面无力建立信仰,这一点很明显,无论它维护宗教,还是反对宗教,都能给予证明。用自然秩序证明上帝存在有大量文献,一个世纪以前,它们似乎还具有无可辩驳的说服力,现在却只能呆在图书馆里接尘土。道理很简单,我们这一代不再相信它们证明的那种上帝了。我们今天知道,无论哪类上帝,他绝不会是纯粹外在的发明家,通过“设计”彰显自己的“荣耀”,就像我们父辈深感满足的那样。然而,我们究竟如何知道这点的,根本无法用语言向别人或向自己讲清楚。在座的诸位,请问有谁能够充分阐述你的信仰,说明如果有个上帝存在,他必然比上边那个发明家更广大,更富于悲剧人格。

事实上,在形而上学和宗教领域,只有当说不出的实在感造成印象,支持某个结论的时候,能够清晰表述的理由才对我们具有说服力。诚然,我们的直觉与理性共同运作,统治世界的伟大体系才可能成长,就像佛教或天主教哲学一样。但是,出于冲动的信念建立了真理的原型,用语言表述的哲学不过将其转译成花里胡哨的公式。非推理的直接确信是我们内心的深刻部分,推理论证只是表面的展示。本能是领导,理智是随从。假如有人像我列举的例子那样,感受到活生生的上帝就在面前,那么,你们对他的批评教育不管多么高明,恐怕都是徒劳无功,丝毫也不能改变他的信仰。 74

请注意,我并没有说,在宗教领域,最好让潜意识和非理性占据首要地位。我只不过简单地指出一个事实:即它们现在确实占据着首要地位。

关于宗教对象的实在感,就说这么多。下面简略地谈谈由这种实在感特别引发的态度。

我们已经同意,这些态度是严肃的;而且我们已经看到,有理由认为,最明显的态度是那种快乐,即在极端事例中因绝对屈从而引发的快乐。对这类屈从对象的感受,很大程度上精确地决定了快乐的面貌。整个现象比任何简单的公式复杂得多。论述这个题目的文献,一会儿强调悲伤,一会儿强调喜悦,轮流变换。古人①认为,最早的神产生于恐惧。宗教史上每个时代,都有大量材料证实这种说法。然而,宗教史同样表明,快乐始终发挥一定的作用。快乐有时是原初的;有时则是次生的,即摆脱恐惧后的喜悦。后一种状态更复杂,也更全面。随着演讲的展开,我想,会有充分的理由相信,如果从宗教需要的广阔眼界出发,我们既不能摈弃悲伤,也不能摈弃喜悦。全面地讲,一个人的宗教包含两种心境:生命的收缩与生命的膨胀。然而,由于时代变迁,思想体系变化,人与人彼此有别,两种心境混合的分量和顺序必将随之变化,大相径庭,

---

① 古人指本·琼森(Ben Jonson,1573—1637),英国戏剧家。著有《西亚努斯的覆灭》(*Sejanus His Fall*,in Ben Jonson,ed. C. H. Herford and Percy Simpson,IV,Oxford:Clarendon,1932,p. 380,act II,line 162)。——译者

75　因此,你坚持恐惧和顺从是宗教本质,他坚持平和与自由是宗教本质,实质上都没有超出真理的范围。面对同样的宗教现象,性情悲观的观察者与性情乐观的观察者所强调的,必然是彼此对立的两个方面。

　　在性情悲观的宗教徒那儿,甚至宗教和平,也被弄得十分严肃。周围的空气依然弥漫着危险。扭曲和收缩尚未完全制止。解脱之后便欣喜若狂,欢呼雀跃,未免天真幼稚,得意忘形,完全忘记了树枝上还有伺机待发的秃鹰。收着点儿,收着点儿吧,你是攥在活生生的上帝手中。例如《约伯记》,作者想的只有人的无能与上帝的万能。"它像天堂一样高;你能干什么?——比地狱还深;你能知道什么?"有人觉得,这种信念的真理周围,有一种严厉的味道;他们认为,这是一条近路,最接近宗教快乐感。那位冷静、诚实的作家,《拉瑟福德》(Mark Rutherford)的作者①说:

　　　　在《约伯记》里,上帝提醒我们,人并非他创造世界的尺度。② 世界广袤无垠,其建设规划或理论绝非人的理智所能把握。世界处处是超验的。这是每首曲的要旨,是每行诗的秘密,如果有秘密的话。充分也好,不充分也罢,再没有什么了……上帝是伟大的,我们不知道他的办法。他将我们的一切拿去,但是,如果我们的灵魂有耐心,就可以越过阴暗的深谷,重见阳光。我们也许行,也许不行!……除了上帝两千五

------

　　① 拉瑟福德是怀特(William Hale White,1831—1913,英国小说家和批判者)的笔名。——译者

　　② 《约伯记》,11:8。——译者

百多年前由旋流说出的话,我们还能说什么呢?[①]

相反,如果转向乐观的观察者,我们立刻发现,除非完全克服厄运,忘记危险,就不会觉得有完全的解脱。这些观察者给我们提供的定义,在刚才所说的悲观者看来,似乎摈弃了一切严肃性,而这正是将宗教和平与动物快乐区分开来的东西。有的作者认为,一种态度,即便不涉及牺牲或顺从,没有扭曲的倾向,也不用低头鞠躬,同样可以称作"宗教的"。西利[②]教授说:"任何习惯的、规则的崇敬,都该叫作宗教。"[③]因此,他认为,我们的音乐、科学,以及所谓"文明",按照现在的组织和信仰状况,应该构成了我们时代的真正的宗教。确实,假如我们觉得,必须凭借霍氏机枪之类的玩意儿,将我们的文明强加给"低劣"民族,那么,这种毫不犹豫且不加考虑的方式不禁使我们想起早期的伊斯兰教用剑推行宗教的精神。

前一讲,我引录了爱理斯先生的极端意见,他认为任何一种笑都是宗教修行,因为笑证明了灵魂的解放。我摘引这个意见,是为了否认它的合理性。但是现在,我们必须对这整个乐观的思维方式进行详细的清算。这种思维方式太复杂,不能随便下判断。因此在下两讲,我想专门讨论宗教乐观主义。

76

---

① 《拉瑟福德的获救》(*Mark Rutherford's Deliverance*),London,1885,第 196—197 页。

② 西利(J. R. Seeley,1834—1895),英国历史学家。——译者

③ 见他的书(恐怕很少有人读):《自然宗教》(*Natural Religion*),3d edition,Boston,1886,第 91 页,第 122 页。

第四、五讲　健全心态的宗教

　　假如我们问:"人生的主要考虑是什么?"得到的回答之一恐怕应该是:"幸福。"事实上,对任何时代的大多数人来说,如何获取幸福,如何维持幸福,如何补救幸福,正是他们所作所为的秘密动机,也是他们情愿忍受一切的秘密动机。伦理学有享乐主义学派,他们演绎道德生活,完全依据经验,即不同的行为产生的究竟是幸福,还是不幸福。宗教生活比道德生活更甚,幸福与不幸福似乎成了两个极点,所有旨趣都围绕着它们旋转。我们无须像西利教授那样走向极端,称持久的热情就是宗教,也无须将纯粹的笑叫作宗教修行。但是必须承认,持久的快乐可以产生一种宗教,其实质在于心存感激,赞颂恩赐的生存是那么幸福。而且还必须承认,体验宗教的更为复杂的方式都是产生幸福的新方式,假如最初赐予的自然生存像通常的情形那样,不那么幸福,宗教便提供内在的奇妙方式,去追求一种超自然的幸福。

　　既然宗教与幸福之间有这种关系,那么,将宗教提供的幸福作为宗教真理的证据,或许并无惊奇之处。一种信条倘若使人觉得幸福,他恐怕必然会接受它。这种信念应当是真实的;因此它就是真实的——这个意见不管是否正确,都是普通人运用宗教逻辑得出的"直接推论"。① 一位德国作者说：

> 上帝精神在近旁出现，可以实在地经验到——的确只是
> 经验到。经历这种经验的人清楚地知道有上帝精神存在并接
> 近，无法抗拒，其标志就是无与伦比的幸福感。这种感受与上
> 帝的接近密切相关，因此，它不仅是我们在地球上可能具有的
> 正当感受，而且，也是上帝实在性的最好、最必不可少的证据。
> 没有别的什么证明具有同等的说服力，因此，一切有效的新神
> 学都应该从幸福出发。

在这个时间里，我将请你们考察一下简单的宗教幸福，那些较
复杂的宗教幸福，留到以后再讨论。

在许多人那儿，幸福是与生俱来的，无法收回。他们的"宇宙
情绪"②必然采取热烈而自由的形式。我说的不仅是那些享受肉
体快乐的人，而是指那样一种人，他们虽然面临不幸福，却积极拒
绝感受它，似乎不幸福就是卑劣和过失。每个时代都有这种人，尽

---

① 希尔蒂（C. Hilty，1833—1909）：《幸福》（*Glück*，Frauenfeld：J. Huber，1900）第三部分，1900，第 18 页。［希尔蒂，瑞士哲学家。詹姆士使用"信仰阶梯"（faith-ladder）一词来表达这种推理方式；参见《多元宇宙》（*A Pluralistic Universe*，*Works*，note to 148.11）。——译者］

② 在《多元宇宙》（见 *Work*，第 60—61 页）中，宇宙情绪与宗教感情是相对立的。克利福德（Willism Kingdon Clifford，1845—1879，英国数学家和哲学家）认为，宇宙情绪是英国哲学家西季维克（Henry Sidgwick，1838—1900）提出来的。在《演讲与随笔》（*Lectures and Essavs*，2vols，London：Macmillan 1879，II，253）中，克利福德把宇宙情绪定义为"按照宇宙和事物的总和感受到的一种情绪，宇宙情绪被视为宇宙或者秩序"。这一版本的两卷都来自詹姆士的藏书。——译者

管他们境况艰难,生下来就接触险恶的神学,但仍旧满怀热情,投身于生活的美好之感。从一开始,他们的宗教便与神圣合一。宗教改革以前的异教徒,曾遭受教内作者的谩骂,被斥责为从事唯物主义那一套,就像早期基督徒被罗马人指控为纵情作乐一样。或许,历史上任何一个时代,都有相当一批人刻意不想人生之苦,并将其理想化,形成公开的或秘密的宗派,声称一切自然事物都是允许的。圣奥古斯丁的格言,"只要你爱[上帝],你就可以随心所欲",是对道德的最深刻的观察。但是,在这些人看来,此话蕴含着逾越传统道德的通行证。就性格而言,他们或文雅,或粗俗,但是,他们的信念始终是系统的,足以构成确定的宗教态度。他们认为,上帝赐予了自由,邪恶的利刺被磨除。从总体上说,圣方济各(Saint Francis)及其门徒就是这类人,当然,其中又包含了无数的类别。早年从事著述的卢梭、狄德罗、圣皮埃尔(B. de Saint Pierre)以及十八世纪的许多反基督教领袖,都属于这种乐观主义类型。他们所以有影响,是因为他们的感受具有某种权威:只有你充分信任自然,她才是绝对好的。

我们都希望有朋友,或许更希望是女性而不是男性,是青年而不是老年,因为他们的灵魂是天蓝色,伴随着鸟语花香,以及醉人的天真,并非人类暗淡的情欲。他们不考虑人或上帝的难处,一开始就拥有宗教的喜悦,无须摆脱先前的重负。弗兰西斯·纽曼[①]说:"上帝在尘世有两类儿女:一次生的与两次生的。"他这样描述一次生的儿女:[②]

---

① 弗兰西斯·纽曼(Francis W. Newman,1805—1897),英国学者和作家。——译者

② 《灵魂,它的悲哀与渴望》(*The Soul*, *Its Sorrow and Its Aspirations*),第三版,1852,第81页,第89页。

他们认为上帝不是严厉的判官，不是尊贵的统治者，而是完美和谐世界的生动精神，慷慨而友善，仁慈而纯洁。这类人没有形而上学倾向，并不反省自己。因此，他们不会为自己的缺陷所烦扰。不过，称他们正人君子，未免荒唐。因为他们根本不考虑自己。他们这种幼稚的性格，使宗教的开局成为他们的幸事：他们不惧怕上帝，就像孩子不惧怕皇帝一样，尽管孩子的父母看见皇帝浑身发抖。事实上，他们对上帝威灵显赫的品格，没有任何明晰的概念。① 在他们眼里，上帝是慈善和美丽的人格化。他们领会上帝的品格，不是通过无序的人类世界，而是通过浪漫、和谐的自然。他们在自己的心灵中，或许很少看到人的罪恶，在世界中看到的就更少了。人类苦难只能使他们心肠更柔软。因此，他们接近上帝，并无内心的纷乱。他们虽然尚未超乎世俗，但是，在他们简单的崇拜中，已经得到某种满足，或许还有浪漫的兴奋之感。

培养这种乐观品格，罗马天主教比新教具有更适合的土壤，后者的情感形式是由绝对悲观的心灵设立的。然而，即便是新教，也不乏这类品格。在最近"自由"发展起来的一位神论（Unitarianism）和广义的宽容教派（Latitudinarianism），这类乐观者曾经起着，而且现在依然起着重要作用，颇有建设性。爱默生本人是个范例。另一个是帕克②。下边是从帕克书信里摘录的有代表性的两

---

① 我曾听到一位女士描述快乐，那种快乐是因为她想起她"始终能够依傍上帝睡觉"。

② 帕克（Theodore Parker，1810—1860），美国牧师和变革者。——译者

段文字：①

> 正教学者指出："异教经典里没有原罪意识。"这话是正确
> 的——为此应该感谢上帝。他们意识到愤怒、残忍、贪婪、酗
> 酒、淫秽、懒惰、怯懦以及其他恶习，并奋力挣扎，试图摈弃这
> 些缺陷。然而，他们没有"敌视上帝"的意识，并不坐下来哀
> 鸣、呻吟，抗拒那不存在的罪恶。我一生做过许多错事，而且
> 现在还做错事。我未射中，引弓再试。但是，我并没有意识去
> 憎恨上帝，去憎恨人、正义或友爱；我知道"我的内心很健康"。
> 即使现在，我体内还有许多善的东西，不管结核病还是圣
> 保罗。

帕克的另一封信说：

> 我一生都在清澈甘甜的河水中游耍。即便有时水有点儿
> 凉，逆流湍急，风浪骤起，但总不至于那么猛烈，弄到无法前
> 进、无法游渡的地步。从幼年在草地上蹒跚学步时起……直
> 到现在胡子灰白的成年止，我记忆的蜂房里留下的只是甜蜜，
> 我现在的快乐还依靠它们。每当回忆起往年……便充满了甜
> 蜜感，并深感惊奇，这么微不足道的小事，居然能使一个凡夫
> 俗子异常丰富。但是必须承认，我一生中的最大快乐仍然是

81

---

① 　魏斯(John Weiss)：《狄奥多尔·帕克的生平及书信》(*Life and Correspondence of Theodore Parker*，New York：D. Appleton，1864)，i，第32页，第152页。[行文第二段引自帕克的布道词。——译者]

宗教的。

　　关于"一次生"的意识如何自然而然地直接发展，没有丝毫病态的后悔或危机，还可举出另一个典型例子。那是著名的一位神派教士黑尔博士[①]对斯塔柏克公开信的答复。我引了其中一部分：

　　　许多人的传记涉及宗教斗争，好像那才是英雄的本色。看到这一点，我深感遗憾。我应该提及这些，因为我想说，任何人假如像我一样，出生于简单而理性的宗教家庭，从小受这种宗教理论熏陶，根本不知道宗教的或非宗教的斗争是什么，那么，他一定占据极大的优势，简直无法估量。我始终知道上帝爱我，为了他将我安排在这个世界而感激不尽。我总想告诉上帝这些，总喜欢接受他给我的暗示……我清楚地记得，在我进入成年的过程，当时颇流行一些哲理小说，谈论青年男女面临的"生活问题"。我却不知道什么是生活问题。尽全力生活，在我似乎是轻而易举的事。学习许多要学的东西，似乎令人愉快，而且几乎理所当然。如果有机会，就助人一臂之力，似乎很自然。如果这么做了，他就享受到生活的乐趣，因为他是情不自禁享受的，无须证明他应该享受这种乐趣。……从小就让一个孩子知道，他是上帝的儿女，可以在上帝之中生活、运动、存在，因此具有无穷的力量，能够克服任何困难，那

─────────────

[①] 　黑尔（Edward Everett Hale，1822—1909），美国牧师和作家。——译者

他对生活的态度就会更从容,或许更有收益,远远超过那种被
告知生于愤怒,且不能完全幸福的孩子。①

　　人们从这类作者身上看到的气质,从一开始便侧重于快乐的
方面,而且,注定不会像相反气质的人那样,纠缠于世界的黑暗方
面。在有些人那儿,乐观主义可以成为类似的病态。他们似乎没
有能力产生暂时的忧愁或片刻的谦卑,就像一种与生俱来的麻痹
扼杀了这种能力。②
　　如今,这种无力感觉罪恶的典范,当然是惠特曼。惠特曼的门
83 生柏克③博士指出:

---

　　①　斯塔柏克:《宗教心理学》,1899,第 305—306 页。
　　②　圣皮埃尔说:"我不知道,哲学家某一天将忧郁情感归于什么物理定律。在我
看来,忧郁情感是一切感受中最放荡的。"因此,圣皮埃尔论自然的著作里,用了一系列
段落讨论毁灭之乐、死亡之乐、自然的毁灭、孤独之乐——其中每一个都比前一个更
乐观。
　　从灾祸中寻求奢侈的享受,这在青年期十分普遍。讲真话的巴什克采夫(Marie
Bashkirtseff)清楚地表达了这一点:"在这种抑郁而恐怖的连续苦难中,我不诅咒生活。
相反,我喜爱生活,觉得它好。你信吗? 我发现事情件件都好,都令人惬意,包括我的
泪水和哀叹。我享受我的哭泣,我享受我的绝望。我享受恼怒和悲伤。我觉得这些好
像是多种多样的消遣,我热爱生活,尽管有所有这些。我要继续生活。我这么随遇而
安,让我死,未免太残酷。我痛哭,我叹息,同时,我也快乐——不,这并不确切——我
不知道如何表达。但是,生活的一切都给我快乐。我发现件件事物愉快,我在祈祷幸
福的过程中,发现苦难即幸福。经历这些的不是我——是我的身体哭泣,我内心有某
种东西超越我,它喜欢这一切。"见《玛丽·巴什克采夫日记》(*Journal de Marie Bash-
kirtseff*,2vols.,Paris:Charpentier,1891),i,第 66 页。[巴什克采夫(1860—1884),乌
克兰艺术家和作家。——译者]
　　③　柏克(Dr. Bucke,1837—1902),加拿大医生,惠特曼的遗稿管理人之一,主要
著作有《宇宙意识:人类心灵进化研究》(*Cosmic Consciousness:A Study in the Evolu-
tion of the Human Mind*,Philadelphia:Innes & Sons,1901),《人的道德本性》(*Man's
Nature:An Essay*,New York:G. P. Putnam's Sons,1879)。——译者

　　他最喜爱的消遣，恐怕就是户外散步，独自闲逛，看看小草、树木、鲜花、日照景色，以及天空的风云变幻；听听小鸟、蟋蟀、树蛙的鸣叫，还有上百种自然界的声音。显然，这些东西带给他的快乐，比给普通人要多得多。我认识了这个人才知道，居然有人能从这些事情上获得那么绝对的幸福。他特别喜欢各种各样的花，无论野生的，还是培植的。我想，他对丁香与向日葵的赞叹，丝毫不比玫瑰差。或许，从来没有人像惠特曼那样，喜欢的东西那么多，不喜欢的却那么少。在他眼里，凡自然事物，似乎都充满魅力。一切景色与声响似乎都让他欢喜。他似乎喜欢（我认为他确实喜欢）所见的所有人，男女老幼（尽管我始终不知道他说过他喜欢任何人），而每个认识他的人，都觉得惠特曼喜欢他或她，而且也喜欢其他人。我从不知道他与别人有过争吵，而且，他从不谈论钱。他总是为那些苛评他及其作品的人辩解，有时玩笑的，有时认真的。我常以为，他甚至能从论敌的反对中找到快乐。我最初认识他时，常常以为他处世谨慎，不让自己的嘴表达烦恼、厌恶、抱怨和抗议。我断然想不到，他内心根本没有这些心思。经过长期观察之后，我终于信服了，他确实没有这类意识。他从不贬低任何民族、任何阶层的人，或者世界史上的任何时代，也不轻视任何行业或职业——甚至不责怪任何动物、昆虫或无生命物，不责怪任何自然规律，以及这些规律带来的任何结果，诸如疾病、残疾、死亡等。他从不抱怨天气、疼痛、疾病，或者别的什么。他从不诅咒，甚至不会诅咒，因为他从不说气话，而且好像从不生气。他从没有表现出恐惧，我相信，他恐怕从　84

未感觉到恐惧。①

　　惠特曼认为自己取得的文学成就,在于他的作品系统地摈弃
了一切萎缩成分。他允许自己表达的惟一情感,属于豁达的一类。
他用第一人称表达,但并不像有些人那样,表达出的无非是极端的
自高自大,而是要代表一切人说话,因此,他的字里行间渗透着本
体论的情绪,热烈而神秘,最终说服读者相信,男与女,生与死,以
及万事万物,都是神圣的善事。

　　因此,直至今天,许多人仍然认为惠特曼恢复了永恒的自然宗
教。他对友人的爱,他因自己及别人存在而生的快乐,深深感染了
这些人。事实上,崇拜惠特曼的若干社团已经成立;还有一个期
刊,目的是宣传他的思想,其中,已经开始划分正统与异说了。②
还有人用他独特的韵律做颂歌;甚至明确地把他与基督教的创立
者加以对照,后者并不占有绝对优势。

　　人们经常把惠特曼叫作“异教徒”。现在,这个词有时指没有
原罪感的纯粹自然人,有时则指具有特殊宗教意识的希腊人或罗
马人。这两层意思没有一个适用于这位诗人。他并非纯粹的自然
人,没有尝过善恶之果。他充分意识到罪,因而才表现一种漠然的
态度,自觉地为摆脱屈从和退缩感到自豪。这是第一层意义的异

---

　　①　柏克(R. M. Bucke):《宇宙的意识》(*Cosmic Consciousness*,Philadelphia:Innes
& Sons,1901),第182—186页,节选。

　　②　我是指《保守者》(*The Conservator*),特劳贝尔(Horace Traubel)编,每月在费
城出版发行。[特劳贝尔(1858—1919),美国作家,惠特曼的遗稿管理人之一,《保守
者》(Philadelphia,1890—1919)一书编者。——译者]

教徒所不曾具有的。

> 我能返回，与动物一起生存，它们是那么宁静，那么沉默， 85
> 我站着看它们，好久好久；
> 面对自己的境况，它们既无焦虑，亦无怨诉。
> 它们不会在黑暗中静卧不眠，为自己的罪泣哭。
> 没有一个不满足，亦没有一个因醉心物产而发疯，
> 没有一个跪拜另一个，亦不会向几千年前的同类叩首，
> 整个大地，没有一个值得尊敬，亦没有一个不幸。①

　　没有哪位自然的异教徒能写出这些著名诗句。不过，另一方面，惠特曼又不及希腊人或罗马人，因为即便在荷马时代，他们的意识也充满了悲哀，觉着这个阳光灿烂的世界必定面临死亡的命运。这种意识，惠特曼是断然拒绝的。例如，阿喀琉斯要杀普里阿摩斯的儿子吕卡翁，听见他哀求怜悯，就停下手说：

> 啊，朋友，你注定要死的：何必这么悲哀？帕特洛克罗斯也死了，他比你要好得多……我的头上，也悬着死亡和强大的命运。总有一个早晨，或一个晚上，或一个中午，某个人在战斗中要了我的命，或者用长矛刺死我，或者用箭射死我。②

---

　　① "我自己之歌"（Song of Myself），32，节选。［詹姆士在行文中引用过的《草叶集》，出自好几个版本，这里面引用的版本应该是 Philadelphia：David McKay，1891—1892，第 54 页。——译者］
　　② 《伊利亚特》（*Iliad*），［1883］，XXI，E. 迈尔斯（Myers）译本。

然后,阿喀琉斯残忍地用剑割断这个可怜孩子的脖子,用脚把他踢进斯卡曼德河,让鱼儿吞吃吕卡翁白嫩的肥肉。正是在这儿,残忍与同情表现得分明而真切,彼此没有混杂,互不干涉。希腊人和罗马人就是这样,始终将他们的一切悲伤与快乐截然分离,保持其完整。他们不把本能的好看作罪;也不想保全世界的名誉,像我们许多人那样,硬说直接表现出的罪恶必然是"正在创造过程的善",或某种同样精妙的东西。在早期希腊人眼里,好就是好,坏就是坏。他们既不否认自然的恶——在他们看来,惠特曼的诗句,"所谓的好是完善,所谓的坏也是完善",①纯粹是傻话——也不为逃避这些恶,靠想象发明"另一个更好的世界",②其中不但没有恶,素朴的感官之福亦没有立足之地。这种本能反应的完整性,这种没有任何道德诡辩和道德强制的超脱,赋予古代的异教感以一种感伤的尊严。惠特曼那激动人心的语言,从未流露这种性质。他的乐观主义太刻意,太张扬;他的福音有虚张声势的味道,有点儿矫揉造作,③这就减弱了他对许多读者的影响,尽管他们仍然倾向于乐观主义。而且,从整体上看,应该承认,惠特曼在许多方面

---

① 引自《草叶集》,第 337 页。——译者

② 引自德国剧作家科兹布(August Friederich Ferdinand von Kotzebue,1761—1819)的《陌生人》(*Stranger*,tran. Benjamin Thompson,London:National Acting Drama Office [n. d],p. 10,act1,scene1)。——译者

③ 我有一位自觉伟大且乐观的朋友,一天早晨,心情甚好,流露出粗野狂妄的样子,当着我的面说:"上帝怕我!"这句话的挑衅口吻,表明基督教的谦卑教育在他胸中作痛。[这位朋友指托马斯·戴维森(Thomas Davidson),詹姆士这段话出自《徘徊的学者——托马斯·戴维森回忆录》(*Memories of Thomas Davidson the Wandering Scholar*,ed. William Knight,Boson:Ginn,1907,pp. 108—109)。——译者]

承袭了先知的真传。

这种观赏一切事物,并认它们为善的倾向,如果称作健全的心态,那么我们发现,必须将它们分为两类:较无意的健全心态与较有意或较系统的健全心态。在较无意的一类,健全心态直接感受事物的幸福。在系统的一类,健全心态则用抽象的方式设想事物是善的。凡抽象地设想事物,都是暂时选择事物的某个方面,作为本质,同时忽略其他方面。系统的健全心态,将善设想为事物的本质或普遍的方面,故意从视野中排除恶。这种方法,经过如此露骨的表述,在忠诚理智、忠于事实的人看来,似乎是一个难以实行的技艺。但是,稍微想一想就能知道,情况太复杂了,不至于面对如此简单的批评。

幸福像所有其他情感状态一样,有其盲目性,对眼前的相反事实视而不见,如同本能的武器为了抵制侵扰而进行自我保护。现实地享有幸福,就不会觉得罪恶的思想实在,就像忧郁症占支配地位时,不觉得善的思想实在一样。无论出于什么原因,人只要有现实的快乐,此时此刻,就根本不可能相信有罪恶。他肯定对罪恶一无所知。在旁观者看来,他那时似乎固执地闭眼不见罪恶,并将罪恶遮掩起来。

然而,不仅如此,在忠厚老实的人那里,遮掩罪恶可以变成一个有意的宗教政策,或成见。我们所谓罪恶,大多数完全出于人们观看现象的方式。受难者的内心态度,经常因为单纯从恐惧变成抗争,就使恶转换为令人振奋、鼓舞人心的善。逃避罪恶未获成功,便来个一百八十度大转弯,愉快地承受它。这样做经常使痛苦消失,趣味改变,于是,若牵涉乍看似乎扰乱宁静的诸多事实,人们出于道义,便必然采用这种逃避方式。拒不承认罪恶的坏处;轻蔑它们的力量;无视它们的存在;把注意力转向别处;至少对你而言,尽管事实依旧,但其罪恶的品质已不复存在。你凭借自己的思想使它们成为恶,或成为善,因此,你的主要任务在于管辖自己的思想。

刻意采取乐观主义的心态,便进入哲学领域。并且,一旦进入,就很难查究其合法的范围。不仅追求幸福的本能藉无视从保护自身,始终随其所好,而且,更高的内心理想亦说出颇有分量的话语。不幸的态度不仅痛苦,且卑劣、丑陋。那种憔悴自伤、呜咽啜泣、抑郁寡欢的心境,不管由什么外界的罪恶引起,还有什么比它更卑鄙,更下贱? 还有什么比它更有害于他人? 还有什么比它更无助于摆脱困难? 它只能强化、延续引起它的麻烦,增加整个局势的罪恶程度。因此,无论如何,我们应该削弱它的势力,蔑视自己及他人的这类心境,对它们决不宽容。然而,假如不热烈地强调客观事物的光明方面,同时缩小黑暗的方面,就不可能在主观领域实行这种制约。因此,我们决心不沉溺于悲悲切切,从内心较小的一点出发,永不停歇,直至将整个实在架构归于系统的乐观主义概念,足以满足它的需要。

以上所言,并未涉及任何神秘的洞见或信念,即相信事物的整个架构必然是绝对的善。在宗教意识史上,这种神秘的信念发挥了巨大作用,稍后,我们必将慎重考察。但是眼下没有必要。就目前的讨论而言,非神秘的普通狂喜状态就足够了。一切扩张的道德心态和热烈的感情,都使人感受不到某一方面的罪恶。一般的惩罚阻挡不了爱国志士,通常的稳重早被恋爱者抛到九霄云外。激情达到极端,受苦可能真的被看作光荣,为了理想,死亡不再痛苦[1],坟墓亦不再狰狞。这种状态下,善恶的一般对立为更高的领域吞没,那是万能的兴奋,吞噬了罪恶,被人奉为人生的至尊经验。人说,这才是真正的生活,我为英雄的机遇和冒险而发狂。

因此,将健全心态作为宗教态度,系统地加以培养,不仅符合人性的重要潮流,而且没有丝毫荒谬。事实上,即便所谓的神学,始终阻挠这种态度,我们每人却或多或少地培养了它。我们尽量不去注意疾病和死亡。我们生活所依靠的屠宰场以及无穷的污秽,被遮掩起来,避开我们的视线,从不提及,以至于文字上或社交场正式承认的世界,都是诗的幻想,比现实的世界更堂皇、更纯洁、更美好。[2]

过去五十年里,所谓基督教自由主义的迅速发展,可以公正地看作教会内部的健全心态对病态心灵的胜利,尽管古老的炼狱烈火神学与后者更和谐。现在有的教区,其布道者似乎不是扩大我们的原罪意识,而是尽力缩小它。他们无视,甚至否认永恒的审判,坚持人是高贵的,并非卑贱的。他们认为,旧派基督徒不断关注灵魂的拯救,是病态的、应该受谴责,不值得赞赏。那种乐观的、

---

① 《哥林多前书》,15:55。——译者

② "随着生命的延续,一天又一天,我越来越变成一个不知所措的孩子;我不习惯这个世界,不习惯生育、遗传、观看、倾听;最平常的事情是负担。呆板、平淡、文质彬彬的生活表面,以及粗俗、淫秽、狂乱的——或疯狂的——基础,形成一个景观,没有哪个习惯能使我适应它。"斯蒂文森(R. L. Stevenson),《斯蒂文森书信》(*The Letters of Robert Louis Stevenson*),1899,ii,354。[斯蒂文森(1850—1894),英国著名故事和散文作家。——译者]

"健壮的"态度,为我们的祖先视作纯粹的异端,在他们眼里,却成为基督教品质的理想因素。我现在不问它们是否正确,只是指出这种变化。

我上面说的大部分人,尽管摈弃了比较悲观的神学因素,但是,名义上依然保留了与基督教的联系。不过,"进化论"经过一个世纪积蓄力量,最近二十五年间迅速风靡欧洲和美洲,在它身上,我们看到的是一种新的自然宗教基础,取代了我们这代人思想中的基督教。宇宙进化的思想助长了一种普遍向善(meliorism)①和进步的学说,完全适合健全心态的宗教需要,好像这个学说就是为它们创立的。我们同一代人,有许多或者受过科学方面的训练,或者喜欢阅读通俗科学,而且,内心里开始反感正统的基督教,觉得它的结构僵硬且不合理,因此,他们从乐观主义的态度解释"进化论",用它取代他们生来就面临的宗教。既然举例比描述更说明问题,我就摘录一段对斯塔柏克公开信的答复。按惯例,作者心态可以叫作宗教的,因为那是他对事物的整个性质作出反应,是系统的、反省的,忠实地把他与某些内在的理想连接在一起。我想,从他粗放的、不会受伤的精神状态,你们会认出十分熟悉的现代类型。

问:宗教对你意味着什么?

答:毫无意义。而且,据我看,对别人也没有用。我现在

---

① 在《实用主义》和其他作品中,詹姆士主张实用主义喜爱"普遍向善"。关于这个词的缘起的相关评论,可参见克赖帕顿(Claperton)的《科学的向善论和幸福观的进化》(*Scientific Meliosim and the Evolution of Happiness*, London: Kegan Paul, Trench, 1885, viii—ix)。——译者

67 岁,在 X 城已经住了 50 年,做生意有 45 年,因此,对生活和男人积累了一点儿经验,对女人也有一点儿经验,发现大部分虔诚的宗教徒,通常都是最不正直、最无道德的人。而那些不去教堂或没有宗教信仰的人,才是最好的。祈祷、唱诗、布道是有害的——我们应当自立时,它们却教导我们依赖某种超自然力量。我绝不信仰上帝。上帝观念产生于无知、恐惧,以及自然知识的普遍缺乏。就我在这个年龄,身心状况均属健康,假如我死了,宁愿死于心灵的快乐,诸如音乐、体育或其他合理的消遣。我们的死就像钟表停了——无论哪样,都没有不朽。

问:相应上帝、天堂、天使等词,你的心灵想什么?

答:什么都没有。我是无宗教的人。这些词意味着非现实的胡说。

问:你有过类似天佑的经验吗?

答:没有。根本不存在支配一切的主宰。做一点儿细致考察并认识一些科学规律,会使任何人相信这个事实。

问:什么东西对你情感的作用最强烈?

答:动人的歌曲和音乐;壁那弗尔(Pinafore)而不是清唱剧(Oratorio)。[①] 我喜欢司各特、彭斯、拜伦、朗费罗,特别是莎士比亚等等。至于歌曲,我喜欢"星条旗"、"美利坚"、"马赛

---

① Oratorio,清唱剧,根据宗教或半宗教主题写成的大型音乐作品,有独唱、合唱和管弦乐队。歌词通常取自《圣经》。实际上,意大利乐派的清唱剧是一种宗教歌剧;德国的清唱剧由基督受难的故事发展而来;英国的清唱剧则由作曲家韩德尔(G. F. Handel)用几种形式加以综合而成。关于清唱剧的详情,可参见 1986 年版的中译本《简明不列颠百科全书》,6—677。——译者

曲"，以及所有震撼灵魂的道德歌曲，但是，我讨厌平淡无味的赞歌。我非常喜欢自然，尤其晴朗的天气，最近几年，我还常常在星期日步行下乡，一走就是12英里，不觉疲劳，而且，曾骑自行车40—50英里。现在已经不骑了。我从不去教堂，但去听演讲，只要有好听的内容。我的所有思想和考虑，都是健康、快乐的，因为我按照事物的本来面目去观察它们，没有怀疑和恐惧，并努力调整自己，以适应环境。我把这看作最深刻的规律。人类是进步的动物。一千年以后，人肯定比现在的状况更好。

问：你怎么看罪的概念？

答：我以为，罪指一种境况、一种病，是伴随人尚未充分发展而来的。围绕罪的不健全心态加重了这个病。我们应该想到，百万年以后，平等、正义以及良好的身心秩序，变得十分稳固与合理，将不会有任何人产生"罪"或"恶"的观念。

问：你的性情如何？

答：身心两方面强健、活跃、清醒。可惜，自然总强迫我睡觉。

假如寻找一颗破碎的、悔恨的心，显然不用问这位兄弟。他对有限心满意足，就像把自己包裹在龙虾壳里，不必为自己远离无限而发出病态的抱怨。我们在他内心发现了一个乐观主义范例，为通俗科学所鼓励。

我以为，从宗教的观点看，还有一种潮流，比用自然科学促进健全心态更重要，更有趣。最近，它流传整个美国，似乎每日都在壮大力量——我不知道它在英国获得怎样的地位——为了简便，我叫它"医心运动"（Mind-cure）。它的几个自封名号，其中一个是"新思想"。这种"新思想"派别林立，但也有深刻的共同点，因此，为了目前的讨论，我们暂且忽略它们的差异，而且，我将不做任何辩白，直接将医心运动看作单纯的事物。

　　这个运动是一种刻意的乐观主义生活设计，兼有思辨与实践两个方面。最近二十五年间，它逐渐发展，吸收了许多有利因素。现在，必须把它算作一支真正的宗教力量。它已达到一定的规模。例如，人们对其读物的需求很大，弄得书商不同程度地以次充好，以假乱真，争相出版，以满足市场需要——我想，一门宗教，只有完全度过开创时期的艰难历程，才会出现这种现象。

　　医心运动的理论来源，一个是四福音书；另一个是爱默生主义，或新英格兰的超验主义；贝克莱的唯心主义；还有唯灵论，涉及"法则"、"进步"、"发展"等教理；再有，就是我刚才说的乐观主义的通俗科学进化论；最后，印度教也作出了一定贡献。但是，医心运动的最显著特征，是一种更为直接的灵感。该运动的领袖产生了一种直觉信仰，相信健全的心态拥有拯救万物的力量，相信勇气、希望、诚实具有征服力，相应地藐视怀疑、恐惧、忧愁，以及所有神经质的防范心态。[1] 他们的信仰，一般为信徒的实践经验所证实。今天，这类经验数量巨大。

93

---

　　[1]　"给儿童的戒慎诗"（Cautionary Verses for Children）：这是一部作品的标题，作品于19世纪出版，曾广泛应用。该标题说明，这位英国福音新教派诗人心中始终为危险的观念所萦绕，最后终于离开最初的福音自由，是多么遥远。医心运动可以简单说成对一切慢性忧郁宗教的抗拒，这种宗教在19世纪早期的英美福音圈子颇为流行。

盲眼复明,跛子行走;终身患病的人恢复健康。道德的硕果的确让人惊叹。许多人从来没想到,自己会有健全心态,现在却发现,刻意采取它是可能的。重新塑造品格正在进行之中,规模宏大。无数的家庭重新找回了快乐。间接的影响亦很大。医心运动开始四处风行,人们可以间接地感受它的精神。听到"放松福音"①,听说"别担忧运动"②,听见人们早晨穿衣服时不断重复:"青春、健康、强壮!"将其作为当日的座右铭。许多家庭禁止抱怨天气。越来越多的人意识到,谈论不快的感觉,造成日常生活的诸多不便和混乱,是件坏事。即使没有更惊人的结果,这些对舆论的普遍激励作用总还是不错的。然而,惊人的结果比比皆是,我们不得不忽略混杂其中的无数缺陷和自欺(无论何事,人的缺陷是当然的事情),忽略许多医心文献的冗词赘句,其中有些为乐观主义弄得疯狂,含糊其辞,连经受学院训练的知识分子都读不懂。

　　事实很明显:医心运动的扩展在于实践结果,而且,充分显示了美国人极端的实践倾向,因为事实表明,他们对系统的生命哲学作出的惟一富有创造性的贡献,十分紧密地与具体的治疗方法相结合。美国的医学界和教牧界,现在已经睁开眼睛,看到医心运动的重要作用,尽管态度依然顽固,心里依然不服。显然,医心运动必将进一步发展,无论在思辨方面还是实践方面,而且,它的最新

---

　　① 詹姆士本人写过一篇关于"放松福音"(The Gospel of Relaxation)的文章,后收入《与教师对话》中。——译者

　　② "别担忧运动"是西沃德(T. F. Seward,1835—1902,美国作家)在一本书中提出来的,书名是《别担忧运动。精神解放的浪潮。基督教乐观主义的福音》(*The Don't Worry Movement. A Wave of Spiritual Emancipation. A Gospel of Christian Optimism*,New York:Published by the Author,1898)。——译者

近的作者,断然是这个群体中最能干的人。① 就像有许多人不能祈祷,恐怕有更多的人不可能为医心的观念所影响,但是,这无关紧要。就目前的讨论而言,重要之点在于:还有那么多的人能够受其影响。他们构成了必须慎重研究的一个心理类型。②

现在,我们更详细地考察一下他们的教义。这种教义所依靠

___

① 指德雷塞先生(Horatio W. Dresser)和伍德先生(Henry Wood),尤其是前者。德雷塞的著作在纽约和伦敦由 G. P. Putnarn's Sons 出版;伍德的著作由波士顿的 Lee & Shepard 出版。[德雷塞(1866—1954),美国讲演者、作家,19世纪90年代进入哈佛。1903年任哈佛哲学助理教授,1907年获博士学位。伍德(1834—1909),美国作家。——译者]

② 为了避免我自己的见证靠不住,我还要引录另一个报告人的话,即克拉克大学的葛达德(H. H. Goddard)博士,他的论文"信仰治疗所证明的心灵对身体的作用",刊登在1899年(第10卷)的《美国心理学杂志》上。这位评论家对事实进行了广泛研究,最后得出结论说:医心的治疗的确存在,然而,它们与现在医学正式承认的暗示疗法在任何方面没有什么不同。论文的结尾部分对暗示观念生效的方式进行了有趣的生理学思考(复制本第67页)。至于心理治疗的一般现象,葛达德博士说:"尽管我们对心理治疗的报告进行了严厉批评,但是,仍然有大量材料表明心灵对疾患的强烈影响。许多病例曾为国内最好的医生诊断过,并治疗过,或者,为一些著名医院尝试治疗过,但都未获成功。用这个方法对有文化、受教育的人进行治疗,结果令人满意。长年的顽疾开始好转,甚至痊愈。……我们还对原始医术、现代民间医术、秘方成药及巫术的心理因素进行考察。我们深信,假如这些方法不治病,便无法解释它们何以存在,假如它们治病,其中必然有心理因素起作用。这个论证同样适用于现代心理治疗学派——神圣治疗(Divine Healing)与基督科学(Christian Science)。假如整个事情是一种欺骗,那么几乎无法想象,那些分明被叫作'心灵科学家'群体的大批明白人,何以继续存在。这不是一天的事儿,不限于少数人,亦不是局部现象。诚然,有许多失败的记载,但那只能是论证的补充。必然还有许多明显的成功事例,与失败抵消,不然,失败必将终结这种欺骗……照理说,基督科学、神圣治疗以及心灵科学,没有而且不可能治好所有疾病;不过,将最广泛的心灵科学的普遍原则加以实际运用,将预防疾病……我们有充分的证据相信,心理态度的适当改革可以解除病人的许多痛苦,这些都是一般医生无法触及的;甚至能够延长许多绝望无痊愈希望的病人的生命,而且,忠实地信守一种更真实的人生哲学,可以让许多人保持健康,给医生时间致力于那些不可预防的疾病。"(复制本,第33—34页)[葛达德出生于1866年,美国心理学家。——译者]

的基石,不过是所有宗教经验的普遍根据,即人有二重性,与两个思想领域相连:浅层领域和深层领域,无论哪一层,他都可以懂得

96　如何生活得更习惯。浅层指肉体感觉、本能、欲望,还指利己、怀疑以及个人的低级利益。但是,基督教神学始终认为,倔强是这部分人性的根本缺陷,医心派则说,人性包含兽性的标志是恐惧,由此,他们的信仰才获得全新的宗教方向。医心学派的一位作者说:

　　　　在进化过程中,恐惧始终具有自己的功用,似乎构成了大多数动物的整个预想。但是,说恐惧依然是人类文明生活的一部分心理工具,则是荒谬的。我发现,那些文明人,其自然动机是义务和魅力,对他们来说,预想的恐惧因素不是激励,而是削弱和恐吓。恐惧一旦并非必需,就成为地地道道的恐吓,应该完全祛除,就像把死皮从活肉表层取走一样。为了帮助分析恐惧,揭露其表现形式,我新造了"惧念"(fearthought)一词,表示预想中的无益因素,并将"忧虑"一词定为惧念,与预想相对照。我还把惧念定义为自加或自许卑劣的暗示,以便将其安置在它实际应有的位置,即划归有害、无用、不屑一顾的事物。①

97　　　广泛流行的"惧念"酿成"吃苦习惯"或"受难习惯",它们受到

----

　　　① 弗莱彻(Horace Fletcher):《在无恐惧的预谋中所发现的幸福》(*Happiness As Found in Forethought Minus Fearthought*),心灵丛书,ii,Chicago and New York,Stone,1897,第21—25页,节选。[弗莱彻(1849—1919),美国作家和健康与疾病方面的演讲者。——译者]

医心派作家的尖锐批评:

　　现在考虑一下我们生于其中的生活习惯。有些社会习俗或习惯,以及所谓的社会需求,有一种神学倾向,一种普遍的世界观。还有一些保守观念,涉及我们的早年训练、我们的教育、婚姻及谋生职业。紧接着,还有很长一列预期:我们即将经历的某些童年病、中年病、老年病;我们将衰老,丧失能力,再次成为孩子;在所有这些考虑之上的,是对死亡的恐惧。然后,还有一长串预想的具体恐惧和麻烦。例如,与某类食物相关的观念,惧东风,怕酷暑,因寒冷产生的酸疼和痛苦,害怕坐在风口处着凉,每年八月十四日中午枯草热降临,如此等等,还有一大堆恐惧、害怕、忧虑、烦恼、预测、期盼、悲观、病态,以及整列幽灵般的命运形态。所有这些,都是我们的同伴,尤其是医生,帮助我们招惹来的,即一种安排,堪与布拉德雷(Bradley)[①]"苍白范畴的绝世空舞"之说相并列。

　　这还不是全部。这种排列,因为日常生活的无数自愿者——恐怖的事故、灾害的可能、失去财产、偶遇抢劫、遭受火灾、爆发战争等——加入而膨胀。而且,这还不包括我们对自己的恐惧。一位朋友病了,我们必然害怕最坏的结果发生,担心他死。人们遇见悲伤的事……同情意味着进入痛苦,增加痛苦。[②]

---

　　① 　布拉德雷:《逻辑学原理》,第533页。——译者
　　② 　德雷塞(H. W. Dresser):《自由之声》(*Voices of Freedom*, New York, 1899),第38页。

另一位作者说:

> 人来到外部世界之前,经常带有恐惧的印记。人是在恐惧中成长起来的。他一生恐惧疾病和死亡,为恐惧所束缚,因此,他的整个心智变得拘谨、约束、抑郁,身体随之效仿,形态举止猥琐……想想我们的先人,成千上万个敏感、伶俐的灵魂,为这种长久的梦魇所支配!世上居然还有健康,难道不令人惊讶吗?只有无限的神圣的爱、富饶与活力,源源不断,滚滚而来,即便我们毫无意识,却在一定程度上平息了这个病态的海洋。①

尽管医心派信徒经常采用基督教的术语,但是,从上边摘录的引文可以看出,他们关于人类沉沦的概念,与普通的基督徒大相径庭。②

----

① 伍德(Henry Wood):《心理摄影中的理想暗示》(*Ideal Suggestion through Mental Photograph*,Boston,1899),第 54 页。

② 这是否与基督本人的观念有很大差别,是注释者决定的问题。根据哈尔纳克(Harnack)的说法,耶稣对恶和疾病的感受,与我们的医心家相同。哈尔纳克问:"耶稣给施洗约翰的答复是什么?"他说:"'瞎子复明,跛子走路,麻风人得干净,聋子复聪,死人复活,并把福音传给穷人。'这是'天国的来临',或者说,天国已在这些救赎工作之中。通过克服并祛除苦难、匮乏、疾病,通过这些实际效应,约翰必将看到新时代已经到来。驱赶魔鬼只是这种拯救工作的一部分,但是,耶稣将其看作自己使命的精义。于是他与苦人、病人、穷人交谈,不是作为道学家,且没有丝毫的感伤主义痕迹。他从不将疾病分群归类,从不花时间询问病人是否'值得'救治,也从不对痛苦和死亡表示同情。他没有说过,疾病是有益的遭遇,恶有健康用途。不,他把疾病叫疾病,把健康叫健康。一切恶,一切灾难,对他来说都是可怕的事;它是撒旦的大国,但是,他觉出内部救世主的力量。他知道,只有克服软弱,治愈疾病,才可以前进。"《基督教的本质》(*Das Wesen des Christentums*,Leipzig, J. C. Hintichs, 1900),第 39 页。[哈尔纳克(1851—1930),德国教会史学家,神学家。——译者]

　　他们关于高级人性的概念,与基督徒亦有重大分歧,他们显然属于泛神论的。在医心派的哲学里,人的精神一部分是意识的,但主要部分是潜意识的。通过潜意识,我们已经与神灵合一,无须恩典的奇迹,或者说,突然创立一个内在的新人。这个观点因不同的作者而有不同的表达方式,各类理论踪迹驳杂,随处可寻,有基督教神秘主义、先验唯心主义、吠檀多哲学,还有研究潜在自我的现代心理学。我们可以通过一两段引文了解它的主要观点:

　　　　世界的基本事实是:万物背后具有无限生命和无限力量的精神,它在万物中展现,渗透万物。这个万物背后的无限生命和无限力量的精神,就是我们所说的上帝。我不在乎你们用什么词叫他,可以是"仁慈的光",亦可以是"天道",或者"至上灵魂"、"全能者",或者无论什么最方便的名称,只要我们同意这个基本事实。因此,只有上帝充满世界,一切都源于上帝,在于上帝,上帝之外一无所有。他是我们生命的生命,是我们的生命本身。我们分有上帝的生命。我们与上帝不同,因为我们是个体的精神,然而,上帝是无限精神,包容了我们以及其他一切事物,所以就本质而言,上帝的生命与人的生命是相同的,就是一个生命。二者没有性质的差别,只有程度的不同。

　　　　人生的基本事实是:逐渐自觉地在生活中意识到,我们与这种无限的生命是同一的,并且完全开放,接受这种神圣的倾注。我们一旦自觉地意识到自己与无限的生命同一,并向神圣的倾注全面开放,我们便在自身实现了无限生命的品质和

力量,便为自己开辟了通道,让无限理智和无限力量借以发生
作用。你一旦意识到自己与无限精神同一,就能变不舒适为
舒适,变不和谐为和谐,变苦难和痛苦为壮健和强大。认识自
己的神圣、认识自己与世界之神的亲密关系,就是将我们机器
的皮带连到世界的发电厂。只要作出选择,你就不必再待在
地狱里,我们可以按照自己的选择升入天堂。我们一旦选择
上升,世界的一切崇高力量都将结合起来,帮助我们升入
天堂。①

关于医心派宗教的经验,现在,我们从比较抽象的陈述转向比
较具体的论述。我在通信中得到许多答复——惟一的困难是筛
选。我将摘录的前两位是我的私人朋友。其中一位是女士,她的
文字充分表达了与无限力量的连续感,医心派的门徒借以生发了
灵感。

　　一切疾病、软弱或抑郁的原因,是人的分离感,即觉得与
我们称作上帝的神圣能力相分离。灵魂若能宁静而满怀自信
地感受和判断,正如那个拿撒勒人说的:"我与我的父是一
个",那她就不需要医疗者,不需要治疗。简单地说,这就是全
部真理,除了这种牢不可破的神圣合一,没有人能为这个整体

---

　　① 徒爱因(R. W. Trine):《与无限和谐》(*In Tune with the Infinite*, 26th thou-
sand, New York: Thomas Y. Crowell, c1897),第 11 页,第 12—13 页,第 16 页,第 39
页,第 56 页,第 142 页,第 130—131 页。我把分散各处的段落串在一起。[徒爱因
(1866—1958),美国作家。——译者]

提供别的根据。人若立足于这块基石，每时每刻感受到神灵气息的注入，疾病便无法入侵。假如人与全能之物合一，厌倦怎能进入意识？疾病又如何侵袭那个无敌的生命？

我的情况已经充分证明，有可能永远地废除疲劳律，因为我的早年，许多年由于体弱多病而卧床不起，脊背和下肢都瘫痪了。与今天相比，那时我的思想并没有更多的污秽，只是坚信疾病是必然的，乌云压头，执迷不悟。然而，自从我的肉体恢复之后，我一直从事医疗工作，十四年间从无中断，没有休假，老实说，我从不知道什么疲劳或痛苦，尽管不断地接触各种过度虚弱、病伤及疾患。神的自觉意识部分怎么能生病呢？因为"有他帮助我们，他比反对我们的所有力量都伟大"。

101

第二封信也是一位女士寄给我的，她在信中这样说：

有一个时期，我觉得生活很艰难。我一直在走向崩溃，所谓的神经衰弱侵袭了好几次，并伴随严重的失眠症，已经濒于疯狂。此外，还有其他许多麻烦，特别是消化器官的疾病。我被送出家门，委托医生照料。我服用了各类麻醉剂，停止一切工作，有人送饭送水，事实上，我已经看过所能找到的一切医生。但是，我始终没有完全恢复，直到我相信了这个新思想。

我认为，给我印象最深的是懂得了一个事实，即必须与渗透万事万物的生命本质，也就是我们所说的上帝，保持绝对稳定的关系或心理接触（我认为这个词意味深长）。要承认这一点，除非我们让它现实地活在我们自身，也就是说，始终转向真实自我的最内在、最深刻的意识，或者我们内心的上帝，寻求内心的光明，就像面向太阳，以求外部的光明、温暖和激励，否则，根本不可能。假如你自觉地这样做，意识到返回内心的光明就是与面前的上帝生活在一起，或者与你的神圣的自我生活在一起，那么你立刻就会发现，你迄今为止所追求的对象，那些从外部吸引你的对象，都是非实在的。

对于那种关注身体健康的态度，我逐渐不再顾及它的意义，因为身体健康是自己来的，是附带的结果，不能为任何特殊的心理活动或寻求它的欲望所发现，超越了我上边谈及的心灵的一般态度。我们通常的生活目标，是那些为我们穷追不舍的身外之物，甚至经常为它们而生，为它们而死，它们却并不给我们平安与幸福。它们是作为附属物自然而来的，是纯粹的自然结果，发源于深深扎根在精神怀抱里的崇高生活。这种生活就是真正地追求天国，到我们内心欲求上帝的至尊，因此，其他一切的到来都是"附加给你的"，①完全是附带的，或许，出乎我们的意料。不过，这证明了，完美天平的实在性，处于我们存在的中心。

我说，我们通常把不该追求的对象作为生活的目标，是指世人认为值得称许的许多美好事物，诸如生意获得成功，作家或艺术家、医生或律师取得功名，慈善事业赢得了声誉，等等。这种东西应当是结果，不是目标。我也指各种快乐，当时似乎有益无害，并因为许多人接受它们而去追求——习俗、惯例及

102

---

① 《马太福音》4:33。——译者

其各种变形,为大多数老百姓赞许,尽管可能不真实,甚至是一些不健康的奢侈品。

还有一个更具体的例子,也是女士写的。我把这些事例念给你们听,不加评论。它们展示了我们正在研究的许多形形色色的心态。

　　从幼年起,我就深受病患之苦,一直到 14 岁。[我省略了病患的细节。]我在佛蒙特住了几个月,希望换换空气,改善心境,但是,情况反而越来越糟。十月下旬的一天下午,我正在休息,突然听见有人说:"你即将痊愈,做你从未梦想过的工作。"这些话斩钉截铁,给我留下极深的印象,我立刻明白,只有上帝才能做到这一点。我不由自主相信了这些话,尽管痛苦与虚弱依旧缠身,一直到圣诞节,我返回波士顿。两天里,一位年轻的朋友主动带我去看心理医师(那是 1881 年 1 月 7 日)。医师说:"除了心灵什么都没有;我们都是惟一心灵的表现;肉体只是凡人的信念;人这么想,他就这个样。"她所说的,我无法完全接受,但是,我把针对我的话用某种方式翻译出来:"除了上帝,什么都没有;我由上帝创造,绝对依赖于上帝;心灵是赐给我使用的;假如我尽量用它思考身体的正当行为,我就能摆脱无知、恐惧及以往经验的束缚。"因此,从那天起,我开始品尝家里的每一种食物,并不断对自己说:"创造胃的那个伟大力量,必然会料理我吃的东西。"我整个晚上琢磨这些暗示,然后上床睡觉,说:"我是灵魂、精神,与上帝对我的思

103

想是同一的,整个晚上沉睡不醒。"这是几年来的第一次[痛苦的翻身通常在夜里两点钟反复出现]。第二天,我觉得像一个逃离监狱的囚犯,并相信,我已经发现当时能够恢复健康的秘密。十天里,我能吃所有其他人吃的东西了。两个星期后,我开始具有自己积极的心理暗示,向我透露真理,就像登高的阶梯。我记录了几条,它们大约每两个星期来一次。

第一,我是圣灵,因此,健康与我同在。

第二,我是圣灵,因此,我就是健康。

第三,内心产生一种形象,将自己看作一只四脚兽,凡身体疼痛的部位,统统隆起来,它的容貌是我的,乞求我承认它就是我自己。我下决心专注健康,拒绝看这种样子的故我。

第四,兽的形象在远处背景中再次出现,发出微弱的声音。再次拒绝承认。

第五,还是那个兽的形象,但只有我的眼睛,充满了渴望;又一次拒绝。然后是内心的意识出现,相信我完全是健康的,而且一直健康,因为我是圣灵,是上帝完美思想的一种表达。我以为,这将我过去的所是与我现在的所是完全分离。我成功地守望着这个实在的自我,始终坚持这个真理,并逐渐地(经过两年的艰苦奋斗才达到)通过我的整个身体不断表现健康。

我随后十九年的经验,从不知道应用这个真理会失灵,尽管由于我的无知,经常想不起用它,但是,我的失误使我学会了孩子的单纯与诚实。

104　　引录这么多的例子恐怕让你们生厌,现在,我们必须返回哲学的概括。你们透过这些经验记录已经看到,不把医心派划归一种宗教运动,似乎根本不可能。医心派主张我们的生命与上帝的生命同一,事实上,这种学说与基督谕示的解释并无差别,你们苏格兰一些才华横溢的宗教哲学家,就曾在吉福德讲座为这种解释辩护。①

　　哲学家通常宣称,要用类似逻辑的方法解释恶的存在,然而,据我所知,那些医心派作者却认为,对于世上有恶这一普遍事实,对于自私、痛苦、胆怯、有限的意识存在,无须给予思辨的解释。从经验上讲,恶对于他们如同对于所有人,在那里存在着,但是,他们的实践观点占据了主导地位;因此,花费时间为恶坐卧不宁,将其当作"奥秘"或"问题"而忧虑,或者效法福音派教徒,将恶的经验教训"铭记在心",显然与他们体系的精神南辕北辙。正如但丁说的:别去推究它,看一眼,走过去而已! 那是无明(Avidhya),无知! 纯粹是过眼烟云,抛到身后,超越它,忘记它。② 所谓基督教科学

105

____

　　① 例如凯尔德们。爱德华·凯尔德(Edward Caird)在1890—1892年的格拉斯哥演讲里,有许多类似这样的段落:

　　"耶稣传教初期的宣称:'时候到了,天国近了',几乎没有中断地转向另一个宣告:'上帝的国在你们中间。'这个宣告相当重要,可以说,造成了种类的差别,即生活在此前分裂时期的最伟大的圣徒和先知,与'天国里的最微末者'。最高理想贴近人,声称人们够得着:要求人们'像天国的父一样完善'。以色列的虔敬者渐渐不再把上帝看作民族之神,而是看作正义之神,上帝要惩罚以色列的罪恶,就像惩罚以东(Edom)和摩押(Moab)一样确定无疑;随着这种想法不断增强,他们与上帝的生疏感和距离感便越强烈,据称,这种生疏感和距离感现在不再适宜。典型的基督教祈祷者试图消除现世与来世的对立:'在地如在天',而在犹太人的历史中,这种对立始终逐渐扩大。人与神的分别感,如同有限者与无限者,软弱罪人与万能上帝之间的区别,无须消除,然而,它不再压制合一的意识。'圣子'与'圣父'二词既表示对立,亦标志对立的局限性。它们表明,这种对立并非绝对的,而以坚不可摧的同一原则为前提,能够而且必然成为和谐原则。"《宗教的进化》(*The Evolution of Religion*),[1893],ii,第146—147页。[爱德华·凯尔德(1835—1908),苏格兰哲学家。——译者]

　　② 但丁:《神曲》,"地狱"III,第51行。——译者

派,即艾迪(Eddy)夫人创立的教派,在对待罪恶问题上,是医心运动中态度最为激进的一支。[①] 他们认为,恶是谎言,谈论恶事的人是说谎者。这种乐观主义的义务理想,甚至禁止我们明白地去注意恶事。当然,我们下边的演讲将指出,这种思辨的疏漏有问题,但是,它与医心派体系的实践优点是密切相关的。医心派信徒问我们,假如我能让你过上美好的生活,为什么还要为恶的哲学惋惜呢?

毕竟,只有生活袒露真言。医心派发展了一个鲜活的心理健康体系,声称要使以前所有"灵魂营养学"[②]的文献相形见绌。这个体系完全是乐观主义的:"悲观主义导致软弱。乐观主义导致强大。"医心派一位最活跃的作者,在书的每一页底部都用大号字印上:"思想就是事物。"[③]如果你的思想考虑的是健康、青春、强健、成功,那么,即便你不知道,这些事物也将是你的外部状态。乐观的思维,只要持之以恒,无人不受其万象更新的影响。人人都有通往神圣的入口,不可剥夺。相反,恐惧,以及思想的所有狭隘而自私的样式,都是通往毁灭的道路。大多医心派信徒提出一种学说,主张思想是"实力",并认为,根据物以类聚的法则,人的思想自行归于一类,集合了世界上同一性质的所有思想。因此,人凭借自己的思想,可以从别的地方获得支持,以实现自己的欲望。生活行为

---

① 艾迪(1821—1910),美国宗教领导者,基督教科学的奠基人。——译者

② 弗切特雷本(Ernst von Feuchtersleben,1806—1849),德国医生和作家。——译者

③ 这里指默福德(Prentice Mulford,1843—1891),美国医心术的倡导者。——译者

的最大问题,是如何争取神圣的力量,让它们站在自己一边,人敞开自己的心灵,让神圣的力量注入。

从整体上看,医心运动与路德和卫斯理的运动之间,有心理学的相似性,给人留下深刻印象。相信修行和善功的信徒经常满怀忧虑,问道:"我做什么才能得救?"路德和卫斯理回答说:"只要你信,现在就能得救。"医心派谈论解脱时,口吻如出一辙。诚然,与他们交谈的人以为,救赎概念已经失去古老的神学意义,但是,他们仍需努力奋斗,克服同样永久的人生困难。他们会遇上麻烦;① 他们提问的形式是:"我做什么才是明白、正确、可靠、全面、美好?"回答是:"只要你知道,那已经是美好、可靠和明白了。"我曾摘引过的另一位作者说:"全部问题可用一句话概括,上帝是美好的,你也美好。你必须清醒地认识你的真正的存在。"

早期福音书的讯息符合大多数人的心理需要,因而,赋予它们以力量。这同样适用于医心派的讯息,而且别无二致,尽管它表面上看似乎愚蠢。人们看到它的影响扩大,看到它在治疗上取得成就,自然要问:在未来通俗宗教的发展中,它难道不会像以往那些宗教运动当年一样,注定(或许正是由于它的许多表现粗陋、过分②)发挥重大的作用?

说到这里,恐怕刺激了学术界一些听众的"敏感神经"。你们

---

① 詹姆士在其《宗教经验种种》印刷本的此页空白处,加了一个边注:"McT. P 238",意思指苏格兰哲学家麦克塔格特(J. Mc. E. McTaggart,1866—1925)所著的《黑格尔宇宙论研究》(*Studies in Hegelian Cosmology*,Cambridge:At the University Press,1901)。——译者

② 德雷塞学派越来越主张医心经验与学院哲学彼此渗透,它能否在实际中战胜较少批判精神、较少理性的学派,有待继续观察。

大概想,这种现代的胡思乱想,不应在高贵的吉福德讲座占据重要位置。我只请求你们多一点儿耐心。我想,讲演的整个结果会向你们证明,不同人的精神生活参差不齐,迥然不同。他们的要求,他们的敏感,他们的能力,都相去甚远,必须划归不同种类。结果,我们实际上看到不同类型的宗教经验。这些讲演要更好地认识健康的心灵类型,就必须探索其最极端的形式。研究个体性格类型的心理学,恐怕连雏形尚未形成——因此,我们的讲演或许能为这种建设贡献微薄之力。首先应该记住(尤其是,如果我们自己属于教士—学院—科学的类型,即官方和习俗认为"正确的"类型,"非常体面的"类型,那么周围的诱惑就是无视其他类型),最愚蠢的举动莫过于,仅仅因为我们自己不能参与他们的经验,便拒绝注意那些现象。

路德宗的因信得救,卫理会的皈依,以及我所说的医心运动,这个历史似乎证明,有许多人,至少在其生活发展的某个阶段,为了成功地使性格变好,绝不能借助官方道学家订立的规则,而恰恰需要反其道而行之。官方道学家规劝我们不能有丝毫松懈。他们告诫我们:"时刻警惕着,以防惰性;勇往直前,决不退缩;全神贯注,满弓待发。"但是,我所说的人则发现,所有这些刻意的努力落在他们手里,只能导致失败和烦恼,只能使他们加倍受苦,甚于以前。他们紧张与刻意的态度变成绝望的狂热和折磨。倘若他们的轴承摩擦太热,皮带绷得太紧,机器就开不动了。

在这种情况下,要想取得成功,就应像无数真诚的个人叙述证实的,运用反道学家的方法,运用我在第二讲所说的"顺从"方法。现在的规则是被动,不是主动,是放松,不是专注。放弃责任感,完全松开你的手,把命运交给更高的力量,真正做到对任何命运无动于衷,这样,你将发现,不仅获得内心的完全解脱,而且经常得到你诚心认为抛弃掉的特定的好处。这就是路德宗的通过自我绝望而得救,以死而求真正的复生;就是波墨写的进入虚无。① 要达到这个境界,通常得超越一个临界点,一种内部的转机。某些东西必然倒塌,最初的刚性必然崩溃,融化。这种事件(我们后面将看到许多)常常是自动的,突如其来,给主体留下深刻印象,即他为外部力量所左右。

不管事件的终极意义是什么,它确实是人类经验的一种基本形式。有人说,能否有这种经验,是宗教品格与纯粹道德品格的分野。凡充分经历它的人,任何批评都不会使他怀疑其实在性。他们知道;因为他们放弃个人意志的紧张时,实际地感受到更高的力量。

信仰复兴派的传教士经常讲述一个故事,说有一个人夜里失足,从悬崖边滑下去。终于,他抓住一条树枝,不再往下坠落,并悲惨地吊在那儿,过了好几个小时。最后,他的手指不得不松开,绝望地告别生命,让自己掉下去。然而,他只掉下了六英寸。假如他早点儿松手,烦恼恐怕早就没有了。传教士说,正如大地之母接受他一样,那永恒的臂膀也会接受我们,只要我们绝对信任它们,放弃依赖自己个人力量的传统习惯,以及那些不能报警的警惕和从不救人的保安。

医心学者将这种经验扩展到最大范围。他们证明,凭借放松

---

① 波墨(Jacob Behmen,1575—1624),德国神秘主义者。——译者

和撒手获得再生,其形式与路德的因信得救和卫斯理的接受自由
恩典,并无心理学的差别,即使不信原罪、不关心路德神学的人,也
能采用这种形式。它不过是让你那颤动的小我安静下来,发现那
儿有一个更大的自我。这种乐观主义与期待的结合,或慢或快,或
大或小,总产生结果,即放弃努力之后的再生现象。无论我们用什
么观点解释它们的原因,神学的、泛神论-唯心主义的,还是医学
唯物主义的,它们始终是人性的确定事实。①

　　当我们讨论信仰复兴派的皈依时,还会看到更多的东西。现
在,我简单地谈一下医心派的方法。

　　当然,医心派的方法主要是暗示的。在一切精神教育中,环境
的暗示影响起着巨大作用。然而,不幸的是,"暗示"一词获取的公
认地位,在许多地方已经变成一张湿毡子,用以遮盖研究,阻止探
索个案的形形色色的感受性。"暗示"不过是观念力的另一个名
称,表明观念对信仰和行为发生效力。② 对某些人有效的观念,对
另一些人或许无效。此时此地有效的观念,彼时彼地恐怕就无效。
不管基督教会的观念在最初的几个世纪效力如何,今天则没有任
何治疗作用。假如全部问题在于:盐为什么在这儿没味,在那儿却
有味,那么,纯粹把"暗示"一词作为旗帜空洞地挥舞,并没有给人

---

　　① 有神论的解释凭借神恩,人一旦诚心舍弃旧的品性,神恩便在他的内心创造新
的品性。泛神论的解释(大部分医心家的解释)主张,互不信任和焦虑的隔离障一旦撤
除,私人的狭隘自我便淡入更广泛或更伟大的自我,即宇宙精神(就是你自己的潜意识
的自我)。医学唯物主义的解释是:生理上(尽管这个例子不是精神上的)"高级的"大
脑过程,试图加以调节,最终必将成功地抑制结果,所以将它们调开,简单的大脑过程
才能自动活动,活动才能更自由。——在对宇宙的心理物理学解释中,第三种解释能
否与其他某个解释相结合,仍是一个尚待解决的问题。

　　② 在《心理学原理》中,詹姆士对于暗示阐发了类似的观念。——译者

任何启发。葛达德博士坦白论述信仰治疗的心理学论文,将信仰治疗统统归于普通的暗示,并断言,"宗教[他所说的宗教似乎指大众的基督教]具有心理治疗所具有的一切,而且,形式是最好的。奉行[我们的宗教观念],将会做我们所能做的任何事情。"尽管事实上,大众基督教绝对没做任何事情,或者,在心灵治疗展开营救以前未做任何事情。①

观念若是暗示,必然让个人感受到启示力量。有许多人,基督教会曾让他们变成铁石心肠,现在用健全心态的福音进行心理治

---

① 在教会内部,始终流行一种倾向,将疾病看作天罚,即上帝为了我们好而赐予的东西,或是惩戒,或是警告,或是积德行善的机会;在天主教会,则是挣"功德"的机会。一位善良的天主教作者勒热纳说:"疾病是最好的身体苦行,并非人们自己选择的,而是由上帝直接施加的,直接表达上帝的意志。盖伊(Mgr. Gay)说:'假如其他苦行是银,这一苦行是金;虽然它来源于我们自己,好像原罪一样,然而,就其更大的方面看,它(像所有发生之物)来自上帝的旨意,因此,它是神的造物。它的打击多么公平啊! 多么有效啊! ……我可以毫不犹豫地说,忍受长期病患是苦行的杰作,因此是苦戒灵魂的胜利。'"(P. Lejeune; *Introduction a la vie mystique*,1899,p. 218)按照这种观点,无论如何,应该顺受疾病,有些情况下,不愿生病甚至等于渎神。

当然,也有一些例外,而且在所有时代,教会内部始终承认借用特殊神迹治疗,几乎所有伟大圣徒都或多或少施行过这种治疗。欧文(Edward Irving)的异端邪说之一,就是主张神迹治疗依然可能。德国的一位牧师布鲁姆哈特(Blumhardt),四十年代初自发地想出一个方法,即病人首先忏悔和皈依,牧师为病人祈祷,之后便产生一种极其纯粹的治疗能力,这个法子实行了将近三十年。松德尔(Zündel)撰写的《布鲁姆哈特的生平》(*Life*,5th editior,Zurich,1887),其中第九、十、十一、十七章详细叙述了他的行医活动,说他始终将治疗效果归于上帝的直接干预。布鲁姆哈特性情单纯、简朴,并不狂热,他这方面的工作并无前人的先例。当今的芝加哥,有位苏格兰浸礼会传教士,道维(J. A. Dowie)博士,他的周刊《医疗快报》(*Leaves of Healing*)到 1900 年已经出版六卷。尽管他排斥其他宗派实施的治疗,称它们"强暴地假冒"他自己独有的"神圣治疗",但是大体说来,必须把他算作医心运动。医心范围的基本信条是,决不接受疾病。疾病完全属于地狱。上帝要我们绝对健康,我们不允许自己有什么缺失。[勒热纳,法国罗马天主教神甫。欧文(1792—1834),苏格兰神甫。布鲁姆哈特(1805—1880),德国牧师。道维(1847—1907),苏格兰裔牧师,在美国和澳大利亚布道。——译者]

疗,则如同启示降临。这种治疗开启了他们高尚生活的源头。任何宗教运动的创见,假如不在于发现过去一直堵塞的渠道,让那些人的源泉自由流淌,还在于什么呢?

个人的信仰、热情及榜样的力量,还有最重要的创新力量,始终是取得这类成就的主要暗示动力。假如有朝一日,医心运动成为公认的、有名的、四平八稳的教派,这些暗示效用的因素便会消失殆尽。每一个宗教在其急性阶段,必定像沙漠中一个无家可归的阿拉伯人。教会很清楚这一点,因其内部不断发生争斗,即少数人的急性宗教反对多数人的慢性宗教,后者已经凝固硬化,变成阻碍精神运动的绊脚石,比非宗教还要坏。正如爱德华兹所说:"关于那些没有生气的基督教会徒,我们祈祷上帝,或者让他们活跃起来,或者让他们走开。假如现在一些人说的话是真的,这些僵死冰冷的圣徒恐怕比自然人更有害,会引导更多的灵魂下地狱,假如他们都死了,那倒是人类的幸事。"①

成功的第二个条件是多数人具有明显的经验,将健全心态与借放松以求再生的倾向结合起来。在这类特殊因素混合的性格看来,新教对自然人的看法太悲观,天主教又过于墨守法规,满口的仁义道德,无论哪个,对于他们都没有太大的吸引力。在座的诸位恐怕很少有人属于这个类型,但是,现在已经很明显,它形成了一种特殊的道德混合,在世界上颇有代表性。

最后,医心派运动广泛运用了潜意识生活,这在我们新教国家

---

① 爱德华兹(Jonathan Edwards),我的话引自他关于新英格兰宗教复兴的著作,人们劝阻他,不要作这种祈祷,但是很容易看到,他喜欢刺激冰冷僵硬的教会人士。

是空前的。除了理性的规劝和武断的主张,它的创立者还系统地修炼被动的松弛、聚思凝神、沉思等,甚至采用类似催眠术的东西。我下边随便摘录几段:

价值,以及理想的力量,是"新思想"竭力坚持的伟大实践真理——即从里向外,从小到大。[1] 因此,人的思想应该集中于理想的结果,尽管事实上,这种信任好像是黑暗中迈出的一步。[2] 因此,为了有效地获取指导心灵的能力,新思想建议修炼聚思凝神,换句话说,进行自我控制。人们应该懂得如何调整心灵的倾向,由选择的理想将它们聚合为一。为此目的,应该留出单独的时间静思默想,独自一人关在屋里,周围的环境适合精神的思想。用新思想的术语说,这叫作"入静"。[3]

总会有一天,你在忙碌的办公室或嘈杂的街道也能入静,只需拉下你思想的帷幕包裹自己,意识到处处都有无限生命、仁爱、智慧、和平、力量、富饶之神的指引、维持、保护和引导。这是连续祈祷的精神。[4] 我曾经见过的最富直感的一个人,在市政办公室有张桌子,其他几个人一直在那儿办理业务,并经常大声说话。这位自我中心的虔敬信徒,完全不为这些声音搅扰,凡遇困惑的时候,便在自己周围放下私人的帷帐,完全进入自己的心理氛围,有效地排除一切分心因素,好像独自

114

---

①　德雷塞:《自由之声》,第46页。

②　德雷塞:《靠精神生活》(*Living by the Spirit*),[1900],第58页。

③　德雷塞:《自由之声》,第32页。

④　徒爱因(R. W. Trine):《与无限和谐》,第214页。

待在原始森林里一样。他将自己的困难带进这种神秘的静
默,直接提问,期望得到某种回答。得到回答之前,整个过程
始终是被动的。这种经验,他经历了许多年,没有一次让他失
望,或误导他。①

　　我很想知道,这与在天主教训练中起很大作用的"冥想",本质
上有何区别? 还有另一种叫法,即面临上帝的修行(而且为我们所
知,如通过泰勒②的著作),因此,著名的德巴兹,③在其讨论沉思的
著作里这样定义:

　　　　那是冥想上帝,思想上帝,周围的环境和情境让我们看见
　　他就在面前,让我们与他交谈,满怀崇敬与爱戴之情,对他充
　　满着希冀与感情。……你想摆脱一切罪恶吗? 千万别失去对
　　上帝的冥想,无论顺遂时还是背运时,别放过任何机会。别为
　　了推卸自己的责任,借口你的业务或者如何困难,或者如何重
　　要,因为你始终能够记起上帝在盯着你,你在上帝的眼皮底
　　下。假如你一小时忘记上帝一千次,那就得一千次地刺激你
　　的冥想。假如你无法连续进行冥想,至少应该让自己尽量熟
　　悉它。就像严冬季节,人们尽量靠近火炉,你也应该尽可能地
　　靠近炽热的火焰,以温暖你的心灵。④

----

①　徒爱因:《与无限和谐》,第116页。
②　泰勒(1613—1667),英国牧师和宗教作家。——译者
③　德巴兹(Alvarez de Paz,1560—1620),耶稣会灵性作家。——译者
④　转引自勒热纳(P. Lejeune):《神秘生活引论》,1899,第66页。

当然,天主教修习的所有外部关联,与医心派思想完全不同, 115
然而,修习的纯粹精神部分,在二者的感通中则是一致的,况且,两
种感通,其推进者是凭借权威写作进行的,因为他们在自身中明显
经验到他们所说的东西。再比较一下医心派的论述:

　　崇高、健康、纯粹的思想,可以鼓励、促进、加强。思想的
潮流可以转向伟大的理想,直到变成一种习惯,冲刷成一条渠
道。通过这种训练,心灵的地平线洒满阳光,到处是美丽、完
满、和谐。开创纯粹、崇高的思维,最初似乎很难,甚至近乎强
暴,但是,经过长期的持之以恒,事情并不困难,随后是愉快,
最后感到兴奋。

　　灵魂的实在世界,是它用思想、心态和想象建立的。如果
我们愿意,就能避开卑下的感官层面,升入崇高的精神和实在
领域,在那儿栖居。采取期待和接受的态度,能够吸引精神的
阳光,它会自然流进,就像空气流入真空一样……只要思想不
再拘泥于日常的职责或业务,它就可能高升,进入精神的氛
围。白天的宁静、悠闲时刻,夜晚的清醒时刻,都有助于这种
健康而兴奋的修习。假如有人从未做过系统的努力,以提升
并控制自己的思想力,现在则诚心花费一个月时间,践行这里
提出的训练,那么,恐怕他对结果感到惊讶,兴奋不已,而且,
没有什么能够引导他返回粗俗的、肤浅的、漫无目的的思维。
在这个风调雨顺的季节,外部世界及其川流不息的日常事件,
统统被关在外边,人独自进入灵魂庙宇的安静内殿,进行交感
和期盼。精神的聆听变得异常敏感,甚至连"平静、微弱的声

116

音"都能听见，外感的喧嚣浪潮戛然中止，一切都安静下来。自我逐渐意识到，它正面对着神灵。那个强大、治病、慈爱、父亲般的生命，离我们是那样近，甚至比我们与我们自我的距离还要近。灵魂与灵魂之母接触，从取之不竭的源泉中注入生命、仁爱、美德、健康与幸福。①

我涉及神秘主义主题时，你们将深深地沉浸于崇高的意识状态，浑身全部湿透，假如我可以这样表达的话。稀疏散布怀疑的冷战有可能影响你，但它很早以前就消逝了——我所说的怀疑，指疑虑所有这些文字是否是纯粹的抽象言辞或空谈，是专为鼓励他人而作。我断言，那时你将相信，这些"会合"的意识状态构成完全确定的一类经验，灵魂偶尔参与其中，而且，某些人可能赖以为生，其意义的深刻程度，超过依赖他们所熟悉的任何日常事物。这促使我进行一种普遍的哲学思考，我借此结束健全心态的主题，这个题目恐怕已经拉得太长了。这个思考涉及，所有这类系统的健全心态和医心宗教，与科学的方法和科学的生活是什么关系。

在后一个演讲中，我一方面明确地讨论宗教与科学的关系，另一方面会谈及宗教与原始野蛮人的关系。今天，有许多人——他们喜欢自称"科学家"或"实证主义者"——会跟你说，宗教思想是纯粹的遗迹，一种返祖现象，返回较开化的人早已摈弃和摆脱的一

---

① 伍德(Henry Wood)：《心理摄影中的理想暗示》，第57页、第70页，节选。

种意识类型。如果你请他们做更充分的解释,他们或许说,原始的 117
思想认为,凡事物必须用人格的形式设想。野蛮人以为,事物凭借
人格力量运作,为了个人的目的。在他眼里,甚至外部自然都服从
个人的需要和要求,好像有这么多的基本力量。另一方面,那些实
证主义者说,科学已经证明,人格并非自然的基本力量,而是现实
的基本力量被动组合的结果,包括物理学、化学、生理学、心理物理
学等因素,其性质是非人的、普遍的。个人除非服从和效法某种普
遍规律,根本无法成就世上的任何事情。假如你再追问他们,科学
采用什么手段取代原始思维,反对用人格的方法观察事物,他们肯
定会说,那是因为严格运用实验证实的方法。他们说,要在实践
中贯彻科学概念,即完全不考虑人格的概念,那么,你总会得到
证实。世界就是这样创造的,因此,你的预期总会得到经验的证
实,只要你能保持你用以推导预期的事项始终是非人的,普
遍的。

　　然而在这里,我们看看医心派运动,还有它那截然相反的哲
学,提出的一个完全一致的主张。医心派说,假如你的生活像我一
样真实,每天的实践都证实你是对的。控制自然的能力是人的,你
自己的个人思想就是力量,宇宙的力量直接回应你的个人需要和
求助,所有这些命题,都是你的整个身心经验将会证实的。事实
上,医心运动能够像现在这样广泛传播,不只是凭借宣言和论断,
而是凭借明显的经验结果,由此证明,经验确实在很大程度上证实 118
了原始宗教的观念。在科学权威的全盛时期,医心运动展开了
一场进攻战,向科学哲学发起攻击,并因为运用科学的特殊方法
和武器而获得成功。它相信,有更高的力量以某种方式照料我

们,比我们自己照料自己要更好,只要我们真正地依靠它,并同意利用它。它发现,经验观察不仅没有推翻这种信念,反而证实了它。

我在前边引录的叙述已经充分表明,医心运动如何使人皈依,如何使皈依者更加坚定。我还将摘引另几段较短的文字,使问题变得更具体。这是其中一段:

> 我运用自己学说的最初一个经验,在我第一次看见医疗者后两个月。四年前我跌倒了,扭伤了右脚踝,一连几个月,必须用拐杖和弹性踝环,而且,还要小心翼翼地保护它。这次我一用脚走路,便获得积极的暗示(而且,我的整个存在都有感受):"只有上帝存在,所有的生命都来自上帝。我不会扭伤或受伤,我要让上帝照料我的脚。"太好了,我的脚一点儿感觉都没有,那天,我居然走了两英里。

下边的例子不仅说明实验和证实,而且证明了我刚才讨论的被动和顺从因素:

> 一天上午,我进城买东西,没走多会儿,便觉得不舒服。不适感迅速加重,后来觉得浑身酸疼,恶心、晕眩、头痛,总而言之,出现了流行感冒的一切症状。我想,我得了当时在波士顿流行的流行性感冒,或者更厉害的病。这时,我想起听了整整一个冬天的医心派学说,认为这是一个尝试的机会。我在回家的路上,遇见一个朋友,颇费了一番努力,才没有告诉他

我的感受。这是迈出的第一步。我回家立刻上了床。我的丈夫想请医生。但是我跟他说,我想等一等,直到第二天早晨,看看感觉如何。接着,就体验到我一生中最美妙的一个经验。

我无法用其他方式表达,只能说,我确实"躺在生命的湍流中,让生命从我身上流过"。我摈弃了一切恐惧,不再害怕即将到来的任何疾病。我完全自愿,完全服从。没有理智的努力,亦没有思想的运用。支配我的观念是:"看看主的女仆吧,你想怎么对我,就怎么对我。"并且满怀自信,一切都会好,一切已是好的。这个创造性的生命每时每刻注入我身上,我觉得自己与无限结合,进入和谐,充满不可思议的和平。我的心灵根本没有给龃龉之物留下地盘。我意识不到时间、空间或人物,只觉得慈爱、幸福和信仰。

我不知道这个状态持续了多长时间,也不知道什么时候睡着了。但是第二天早晨醒来时,我好了。

这些事例尽管琐细,但从中若有什么收获,那就是实验和证实的方法。[①]　就目前讨论的目的而言,你是否认为这些病人被他们的想象所蒙骗,似乎无关紧要。他们自己以为被尝试的实验所治好,足以使他们皈依这个学说。尽管很明显,要得到这种结果,人必须隶属某个心理模型(因为并非每个人都能得到满意的疗效,就像并非每个人都能为他请来的新开业的医生治好一样),但是,假如那些人能够运用这种实验方法,证实野蛮而原始的医心哲学,那

① 见这一讲的附录,讲述了我朋友提供给我的两个案例。

么,用一纸命令便让他们放弃它们,转而追求更科学的治疗,岂不太迂腐,太谨小慎微了吗? 我们应该做何感想? 科学的要求是否太过分?

我相信,这种宗派科学家的要求,至少是不成熟的。我们这一小时研究的经验(以及类似它们的许多其他种类的宗教经验)清楚地表明,世界有许多方面,其数量超过任何宗派,甚至科学宗派所允许的范围。我们的经验或多或少总要与心灵构建的观念系统(概念系统)相一致。我们的证实如果不是这种经验,还能是什么呢? 然而,我们凭什么以常识为名,定然认为只有一个观念系统是真实的? 从我们的全部经验得出一个明确结论:可以按照多种观念系统处世,不同的人可以用不同的观念系统处世,每一次,世界都赋予处世者向往的特殊利益,同时略去或延宕其他利益。科学给我们所有人带来电报、电灯、诊断,成功地预防和医治了一些疾病。医心派的宗教则使我们一些人安宁、自信和幸福,并能像科学一样防治某些疾病,对于某类人,效果甚至更好。显然,在实际运用科学或宗教的人眼里,科学和宗教都是开启世界宝藏的钥匙。同样明显的是,科学或宗教,没有哪个能够包罗万象,或者不允许同时运用另一个。世界为什么不能是错综复杂的,由许多互相渗透的实在领域构成,以至于我们接近它,可以选择不同的概念,采取不同的态度? 就像数学家处理相同的数量和空间事实,无论用几何、用解析几何、用代数、用微积分,或者用四元数,每次的结果都是正确的。根据这种观点,宗教与科学,各自都以各自的方式得到证实,每时每刻,生生不息,它们是永远共存的。无论如何,今天同以往一样,那个相信个体化人格力量的原始思想,似乎并没有被科学逐出场外。许多受过教育的人,依然认为原始思想是最直接的实验渠道,能够使他们与实在相沟通。[①]

医心运动的事例近在眼前,唾手可得,所以不由自主地利用它,让你们切实关注这些最近的事实,但是,我必须结束今天这个简短的陈述。后边的演讲,还将更明确地讨论宗教与科学及原始思想的关系。

附　录[②]

(见第 119 页[原书页码]注)

案例一:

我个人的经验是这样的:我长期患病,最初的结果是复视(diplopia),发生在十二年前,使我几乎完全丧失用眼阅读和写作的能力,后来的结果是不能运动,一动就筋疲力尽,气喘吁吁。我由欧美第一流的医生照料,对他们的能力,我深信不疑,但治疗不是没有效果,就是效果不好。于是,我迅速消沉,似乎失去了根基。正值此时,我听见别人谈论一些事情,使我对医心疗法产生浓厚兴趣,愿意一试。我没抱什么希望,不指望它产生多大效果——这只是尝试的一个机会,部分因为我感兴趣,这毕竟开启了一个新的可

122

---

① 各种不同的领域或体系是否像大多数哲学家以为的那样,必将整合为一个绝对的概念? 而且,假如果真如此,又如何最好地抵达这一概念? 这些问题等到将来才能回答。现在确定无疑的,是一系列相异概念的事实,每个都相应于世界真理的某个部分,每个都得到某种程度的证实,每个都离开实际经验的某一部分。

② 在复制本时,詹姆士指示,附录应该被删掉。——译者

能,部分则是因为,这是我能看见的惟一的机会。我去了波士顿拜见某君,我的几个朋友曾从他那儿,得到过或自认为得到过极大帮助。治疗是静默的,很少说话,因而头脑一片空白。我们一起静坐时,产生的所有影响来自另一个人的思想或感受,投射到我的潜意识心灵,似乎也投射到我的神经系统。我一开始就相信这种运作是可能的,因为我知道,心灵有能力塑造身体的神经活动,或驱动它们,或制止它们。而且我以为,心灵感应虽然未经证实,但未必完全没有,不过,我只是相信它可能,其中并没有强烈的信念,也没有神秘的或宗教的信仰,以驱使想象力发挥巨大作用。

我每天与医师静坐半个小时,起初一点儿效果也没有。大约十天以后,我突然意识到一股新的力量在内心涌起,觉得有力量冲出旧的禁地,打破生命的界限。过去,虽然也屡屡尝试,无奈生命周围高墙耸立,根本无法攀越。我开始读书和走路了,这是我多年无法从事的。变化是突然的,显著的,确定无疑的。这种力量之流逐渐增大,似乎持续了几个星期,或许三四个星期,那时已是夏季,我离开了波士顿,几个月后又来治疗。事实证明,我的长进是永久的,我慢慢地好转,而不是衰弱。然而,经过这次长进,医疗的影响力似乎有点儿耗尽。尽管经过第一次经验,我自信那个力量是实在的,而且,假如我的信仰是有效的因素,就能帮助我进一步获得健康和力量,但是此后,我获得的结果再没有像第一次那么明显,那么清晰,而我第一次尝试时,并无多少信仰,且对预期疑虑重重。

123　要用语言把所有这些事情讲清楚,要清晰地表述推导结论的所有根据,恐怕十分困难。但是我始终觉得,我有大量证据证明(至少向我自己)我那时得出的结论是正确的,而且,至今有效。我的结论是:第一,当时发生的身体变化,是心态变化使我内心发生改变的结果;第二,除了次生方式,心态的变化并非因为运用想象,亦非自觉地接受催眠术的暗示。最后我相信,这种变化是心灵感应的结果,是我在低于直接意识水平的心理层面,接受了更健康、更积极的态度,那是另一个人用其思想指导我,试图将这种态度的观念铭刻在我的心上。我的病显然属于神经病,并非器质性疾病。但是,根据我的观察,可以断定,这种划分是武断的,神经既控制内心的活动,亦控制全身的营养。我认为,中枢神经系统能够激发并抑制局部中枢,如果它能生效,必将对任何疾病产生巨大影响。问题在于如何让它生效,而且我认为,心理治疗具有不确定的明显差异,只不过表明我们对作用的力量所知甚少,不知道采取什么方法才能让它们生效。这些结果并非偶然,我对自身和其他人的观察让我确信这一点。许多情况下,亦有自觉的心灵和想象参与,作为其中的一个因素,这是毫无疑问的,但也有许多情况,有时不同寻常,其中似乎并没有这种因素参与。从总体上讲,我倾向于认为,治疗行为像病态行为一样,发源于正常的潜意识水平,因此,最强烈、最有效的印象,是它以某种尚不知道的微妙方式接受的,直接得自一个健全心态,其状态通过一种隐藏的交感律为它再现。

案例二:

我的小女儿得了一种病,曾请医生诊断,结果非常悲观,在朋友的强烈要求下,我们将小女儿送给医心师医治,但并不抱任何信心和希望(可能因为先前一位基督教科学家的治疗没有效果)。医心师治好了她的病。这引起我的兴趣,开始认真地研究这种治疗

124

方法及其哲学。渐渐地，我的内心获得实实在在的平和与安宁，以致我的行为举止都大大改变了。我的孩子和朋友注意到这种变化，议论纷纷。所有烦躁的感觉一扫而空。甚至脸部表情也发生明显变化。

我在公共或私人的讨论中，过去始终固执己见，好胜心强，尖酸刻薄。现在，则变得大度宽容，虚心听取他人的观点。我过去神经敏感，烦躁易怒，每周有两三次因头痛回家，当时我以为，那是消化不良和鼻炎引起的。现在，则变得沉静、温和，身体的病症完全消失。过去每一次业务会谈，我都习惯性地产生病态的恐惧，现在则充满自信，内心安宁。

可以说，这种发展全部趋向于消除自私。我不简单地指那种粗俗、感官的形式，而指那些没有得到普遍承认的精妙类型，诸如悲叹、伤心、懊悔、妒忌等自私的表现。这种发展方向是实际地、有效地实现上帝的内在性，以及真正的内在自我的神性。

第六、七讲　病态的灵魂

前一讲,我们考察了健全心态的气质,即生来不容长期受苦的气质,其禀性倾向于乐观地观察事物,就好像结晶的水,将个人的性格凝结其中。我们已经看到,这种气质如何成为一块地基,为一种特殊的宗教奠定基础。这种宗教认为,美好,甚至尘世间的美好生活,应是理性的存在者关注的基本事物。它指导信仰者向世界的罪恶方面展开清算,存心不考虑它们,或不重视它们,反省时将它们忽略不计,有时,甚至完全否认它们存在。罪恶是一种病。对病的担忧则是另一种病,只能使原来的病源加重。甚至懊恼和悔恨,那些声称促进美好的情感,也不过是病态的、弛缓的冲动。最好的悔恨就是开始为了正义行动起来,忘记你曾经与罪有关联。

斯宾诺莎的哲学,其核心编织了这种健全的心态,也是它魅力非凡的秘密所在。[①] 按照斯宾诺莎的观点,人若为理性引导,其心灵也完全为美好所影响。罪恶的知识是"不贴切的"(inadequate)知识,仅仅适合于奴隶的心灵。因此,斯宾诺莎无情地谴责了悔恨。他说:

---

① 斯宾诺莎:《伦理学》,第四部分,第 64 条定理。——译者

126　　　人犯错时，或许期盼良心和悔恨帮助他们重返正途，并因此断言（好像每个人都这样断言），这些情感是好东西。然而，假如我们仔细审查，立刻就会发现，它们非但不好，反而是有害且罪恶的情感。显然，与良心的焦虑和懊恼相比，理性和热爱真理能让我们过得更好。良心与懊恼产生一种悲切，因而是有害的、罪恶的。"他继续说："悲切是不好的，我已经证明并指出，我们的生活应该竭力避免它。既然良心的不安和懊恼同属这类性质，我们同样应该设法避免这些心态。①

在基督教内部，对罪的悔恨从一开始就是批判的宗教活动，健全心态始终提出自己温和的解释。这种有健全心态的基督徒认为，悔恨意味着摆脱罪，不因犯过罪而痛苦不堪。天主教的忏悔与赦罪，从一个方面看就是一种方法，借以系统地保持心灵的最佳状态。人们通过它定期结算与罪恶的账目，因而可以抹去旧的债务，从一张空白页重新开始。任何天主教徒都会告诉我们，经过这种净化工作之后，他的感觉有多么干净，多么清新，多么自由。马丁·路德并不属于我们前边讨论的激进的健全心态，他拒绝了神父的赦罪形式。然而，在悔恨问题上，他却有些颇为健康的观念，这主要因为他的上帝概念博大精深。他说：

127　　　我做修士时便认为，只要我觉出肉体的贪欲，也就是说，假如我觉得有任何罪恶蠕动，如肉体的贪欲、愤怒、憎恨或嫉

---

① 《简论上帝、人及其幸福》(*Tract on God, Man, and Happiness*), Book ii, ch. x。

妒其他修士,我就完全被抛弃。我想方设法平静良心,但是没有效果。我肉体的贪欲每每发作,使我不得安宁,只好不断为这些想法所困扰:诸如,你犯过这样那样的罪;你传染了嫉妒、急躁,以及其他类似的罪;因此,你承担这种圣职乃徒劳无功,你做的善行毫无益处。但是,假如当时我能正确理解保罗的话,"肉欲反对精神,精神反对肉欲;二者彼此对立,你自然不能做你想做的事情",恐怕我就不会那么痛苦地折磨自己了,而是像我现在这样,自己思考并对自己说:"马丁,你不可能完全无罪,因为你有肉体;因此,你应该觉出肉体的斗争。"我记得施陶皮茨①常说:"我曾上千次向上帝发誓,要成为更好的人,但从未履行这个誓言。此后,我不再发这种誓,因为经验让我懂得,我不能履行它。除非上帝为了基督而偏爱我,恩赐我,否则,我无论怎么发誓,无论怎么行善,都不可能站在上帝面前。"这种绝望(施陶皮茨的绝望)不仅真实,而且虔敬,神圣。所有想得救的人,必须口头心里都承认这一点。因为虔敬的人不相信他们自己的正义。他们期望基督成为调解者,用生命为他们赎罪。而且他们知道,他们肉体残余的罪责不在己,而应特别赦免。然而,他们的精神仍然与肉体对抗,以免满足肉体的贪欲。尽管他们感觉到肉体的疯狂与反叛,自己有时也因软弱而堕入罪恶,但是,他们并不气馁,并不因此就认为,他们的生活状态和生活方式,以及他们依照天职所做

---

①　施陶皮茨(Staupitz,1468/1469—1524),德国神学家,德国天主教会代理总会长。——译者

的善业,会令上帝不快。相反,他们通过信仰使自己升华。①

128　　寂静主义的创始人莫利诺斯②是个宗教天才。他的异端邪说备受耶稣会的猛烈抨击,其一就是他用健全的心态对待懊悔:

　　假如你犯了错误,无论什么错误,都不要因此自寻烦恼,折磨自己。因为那是我们本性软弱的结果,是原罪玷污的痕迹。我们共同的敌人使你相信,你一旦犯了错误,便误入歧途,失去上帝及其恩宠;并且,他向你讲述你的痛苦境遇,真是灾难深重,让你顿生疑窦,怀疑上帝的恩典;他让你记住,你的灵魂屡屡重复同样的过错,不是每天变好,而是每天变坏。哦,可怜的灵魂啊,睁开你的眼,关闭你的门,拒绝这些魔鬼的暗示,认清你的痛苦,相信仁慈的神灵。假如有人与别人赛跑,进入最佳状态时突然跌倒,便躺在地上啼哭,痛苦地谈论自己的过失,这样的人难道不是傻瓜?(人们会跟他说)喂,别耽误时间了,赶快起来跑吧。因为只要他迅速爬起来,继续比赛,那就跟从未跌倒过一样。假如你曾见过自己跌倒,而且有过上千次,那就应该运用我给你的治疗方法,即坚信神的仁慈。你若想战胜并征服懦弱和空想,必须运用这些武器。这是你应当使用的方法——别浪费时间,别庸人自扰,最后毫无

---

　　① 《圣保罗的〈加拉太书〉注释》(*A Commentary on Saint Paul's Epistle to the Galatians*),Philadelphia,1891,第511—512页,节选。
　　② 莫利诺斯(Molinos,1618—1696),西班牙神秘主义者、寂静主义奠基人。——译者

收获,空忙一场。①

如果我们把这些健全心态的观点看作一种方法,刻意将罪恶缩小到最低限度,那么还有一种正相反对的观点,假如你喜欢,可以叫作将罪恶扩展到最大程度的方法,其基本信条是:我们生活的罪恶方面是生活的本质,我们越是将它们记在心里,就越沉痛地感受到世界的意义。现在我们必须谈谈这种病态的方法,看看它是如何观察事物的。上一讲结束时,我对健全心态的人生观进行了一般的哲学反思,在这里,我同样要对病态的人生观进行另一种哲学反思,然后再转入更重要的工作。请你们体谅这个简短的延迟。

假如我们承认,罪恶是我们存在的本质部分,是理解生活的秘诀,那么,我们不得不面临一个困难,而且现已证明,这个困难正是宗教哲学的沉重负担。有神论一旦纳入系统的宇宙哲学,总表现出某种迟疑,不愿让上帝降格,低于大全(All-in-All)。换言之,哲学的有神论始终表现出泛神论和一元论的倾向,将世界看作单一的绝对事实。② 这完全不同于通俗的或实践的有神论,因为后者多少总是公开的多元论,更不用说多神论了。只要允许我们相信神圣的动因依然至高无上,其他的均是从属地位,它对诸多原始动因构成的世界就会觉得心满意足。在后一种情形,上帝不必为罪恶的存在负责。只有当罪恶最终无法克服时,上帝才有责任。然

---

① 莫利诺斯:《灵修指南》(*The Spiritual Guide Which Disintangles the Soul*),[1685],Book II,chaps. xvii,xviii,节选。

② 詹姆士在为《文献遗稿》(*The Literary Remains*,in *Essays in Religion and Morality Works*,p. 60)所写的导言中表达了类似的思想。——译者

而,按照一元论或泛神论的观点,罪恶像其他事物一样,其根基必然生于上帝。困难则在于,如果上帝是至善的,他怎么可能是罪恶之源? 任何形式的哲学,只要将世界看作无瑕的单一事实,都会面临这个困难。这种单一(unit)是个体,其中最坏的部分必然像最好的部分一样,也是根本的,必然使个体成其为所是。个体的任何部分消失或改变,那个个体也就不复存在了。绝对唯心主义的哲学今天在苏格兰和美国颇为活跃,它们就必须与这种困难斗争,其程度不亚于当年经院哲学的有神论。要说没有任何思辨的办法能够解开这个谜,恐怕为时过早,但是,说没有明确的或简单的解决办法,应当说是相当在理的。避免这种悖论的惟一明显的方式,是完全革除一元论的假设,允许世界以多元的形式起源,承认世界聚集了不同的事物和原则,有高下之别,并非一个绝对统一的事实。于是,罪恶不必是本质的,它或许是,而且始终可能是一个独立部分,没有合理的或绝对的权利与其他部分共同生活,我们恐怕有希望看见它最终被抛弃。

正如我们所描述的,健全心态的福音明显地赞成这种多元论观点。一元论哲学家则发现自己必须像黑格尔那样说,凡现实的都是合理的,恶是辩证法的必要因素,因此,必须将它纳入最后的真理体系,保存它,尊崇它,让它发挥一定功能。① 反之,健全的心态绝不会说这类话。② 它说,恶显然是不合理的,不能将它纳入最

---

① 出自黑格尔为《法哲学》(*Philosophy of Right*, tran. T. M. Knox, Oxford: Clarendon, 1953, p. 10)撰写的前言。——译者

② 尽管许多医心派作者的论调是一元论的,我还是这样说。因为这种论述与他们对疾病的态度不一致,而且很容易表明,在逻辑上,它们并没有涉及与崇高的实在合一的经验,而这正是医心派所主张的。也就是说,崇高的实在不一定是绝对完整的事物,宗教经验的生活将其看作一部分就足够了,即便它是最理想的一部分。

后的真理体系，不能保存它，尊崇它。对主来说，恶是纯粹的丑陋，一个异己的非实在，一个废物，必须摈弃、否定；对于它的每一丝记忆，如果可能，必须抹掉、忘却。理想与整个现实没有共同的外延，131 前者不过是后者的提纯物，其特征是脱离与这种病态、卑下、龌龊之物的一切接触。

这里，我们公平合理地看到一个有趣的概念，即世界中有一些因素，无法与其他因素合并而构成合理的整体，从其他因素构成的体系看来，它们只是一些无关紧要的、偶然的因素——似乎很"肮脏"，不合时宜。现在，我请你们记住这个概念。尽管大多数哲学家或者忘记了它，或者看不起它，甚至不愿提起它，但是我相信，我们最终必将承认它包含着真理的因素。因此，我们又觉得医心福音尊贵而重要。我们将它看作真正的宗教，并非纯粹愚蠢地利用想象医治疾病。我们曾经看到，它的实验的证实方法与所有的科学方法并没有什么不同。现在我们发现，医心运动拥护一种完全确定的世界概念，关涉世界的形而上学结构。我希望，你们听了这些不觉后悔，怪我强迫你们听这么长的讨论。

现在，我们暂且告别所有这类思维方式，转向另一些人，他们不能立刻卸掉罪恶意识的重负，生来注定因为罪恶而受苦受难。我们看到，健全的心态层次不同，有深有浅，有纯粹动物的幸福，也有再生的那种幸福，同样，病态的心灵也有不同层面，一个比另一个要可怕得多。在有些人看来，罪恶仅仅意味着与事物不相协调，个人的生活与环境难以符合。这种罪恶可以在自然的层面医治，至少原则上如此，因为或者改变自我，或者改变事物，或者同时改

132 变二者，双方就能彼此适合，一切再次像结婚的钟声一样，充满快乐。然而，在另一些人看来，罪恶不纯粹是主体与特定外界事物的关系，而是更激烈、更普遍的东西，是人本质中的错误或邪恶。改变环境，或者肤浅地将内在的自我重新安排，都无法治疗它，必须有一种超自然的治疗。从整体上看，拉丁民族倾向于前一种罪恶观，认为罪恶由众多的病和罪构成，能够一点点地排除掉；日耳曼民族则更倾向于将罪(Sin)看作单一的，并冠以大写字母 S，表示它是我们自然主体的固有本质，根深蒂固，任何表面的局部手术根本无法清除。① 这种民族之间的比较总有例外，但是毋庸置疑，宗教的北方情调偏向于比较深切的悲观信念，而且，这种感受方式更趋极端，我们将发现，这对我们的研究更富有启发。

　　近期的心理学发现"阈限"(threshold)②一词很有用，它象征着一个临界点，表示一种心态过渡到另一心态。因此，我们谈论人的一般意识阈限，用以指示引起一人的注意，需要多大强度的声音、压力或其他外部刺激。在同一分贝的喧闹环境里，高阈限的人仍然死睡，低阈限的人则立刻惊醒。同样，一人对某类感觉的细微差别十分敏感，我们就说他"差别阈限"低——他的心灵很容易越

<hr>

　　① 参见米尔桑德(J. Milsand)：《路德与奴隶意志》(*Luther et le serf-arbitre*, Paris: Fischbacher, 1884)，散见书的各处。[米尔桑德(1817—1886)，法国批判家。关于詹姆士与他的关系，可参见查尔顿(D. G. Charlton)的"威廉·詹姆士未公开发表的一封信"(An Unpublished Letter of William James, in *Philosophical Quarterly*, St. Andrews, 1, October 1951, pp. 439—443)。——译者]
　　② 詹姆士在《人的不朽》中讨论过限阈问题，该书收入 *Works* 的《宗教与道德文集》。行文中的相关问题，可参见 *Works*，第 89—92 页。——译者

过这个阈限，意识到那些差别。我们还可以说"疼痛阈限"、"恐惧阈限"、"苦难阈限"等等，并且发现，有些人的意识很快就超越阈限，另一些人的阈限则太高，很难为他们的意识所超越。乐观、健康的心灵，习惯生活在苦难线的向阳一面，抑郁、悲观的人，则待在界线的另一边，在黑暗和忧虑中生活。有些人，生命伊始便带着一两瓶香槟酒，深以为荣；而其他人，生来似乎贴近痛苦阈限，哪怕最轻微的刺激也定然让他们超越阈限，感觉痛苦。

习惯生活在痛苦阈限这一面的人，所需要的宗教似乎应该有别于习惯生活在另一面的人，事情难道不是这样吗？不同类型的宗教相应于不同类型的需要，这个问题自然会在这里产生，而且，在我们结束讨论之前，必将成为一个严肃问题。不过，我们必须首先着手一件不愉快的工作，即听取病态心灵（我们可以这样称呼，以别于健全心态）讲述它们囚牢里的秘密，讲述它们意识的特殊形式，然后再一般地解决这个问题。因此，我们断然不再理睬一次生的人及其蔚蓝色的乐观主义福音。我们不能不顾一切地高呼："宇宙万岁！——上帝在天堂里，世界万事美好。"让我们看一看，那些不幸、疼痛、恐惧，还有人类深感无助的情绪，是否就不能开启更深邃的眼界，是否就不能为我们提供更复杂的方法，以揭示其中的意义。

首先，假如事物都像尘世的成功经验那样，并非稳妥牢靠，那么，它们如何提供稳固的依托？一环薄弱，全链不牢。说到底，生活就是一串链条。即便是最健康、最幸福的存在，其中还不总是掺杂许多薄弱环节，诸如疾病、危险、灾害之类？毫无疑问，正像以前

的一位诗人所说,每一口快乐的甘泉深处,都会涌出一些苦涩:恶
心呕吐、欢愉结束、淡淡的忧愁,还有报丧的钟声,尽管它们可能转
瞬即逝,但是,毕竟带来一种感受,觉得是从更深的层面产生,而且
常常具有惊人的说服力。[①] 生活的嗡嗡声因为它们触摸而停止,
就像制音器落下时,钢琴的琴弦停止发音一样。

当然,音乐可以重新开始;再三再四,每时每刻。但是此后,给
健全心态留下的,却是无法弥补的漂泊感。它是一口带裂纹的钟。
它勉强吸了一口气,纯系偶然。

即便我们假设有一个人,完全为健全的心态所充盈,自己从未
亲自体验过这些抑郁的片断,然而,假如他属于反思的存在者,那
就必然会概括自己的命运,将其与他人的命运划归一类,这样做
时,必然看到他的逃脱只是一种幸运,与他人并无本质的差别。他
生下来同样也可以有完全不同的另一种命运。因此,的确是空洞
的保证! 至于事物的结构究竟属于哪一类,你充其量只能说:"谢
天谢地,反正这一次便宜了我!"这种幸福难道不是脆弱的虚构?
你其中的快乐不就是那种粗鄙的喜悦,与地痞流氓得手后的吃吃
傻笑并无多大分别吗? 假如这都算是成功,甚至依据那种条件的
话! 然而,还是看看最幸福的人,那个为世人嫉妒的人,他最深层
的意识,十有八九是失败。不是理想的成就曲线定得太高,远远超
过实际成就,就是他还有隐秘的理想,并非世人所知,他的内心知
道自己的缺失。

---

　① 卢克莱修的《物性论》(*De Rerum Natura*,bk. IV, line 1134)。——译者

假如歌德①之类的成功的乐观主义者都这样表现自己，那些成就较小者又该如何呢？歌德在1824年这样写道：

> 对于我的生活历程，我没有什么可抱怨的。然而实际上，135 那只不过是痛苦与重负，我可以肯定地说，在我七十五年的整个生涯里，甚至没有四个星期的真正的安宁生活。只有不断滚动的石头，必须永远不停地重新把它推上去。

从总体上说，有哪位特立独行者能像路德那样成功？然而，路德衰老时，回想一生，好像是彻头彻尾的失败。②

> 我完全厌倦了生活。我祈求主立刻降临，带我离去。首先是让他来，带着最后的审判：我会伸出脖子，天雷暴怒，于是我得安息。"——当时，他手里拿着一串白玛瑙项链，继续说："哦，上帝啊，请准许最后的审判来吧，毫不迟疑。假如它明天来，我今天就吞下这串项链。"——一天，路德与候选帝夫人多瓦格（The Electress Dowager）共同进餐，夫人对他说："博士，我希望你再活四十年。"路德回答："夫人，我宁愿放弃去天堂的机会，也不愿再活四十年。"

---

① 摩诺德引用了歌德的话，这几段话出自歌德与爱克尔曼（Johann Peter Eckermann）的对话。参见《与爱克尔曼对话》（*Conversations with Eckermann*，New York：M. Walter Dunne［n. d］，p. 54）。

② 见米什莱（Jules Michelet）的《路德本人撰写的生平》（*The Life of Luther Written by Himself*，tran. William Hazlitt，2nd ed.，London：H. G. Bohn，1862，pp. 342，345）。——译者

失败,失败! 世界在每个关键时刻,便把这种印记烙在我们身上。我们向世界播撒我们的错误、过失、丧失的机会,还有所有不称职的记录。然后,世界运用该死的强调,把我们一笔勾销! 简单的罚款、纯粹的道歉,或者正式的赎罪,都不能满足世界的要求,然而,勒索的每一磅肉都是血淋淋的。人们所知晓的最微妙的苦难,都与这些结果附带的恶毒的羞辱感相关联。

而且,它们是人的主要经验。这种普遍存在、无穷无尽的过程,显然是生活的一个组成部分。斯蒂文森①指出:"人的命运确有一种因素,用盲目本身是无法搪塞的。无论想让我们做什么,总不想让我们成功。失败是我们命中注定的。"②因此,既然我们的本性植根于失败,那么,神学家将失败看作本质,认为只有通过个人蒙受屈辱的经验,才能把握更深刻的人生意义,有什么好奇怪的呢?③

然而,这只是病态世界的第一阶段。让人的感觉更敏锐一些,超越苦难阈限更远一点儿,那么,成功时机的美好性质一旦出现,就会被扼杀,被腐蚀。自然的一切美好统统枯萎凋零。财富插翅

---

① 斯蒂文森(*Robert Louis Stevenson*):"圣诞节布道"(Christmas Sermon),收入《穿过平原》(*Across the Plains with Other Memories and Essays*,New York:Charles Scribner's Sons,1892,p. 307)。——译者

② 他有独特的健康心态,补充说:"我们的事业是饶有兴趣地继续失败。"

③ 许多人的上帝只是他们的上诉法院,用来避免惩处他们因世俗意见导致的失误。清算我们的罪恶和错误之后,通常还有一点儿有价值的剩余物,留给我们自己的意识——我们承认并忏悔罪过的能力是胚芽,至少蕴含一个可能的、更好的自我。然而,世界对付的是现实自我,不是可能自我:这个不能从外部猜测的隐蔽胚芽,绝不予以考虑。因此,我们回到全知者,他知道我们的坏处,亦知道我们的好处,他是公正的。我们用忏悔求他恩赐:只有通过全知者,我们才能得到最后审判。因此,对上帝的需要,确确实实来源于这种生活经验。

而飞；名誉不过是一个屁；爱情是一场骗局；青春靓丽、身强力壮、天真活泼，统统都是过眼云烟。假如事物的结局总是尘埃与失望，它们怎能成为我们灵魂要求的真正的美好之物？万物的背后，是宇宙死亡的巨大幽灵，是吞噬一切的黑暗：

> 人在日下辛勤劳作的一切，给了他什么利益？我冷眼观看双手写出的所有作品，看啊，统统都是精神的空虚和烦恼。因为降临人的儿子身上的，也将降临在野兽身上。这一个死了，那一个也会死；一切都从尘土来，一切还要回到尘土去……死者一无所知，也不再有什么奖赏；对他们的记忆已被忘却。他们的爱，他们的恨，他们的妒忌，现在已经一去不复返；日下的劳作，已经永远没有他们的份儿……诚然，日光是温柔的，用眼睛观看太阳是惬意的事；但是，假如一人活了许多年，喜欢其中的一切，那么，还是让他记住黑暗的日子，因为将来会有很多。

137

总而言之，生活与生活的否定彼此厮杀，难解难分。假如生活是美好的，生活的否定就是丑恶的。但是，二者同是生活的基本事实。因此，所有自然的幸福似乎传染上了苦难的病毒。坟墓的气息笼罩着它。

若有心灵注意到这种情况，并委身于这种沉思产生的冷酷，摧毁一切快乐，那么，健全心态所能提供的惟一安慰就是说："满嘴胡说八道，还是到外边歇着吧！"或者说："振作起来，老哥，只要祛除你的病灶，很快就会一切正常！"然而，正经说，这种光秃秃的动物语言,怎能当作理性的回答认真对待呢?把宗教的价值归于纯粹的无忧无虑,满足人能够利用短暂机会享受美好的自然,那无异于奉健忘和肤浅为神圣。我们的麻烦陷得太深,那种医治已经不灵了。我们会死,我们会生病,这一事实令我们困惑。我们此刻活着,而且活得健康,这个事实又与上边的困惑不合。我们需要一种与死亡无涉的生活,一种不会生病的健康,一种不会消失的美好,事实上,需要一种超越自然福利的美好。

这完全取决于灵魂对不协调有多大的敏感性。我的一位朋友意识敏感,他说:"我的麻烦是过分相信共同的幸福和美好,对于它们的变化无常,没有什么能安慰我。它们居然变化无常,这让我惊恐不安。"我们大多数人也是这样:动物的反应和本能稍微降低,动物的韧性稍有损失,敏感性减弱一丝,疼痛阈限降低一点儿,所有这些,都使内核里的蛆虫暴露无遗,尽管它已钻入我们通常快乐之源的核心,而且,都能使我们变成抑郁的形而上学家。生活的骄傲和世界的荣耀即将衰灭。归根结底,这是热血青年与白发老人之间无休止的争论。老者的定论是:单纯从自然主义立场观看生活,开局无论热情有多大,其结局必定悲哀。

这种悲哀,存在于每个实证主义、不可知论或自然主义哲学体系的中心。即便让乐观的健全心态竭尽全力,发挥及时生活、无视一切、遗忘一切的惊人力量,罪恶的背景依然存在,必须加以考虑,盛宴之中,骷髅将至,龇牙咧嘴。我们从个人的实际生活得知,他面对眼前的事实究竟郁闷还是欢喜,总体上看,取决于相关的遥远体系和希望。事实的意义和构想,赋予其价值的主要部分。假如知道它不会有任何结果,那么,不管它眼下多么贴切可人,身上的金碧辉煌马上消失了。为内部病魔缠身的老人,[①]起初和往常一样,欢笑畅饮,现在却知道了自己的命运,医生已经告诉他病情。知识破坏了所有这些机能带来的满足感。它们变成死亡的伴侣,蛆虫成了兄弟,它们变得索然无味。

眼前的熠熠光彩,始终来自于伴它而行的可能背景。假如我们的普通经验进入永恒的道德秩序;假如我们的苦难具有不朽的意义;假如天国笑对尘世,诸神造访人间;假如信仰与希望是人吸入的空气;那么,日子会过得津津有味,各种希望令人激动,遥远的价值让人震颤。反之,倘若周围都是寒冷和阴暗,缺乏一切永恒的意义,真像我们时代的纯粹自然主义及通俗的科学进化论所说,最终能看到的就是这些东西,那么,人的激动或者戛然停止,或者变成焦虑不安的战栗。

自然主义者依从近期的宇宙论思辨,他们认为,人类的地位类似于一群人在冰湖上生活,四周矗立着悬崖峭壁,无处可逃,他们知道,冰在一点点儿融化,总有一天,最后一层薄冰也会消失,这些人的命运就是屈辱地落水淹死。溜冰溜得越快活,白天的太阳越是明亮温暖,夜晚的篝火越是红光高照,人们从这种境况体会的悲惨意味就越强烈。

现在的文学作品仍然推崇古希腊人,将其作为楷模,说明自然宗教能够激发出健全心态的快乐。的确,希腊人有许多快乐——荷马史诗对阳光照耀的事物流露出极大热情,经久不衰。

139

---

① 也许暗指德里登(John Dryden)。——译者

然而，即便荷马史诗，那些反思的文字也是郁郁寡欢的，①而且，希腊人一旦系统地进入沉思，思索终极之物，立刻就变成十足的悲观主义者。②诸神的妒忌、乐极生悲的报应、吞噬一切的死亡、命运的晦暗不明、登峰造极且无法理喻的残酷，都是希腊人想象的固定背景。多神论美丽的欢乐情形，不过是近代人诗化的虚构。我们很快会看到，婆罗门教徒、佛教徒、基督徒、伊斯兰教徒，以及信仰非自然主义宗教的"二次生"人，从他们神秘主义和断念的一些教义中获得快乐。若跟这些宝贵的快乐相比，希腊人根本不知道什么是快乐。

　　斯多亚派的麻木和伊壁鸠鲁派的顺从，是希腊人在这方面作出的最高成就。伊壁鸠鲁派说："别去寻找幸福，只需逃避不幸；强烈的幸福始终联系着痛苦。因此，靠安全的海岸航行，别去深海冒险。少希望、低目标，以免失望。首先是不要焦躁。"斯多亚派说：

₁₄₀（旁注：140）

---

①　《伊利亚特》，XVII，第 446 行："在这个大地上呼吸和爬行的所有动物，没有哪一种比人更艰难。"

②　例如，泰奥格尼斯（Theognis），第 425—428 行："大地上的所有一切，最好是不出生，不见太阳光辉；次好是尽快迈进冥府之门。"也见《俄狄浦斯在克罗诺斯》（Oedipus in Colonus）中几乎相同的一段，第 1225 行。《希腊诗选》（Anthology）也满纸悲观腔调："我赤条条来到大地，又赤条条进入地下——看着面前赤条条的结局，我何以枉自忙碌呢？"——"怎么有了我？我从何处来？我为什么来？为了去死。我一无所知，如何学到什么呢？我生来一无所知：我还要变成原来的样子。有朽的全人类是虚无和虚无性。"——"我们被宠爱，被养肥，都是为了死，就像一群猪被胡乱杀掉一样。"
希腊悲观主义与东方和现代悲观主义的区别在于，希腊人尚未发现悲惨的情调可以理想化，并形成一种高级可感性。他们的精神实质上太多阳刚之气，因而不会在其经典文献中细致谈论或长篇叙述悲观主义。他们鄙视小里小气的生活，激励生活保持适量的泪水。就这世界而言，可以不断强调它的痛苦与失败，这个发现留给了其他民族，他们比古典时期的希腊人更为复杂，也就是说，更女人味。然而，无论如何，那些希腊人的展望，同样是黑漆漆的悲观主义。〔暂不清楚詹姆士所使用的泰奥格尼斯的诗是什么版本，他没有使用英文版。《希腊诗选》的版本也不清楚。——译者〕

"生活能够带给人们的惟一真正的好处，是自由地拥有自己的灵魂。所有其他利益都是谎言。"这两种哲学，不同程度地对自然的恩赐深感绝望。深信不疑地沉溺于自行出现的快乐，与伊壁鸠鲁和斯多亚完全背道而驰。他们各自的追求，是想方设法拯救心态，以免最后化为灰烬。伊壁鸠鲁派还期待节制情欲的结果。斯多亚派则不希望有结果，完全放弃了自然的恩惠。两种顺从中具有崇高。它们代表了清醒过程的不同阶段，最初醉迷于感觉快乐的人，确实要经历这个过程。在伊壁鸠鲁派，热血变凉，在斯多亚派，热血成冰。尽管我用过去时态述说它们，似乎谈论的是历史，但是，斯多亚派和伊壁鸠鲁派或许是一切时代的典型态度，标志着病态世界的灵魂在其发展中经历了某个特定阶段。① 它们标志着我们所谓"一次生"的时代结束，代表"二次生"宗教的所谓纯粹自然人取得了最高飞跃。伊壁鸠鲁主义——出于极度的礼貌，才被称作宗教——表现人的温雅，斯多亚派则表现人的道德意志。两派将世界丢进无法调和的矛盾中，并不寻求更高的统一。有一些复杂的狂喜状态，以超自然方法再生的基督徒可以享用，东方的泛神论者亦可进入，与此相比，希腊二派开出的安之若素的药方是权宜之计，简单得似乎到了粗糙的地步。

　　但是，请注意，我还不打算对这两种态度做最后的判断，只是

141

---

　　①　例如，就在我写这一页当天，邮局给我送来一些格言，是海德堡一位精通世故的老朋友寄来的，可以看作伊壁鸠鲁主义的现代表达："对'幸福'一词，每个人有不同的理解。它是弱者追求的幻影。明智者则喜欢用'满意'一词，更谦虚，且更明确。教育的主要目标是解救我们，以摆脱不满意的生活。健康是满意的一个幸运条件，但绝非不可或缺的条件。女人的心和爱是自然的狡计，用来诱骗普通人，逼迫他们去工作。然而，明智者总喜欢做自己选择的工作。"

描述它们的类别。

历史的事实告诉我们，要进入二次生者报告的那种极度快乐的状态。最稳妥的办法是通过一种极度的悲观主义，比我们以前考察过的事物还要悲观。我们看到，自然恩惠上的光彩和魅力如何被抹掉。但是，还有一种极度的不幸，可以让人完全忘掉自然的恩惠，有关自然恩惠的一切感想，完全从脑海里消逝。要达到这种极度的悲观主义，需要的还不止是观察生活和反省死亡。个人必须亲自经历病态忧郁症的折磨。正如健全心态的狂热者成功地忽略罪恶的存在，忧郁的主体则不自觉地竭力忽略所有的美好事物：对他来说，美好没有一丁点儿实在。假如神经系统完全正常，对心灵痛苦的这种敏感是极其罕见的。一个健康人，即使遇到最残酷的外部命运，身受其害，也很少有这种敏感。因此，我们这里注意到，我在第一讲谈论的神经病气质开始登场亮相，而且注定在下面扮演重要角色。这些忧郁的经验首先是绝对个人的、私有的，所以，我可以充分引用私人文件。诚然，倾听这些文件十分痛苦，而且，将它们公之于众，行为近乎卑劣。不过，它们刚好横在路上，若想认真地接触宗教心理学，必须情愿忘掉一些礼数，戳穿娓娓动听、冠冕堂皇的官话，潜到里面去。

人们能够区分许多种类的病态抑郁。有时只是被动的不快和消沉，无精打采，神情沮丧，缺乏趣味、热情和活力。里博教授建议用"快感缺失症"（anhedonia）一词表示这种情况。[1] 他说：

---

① 里博（Ribot, 1839—1916），法国心理学家。詹姆士没有使用里博《情绪心理学》通行的英译本。《心理学原理》可表明詹姆士与里博的联系。——译者

快感缺失症——我生造了一个新词,与痛觉缺失症相对应——的情况很少有人研究,但它确实存在。有个小女孩曾患一种肝病,一时改变了她的性格。她已觉不出对父母的爱。她还与她的洋娃娃玩儿,但从中再找不到丝毫快乐。同样的事,以前逗得她哈哈大笑,前仰后合,现在却根本引不起她的兴趣。埃斯基罗在一位聪明的官员身上观察到同样的症状,他患的也是肝病。他内心的情绪似乎统统死亡。他的表现并无反常,也不暴烈,但完全没有情绪的反应。他习惯去剧院,却在那里找不到丝毫乐趣。他说,想起他的房子、他的家庭、他的太太、他外出的孩子,就像想起一个几何学定理,丝毫不能让他感动。[①]

大多数人的长久晕船,都会引起暂时的快感缺失症。一切美好之物,无论尘世的还是天国的,想起来就倒胃口,令人作呕。天主教哲学家格拉特里神父[②]在智力和道德上出类拔萃,性格孤傲,他在自传里生动描述了这种暂时的病症,并与他的宗教发展联系起来。年轻的格拉特里就读工艺学校时,心灵孤独,用功过度,结果陷入一种神经衰竭状态,他这样描述病状:

> 我有一种普遍的恐惧,因而夜晚突然惊醒,以为先哲祠正在倒塌,压在工艺学校上面,或者以为学校着火了,或者是塞纳河水泛滥,灌入墓穴,把整个巴黎都给淹没了。这些印象过

---

① 里博:《情绪心理学》(*La Psychologie des sentiments*,Paris:Alcan,1896),第54页。

② 格拉特里(Gratry,1805—1872),法国神学家和哲学家。——译者

144　去后，便觉得一片凄苦，无药可医，且无法忍受，整天整日不得安宁，濒于绝望。事实上，我以为上帝抛弃了我，我被遗弃，被惩罚！我感受到地狱的苦难。以前，我甚至从未想过地狱！我的脑子从未往这个方向转。讨论与反省也没有给我这方面的印象。我以前根本不把地狱当回事儿。现在，突然之间，我多少尝到了地狱之苦。

　　然而，或许还有更恐怖的，那就是一切天国观念都离我远去：我已无法想象这类东西。在我看来，天堂似乎不值得去。天堂好像一片虚空，神话中的乐土，幽幻之地，还不如尘世实在。我无法设想，居住上面能有什么快活和乐趣。幸福、快乐、光明、慈爱、爱恋等，所有这些词现在毫无意义。诚然，我依然能够谈论这些东西，但是没有任何感觉，无法理解它们，亦没有任何希望，甚至根本不相信它们存在。我的痛苦多么深重啊，简直不可安慰！我再也无法感知，亦无法设想有幸福和完美存在。光秃秃岩石上的抽象天堂。这就是我现在要永远居住的处所。①

---

　　① 格拉特里：《我的青年时代回忆》(Souvenirs de ma jeunesse)，1897，第119—121页，节选。一些人永远患有快乐缺乏症，或者，无论如何，缺乏通常的生活欲望。自杀年鉴有如下实例：一位没有受过教育的女仆，19岁，服毒自杀，留下两封信表达自杀动机。她对父母说："生活对某些人或许是甜蜜的，但是，我喜欢比生活更甜蜜的东西，那就是死亡。永别了，我亲爱的父母。这不是什么人的错，而是我自己的强烈愿望，我渴望实现它已经有三四年了。我始终希望，某一天我有机会实现它，现在，机会来了……很奇怪，我何以把此事耽搁这么久，但是我曾想，我或许应该高兴一点儿，丢弃所有念头。"她给弟弟的信里写道："永别了，我最亲爱的弟弟。当你接到这封信时，我已经永远地去了。我知道，亲爱的，我所要做的事情不可原谅……我厌倦生命，所以我想死……生活对某些人是甜蜜的，但死亡对于我更加甜蜜。"斯特拉恩(S. A. K. Strahan)：《自杀与疯狂》(Suicide and Insanity)，2d edition，London，1894，第131页。

关于不能产生快感的抑郁,就讲这么多。还有更糟糕的抑郁,那是主动的、积极的痛苦,一种心理的神经痛,完全不为健康生活所知。这种痛苦具有形形色色的症状:有时更多厌恶的性质;有时更多烦躁和恼怒;或者自我怀疑和自我绝望;或者猜疑、焦虑、惊慌、恐惧。患者或者抗拒,或者忍受;可以自责,亦可责怪外力。他或许还去(或许不去)深究理论的奥秘,揭示自己受苦的原因。大多数病例是混合的,因此不要过分拘泥于我们的分类。另外,只有较小部分的病例与宗教经验有关。例如,恼怒者的病例一般与宗教经验无关。我下面引用的文字,是我手头上的第一宗抑郁症实例。这是法国精神病院的一位患者寄来的信:

> 我住在这所医院里,遭受太多的精神和肉体的痛苦。除了焦虑和失眠(自从我被关到这里,便不再睡觉。我所得到的一点点儿休息,又常被噩梦打破。各种梦魇、恐怖的幻象、闪电、雷鸣等等,每每使我惊跳而醒)外,还有恐惧,令人发指的恐惧,把我压倒,不停地抓着我,始终不放。所有这些哪有什么公道!我究竟做了什么事,应该遭受如此严厉的惩罚?这种恐惧将用什么方式把我压碎?谁要是取了我的性命,我真不知如何感谢他!吃、喝、整夜不眠,苦难不断——所有这些都是我从母亲那儿继承的遗产!我不理解的是,如何这样滥用权力。每件事都有限度,都有一个中道。然而,上帝既不知晓中道,也不知晓限度。我说上帝,这究竟为什么?我迄今所知道的一切都是恶魔。终于,我害怕上帝就像害怕恶魔一般,顺势走下去,我想到的惟有自杀。但在这里采取行动,既无勇

气又无工具。你们读到这里时,很容易确认我精神不正常。文体和观念都不那么连贯——我自己也能看出来。但是,我不能使自己摆脱疯狂或痴呆。事情就是如此,我求谁怜悯呢?有个看不见的仇敌,用绳子套住我,越拉越紧,我毫无抵抗的法子。即使我看见他,或者曾经见过他,也没有更好的武器。哦,如果他只是想杀我,那就见他的鬼!死啊!死啊!一死了之。但是,我停住了。我对你狂叫得够长了。我说狂叫,因为我不能写别的,我已经没有了头脑和思想。上帝啊!出生是多大的不幸!像蘑菇一样,毫无疑问都发生在晚上到早晨之间。我在大学念哲学的那一年,咀嚼品味了悲观主义的苦涩,那时候,我是多么真实,多么正确啊。是的,人生的痛苦的确比快乐多。人生是一个长期的痛苦,直到走进坟墓。想到我这种令人发指的悲惨境地,以及伴随着难以言说的恐惧,可能要延续五十年、一百年,谁也不知道还要多少年,这让我有多高兴啊![1]

这封信说明两件事。第一,你们看到,这位可怜人的整个意识如何为罪感所塞满,因而完全丧失了世界的美好感觉。他的注意排除了美好,不愿意接纳美好:太阳已经离开他的天空。第二,你们看到,他对自己悲惨境遇的抱怨态度,如何使他的心灵偏离宗教。事实上,抱怨的心态更倾向于非宗教。据我所知,抱怨对建构

---

　　[1]　鲁宾诺维奇(Roubinovitch)和托洛斯(Toulouse):《忧郁》(La Melancolie),1897,第170页,节选。[鲁宾诺维奇和托洛斯都是法国生理学家。——译者]

宗教体系不起任何作用。

　　宗教的抑郁必然是比较温和的心境。托尔斯泰在《我的忏悔》147
一书中，精彩地描述了抑郁的侵入，说明他如何因此得出自己的宗
教结论。他的结论有些方面很特别，但是，他的抑郁有两个特征，
有助于目前的讨论，因此，我们把他的论述作为典型文献。首先，
他的抑郁是典型的快感缺失症，被动地失去对一切生活价值的欲
望；其次，它表明，快感缺失症导致的世界面貌的变化和疏生，如何
刺激托尔斯泰的理智焦虑不安，冥思苦想，努力寻求哲学的解脱。
因此，我打算大段引录托尔斯泰的话。但是，引录之前，我先一般
地论述这两点。

　　第一，讨论我们的精神判断和一般的价值感。

　　众所周知，面对事实，可以有情绪完全对立的多种评论，因为
同一事实，在不同人或同一人的不同时期，都将引发不同的感受。
外部事实与它偶然引发的情感之间，没有理性的演绎关系。情感
源于另一存在领域，源于主体的生命和精神领域。如果可能，设想
你自己突然失去现世引发的一切情感，并试着想象世界原本的存
在面目，惟有世界本身，不掺杂你的任何评判，无论好还是坏，期望
还是担忧。要现实地展示这种消极、僵死的境况，几乎不可能。不
然的话，世界就没有哪一部分比另一部分重要，而且，所有事物和
所有事件，恐怕都变得没有意义，没有特性，没有表达，没有角度。
因此，我们各自的世界无论具有什么价值、趣味或意义，那纯粹都
是观察者心灵的馈赠。表明这一事实的最熟悉、最极端的例子，当
属爱情。假如有爱情，那就有；假如没有，任何推理都不能强迫它

148 有。不过,爱情完全改变了恋人的价值,就像日出使勃朗峰从死尸的灰白变成艳丽的粉红一样。爱情使恋人觉得整个世界充满新的情调,生命有了新的源泉。恐惧、愤怒、嫉妒、抱负、崇拜等情感,也是如此。有了它们,生活就变了。有没有它们,总取决于无逻辑的状态,经常是官能的状态。这些激情带给世界的热烈情趣,是我们的馈赠,同样,激情本身也是馈赠——赐予我们的,其来源有时高贵,有时卑下,但几乎总是非逻辑的,非我们所能控制。行将就木的老人,年富力强时感受过古老土地的浪漫、神秘,觉得伟大事物即将来临,激动不已,现在,怎么能用推理返回这些激情呢?馈赠,或是肉体的,或是精神的。精神想去哪儿,就在哪儿开花。世界的物质展开自己的表面,被动地接受所有的馈赠,一视同仁,犹如舞台布景,一无例外地接受变幻多端的彩色照明,无论顶楼的灯光装置打出什么颜色。

我们每个人实践中的实在世界,即个人的有效世界,都是复合世界,物理事实与情感价值结合在一起,难以分辨。其中一个因素丢失或倒错,便出现我们所说的病态经验。

在托尔斯泰的例子里,生活具有意义的感觉一时完全丧失了。结果致使整个实在面目全非。我们研究皈依或宗教再生现象时将会看到,主体内心发生变化,眼里的世界亦改头换面,这种情况绝非少数。新的天堂似乎照亮一片新的土地。抑郁症通常具有

149 类似的变化,只是方向相反。这里,世界看上去遥远、陌生、凶险、神秘莫测。它的颜色褪落,气息冰冷,睁开的双眼毫无光辉。一位精神病院的患者说:"我好像生活在另一个世纪。"——另一位患者说:"我看见的一切都笼罩在雾里,事情不再是从前的样子,我变

了。"——第三位说:"我去看,我去触,但是,事物不来接近我,一层厚厚的纱罩改变所有事物的色彩和容貌。"——"人的活动像影子,声音似乎来自另一个遥远世界。"——"在我眼里,已没有过去;人们似乎都那么陌生;我好像无法看见实在;我好像在看戏,人都是演员,事物都是布景;我找不到自己;我走路,但是为什么?一切都在我眼前飘浮,但没有留下什么印象。"——"我流出虚假的眼泪,双手也不实在;我看见的东西没有哪个实在。"——抑郁症患者描述他们的变化状态,这些话脱口而出,自然流露。①

有些患者为这些变化所困扰,深感震惊。陌生是错误。不实在者不可能。有什么奥秘隐藏着,需要一种形而上学来解决。假如自然界有两张面孔,漂泊不定,那么,哪个世界是实在的?有什么东西是实在的?于是,出现了急迫的惊诧和追问,即一种冥思的理论活动。当事人竭力探索,试图正确阐述这个问题,找到的却常常是他认为满意的宗教办法。

大约五十岁那年,托尔斯泰说他开始不时地产生困惑,即他所谓的抑制,好像他不知道"如何生活",不知道怎么办。② 显然,当他困惑之时,我们人的机能自然引发的激动和兴趣已经停止。生活曾经那么迷人,现在则平淡无味,不仅无味,而且死了。事物的意义原来不言而喻,现在则荡然无存。"为什么"和"然后怎样"的问题开始纠缠他,越来越频繁。这些问题起初似乎必有答案,好像

150

———————————

①　这些例子引自杜马(G. Dumas)的著作《忧愁与快乐》(*La Tristesse et la joie*,Paris:Alcan,1900),第 60,61,80,81 页。[杜马(1866—1946),法国生理学家。——译者]

②　见托尔斯泰的《我的忏悔》(*Ma confession*,tran. by Zoria,Paris:Albert Savine,1887)。相关内容可参见此书第 47,50—59,66—70。——译者

有时间,就能轻而易举地找到答案。但是,问题变得越来越紧迫,使他认识到,这就像一个病人最初不舒服,并不在意,弄到后来,直至发展成连续的痛苦,他才最终意识到,原来误以为偶然的不适,其实意味着他在这个世界上的最重要的事情,意味着他的死亡。

"为什么"、"什么理由"、"为何目的"之类的问题,当时没有找到答案。托尔斯泰说:

> 我觉得,我的生活始终依赖的那个东西在我内心破碎了;我再没有什么东西可以把捉了;我的道德生命停止了。一种无敌的力量强迫我以这种或那种方式放弃我的存在。确切地讲,很难说我愿意自杀,因为拉我离开生命的力量比任何纯粹的欲望都更完满,更强大,更普遍。那个力量像以前一样激发我生活的渴望,只不过强迫我走相反的方向。它是我整个人企图脱离生活的渴望。
>
> 看看我吧,一个幸福而健康的人,却要掩藏绳索,为的是每天晚上单独睡觉时,别把自己吊死在房屋横梁上。看啊,我不再射击,以避免经不起诱惑,把命葬送在自己的枪口下。
>
> 我不知道我要什么。我害怕生活,有离开生活的冲动,尽管我仍然希望从生活中得点儿什么。
>
> 当所有这些发生的时候,如果仅从外部环境看,我应该高兴才对。我有一位好妻子,她爱我,我也爱她;还有出色的儿女和一大批财产,不用我辛苦,财产便不断增加。我的亲朋好友比以往更尊重我;陌生人对我交口称誉;不夸张地说,我相信自己已经很有名了。况且,我不疯不傻,无病无痛。相反,

我身心健康，精力充沛，这在我这个年龄的人并不多见。我能
像农夫一样刈草。我能不间断地用脑工作八小时，没有任何
不适的感觉。

　　然而，我对生活中的任何行为，却说不出合理的意义。我
感到惊讶，为什么开始不理解这一点。我的心态好像是某人
的恶作剧，用恶毒愚蠢的玩笑耍弄我。一个人只有醉了，醉心
于生活，才能生活。但是，一旦清醒，便不能不看到，一切都是
愚蠢的欺骗。最真实的是，生活中甚至连滑稽和傻气都没有；
生活是地地道道的残忍和愚蠢。

　　东方有个古老的传说，讲述一个旅游者在沙漠里突然发
现野兽。

　　为了避免野兽的伤害，旅游者跳进一口枯井。但是，他在
井底看见一条龙，张开大嘴等着吞掉他。这个不幸的人不敢
出去，怕野兽吃掉他，也不敢跳下井底，怕被龙吞噬，只好抓住
井壁缝隙长出的几簇灌木。他的手发软，觉得自己马上就得
向命运低头；但是，他仍然紧抓不放，同时却看见两只老鼠，一
白一黑，围绕着他吊的那棵小树，啃咬它的根。

　　旅游者看见这些，知道自己死定了。他一边吊着，一边四
处张望，发现灌木的叶子上有几滴蜜。他伸出舌头舔它们，十
分欣喜。

　　我就是这样吊在生活的树枝上，知道这必然的死亡之龙
正等着撕碎我，但不理解为什么让我殉难。我试图吮吸以前
给我安慰的蜜，但是，蜜不再让我快乐，而且那两只黑白老鼠
一天到晚不停地啃咬我抓的那棵树。我只知道一件事：无法

逃避的龙和老鼠——我得目不转睛地盯着它们。

这不是传说,而是人人都能理解的颠扑不破的真理。我今天做的结果如何?明天我将做点儿什么?我整个一生的结果如何?我为什么应该生活?我为什么应该做事?生活中有什么目标,是等待我的那个无法逃避的死亡不能消除,不能摧毁的?

这些是世界上最简单的问题。从愚童到智叟,每个人的灵魂都面临这些问题。按照我的体验,不回答它们,就不能生活下去。

我经常扪心自问:"或许,有些东西我没有注意或不理解。这种绝望境况不可能是人类的自然状态。"我到人们熟悉的各类知识中寻找解释。我的追问痛苦而漫长,并非出于无益的好奇。我进行探索,绝不敢偷懒怠慢,而是夜以继日,不辞劳苦,锲而不舍。我像一个迷路的人,想方设法自我解救——但一无所获。我深信,我的前人去科学中寻找答案,也是一无所获。不仅如此,他们还意识到,导致我走上绝望的东西——生活荒谬,毫无意义——是人得到的惟一无可争辩的知识。

为了证明这一点,托尔斯泰援引了佛陀、所罗门和叔本华。他发现,他那个社会和阶层的人,应付这种情况一般有四种方式:或者纯粹出于动物的盲目,吮吸蜜而看不见龙和老鼠——他说:"据我现在所知。从这种方式学不到什么";或者是反思的伊壁鸠鲁主义,抓住能抓的一切东西,过一天算一天——只是比第一种稍微自觉一点儿的茫然状态;或者果敢地自杀;或者看见老鼠和龙,却还软弱而悲哀地抓着生命之树。①

从逻辑的理智看,自杀自然是前后一贯的方式。托尔斯泰说: 153

> 然而,我的理智若起作用,内心的另一东西亦起作用,让我别去自杀——我把它叫作生命意识,它像一种力,强迫我的心灵选择另一个方向,并把我拉出绝望的境况……整整一年,我几乎不断地询问自己如何了结生命,用绳索还是用枪弹,与此同时,伴随我的一切观念和考察活动,我的心还活跃着另一种渴求感。除非把它叫作"渴望上帝",恐怕再没有其他称呼了。这种对上帝的渴望与我的观念无关,事实上,它与观念的运动方向相反,而是发自我的心。它像一种恐惧感,使我看上去好像一个孤儿,孤身陷入陌生事物之中。为缓解这种恐惧感,希望发现某人的援助。②

关于这个理智的和情感的过程,如何从这种上帝观念出发,最后使托尔斯泰得以恢复③,我们这一讲不谈,留待后一讲再论。我们现在惟一感兴趣的,是他绝对不再为日常生活所迷惑的现象,还有这样的事实,即像他这样才华横溢、声名显赫的人物,其眼里的整个习惯价值,似乎也是一种极端恐怖的愚弄。

觉醒到了这种地步,很少能完全恢复原状。人们品尝了树上的果子,伊甸园的幸福便一去不复返了。假如还有什么幸福降

---

① 《宗教经验种种》第116—123页[原书页码]讨论过这四种方式。——译者
② 引自"佐尼亚"(Zoria)的法译本。节选,并随意调换了一段的位置。
③ 托尔斯泰《我的忏悔》第186—187页。——译者

临——通常不能以急迫的形式返回,尽管有时非常急迫——那种
154 幸福绝非简单的,不知道有恶,而是十分复杂的情况,包括自然的
罪恶,并视为自己的一个因素,不过,它发现自然罪恶并非绊脚石
和恐怖之物,因为它看见罪恶已被超自然的善吞没。这个过程不
是单纯地恢复自然的健康,而是救赎。受难者得救时,是为他眼中
的二次生所救,即一种深刻的意识生活,比他以前享有的要深
得多。

我们从班扬的自传里,发现了另一种稍微不同的抑郁,隐藏在
字里行间。① 托尔斯泰的专注,大多是客观的,因为令他烦恼的是
一般生活的目的和意义;但是,可怜的班扬遇到的麻烦,却围绕着
他的自我状况。这是精神病气质的典型案例,良心的敏感达到病
态的程度,为怀疑、恐惧和固执的观念所困扰,并出现过文字的无
意识行为,运动的和感觉的都有。这些无意识的文字通常是《圣
经》的文句,有时谴责,有时赞赏,以半幻觉的形式出现,好像是声
音,抓住他的心灵,放在中间,像羽毛球一样打来,打过去。此
外,还有自卑和绝望,还有可怕的抑郁情绪。

不,我想,我的情况现在越来越糟;我现在比以往更远离
皈依。假如现在把我绑在柱上烧死,我相信,基督不会留恋
我;哎呀! 我听不见他,看不见他,感觉不到他,也尝不到他的
任何东西。有时,我把自己的情况告诉上帝的子民,他们听后

---

① 班扬(John Bunyan,1628—1688),英国讲道者、宗教作家。——译者

觉得我可怜,给我讲述上帝的允诺。然而,他们不但让我接受或依靠允诺,同时又告诉我必须用手指摸着太阳。[不过]凡涉及罪的行为,我从来没有像现在那么脆弱。我现在不敢拿针,连麦秆长的棍儿也不敢拿,因为我的良心正在发炎,一碰就疼得要命。我不知道如何说话,怕颠三倒四。哦,那时,我说话做事都得小心翼翼! 我觉得自己好像踏进泥泞的沼泽,稍一动弹,就摇摇欲坠;好像上帝、基督、神灵以及一切善良东西把我抛弃在那儿。

　　但是,我最初的和内心的堕落,那就是我的灾祸和苦恼。因此,在我眼里,我比癞蛤蟆还招人讨厌。我想,我在上帝眼里也是这样。我说,罪恶和腐败自然地从我心中涌出,就像泉水从泉眼涌出一样。我情愿能与任何人换心。我想,只有恶魔的心与我的旗鼓相当,内心充满了邪恶与污浊。我想,我确实被上帝抛弃了。我继续了很长一段时间,甚至有好几年。

　　我现在很后悔,上帝干吗使我成为一个人。兽、鸟、鱼,等等,它们的情况真让我羡慕,因为它们没有原罪的本性。它们再讨厌也不至于遭受天罚,死后也不用进地狱之火。假如我的情况能像任何一种动物,那可让我欣喜若狂。现在,我觉得狗和癞蛤蟆好有福气,不错,我很高兴成为一条狗或一匹马,我知道,它们没有灵魂,不会像我一样,被地狱或原罪的永恒重负压死。不,虽然我看见这一点,感觉这一点,并因此而被撕成碎片,然而,更让我悲伤的是,我找遍整个灵魂,发现我居然没有得救的欲望。我的心有时铁硬。就是一千英镑换一滴眼泪,我也流不出一滴。不,有时根本没有流泪的欲望。

我成为自己的重担,又让自己感到恐怖;我过去从未像现在那么清楚,什么是厌倦生活,什么是怕死。假如我不是我自己,而是别人;假如我不是人,而是别的任何东西;假如我不是自己的处境,而是别的任何处境,那该多好啊!①

156 可怜的病人班扬像托尔斯泰一样,再次看见了光明,不过,我们也把这一部分留给后面的演讲。在后面的演讲里,我们还会谈及亨利·阿兰②的经验结局。阿兰是一个虔诚的福音传教士,一百年前在新斯科舍(Nova Scotia)工作,曾经生动地描写过宗教抑郁初起时达到高潮的特征,类型与班扬的相似。

我所见的一切似乎都成为负担;世界似乎为我而挨骂:所有树、草、石、山、谷,似乎都在咒骂的压力之下哭泣和叹息,我周围的一切似乎合谋要毁掉我。我的罪似乎已被公开,我想,我所看见的每个人都知晓,有时,我几乎打算承认我以为他们知晓的许多事:是的,有时我觉得人人都在戳我的脊梁骨,好像我是世界上最邪恶的混蛋。我现在感到极大的空虚,眼下的一切都空洞无物,因此我以为,整个世界无法给我幸福,不,整个造化系统都无法给我幸福。早晨醒来,我的第一个想法就是,哦,我可怜的灵魂哟,我将做什么?我将去哪儿?我躺

---

① 《赐予罪魁的隆恩》(*Grace Abounding to the Chief of Sinner*),[1888]:我把几段不连贯的文字连在一起[第43—48,56,77页]。

② 亨利·阿兰(Henry Alline,1748—1784),美国出生的宗教复兴运动者,在加拿大新斯科舍布道。——译者

下时,会说,也许等不到天亮,我已经下地狱了。我看见野兽时,有好多次心生嫉妒,真希望处在它们的位置,那样,我就没有灵魂可以丧失了。我看见小鸟从头顶飞过,心里常想,哦,我若能飞离危险和苦恼就好了! 假如我处在鸟的位置,那该多幸福啊![①]

嫉妒心平气和的野兽,似乎是这类悲哀的普遍情绪。

最糟糕的一类抑郁,是一种惊恐。有一个典型例子,我必须感谢患者,允许我公开发表。原文是法语,作者涉及的时期,神经状况显然很糟,不过,他的病例有个优点,即极其简单。我将这段翻译如下:[②]

157

曾有一时,我对自己的前途,哲学上抱悲观主义的态度,精神上普遍低落。在这种状态下,一天晚上,黄昏时分,我去更衣室取东西。突然,我毫无防备,对自己的存在产生了极大的恐惧,好像是从黑暗中来的。同时,我脑海浮现一个癫痫病人的形象,我曾经在精神病院里见过,一个黑头发的年轻人,皮肤发绿,完全痴呆,成天坐在一条长凳上,或者,坐在靠墙的架子上,膝盖蜷起,顶着下巴,他惟一的装束是一件粗布衬衫,

---

① 《亨利·阿兰教士的生平和日记》(*The Life and Journal of the Rev. Mr. Henry Alline*),Boston,1806,第 25,26 页。我是通过我的同事兰德博士(Benjamin Rand)才知道这本书。

② 1904 年 6 月 1 日写给阿鲍兹特(Abauzit)的信中,詹姆士解释说,这里叙述的是他自己:"由病态的恐惧带来严重的神经衰弱。我很自然地隐瞒了出处!"——译者

盖过膝盖,包裹着他的整个身躯。他坐在那儿,好像一尊雕刻的埃及猫,或者秘鲁的木乃伊,全身只有他的黑眼睛动,样子绝对不像人。这种形象与我的恐惧彼此交织在一起。我隐隐觉得,那个形象就是我。我具有的一切,没有什么能够使我抗拒这种命运,假如命运曾经降临到他头上,也会在某个时刻降临在我头上。我对他极其恐惧,并且知道,我只是暂时与他不同,因此,以前胸中具有的某种坚实的东西,好像统统消失了,我变成一团颤抖的恐惧。此后,我眼里的世界完全改变了。我每天早晨醒来,总觉得心窝有一种极大的恐惧,并觉得生活没有安全保障,这是我以前从不知道的,以后也再没有感受过。[①] 这种经验像是一种启示;尽管直接的感觉消失,但此后,我对其他人的病态感受深表同情。它渐渐消逝了,然而,一连几个月,我不敢单独黑天出门。

我一般害怕独处。我记得我曾惊讶过,别人怎么能生活,我自己以前是怎么过来的,居然不知生活的外表下面,隐藏着不安全的陷阱。尤其是我母亲,一个充满乐观的人,在我眼里简直是荒诞,根本不知道有危险存在。你们可以相信,我是非常谨慎的,不会因为心灵的启示而去打扰她。我始终以为,我的这种抑郁经验具有宗教意义。

---

① 比较一下班扬(Bunyan):"那时,我吓得浑身哆嗦,因为有时候,我接连好几天感觉我的身体和心灵颤抖不止,摇摇欲坠,面对上帝的可怕审判,那本是犯下最恐怖、最不可饶恕的罪恶的人,才应该遭受的。我由于恐惧,觉得胃里鼓胀和灼热,有好几次,我的肋骨好像断裂一样……在这个重负下,我弯曲,我扭动,我畏缩。这个重负的压迫那么厉害,我不能站,不能走,不能躺,既不能休息,亦不得安宁。"(第85页)

我让这位通信者把最后几句话解释得更详细些,他这样答复:

> 我的意思是说,这种恐惧势如破竹,强大无比,假如不是我紧紧抓住《圣经》的字句,诸如"永恒的上帝是我的避难所","到我这儿来吧,你们所有劳作和负重的人","我是复活,我是生命",等等,我想,我真的早就发疯了。①

无需更多的例子。我们举的例子足够了。其中一个表明有朽之物的空虚;另一个说明罪感;最后一个表述了对世界的恐惧。这三种方式,无论哪个,总是表明人最初的乐观主义和自我满足被夷平,化为灰烬。

这些实例中,没有理智的癫狂,亦无事实的妄想。然而,我们假如要讨论真正癫狂的抑郁症,还有那些幻觉和妄想,那么,情况会更糟糕——彻底的绝望、患者周围的整个世界凝结一体,成为压倒一切的恐惧,包围着他,没有出口,没有终结。封杀人的并非罪恶概念,亦非罪恶的理智知觉,而是可怕的恐惧感,让人血液凝固,心脏麻痹,其他的概念或感觉,须臾不能与它共存。当需要这类救助时,我们通常美丽的乐观主义,以及理智的和道德的安慰,统统遥不可及,而且文不对题。这正是宗教问题的核心所在:救命啊!

①　另一个同样突然的恐怖实例,见亨利·詹姆士(Henry James):《社会,人的救赎形式》(*Society the Redeemed form of Man*,Boston,1879)第43页及以下诸页。[亨利·詹姆士(1811—1882),美国宗教哲学家,在这本书的第43—54页,他描述了自己经历了精神危机以后,如何皈依斯韦登博格主义。詹姆士在《文献遗稿》的导论中引用了这些说明。——译者]

救命啊！先知们所谈论的事情,除非在这些难民听来是实实在在的,否则,绝不能自称带来最后的神谕。但是,救度若有效,必须像病痛一样强烈。这似乎可以成为一个理由,说明那些粗糙的宗教(宗教奋兴的、酒神崇拜的,并有牺牲、神迹和神秘仪式的),为什么永远不能废除。有些气质太需要它们了。

　　至此,我们看到,健全心态的生活态度与把所有罪恶经验看作生活本质,其间自然生成的对立有多大。后一种方式,我们可以叫作病态心灵的方式。在它眼里,纯粹而单纯的健全心态,不言而喻是盲目的、肤浅的。相反,在前者眼里,病态灵魂的方式似乎缺乏男子汉气概,病病歪歪。他们不愿生活在光明中,非要钻进老鼠洞,他们自造恐惧,醉心于每一种病态的苦难,因此,在这些愤怒的孩子和二次生的追求者周围,几乎总有一些龌龊的东西。假如宗160教不宽容、绞刑和火刑再次成为风气,那么毫无疑问,不管过去如何,健全心态现在恐怕属于不宽容的一派。

　　我们若不放弃中立的旁观者态度,能对这场争论说些什么?我以为,我们必须说,病态的心灵涉及广泛的经验,它的观察与健全心态有交叠。让注意力偏离罪恶,单纯生活在美好的光明里,这种方法,只要有效,当然最好不过。它将对许多人有效,其普遍程度远远超出我们多数人的想象。在它成功运作的范围,没有人反对把它作为一种宗教的解决方法。但是,抑郁一出现,它便软弱无能,分崩离析。即便有人想完全摆脱抑郁的自我,无疑,健全心态像哲学学说一样不够格,因为它拒绝积极谈论的那些罪恶事实,是实在的真正的组成部分。最终,它们可能是打开生活意义的钥匙,或许，是我们观看最深刻真理的惟一窗口。

生活的正常过程包含一些坏的片断，与充斥癫狂抑郁症的片断完全相同，这回该轮到彻头彻尾的罪恶粉墨登场，施展才华了。疯子眼里的恐怖，都取自日常事实的材料。我们的文明建立在屠宰场上，个人的存在，经过一阵无助的挣扎之后，孤独地消逝。假如你反对，我的朋友，还是等你到那个时候再说吧！相信地质时代有食肉爬行动物，在我们眼里是难以想象的——它们似乎太像博物馆里的标本了。不过，博物馆的那些头盖骨里，没有哪颗牙齿，不是在过去的漫长岁月里天天撕咬活生生的猎物，感受躯体的垂死挣扎。假如从较小的空间范围看，各类恐惧就好像害怕成为猎物，今天充斥着我们的周围世界。在这里，我们的炉灶旁，我们的花园里，该死的猫要弄气喘吁吁的老鼠，或者，爪子里攥着拍打翅膀的鸟。鳄鱼、响尾蛇，还有巨蟒，此刻像我们一样是实实在在的生命体。只要日子在继续，它们便每时每刻存在下去，尽管令人讨厌。当它们或其他野兽攫取活的猎物时，焦虑的抑郁者感受到的可怕恐惧，正是对这种情况的真实反应。①

---

① 例如："大约晚上 11 点钟了……但我还是随那帮人闲逛……突然，听见路左边树丛中，发出噼啪的声音：我们都吓了一跳，瞬间，一只老虎窜出丛林，扑向最前面的一个人，眨眼工夫把他叼走了。这只动物的突袭、嘴里咀嚼受害人的碎骨、受害人最后凄惨的喊叫，我们所有人不自觉的'哎哟'反应，仅在三秒钟之间。那时，我不知道发生了什么。直到恢复意识，发现我自己和同伴都躺在地下，似乎准备被我们的敌人——这位森林之王吞吃。我发现，我的笔无法描述当时的恐惧。我们的四肢僵硬，我们的说话能力丧失了，我们的心跳剧烈，听见的只是我们发出的微弱'哎哟'声。在这种情况下，我们手脚并用，往回爬了很长一段距离，然后以阿拉伯马的速度奔跑逃生，大约半个小时，侥幸遇到一个小村庄……事件之后，我们每个人都发烧、战栗，这种状态一直持续到第二天早晨。"——《路特伏拉自传，一位穆斯林绅士》(*Autobiography of Lutfullah, A Mohamedan Gentleman*)，Leipzig，1857，第 112 页。

无疑,没有哪个宗教能与全部事物绝对协调一致。有些罪恶确实促成更高的善,但是,有些罪恶过于极端,根本无法纳入善的系统。面对这种罪恶,惟一行之有效的方法就是闭目塞听,毫不理睬。以后,我们必然谈及这个问题。然而目前,仅仅从计划和方法的角度看,罪恶的事实同美好的事实一样,是自然的真实部分,因此,哲学的假设是:它们具有理性的意义,并且,既然系统的健全心态对于悲哀、痛苦和死亡,不能给予积极主动的注意,那么形式上就不甚全面,因为还有一些体系,至少试图将这些因素囊括到自己的范围。

因此,最完备的宗教,应该最充分地发展悲观主义因素。佛教和基督教当然是我们所知道的最完备的宗教。它们实质上是救赎的宗教:人必须随虚妄的世界一同死去,然后才能降生于实在的生活。我在下一讲,试图讨论这种二次生的心理条件。庆幸的是,从现在起,我们即将讨论一些快乐的主题,离开我们最近一直逗留的忧郁主题。

第八讲　分裂的自我及其统一过程

　　上一讲是痛苦的演讲,因为讨论罪恶,那是我们生活世界的一个普遍因素。在上一讲结束时,我们充分看到了两种生活态度的对立:根据它们的特征,我们分别叫作健全心态与病态灵魂。前者只需一次出生。后者必须出生两次,才能获得幸福。结果,对于我们的经验领域,便形成两个不同的概念。在一次生者的宗教里,世界是一种直线,或者单层事物,其账目始终运用同一名目,各部分的价值是它们自然具有的,简单的正负代数和就能得出总值。幸福与宗教和平,靠账户的盈余生活。相反,在二次生者的宗教里,世界是双层的神秘事物。简单地相加正项,从生活中减去负项,并不能获取和平。自然的美好不仅数量不足,时间短暂,而且,其本身潜伏着虚妄。美好的一切将统统消失,如果不是因为更早的仇敌,就是因为死亡,所以,不会有最后的剩余,亦不会成为我们永久崇拜的对象。相反,它却使我们远离实在的美好。抛弃它,对它绝望,是我们迈向真理的第一步。生命有两条,自然的与精神的,必须丢掉一条,才能分享另一条。

　　两种类型走向极端,便是纯粹的自然主义与纯粹的救赎主义,
二者截然对立。这里与多数流行的其他分类相同,极端的情况多少属于理想的抽象,我们最常见的具体人,是介于二者之间的变体

与混合,然而实际上,你们能够分辨它们的差别。例如,你能理解,卫理派的皈依者瞧不起健全心态的道学家,反感他们纯粹的蔚蓝色;同样,你也知道,后者亦讨厌卫理会病态的主观主义,反感他们所谓的死而后生,以为他们把自然现象的悖谬与倒错奉为上帝真理的本质。①

二次生性格的心理学基础,似乎是主体天然气质中的不和谐与杂乱性,一种不完全统一的道德和理智结构。都德②说:

> 两重人,两重人! 我兄弟亨利死时,我第一次知道我是两个人,当时,我父亲痛哭流涕,"他死了,他死了!"颇具戏剧性。我的第一个自我哭泣,第二个自我却想:"哭得多么逼真啊,要是在舞台上,那有多精彩啊。"那年,我十四岁。
>
> 　　这种恐怖的两重性,经常驱使我反省。哦,那个可怕的第二个我,总是坐着,而另一个我则站着,独自生活,独自受苦,独自努力。这第二个自我,我从不能使它陶醉,也从不能让它流泪或哄它入睡。它对事物的观察多么透彻! 它的嘲讽多么辛辣啊!③

165

---

　　①　例如,"我们的年轻人,因为原罪、罪恶之源、预先注定等神学问题而患病。这些决非任何人的实际困难——假如他们不偏离大道去寻找它们,没有谁的道路为黑暗所遮蔽。这些是灵魂的腮腺炎、麻疹、百日咳",等等。爱默生:"精神法则"。

　　②　都德(Alphonse Daudet,1848—1897),法国作家。——译者

　　③　《人生手记》(*Notes sur la vie*),[1899],第1页。

近期讨论性格心理学的著作,对这个问题有许多论述。[①] 有些人生来内心结构就和谐而平衡。他们的冲动彼此呼应;他们的意志为理智所引导,畅行无阻;他们的激情并无过分;他们的生活很少悔恨。另一些人的内心结构相反,程度亦大相径庭,有的微弱,结果只是有点儿怪僻,或者前后不一,反复无常;有的严重,导致性情冲突,引起极为不便的后果。关于比较无害的杂乱,我在贝尚特夫人的自传里找到范例:

> 我始终是软弱与坚强的奇特混合,而且,因软弱付出了重大代价。童年时,我常常为害羞所折磨。我的鞋带开了,就觉得每只眼睛都盯着那倒霉的带子,很丢面子。我还是女孩时,见了生人就躲,认为自己让人讨厌,不招人喜欢,因此,假如有人亲切地招呼我,我会充满深深的感激之情。我做年轻的家庭主妇时,害怕我的仆人,宁愿放过马虎的工作,而不忍心责怪马虎的人。我在讲台上演讲和辩论,不乏勇气,但是住饭店时,宁愿不要我想要的东西,也不愿摇铃叫侍者去拿。我在讲坛上斗志旺盛,捍卫我所追求的事业,在家里却退避三舍,躲逃争论或指责。我是公共场合的勇士,私人领域的懦夫。假如职责迫使我非得训斥某个下属,那我必须鼓足勇气,找他的岔儿,经常需要忍受几十分钟的不幸;然而,假如某个少男少女作业敷衍,而我却不敢批评他,那我就要嘲笑自己,枉为一

166

---

① 例如,见保兰(F. Paulhan):《性格》(*Les Caractères*,Paris:Alcan,1894.),他将平衡、统一与不安、矛盾、不调、分裂加以对照,看作多种多样的心理类型。[保兰(1856—1931),法国心理学家。——译者]

个讲坛勇士。一个难看的脸色,或者一句难听的话,立刻让我缩回自我,就像蜗牛缩进自己的壳,而在讲坛上,反对意见却让我的讲话发挥得最为淋漓尽致。[①]

这种程度的不一致,只能算温和的弱点;更强烈的杂乱可以严重破坏当事人的生活。有些人的生存,不过就是一个曲里拐弯的过程,一会儿这个倾向占上风,一会儿那个倾向占上风。他们的精神与肉体交战,他们希望势不两立的东西,反复无常的冲动打断他们精心策划的计划,他们的生活是一幕长剧,演出了悔恨,还有为弥补过失和错误而作出的努力。

有人可能把杂乱的人格解释为遗传的结果——据认为,彼此对抗的祖先,其性征都保留下来,一起并存。[②] 这种解释姑妄听之——的确需要证实。不过,无论杂乱人格的原因是什么,我们从精神病气质发现了极端的例子,这种气质,我们在第一讲曾经谈过。所有讨论精神病气质的作者,都着重描写内心的杂乱。的确,仅仅凭借这种杂乱,我们就常常断定一个人具有精神病气质。"高度衰退者",不过是许多方面都敏感的人,他发现比一般人更难保持精神家园有条不紊,更难笔直地走犁耕田,因为他的各种感情和冲动太过强烈,彼此差异太大。确诊的精神病气质,常常伴有萦绕心头的观念、非理性的冲动、病态的不安、恐惧和幽闭,它们给我们提供了杂乱人格的精彩实例。班扬曾走火入魔,总是念念有词:

---

　　① 贝尚特夫人(Annie Besant):《自传》(*An Autobiography*),[1893],第83页。
　　② 贝克(Smith Baker),见《神经病和精神病杂志》(*Journal of Nervous and Mental Disease*),1893年10月。

"卖掉基督换这个，卖掉他换那个，卖掉他，卖掉他！"这个话在他脑子里转了有上百回，直到一天，他上气不接下气地反驳说："我不，我不，"忽然又冲动起来："如果他要卖，就让他去。"他输了这场战斗，让他一年多的时间陷入绝望。圣徒的生活里，充满了这种亵渎的迷念，无一例外都是由撒旦直接操纵的。这种现象关系到所谓潜意识自我的生活，我们不久会直接讨论它。

　　我们所有人，不论内心结构如何，其性格的正常发展，主要在于整理与统一内在的自我。我们越热烈，越敏感，越屈从于形形色色的诱惑，就越有这种需要，假如我们被确诊为精神病态，那么这需要便达到最大程度。较高与较低的情感，有用的与误导的冲动，开始在我们内心是相对混乱的——最后必须形成稳定的功能系统，包含正确的从属关系。这种整顿与斗争的过程，其特征可以用"不幸"加以描述。假如个人有敏感的良心，又有宗教的觉醒，那么，不幸表现为道德的懊悔与自责，内心自觉卑鄙和错误，与创造自己、安排自己精神命运的造物主，处于一种虚妄的关系。这是宗教的抑郁和"认罪"，它们在新教的历史上曾经发挥重大作用。人的内心是战场，他觉得有两个自我，互为死敌，一个是现实的，另一个是理想的。正如维克多·雨果①借他的穆罕默德之口说：

168

　　　　我是高尚战争的卑污战场：
　　　　一会儿上界来的人，一会儿下界来的人；

----

　　①　维克多·雨果的诗句出自他的"伊斯兰教纪元九年"（L'An neuf de I'Hegire, lines 75—78. in *Ceuvres poétiques complètes*, Paris: Pauvert, c1961, p. 526）。——译者

> 我的嘴里，好吃的与难吃的来回出现，
>
> 好像在沙漠里，平沙与水塘来回出现。

错误的生活，无能的渴望；如圣保罗所说："我所愿的，我不做，我所恶的，我偏做。"自己厌恶自己，自己对自己绝望；不可理解、不可忍受的负担，人们却莫名其妙地继承了它。

让我引录一些不协调人格的典型例子，他们的抑郁属于自责与罪感的形式。圣奥古斯丁的例子是个经典。你们恐怕都记得，他在迦太基长大，所受的教育一半是异教，一半是基督教，后来他移居罗马和米兰，信奉摩尼教，然后是怀疑主义，他不断地追求真理，净化灵魂。最后，他胸中的两个灵魂厮杀，弄得他心烦意乱；而且，他认识或间接认识的许多人已经打破荒淫的桎梏，献身纯贞而高尚的生活，使他为自己的意志薄弱深感羞愧；他在花园里听到一个声音："拿着读吧。"于是，他随便翻开《圣经》，看见经文写着"不可溺于淫荡"等等，好像直接针对他，使他内心的暴风骤雨永远平息。[①] 奥古斯丁颇具心理学天赋，他对自我分裂的苦恼所做的描述，至今无人超越：

> 我开始萌生新的意志，但它尚未强大，没有足够的力量制

---

① 古尔东(Louis Gourdon)分析了(见《论圣奥古斯丁的皈依》*Essai sur la conversion de Saint Augustin*，Cahors：A. Coueslant，1900)奥古斯丁皈依后立即写下的文字，指出：他在《忏悔录》里的叙述尚不成熟。花园危机确实标志着他改变先前的生活，但那是转向新柏拉图的唯心主义，仍在通往基督教的中途。又经过四年多的时间，他才完全彻底地皈依基督教。

服长期积蓄的另一个意志。于是有两个意志,一个旧的,一个新的,一个属于肉体,一个属于精神,彼此竞争,搅扰我的灵魂。我通过亲身经验,领会了我曾读过的"肉体与精神相争,精神与肉体相争"这句话。我的确存在于两个自我之中,但是,我倾向于我所赞成的那个自我,远胜过我所排斥的那个自我。然而,正是通过自我,习惯才获得巨大的力量支配我,因为我自愿来到我不愿来的地方。上帝啊,我至今还束缚在尘世,不肯投靠您的麾下,我害怕脱离一切束缚,无异于害怕为束缚所羁绊。

因此,我对您的冥思苦想,就像一个人挣扎着想醒过来,但睡意太浓,很快又睡过去了。当人四肢沉重,昏昏欲睡时,常常难以克制,尽管此时不允许睡觉,但还是恋恋不舍。我知道,委身于您的爱比屈服于我的情欲更好,前者让我信服,后者给我快活,使我乐不思蜀。您来召唤我:"你这睡着的人,醒来吧。"我却没有响应,只是懒洋洋地咕噜出:"马上来,马上来,等一会儿。"但是"马上"并没有"到来","一会儿"却逐渐变长……因为我怕您立即听见,即刻消除我的情欲,我宁愿饱尝这种疾病,亦不愿看见它消失。无论怎么嘲讽责骂,我的灵魂都无动于衷。不过,它害怕;虽然说不出理由,还是加以拒绝……我自己的内心说:"来,现在就来解决。"我的话似乎已经找到解决办法。剩下的只是做,但我没有做。我再次努力,几近成功,但又失之交臂,没有得手,我犹豫不决,不肯死于死亡,生于生命。我更习惯过罪恶的生活,不愿尝试更好的生活。[①]

---

① 《忏悔录》(*Les confessions*),Book VIII,chaps. v,vii,xi,节选。

170 　　关于分裂意志的描写,再没有比这段文字更精彩了:有向上的愿望,只是缺乏最后的锐气,没有爆发力,没有发动性质①(用心理学家的行话说),因而无法使愿望冲破外壳,有效地进入生活,永远遏制低级的倾向。后边的演讲将更多地谈到这种高级感应性。

　　在亨利·阿兰的自传里,也有一段精彩的文字描述分裂意志。这位新斯科舍的福音传教士,我们上一讲曾简短地谈及他的抑郁。你们会看到,这位可怜的年轻人,其罪恶最无危害,但是,却干扰了他最忠实的使命,给他带来极大痛苦。

　　　　现在,我的生活很守道德,但是,良心却不得安宁。我开始为年轻的同伴所敬佩,但他们始终不知道我的心灵。他们的敬佩开始诱惑我的灵魂,很快,我就开始热衷于肉体的快乐,自以为假如不酗酒,不咒骂,不发誓,肉体的欢娱就不是罪,上帝鼓励年轻人享乐(所谓简单、文明的娱乐)。我依然履行职责,不让自己卷入公开的坏事,赶上健康和富裕的时候,日子过得相当不错。但是,倘若疾病、死亡、狂暴之类困扰我或威胁我,我的宗教就不行了,我发现缺少什么东西,开始后悔干了那么多荒唐事。然而,困扰一结束,魔鬼和内心的邪念、同伴的怂恿以及我对青年伴侣的宠爱,都成为强烈的诱惑,我再次屈服,变得粗野而庸俗,同时继续我的秘密祈祷和阅读。上帝不愿我这样毁掉自己,始终在呼唤我,用强大的力

---

　　① "发动性质"(dynamogenic quality)一词可参见詹姆士《心理学原理》的相关内容(*Works*,pp. 1001—1002)。——译者

量作用于我的良心,因此,我对自己的消遣感到不满,欢娱当 171
中常常感觉我的迷失与堕落,并希望摆脱这种交往。事情一
结束,我回到家里,便再三许诺,不再参加这些欢娱,并一连好
几个小时请求宽恕。然而,我再遇到诱惑,还是屈服了:我一
听见音乐,一举起酒杯,就觉得飘飘然,忘乎所以,很快便进入
欢乐或消遣,认为这并非淫逸或邪恶。我一旦从肉体的欢娱
返回,立刻觉得像以前一样有罪,躺在床上翻来覆去,几个小
时不能合眼。我是地球上最不幸的家伙。

　　我有时离开伴侣(我经常让小提琴手停止演奏,好像我累
了),出去游逛,呼喊并祈祷,好像我的心碎了,恳求上帝不要
摈弃我,不要让我心灰意冷。哦,我就是这样度过了多少不幸
的时刻和夜晚啊!有时,我遇见欢娱的伴侣,我的心好像就要
沉没,我竭力装出高兴的脸色,使他们不起疑心,有时,还故意
与少男少女说上一两句,或者要求唱一首快乐的歌,以免灵魂
的苦楚被发现,或遭人猜忌。那个时候,我宁愿流放荒野,也
不愿与他们同流合污,或沉溺于任何快乐与享受。因此,好几
个月,我与同伴一起时,行为像个伪君子,装作心里高兴,同
时,却尽量避免与他们交往。哦,我是多么悲惨而不幸的凡夫
俗子啊!无论做什么,无论去哪儿,我始终在动荡之中。以后
几个月,我依然是寻欢作乐的主要策划者和首领。尽管这种
交往辛劳而痛苦,但是,恶魔和心灵的邪恶还是像驱赶奴隶一
样驱赶我,告诉我必须做这做那,必须有这有那,必须往这往
那,以维持我的信誉,继续得到同伴的敬重。同时,我一直尽
量严格地恪守职责,千方百计抚慰我的良心,监视我的各种思 172

想,随时随地祈祷。因为当时我并不以为,进行世俗的交往,我的行为会有什么罪,我在其中并未得到满足,我想,只是因为有充分理由才追随它。

然而,无论我做什么,或能够做什么,良心依然日夜怒吼。

[第12—17页,节选]

圣奥古斯丁与阿兰都从困境走出,沉浸在统一与平和的静水中,下面,我将请你们更细致地考察一下统一过程发生时的几个特性。统一可以逐渐出现,亦可突然发生;可能因为感情变化,亦可能由于行为力量改变;可能出于新的理智洞见,亦可出于我们后面所说的"神秘"经验。无论怎么发生,总带来一种特殊的解脱,但是,绝没有宗教解脱那么极端。幸福!幸福!宗教只是人们获得恩典的一种方式。宗教经常把最难以忍受的痛苦,轻而易举地变成最深刻、最持久的幸福,成就斐然,一劳永逸。

但是,寻找宗教,只是获得统一的诸多方式的一种。弥补内心的不完善,消除内心的不和谐,是一般的心理过程,任何心理材料都可能发生,不一定需要采取宗教形式。判断我们即将研究的宗教再生类型,重要的问题在于认识到,它们是其中的一个种类,同样也包含其他类型。例如,新生可以是从信教到不信;或者从道德的重重顾虑到自由和放纵;或者某些新的刺激和激情,诸如爱情、抱负、贪婪、报仇或爱国心等等,进入个人生活;所有这些事例,属于同一形式的心理事件——经历动荡、压力、矛盾时期之后,出现坚实、稳定和平衡。在这种非宗教的情形,新人的诞生亦有逐渐与
突然之分。

法国哲学家茹弗鲁瓦①留下一份生动的记录,描述自己的"反皈依",斯塔柏克先生将其称作"从正统向不信的过渡"。茹弗鲁瓦的疑虑长期折磨他。但是,最后的危机在某个夜晚,那一时刻,他的不信变得稳定、坚实,其直接结果是对失去的幻觉深感悲伤。茹弗鲁瓦说:

> 我永远不会忘记十二月那天夜里,向我遮掩自己不信的那层面纱破裂了。在那所光秃秃的狭窄房子里,我又一次听见自己的脚步声,我习惯于睡觉时间过去很久以后,在房子里走来走去。我又看见月亮,朦朦胧胧地藏在云里,不时地照亮寒冷的玻璃窗。夜晚的时间一点儿一点儿地流过,我却没有留意。我焦虑地追索我的思想,层层深入,直至意识的底层,那时仍然遮蔽曲径的幻觉,一个个都荡涤掉,使它们每一刻都更加清晰可见。
>
> 我徒然地抓着这些最后的信念,好像失事的船员徒然地抓住破船的残片。我对即将漂往的未知虚空充满恐惧,徒然地凭着残余的信念,回忆我的童年、我的家庭和我的国家,所有我爱恋和崇拜的东西。然而,我思想的潮流实在太强大,势不可挡,迫使我放弃一切,父母、家庭、记忆、信仰,等等。这个考察继续深入,越是接近终点,就越顽固、越严酷,直到目的地才停止。我那时知道,我内心深处没有剩下任何坚挺的东西。
>
> 这个时刻十分可怕。我早晨精疲力竭地倒在床上,似乎

---

① 茹弗鲁瓦(Jouffroy,1796—1842),法国哲学家。——译者

觉得微笑和充实的早年生活熄灭了,我的面前展开另一个生活,幽暗且非人的,将来我必须单独在那里生活,随行的只有我的无法挽救的思想,它把我驱逐到那儿,我总想诅咒它。这个发现之后的日子,是我生活中最悲惨的日子。①

174

---

① 茹弗鲁瓦(Théodore Jouffroy):《哲学新论》(*Nouveaux mélanges philosophiques*),2nd edition[1861],第 83 页。我再补充两个从某一时候开始的反皈依。第一例选自斯塔柏克教授的手稿集,叙述者是位女士。

我从心底相信,我始终对上帝或多或少抱有怀疑。这种怀疑好像暗流,贯穿我的少年时代,但为我的宗教成长过程的情感因素所控制,所掩盖。我十六岁入教时,人们问我是否爱上帝。我遵照习惯和人们的预期回答"是"。然而,我的内心突然闪现一个东西说:"不,你不爱上帝。"很长一段时间,我为自己说谎和不爱上帝的邪恶感到羞愧,并深深自责,害怕可能有个复仇的上帝惩罚我,手段恐怖……十九岁那年,我得了扁桃腺炎。痊愈之前,我听到一个故事,讲的是一个凶残的人将他妻子踢下楼梯,然后继续施以暴力,直到她失去知觉。我深感这件事极其恐怖。脑海中闪现这样一个念头:"我不需要允许这种事件发生的上帝。"经历这个经验之后,我一连几个月,对我以前生活中的上帝采取斯多亚式的冷漠态度,并产生强烈的厌恶感,以反抗上帝为自豪。我仍旧认为,可能有上帝。假如有,他或许惩罚我,但我必须忍住。我不觉得害怕,不想讨好他。自从这个痛苦的经验之后,我与上帝再没有私人关系了。

第二个例子表明,假如进行了充分的准备和筹划,一点儿微弱的刺激,都将驱使心灵进入新的平衡状态。它就好像谚语说的压垮骆驼的最后一根稻草,或者,使饱和的盐水突然结晶的触针。

托尔斯泰说:"诚实而理智的S君告诉我,他是如何放弃信仰的:

他二十六岁那年,有一天走在打猎的路上,睡觉时间到了,便依照童年养成的习惯开始祈祷。

偕同S君打猎的兄弟躺在干草上,看着他。当S君完成祈祷后正要睡觉时,他的兄弟说:'你还做那玩意儿呀?'再没有说什么。但是,自那天开始,至今已经三十多年,S君再没有做过祈祷,再没有出席圣餐仪式,也没有去过教堂。所有这些,不是因为他理解了他兄弟的信条,然后接受它,也不是因为他的灵魂形成新的想法,而只是因为他兄弟说的话好像一个手指,轻轻推动本来因重量而倾斜、马上就要倒塌的墙。他兄弟的话只是向他指明,他原以为宗教在他心中占据的位置现在已经空虚;他做的祈祷,他在祈祷时的作揖跪拜,都是没有内在意义的行为。一旦悟到它们荒谬,就不再坚持了。"[《我的忏悔》(*My confession*),第 8 页。]

福斯特[①]的"性格决定论"，论述了一个突然转为贪婪的例子，颇能说明问题，故引述如下：

　　一个年轻人似乎两三年里，就挥霍了一大批遗产，与许多自称他朋友的卑鄙家伙荒淫无度，寻欢作乐。当他最后一批财产耗费殆尽，那些家伙当然不再理他，甚至蔑视他。他终于贫困潦倒。一天，他走出家门，打算了结自己的生命。他几乎不知不觉地胡乱走了一阵，来到一座山峰，俯瞰他不久前失去的地产。他坐在那儿。一动不动地思索了好几个小时。最后，他从地上跳起来，情绪热烈而兴奋。他找到了解决办法，那就是，这些地产应该重新归他所有。他拟定自己的计划，并立即开始实施。他急匆匆地向前进，决定抓住第一个挣钱的机会，不管所得多么微薄，亦不顾方法究竟是否卑劣，并且，只要可能，决不花掉挣来的每一个铜板。引起他注意的第一件事是一堆煤，从大车撒在一家房前的路上。他自告奋勇，要求用铁锹或小车把煤送到放煤的地方。他被雇用了，这个活儿让他得了几个便士。他继续实行计划的另一部分：省钱。于是，他向主人讨要一点儿肉和汤，主人给了他。接着，他又找到第二个机会做事。就这样，他不倦地努力工作，先后在不同地方受雇用，给人做长工或短工，而且，还是尽量分文不费。凡能发展事业的每一个机会，他都拼命抓住，不计较职位或外观有多么卑微。经过相当一段时间，他用这个方法挣了不少

---

①　约翰·福斯特(John Foster，1770—1843)，英国随笔作家。——译者

钱,足够进行牲畜买卖,为此,他呕心沥血,以了解牲畜价格。他小心翼翼,很快就从第一次所得获取第二次赢利,并毫无例外地继续保持极端节俭的原则,就这样,渐渐地发展到更大的业务和最初的财富。至于他后来怎样,我没有听说,或许已经忘记。但是,最后的结局是:他不仅恢复失去的财产,而且,死时是一个顽固的守财奴,有价值六万英镑的家产。①

177　　　现在让我们转向另一类例子,即我们直接关心的宗教事例。

---

① 《信札里的论文》(*Essays in a Series of Letters*),[ed. 1850],Letter III,节选。

我再补充我所拥有的一个文件,它以生动的方式描述一种常见的皈依类型,即"脱离爱河",如果可以这么称呼"堕入爱河"的对立面的话。堕入爱河也经常符合这一类型,即常常先有一个潜伏的无意识准备过程,然后突然意识到,灾难已经降临,而且无可挽回。这段叙述自由而流畅的笔调,不说自明,显然是诚挚的。

"有两年的时间,我经历了一个异常糟糕的经验,几乎把我逼疯。我曾热恋一个女孩,她虽然年轻,却像猫一样,很会卖弄风情。现在回头想一想,我憎恨她,奇怪当时我怎么那么屈尊,竟然被她勾引到了那步田地。不过,我的确经常头脑发热,不能思考其他事情;每当我独处时,便想象她的美貌,本应工作的时间,却大多用来回忆我们先前的约会,设想未来的交谈。她非常漂亮,幽默,且特别欢快,很喜欢听我的恭维。她从不给我确切的答复,说'是'或'不'。奇怪的是,当我向她求婚时,我暗中知道,她不适合做我的妻子,她也不会同意。尽管有一年的时间,我们在同一住所用餐,天天看见她,混得很熟。然而我们之间的亲密关系基本上是秘密的。这一事实,以及我对她的另一个男性崇拜者的嫉妒,还有我因自己无法控制的软弱而备受良心谴责,这些都使我神经兮兮,彻夜难眠,弄得我真的以为自己会发疯。我充分理解那些屡屡见于报端的年轻人,为什么要杀死他们的情人。我确实热烈地爱着她,从某个方面讲,她也值得爱。

"奇怪的是,事情突然就停止了,完全出人意料。一天早晨,我吃完早饭准备去上班:像往常一样想着她,想着我的痛苦。这时,似乎受某种外力驱使,我情不自禁地转回身,几步跑回房间,立即翻出有关她的所有纪念品,包括一缕头发,她的所有便条和信件,还有玻璃照片。我把前几样烧掉,用脚踩碎了玻璃照片,心中升起一种复仇和惩罚的强烈快感。现在,我十分厌恶和鄙视她。至于我自己,我觉得好像突然间祛除了一

这儿有一个最简单的宗教类型,说明一个原本属于健全心态类型
的人,如何皈依系统的健全心态的宗教,表明了"瓜熟蒂落"的 　178
情形。

　　弗莱彻先生在题为《灵修》的小册子里,提及他曾与一位朋
友交谈,谈到日本人如何通过佛教修行,以获得自制。他的朋
友说:

　　　"你必须首先戒除发怒与忧愁。"我说:"这可能吗?""可
　　能,"他回答,"日本人行,我们也应该行。"
　　　我在回家路上,只想着一个词,"戒除,戒除"。睡觉时,这
　　个观念必定继续缠着我,因为我早晨醒来的第一个念头同样
　　是它,并得到一个意外的发现,形成一种推理:"假如能够戒除
　　发怒和忧愁,何必还要发怒和忧愁呢?"我觉得这个论证有力
　　量,接受了这一推理。幼儿发现自己会走路,恐怕就不屑于爬
　　行了。

————————————

堆疾病。这就是结局。以后的岁月,我再没有跟她说过话,再没有给她写过信,而且,
这位完全占据我的心达数月之久的人,再没有使我产生一丝爱意。事实上,我始终憎
恶对她的回忆,尽管我现在知道,我在这方面走得太远。无论如何,从那个幸福的早晨
开始,我重新获得自己真正的灵魂,而且再没有堕入类似的陷阱。"
　　在我看来,这是异常清楚的例子,表明两个不同的人格层面,其意旨不一致,却彼
此势均力敌,以至于生活长期充斥着冲突与不满。最后,这种不稳定的平衡不是逐渐
地而是突然消除,事件的发生完全出乎意料,用作者的话说,好像"受某种外力驱使"。
　　斯塔柏克教授举出类似的例子,并列举一个由恨突然转变成爱的反例,见他的《宗
教心理学》(*Psychology of Religion*),第 141 页。参见他在第 137—144 页给出的其他
奇怪的例子,那是习惯与性格的非宗教的突然转变。他似乎正确地认为,所有这些突
然变化都是大脑的特殊功能无意识发展的结果,一旦进入意识生活便立即担任主角。
我们讨论突然"皈依"时,将尽量运用这种潜意识酝酿作用的假设。

我一旦意识到，忧愁与发怒的毒瘤可以祛除，它们就立刻离我远去。一旦发现它们的弱点，就立即将它们驱逐。从那时起，生活完全换了一副面容。

尽管从那一时刻，我已看出摆脱抑郁的实在可能与希望，然而，还是花了几个月的工夫，才感受到我的新处境绝对安全。跟平常一样，忧愁和怒火屡屡袭来，但是，我丝毫感觉不到，也不再惧怕它们或防备它们，我惊讶地发现，我心灵的能力和活力大大增强，我有力量应付各类局面，我有心情爱好和欣赏一切事物。

自从那个早晨，我有机会乘火车旅行，行程一万多英里。碰见的是同样的卧车服务员、乘务长、饭店侍者、小贩、书商、车夫，还有其他以前常常让我烦恼和发怒的人，现在，我却觉不出他们有什么粗鲁。忽然间，整个世界变得美好了。我似乎只对美好的光线有感觉。

若证明这种崭新的心境，我可以列举许多经验，不过，有一件就足够了。我曾计划乘坐一班火车，并对此兴致勃勃，欢欣鼓舞，充满热切的期盼。然而，我却没有坐上这班火车，眼看着它开出车站，因为我的行李还没到。火车刚刚从视野里消逝，饭店的侍者赶来了，跑得气喘吁吁。他看见我，好像怕挨骂，连忙解释，说街道人多拥堵，挤不出来。等他说完，我对他说："没关系，你无能为力，我们明天再走了。这是你的搬运费。对不起，挣这点儿钱让你忙了半天。"看到他脸上露出惊讶的神色，并充满快乐，我旅行的延误立刻得到补偿。第二天，他不肯收分文搬运费，而且，我与他成为终生的朋友。

　　经验的最初几周，我只防止发怒与忧愁，但与此同时，却发现其他压抑、低落的情感也没有了，便开始追踪它们的关系，最后相信，它们都源于我所指出的这两条根。现在，我已感受到长久的自由，因此，能够确保我与自由的关系。那些偷偷摸摸、郁闷压抑的影响，过去我曾当作人类的遗产，现在则不留分毫，统统抖搂出去，就像花花公子不愿混迹于肮脏的贫民窟。

　　我丝毫不怀疑，纯粹的基督教和纯粹的佛教，还有心灵科学以及所有宗教，教授的基本上都是我所发现的那些道理，但是，它们的表述没有一个借助简易的祛除过程。我曾经怀疑，这种祛除难道不会遭遇冷漠和拖宕？根据我的经验，结果恰恰相反。我觉得有一种欲望，要求做有用的事，而且愈益强烈，好像我又成为一个顽童，重新恢复玩耍的精力。假如有打架的机会，我会像以前一样（而且更甚）迅速投入战斗。祛除不会使人成为懦夫。根本没有这种可能，因为恐惧就是一个要被革除的对象。我还是孩子时，曾站在一棵树下，雷电突然将这棵树劈开，把我吓了一跳，这种惊吓始终萦绕心头，难以忘怀，直至我最后摆脱忧愁。以后，凡遇见雷鸣闪电，即使情景就像以前引起巨大抑郁和不安的那一次，我也丝毫不觉得抑郁，也没有不安的经验。惊吓也大大改变，出其不意的景象和声音，远不像以前那样容易引起我震动。 180

　　就我个人而言，目前并不担心这种解脱境况的结果如何。我丝毫不怀疑，基督教科学所追求的健康，就是可能获得的结果之一，因为我注意到，我的胃功能有明显改善，能够尽其职责,消化我给它提供的食物。我敢肯定,有歌声伴随,胃的工作会比皱眉蹙足的状况更好。我不想浪费宝贵的时间,构想未来的存在或未来的天堂。我内心的天堂魅力非凡,赶得上别人允诺或我所想象的任何天堂。我想让它任意发展,只要发怒及其同类不再误导它。[①]

旧医学常常谈及两种方式:渐退与骤退,前者指逐渐摆脱疾病,恢复身体健康,后者则指突然恢复身体健康。精神领域也有两种方式,表示内心统一的过程是逐渐的,还是突然的。我们还可以拿托尔斯泰和班扬为例,碰巧,他们都属于渐进方式。不过,一开始就必须承认,我们很难追寻其他人内心的曲折变化,他们的话并没有将自己的全部秘密统统披露出来。

无论如何,托尔斯泰继续他的无穷追问,洞见似乎一个接着一181 个。他首先得知,他所以相信生活毫无意义,是因为仅仅考虑有限的生命。他是到一个有限物的价值里寻找另一个有限物的价值。整个结果最终只能是数学的不定等式:$0 = 0$。假如非理性的情感或信仰不带来无限,这个范围就是推理本身所能达到的结果。若像普通人那样相信无限,生活将再次成为可能。

> 凡有生命的地方,自从有人类,也有了使生活成为可能的信仰。信仰即生活的意义,凭借这种意义,人才不会自杀,才

---

① 弗莱彻(H. Fletcher):《灵修,或真实生活 ABC》(*Menticulture, or the A-B-C of True Living*),Chicago and New York,1898,第26—37页,节选。

继续生活下去。我们的生活正是凭借这种力量。假如有人不相信必须为某物而生存，他就不活了。无限的上帝、灵魂的神圣、人的行为与上帝合一等观念，都产生于人类思想的无限隐秘的深层。没有这些观念，也就没有生活。托尔斯泰说：没有它们，我亦将不复存在。我开始懂得，我没有权利信赖个人的推理，而忽略信仰给予的回答，因为它们是问题的惟一答案。①

然而，普通人沉溺于粗陋的迷信，怎么能和他们的信仰一样呢？这是不可能的——但是，还有他们的生活呀！他们的生活！他们的生活是正常的！他们的生活是幸福的！这就是问题的答案！

托尔斯泰渐渐地形成确信——他说花了两年的时间才达到——他的苦恼并非源于一般的生活，并非源于普通人的普通生活，而是关涉上层知识和艺术阶级的生活，即他个人一向过的生活，脑力者的生活，习俗、矫饰和个人野心的生活。他一直错误地生活着，现在必须改变。要为动物的需要而工作，绝不说谎，绝不浮夸，减少平日的欲求，生活俭朴，信仰上帝，幸福就在其中。②他说：

　　记得早春的一天，我独自去森林，倾听林中的神秘声音。

---

① 出自托尔斯泰《我的忏悔》第 150，151，157，159 页。——译者
② 出自托尔斯泰《我的忏悔》第 193，194，196—198，202 页。——译者

　　我边听边想,思绪回到三年来一直忙碌不休的事情,即探索上帝。然而,上帝的观念,我说,我怎么会获得这个观念?

　　而且,随着这个思绪,内心又出现对生活的愉快热望。内心的一切都苏醒,获得意义……我为什么还向前看?一个声音问。上帝在那儿:他,没有他,人就不能活。承认上帝与生活是一回事。上帝就是生活的本质。那好吧!去生活,去寻找上帝,没有他将没有生活……

　　此后,我内心与我周围的事情豁然开朗,比以前更明亮,而且,光明从来没有完全熄灭。我没有自杀。这个变化究竟如何发生,何时发生,我不能确切说出。但是,就像生活的力量在我内心渐渐地、不知不觉地消逝,我的道德走上绝境,生命的力量又不知不觉地慢慢恢复。奇怪的是,这种回来的力量没有新东西。它是我少年时代的信仰力,相信生活的惟一目的是过得更好。我放弃习俗界的生活,看破它不是生活,而是生活的拙劣模仿,它的奢华淫逸使我们无法领会生活。

　　托尔斯泰从此奉行农民的生活,觉得坦然而幸福,至少相对说来是这样。①

183　　按照我的解释,他的忧郁不仅仅是情绪偶然变坏,尽管无疑也有这种情况。从逻辑上看,他的内心性格与外部行为和目标之间的冲突,必然要求忧郁。托尔斯泰固然是文学艺术家,但也是一个性情淳朴的人,觉得我们高雅的文明奢侈而且伪善,充满贪婪、纠

---

① 我的译文对托尔斯泰的话做了大幅度节选。

纷和残忍,无法令人满意。他以为,永恒的真实与更自然、更血性的东西相伴随。他的转机在于整理灵魂的秩序,发现真正的处所和使命,摆脱虚假,踏上名符其实的真理之路。这个例子表明,混杂的人格如何缓慢地发现自己的统一与平衡。我们当中,并非多数人能够模仿托尔斯泰,或许,骨子里没有足够原始人的精髓,不过,我们多数人至少可以感觉到,假如能够模仿,恐怕更好。

班扬的恢复似乎更慢。一连几年,他始终为圣经的文字所困扰,时起时伏,最后逐渐获得解脱,通过基督的血而得救。

> 我的安宁忽失忽得,一天有二十几次;这会儿舒服,过会儿便烦恼。现在平静了,但没走几步路,心中又充满罪恶感和恐惧感。当领悟了一段精彩的文字,这给了我充分的鼓励,能持续两三个小时;或者,这是愉快的一天,我希望不会忘记它;或者,这些话的荣耀重千斤,坐下时觉得自己要晕过去,不过,不是因为悲伤和烦恼,而是因为实实在在的快乐和安宁;或者,一种奇怪的东西抓住我的精神,并带来光明,命令一切喧嚣的思想安静下来,此前,这些思想确实像无主的恶狗,大吼大叫,在我内心制造可怕的噪音。它向我表明,耶稣基督并没有抛弃我的灵魂。

这种时期渐渐积累,最后他写道:

> 现在只剩下暴风骤雨的结尾,雷电已经离我远去,还有几滴雨水淅沥落下,不时掉在我身上。——并且最后:现在,腿

上的锁链确实脱落;我获释了,离开了痛苦和镣铐;我的诱惑也跑掉了;所以,从那时起,上帝的那些可怕的经文也不再烦扰我。因为上帝的恩典和爱,我可以回家享乐了……现在,我发现自己既在天堂,又在尘世。我在天堂,因为我的基督、我的大脑、我的正义和生活;我在尘世,则因为我的身体或人格……那天晚上,我的灵魂看到,基督是地地道道的基督。我几乎夜不能寐,沉浸于基督带来的欢乐、安宁和胜利。[1]

班扬成为一个福音传教士,尽管他有精神病气质,而且,他因为不从国教而被囚禁了十二年,但是,他的生活还是变得积极、有用。他是一个调解人和行善者,他写下的那部不朽寓言,使英国人认识到宗教忍耐的真正精神。[2]

不过,无论托尔斯泰还是班扬,都不是我们所说的健全心态。他们深深吞下了一杯苦酒,苦涩的滋味难以忘怀,因此,他们的救赎是深深地进入两重世界。他们每个人都意识到美好,美好突破了悲哀的有效边缘。但是,悲哀作为次要成分,依然保留下来,位于克服悲哀的信仰中心。我们感兴趣的是,他们实际上能够并确实发现了某种东西从内心涌上来,为意识所把握,凭借它,能够克服这种极端的悲哀。托尔斯泰贴切地将它称作人们赖以生存的东西;因为这正是它的本质,一个刺激、一个兴奋、一个信仰、一个力

---

[1] 《赐予罪魁的隆恩》,第 110(sec. 205),75(sec. 144),61(sec. 115),62(sec. 116),90(sec. 175),123(sec. 228),124(sec. 230),126(sec. 233),141(sec. 263)页。——译者

[2] 班扬:《朝圣者的历程》(*Pilgrim's Progress*,1678)。——译者

量,都重新注入积极的生活意愿,即使罪恶的知觉完全呈现,甚至不久前还使生活觉得无法忍受。托尔斯泰的罪恶知觉,似乎在其范围内丝毫未加改变。他后来的作品表明,他与整个官方的价值体系势不两立:时髦生活的卑鄙、帝国的污浊、教会的虚伪、职业的妄自尊大、伴随伟大胜利的卑劣与残酷,以及尘世制度的每一种极大的罪恶和谎言。他的经验始终执掌着生杀大权,决定是否完全忍受这些东西。

班扬也把这个世界留给敌人。他说:

> 凡可以称作生命之物的东西,我必须首先宣判它们死刑, 185
> 甚至我自己、我的妻子、我的孩子、我的健康、我的快乐及其一
> 切,在我眼里统统死掉了,我在他们眼里,也是死的。接触来
> 世,必将通过基督信赖上帝。接触尘世,必将把坟墓认作居
> 室,把我的床安置在黑暗中,并对腐烂说:你是我的父亲,并对
> 蛆虫说:你们是我的母亲和姐妹……离别我的妻子和可怜的
> 孩子,每每像把我的骨与肉分离,尤其是我的可怜孩子,比周
> 围的一切更贴近我的心。可怜的孩子,我想,你在尘世占据一
> 份有多么悲哀啊!你必然挨打,必然乞讨,必然受饿受冻,赤
> 身裸体,必然经历千百种灾难,尽管现在我甚至不忍让风吹着
> 你。不过,我必须大胆地把你的一切交付上帝,虽然这将使我
> 彻底与你分离。①

---

① 引自班扬,删减了文中的某些段落。[《赐予罪魁的隆恩》,第 168(sec. 325),169—170(sec. 326—328)页。——译者]

有一股"下定决心的样子",①然而,班扬的可怜灵魂,似乎从未经受过滔天洪水的洗刷,从未经历过出神境界的解放。

若一般了解专业上所说的"皈依",这些例子足够了。下一讲,我将请你们详细地研究皈依的特性及其附带现象。

---

① 见莎士比亚:《哈姆莱特》,act3,secnel,line 52。——译者

第九讲　皈　　依

皈依、再生、蒙恩典、体验宗教、得着确信，所有这些词语，都表示一个过程，或渐进，或突发，表明一向分裂的自我，自觉卑劣和不幸，由于牢牢把握了宗教的实在，最终获得统一，并自觉高尚和幸福。无论我们是否认为必须依靠神灵的直接作用才能引发这种道德变化，至少这是"皈依"一词的一般含义。

开始详细研究皈依过程之前，让我举一个具体例子，形象地说明我们对上述定义的理解。我选的例子很有趣，是一个文盲，斯蒂芬·布拉德雷先生，他的经验在美国的一本珍贵的小册子中有所记载。①

我所以选择这个事例，是因为它表明，当内心变化时，人们如何在一个深层下面发现另一个深层，而且同样出乎意料，好像性格的各种可能统统安置在一系列的层面，我们预先并不知道它们存在。

布拉德雷认为，他十四岁时已经完全皈依了。

> 我想，我肯定看见了救世主，人的外形，在房间里持续了大约一秒钟，他伸出两臂，似乎对我说，来吧。第二天，我兴奋

---

① 《布拉德雷传略》(*A Sketch of the life of Stephen H. Bradley*, 1892, Madision, Connecticut, 1830)第3页，第6—10页，节选。

得浑身颤抖,一会儿,我高兴得简直受不了,甚至可以说,我要死了。据我所知,这个世界在我的心目中没有位置,在我看来,每一天似乎都像安息日一样庄重。我有一个强烈欲望,希望全人类都能像我一样感受。我想让所有人极端地热爱上帝。以前,我非常自私,自以为是,现在则希望全人类受益,并诚心诚意地饶恕我最恨的仇敌。我觉得,我应该甘愿忍受任何人的嘲弄和讥讽;假如我能成为上帝手中的工具,能够成为灵魂皈依的工具,我甘愿为上帝遭受任何痛苦。

九年后,也就是 1829 年,布拉德雷听说邻近开始了宗教复兴运动。他说:

集会时,许多年轻的皈依者前来找我,问我有无宗教。我通常回答:我希望有。他们似乎不满意。他们说,他们知道他们有宗教。我请他们为我祈祷,心里想,我自命为基督徒这么长时间,至今尚未得着宗教,那么,现在应是得着的时候了,我希望他们的祈祷在我身上应验。

一个安息日,我去学院听一个卫理派信徒宣讲。他宣告,普遍审判的日子即将来临,并绘声绘色地描述,那么严肃,那么可怕,我以前从不曾听说。审判日的场面似乎正在眼前,我心灵的每一部分都警醒,我好像费力克斯(Felix),不由自主地在板凳上战栗,尽管心里不觉得有什么。第二天晚上,我又去听他讲。他引用《启示录》的一段经文:"我看见大大小小的死人,站在上帝面前。"他描绘审判日的恐怖情景,即便铁石心肠也会被融化。他讲完话,一位年迈的绅士转身对我说:"这就是我所说的布道。"我也这样想。但是,他的话并未打动我,我的感觉依然无动于衷。我不享有宗教,但我相信他享有。

我现在谈谈我的经验,那天晚上,我感受到圣灵的力量。假如此前有人说,我能以这种方式体验圣灵的力量,我决不会相信,甚至以为说话人欺骗我。那天会后我直接回家,到家时觉得奇怪,好像什么东西弄得我特别愚蠢。不一会儿,我去歇息了,对那些宗教的东西仍旧满不在乎,直到为圣灵所作用,那是大约五分钟后开始的,情形如下:

起初,我开始觉得心跳突然变快,我首先想到,或许我病了,但并不惊慌,因为不觉疼痛。我的心跳继续加快,很快我就深信,这是圣灵对我施加影响。我开始觉得异常幸福和谦卑,这种卑下之感我以前从未感受过。我情不自禁地说话,我说,主啊,我不配享受这种幸福,或者其他这类意思的话,同时,嘴里和心里涌出一股流(类似空气的感觉),比喝什么的感觉更真切。我估计,这种感觉持续了约摸五分钟,似乎就是我的心颤抖的原因。我的灵魂完全为它所制,我敢确认,那时我希望主别再给我更多的幸福,因为我似乎无法容纳已有的幸福。我的心好像在膨胀,直至充满上帝的爱和恩典,容量达到极限,才停止。同时,我心想,这究竟意味着什么? 好像立刻就有了答案,我的记忆变得异常清楚,就像《新约》摆在我的面前,翻到《罗马书》第八章,有烛光照耀,指点我看第二十六节和二十七节。我读上面的文字:"我们的软弱有圣灵帮助,它亲自使用无法言说的呻吟。"期间,我的心一直颤抖,使我像落

188

难者一样呻吟,很难停止,尽管没有一点儿痛苦。我兄弟在隔壁房间睡觉,过来推开门,问我是不是牙痛。我说不是,让他回去睡觉。我试图停止呻吟。我不想睡觉,觉得特别幸福,生怕失去它——我心里想:

> "我温顺的灵魂情愿停下
>
> 待在这样的状态里。"

当心脏停止颤抖之后,我躺在床上反省,觉得我的灵魂充满圣灵,心想,或许有天使在我床前翱翔。我觉得我想与它们交谈,最后,我说:"啊,慈爱的天使!你们怎么对我们的福祉产生那么浓厚的兴趣,连我们都对自己没有兴趣。"之后,我艰难地睡着了。早晨醒来,我的第一个念头是:我的幸福现在怎么样?我觉得心中仍有一些,我想多要一些,此念一生,幸福马上就增加了。我起床穿衣服,惊讶地发现,我刚好能够站稳。我似乎觉得,地上有一个小天堂。我的灵魂好像完全超越死亡的恐惧,就像超越了睡觉的恐惧。我像笼子里的鸟,渴望着(如果这就是上帝的意愿)从肉体里解脱出来,与基督同住,尽管我愿意活着为他人行善,敦促罪人忏悔。我走下楼,感觉凝重,好像失去了一切朋友,心想,我得先看看《新约》,然后再告诉父母。我直接走到书架,翻开《罗马书》第八章,字字句句几乎脱口而出,证明这真是上帝的话,我的感受与文字的意义完全吻合。我将此事告诉了父母。并且说,我以为他们必然知道,我说话时,并非我自己的声音,因为我似乎有同样感觉。我的言谈完全由内心的圣灵所支配。并不是说,我说的话不是我自己的,因为它们确是我的。我以为,我所受的影响类似

圣灵降临日的使徒(只是没有能力将它传授其他人,做他们所
做的事情)。用过早饭后,我出去遛弯儿,与邻居谈论起宗教,　190
此前,就是出钱雇我,我也不会干这种事。我应邀与他们一起
祈祷,以前,我从未在公共场合祈祷过。

现在我觉得,我似乎已经说出实话,履行了自己的职责,
并由于上帝保佑而充满希望,凡看到这一点的人,都会得着好
处。上帝实现了自己的诺言,派遣圣灵下凡,进入我们的心
灵,至少进入我的心灵。现在,我向世上的一切自然神论和无
神论者挑战,看看谁能动摇我对基督的信仰。

关于布拉德雷先生及其皈依,就谈这么多,至于他后来的生活
受到什么影响,我们不得而知。现在,我们便详细地考察皈依过程
的要素。

你翻开任何一部心理学著作,找到论联想的章节,都会读到,
人的观念、目标、宗旨等等,构成各式各样的内部群体和系统,彼此
相对独立。个人所遵循的每个目标,激活某类特殊的兴致,并聚集
一批观念作为联想观念,使其为它服务。假如目标与兴致的种类
不同,它们的观念群亦无多少共同之处。当一群观念出现,吸引人
的主要兴趣,那么,与其他群体相关的一切观念都可能被排挤出心
灵领域。当美国总统①带着船桨、猎枪、鱼竿去野外度假露营,他
的观念体系从头到尾完全改变了。身为总统的忧虑统统抛在脑

---

①　指 1901 年 9 月 14 日当选美国总统的罗斯福(Theodore Roosevelt)。——译
者

后。官员的习惯为自然人的习惯所取代。有些人只知道他是一位勤奋的长官,假如看见他在露营,恐怕不会"把他当作同一个人"。

现在,如果他再不回去了,再也不让政治的兴趣支配他,那么,就实际意图和实际目的而言,他是一个永远改造了的人。我们通常随着这个目标转向那个目标,其性格亦不断变化,但是,这种变化一般不叫改造,因为它们一个紧跟另一个,不断地向相反的方向变化。只有当我们的目标稳定发展,明确地将先前的对立者逐出个人生活,我们才把这种现象叫作"改造",或许对它深感惊奇。

这些变化,是自我分裂的最完全的方式。不太完全的方式是两个或更多不同的目标群体共存,其中一个实际上占据主路,激发活动,其余的只是虔诚的愿望,实际上不会有任何结果。圣奥古斯丁的渴望就是一例,我在前一讲说,他渴望过更纯粹的生活。另一个例子是踌躇满志的总统,怀疑官场是否浮华,伐木式的生活是不是更有益的归宿。这些转瞬即逝的渴望是单纯的意欲,奇思异想。它们只存在于心灵的偏远边缘,人的真正自我,即能力的中心,为另一个全然不同的体系所把持。生活继续,我们的兴趣也随之变化,观念系统亦不断易位,从意识的中心移到边缘,从边缘移到中心。例如,我记得,我年轻时的一天晚上,父亲朗读波士顿的一家报纸,说吉福德勋爵的一个遗愿[①],就是创立四个讲座。当时我不想做哲学教授,因此,听到的离我的生活十分遥远,就好像谈论火星上的事情。然而,现在我就在这儿,吉福德系统进入我的自我,

---

① 詹姆士的记忆有误。吉福德(1820—1887,苏格兰法理学家)的遗愿,是1887年1月3日记录下来的。吉福德讲座设在四个地方,分别是爱丁堡大学、格拉斯哥大学、阿伯丁大学和圣安德鲁大学。——译者

成为其中的重要部分,我暂时投入全部精力,力图成功地参与这个系统。我的灵魂现在得以滋生的根基,过去则认为是不真实的对象;现在,自灵魂之口说出的话,就好像发自灵魂的真正居所和中枢。

我说"灵魂"一词时,你们无须从本体论的意义去理解,除非你们愿意如此。遇到这种事情,运用本体论的语言是出于本能,但是,佛教徒和休谟主义者完全可以用他们喜爱的现象词语,充分地描述这些事实。他们认为,灵魂[①]不过是连续的意识场:每个场还有一个部分,或者子场,充当焦点,并包含激发作用,目标似乎来自这个子场,就好像来自中心。谈到这一部分,我们不知不觉地应用视角(perspective)词语,将它与其他部分区别开来,诸如"这里"、"这个"、"现在"、"我的"或"宾我"(me)。其他部分,我们将归于另一种状态,诸如"那里"、"那时"、"那个"、"他的"、"宾他"(thine)、"它"、"非我"等。然而,"这里"能够变成"那里","那里"能够变成"这里",而且"我的"与"非我的"亦可互换位置。

引发这种变化的动因,是情绪的兴致加以改变的方式。我们今天觉得热乎、鲜活的东西,明天就变冰凉了。似乎从场的温热部分观察,其他部分才显出这般模样,而且,个人的欲望和意愿,是从这些温热部分生发出来的。总之,温热部分是我们动力的中心,而冰冷部分让我们漠然而被动,与其冰冷相对应。

这种语言是否精确,目前并不重要。假如你能在自己的经验

---

① 《心理学原理》有许多处讨论灵魂问题;"意识存在吗?"("Does 'conscious-ness' Exist?"*Essays in Radical Empiricism*,*Works*.)也有詹姆士对灵魂问题的看法。——译者

中,识别我想用它指示的事实,那它就足够精确了。

　　情绪的兴趣可能摇摆不定,温热部分迅速从眼前溜过,速度之快,就像火苗在烧着的纸上移动。因此,我们就有飘摇的分裂自我,前一讲,我们已经听到许多了。或者,兴致和热烈的焦点,选择目标的观察点,可能永远位于某个系统内部。因此,假如变化是宗教的,我们便叫它皈依,尤其是骤变或突变。

　　后面若谈及个人意识的温热部分,即他热衷并运用的观念群,我们将称作个人能力的习惯中心。一个人,其能力中心是这组观念,还是那组观念,将造成很大区别。至于他所具有的一组观念,究竟是在中心还是在边缘,也会造成极大差别。说一个人"皈依",意思是说,原来处于意识边缘的宗教观念,现在占据了中心位置,而且,宗教目标构成他能力的习惯中心。

　　假如你问心理学,兴致如何在人的心灵系统内部移动,边缘目标为什么某一时刻变成了中心目标,那么,心理学的答复必然是,尽管心理学能够一般地描述事发情形,但面对某一具体情况,则不能确切地说明每一个作用力。无论外部观察者,还是亲历该过程的当事人,都无法充分解释,特殊经验怎么能如此断然地改变人的能力中心,或者,它们为什么必须每每等待,伺机而发。我们屡屡产生一种想法,或者采取某个行为,但是,直至某一天,这一想法的真正意义才第一次在内心响彻,或者,这个行为突然变成不道德的。我们仅仅知道,有僵死的感情、僵死的观念和冰冷的信念,也有热烈和生动的信念;假如一个信念在我们内心变得热烈而生动,一切都必须围绕它重新凝结。可以说,热烈和生动仅仅意味着观念的"运动功效",经历长期延宕,现在才发生效力。不过,这种说法只是遁词,问题是,这种突发的运动功效从何而来? 于是,我们的解释变得模糊而空泛,使人们更清楚地意识到,整个现象具有强烈的个性。

最后,我们又回到机械平衡的陈腐象征。心灵是一个观念系统,每个都有它所引发的兴致,具有刺激和抑制的倾向,彼此相互钳制,或相互补充。经验过程中,观念群有增有减,变动不居,而且,随着机体衰老,倾向也有所变化。这种缝隙里的变化可以瓦解或削弱心理系统,就好像一座建筑,只是一时凭借僵死的习惯,还矗立在那儿。然而,一个新知觉、一个突发的情绪、一个显露机体变化的机缘,都可能使整个结构完全倒塌。到那时,重心便采取更稳定的态势,因为新观念进入重新安排的中心,似乎固定在那儿,新结构永久保持着。

在这种平衡的变化中,成型的观念联想和习惯通常是阻碍因素。新的信息,无论怎么获得的,都促进这种变化。我们本能和嗜好的缓慢变异,经过"无法想象的时间接触",产生极大的影响。而且,所有这些影响的发生,可能是潜意识的,或半无意识的。① 假如你遇到一个当事人,有相当发达的潜意识生活(不久,我们必须更充分地阐述这一点),其动机依靠习惯,默默地成熟,那么,你对所遇到的事例,绝不可能充分论述,因为对于当事人和旁观者,似

---

① 茹弗鲁瓦是一个例子:"我的理智随着这个斜坡滑下,一点儿一点儿远离最初的信仰。然而,这种阴郁的革命并非发生在意识的光天化日之下:太多顾虑、太多导向。还有神圣的激情,这些使我恐惧,因此,我自己不敢确认它的进展。它默不作声地前进,凭借的是无意识运作,并无我的参与。尽管实际上,我早就不是基督徒,但是,由于我的意图单纯,想起它便毛骨悚然,假如有人控告我堕落,我定会认为那是诬陷。"接着,茹弗鲁瓦论述了他的反皈依,这在前面第173页已经引录了。

194
195

乎都有意想不到的成分。情绪的发作,尤其是剧烈情绪,能够极有效地促成心灵的重新安排。人人都知道,当爱、嫉妒、犯罪、恐惧、悔恨或气愤袭来时,其方式是突然的、爆发的。[①] 皈依的特征,诸如希望、幸福、安全、决心等情绪,同样可以是爆发的。情绪突然爆发,很少使事情依然如故。

　　加利福尼亚的斯塔柏克教授[②]最近撰书讨论宗教心理学。他利用统计学研究表明,在教会环境中成长起来的年轻人,其一般的"皈依过程",与各阶层青年正常进入更大精神生活领域的成长过程,有明显的对应,关系十分密切。岁数相同,通常在十四岁到十七岁之间。症状相同——不完全感和不完善感;郁闷、压抑、病态反省、罪感;还有对来世的焦虑、由疑虑而生的烦恼,诸如此类。结果亦相同——由于调整了机能,以适应更广阔的视野,自信心得到加强,从而获得幸福的安慰和客观现实。无论自发的宗教觉醒(奋兴派的例子除外),还是青春期常见的发作、紧张和脱换时都会发生神秘经验,它们像奋兴派的皈依一样,突如其来,连当事人都深感惊讶。事实上,这种类似是全面的。关于年轻人的这些普通皈依过程,斯塔柏克的结论似乎是惟一合理的。他说:就本质而言,

196

---

　　① 几乎无须举例。不过,关于爱,见第149页,注9;关于恐惧,见第134页;关于悔恨,见谋杀之后的奥赛罗;关于愤怒,见与考狄利娅第一次交谈后的李尔王;关于决心,见第148页(福斯特的例子)。这里有一个病态的例子,表明罪(guilt)是突然爆发的情感:"一天夜晚,我上床时,突起一阵寒战,就像斯维登堡描述的,一种神圣感突然降临他身上,而降临我头上的,则是罪感。整个夜晚,我都颤抖不止,从一开始,我就觉得这是上帝诅咒我。我的一生,从未做过一件本分的事——从我有记忆时起,都是对抗上帝、对抗人的罪孽——一只披着人皮的狼。"[注中页码均为原书页码。——译者]
　　② 斯塔柏克在书中阐述了相似的观点,尤其在第20章"青春期——更大的自我的诞生"(第251—267页)有更集中的探讨。——译者

皈依是正常的青春期现象,伴随人的成长阶段,从儿童的狭小领域进入成人的广阔的理智和精神生活。

斯塔柏克博士说:"神学抓住青年人的倾向,并在此基础上建立起来。神学看到,青年成长的本质就是脱离童年,进入成人和个人洞见的新生活。因此,它利用一些手段,强化正常的倾向,以缩短发作和紧张的延续期。"根据这位考察者的统计,"悔罪"这种皈依现象延续的时间,大约只是青春期发作和紧张现象(对此,他也有统计)的五分之一,但程度要强烈得多。身体的伴随现象,例如失眠和食欲不振,在皈依过程要常见得多。"其本质差别似乎在于:皈依把人引进确定的转折时期,程度强烈,但时间缩短。"①

当然,斯塔柏克博士心目中的皈依,主要指普通人的皈依,凭借教诲、感染和例证,忠实于预定的典型。他们喜欢采用的具体形式,是暗示和模仿的结果。② 假如他们经历成长的转折关头,是在别的信仰、别的国家,那么尽管变化的实质相同(大体上说,这是无法避免的),但偶性(accidents)则大相径庭。例如,在天主教国家,在我们国家的圣公会教派,这类焦虑和悔罪便没有鼓励奋兴的教

①　斯塔柏克(E. D. Starbuck):《宗教心理学》(*The Psychology of Religion*),第224,262页。

②　关于这一点,没有谁的理解能比爱德华兹(Jonathan Edwards)更好。一般的皈依记述总是必然带有他所说的折扣:"为公众同意所接受并确立的规则,对许多人产生重大影响,尽管是不知不觉的影响,渗入人们对自己的经验过程形成的观念。我清楚地知道,他们如何实行这一事务,因为我经常有机会观察他们的行为。他们的经验,常常初看上去混沌一片,但是随后,与他们坚持的特殊步骤最近似的那些部分,被筛选出来。这些部分驻留在他们思想中,一次次被谈起,越来越引人注目,而其他被忽略的部分,则越来越模糊。因此,他们所经验的东西,不知不觉被扭曲,以精确地符合他们心灵已经确认的结构。自然,传教士也不例外,因为他们必须应付那些坚持清楚明白方法的人。"《论宗教感情》(*The Treatise on Religious Affections*),第70—71页。

派那么经常。比较严格的教会团体,更多地依赖圣礼,几乎不需要强调和引导个人接受救赎。

然而,每一种模仿现象,曾经必有原型,所以我主张,今后,我们必须尽量密切地接触第一手原始经验。这在零星发生的成人案例中容易发现。

柳巴(Leuba)教授有一篇论述皈依心理学的论文,[①]颇有价值。他的文章将宗教生活的神学方面,完全归属于道德方面。他将宗教感定义为"不健全感、不道德感,或者用专门术语表示,即罪感,伴随着追求统一和平的渴望"。他说:"'宗教'一词越来越多地意指欲望和情绪群体,它们产生于罪感和解脱感。"他列举了大量实例,从酗酒到自负,说明罪感困扰人们,因而寻求解脱,其心情就像患病的肉体或痛苦的身体那么迫切。

这个概念无疑涵盖许多事例。哈德雷先生就是一个范例,他在皈依之后,成为一个活跃的、有用的救援者,救助纽约的酒鬼。他的经验如下:

> 一个星期二晚上,我,一个无家可归、没有亲朋好友、行将就木的酒鬼,坐在哈勒姆(Harlem)的一家酒吧里。我已经典当或卖掉了一切东西,用来换酒喝。我睡不着觉,除非醉死。我好几天没有吃东西了。前四个晚上,我接连发酒疯,或出现酒后战栗,从午夜一直到早晨。我以前常说:"我决不做流浪

---

① "宗教现象的心理学研究"(A Study in the Psychology of Religious Phenomena),见《美国心理学杂志》(*American Journal of Psychology*),vii,第 309—385 页(1896)。[行文中的引文来自第 315—321 页。——译者]

汉。我决不会走投无路，车到山前必有路，假如那一天真的到来，我定会在河底找到安身之所。"但是主这样安排，到那时，我离河边还有四分之三的路程。我坐在那儿思想，觉得有一个伟大非凡的东西出现。我不知道它是什么。到后来才知道，那是耶稣，罪人的朋友。我走到柜台，用拳头乱敲，敲得酒杯哗哗作响。站在柜台旁喝酒的人看着我，露出轻蔑的好奇神色。我说，就是死在街上，我也决不再喝一口酒，而且我真的觉得，天亮之前我好像就会死。某个东西说："如果你想恪守这个诺言，就去把你自己锁起来。"我去了最近的拘留所，让人把我锁起来。

　　我待在狭窄的牢笼里，好像能找到空隙的魔鬼都挤进来陪伴我。这并非我的全部伴侣。对，要感谢主啊！我在酒吧　199遇到的那个圣灵又出现了，他让我祈祷。于是我祈祷，尽管不觉得有多大用处，还是不断地祈祷。我一离开监狱，就被带到违警法院，又被送回监狱。最后我终于获释，找到我兄弟家，在那儿得到一切照顾。我躺在床上，敦促我的神灵寸步不离。第二个安息日早晨，我醒来，觉得那一天将决定我的命运。到晚上，我想起要去麦考利（Jerry McAuley）传教会。我去了。屋子里挤满了人。我费很大力气才挤到讲台旁。在那儿，我看见面对酒鬼和流浪者的传教士——上帝的人，杰里·麦考利。他站起来，在一片肃静中讲述了他的经验。这个人有一种真诚，让人对他的讲述深信不疑。我觉得自己在说："我怀疑上帝能否拯救我？"我听了二十五或三十个人的见证，每人都获得拯救，不再做醉鬼了。我下定决心，要么得救，要么立

刻就死。我接受邀请，与众多酒徒一起跪下，杰里第一个祈
祷。然后，麦考利太太满怀激情地为我们祈祷。哦，我可怜的
灵魂经历了多么激烈的冲突啊！一个赐福的微弱声音说，"来
吧"；魔鬼则说："小心点儿。"我迟疑片刻，悲伤地说："亲爱的
耶稣啊，你能救我吗?"此情此景，根本无法用凡人的语言描
述。尽管那时，我的灵魂依然充满难以描述的忧郁，但是，我
觉得正午的太阳照亮了我的心，荣光四射。我觉得自己成了
自由人。啊，珍贵的感受：安全、自由，依靠耶稣！我觉得，基
督带着全部光明和力量，已经进入我的生活。确实，旧事物统
统过去了，万物更新。

从那时起直至现在，我从不想沾一口威士忌，也从未见过
足够的钱能让我喝一口。那天夜里，我答应上帝，如果他使我
祛除喝酒的欲望，我将为他工作一生。上帝尽了他的职责，我
也要努力尽我的义务。[①]

200　　　柳巴博士正确指出，这种经验几乎不包含什么教义神学，它开
始于对崇高援救者的绝对需要，终结于他援救我们的感受。[②] 柳
巴博士还列举了其他酒鬼皈依的例子，都是纯粹道德的，据记载，
其中没有任何神学信条。例如，他说，古夫(John B. Gough)的例

[①] 我删减了哈德雷(S. H. Hadley，1842—1906)的叙述。关于其他酒鬼的皈依，
见他的小册子，《救助的传教工作》(*Rescue Mission Work*)，在纽约市老杰里·麦考利水
街传教会出版。另一组触目惊心的例子，见柳巴教授的文章附录。

[②] 柳巴在他的书中讨论哈德雷的情况，见第331—332页。也讨论过古夫(John
Bartholomew Gough，1817—1886)的情况，见第325—326页。——译者

子实际上是一位无神论者的皈依——既没有提到上帝，亦没有提到耶稣。[①] 不过，这类很少或没有理智调整的再生，尽管十分重要，但这位作者的论断确实也太武断了。这种类型，相当于主观的病态抑郁，班扬和阿兰就是例子。我们在第七讲，还看到客观的抑郁形式，其中，因为缺乏世界的理性意义，缺乏任何生活的意义，给人带来沉重负担——你们恐怕记得托尔斯泰的例子。[②] 因此，皈依具有不同的成分，它们与个人生活的关系，应该加以区别。[③]

例如，有些人从来不会皈依，而且，恐怕任何情形都无法使他们皈依。宗教观念不可能成为他们精神力量的中心。他们可以是杰出人物，其实践方面是上帝的仆人，但是，他们并非上帝王国的子民。或者，他们无法想象无形之物，或者，用信徒的语言说，他们一生"贫瘠"并"干涸"。有时候，这种宗教信仰的无能起源于理智。他们的宗教能力所以深受压抑，乃因为有关世界的一些信念有抑制作用，使其无法施展自然倾向。例如，悲观主义和唯物主义信念。受这种信念支配，许多美好的灵魂，过去曾让自己的宗教倾向自由遨游，现在却发现它们好像冻僵了。或者不可知论[④]，认信仰

---

① 一个饭馆的侍者临时充当哥斯的"救主"。救世军的缔造者布思（Booth）将军认为，拯救堕落者的最关键一步，是使他们觉得有体面的人惦记他们，关心他们的沉浮问题。

② 据约翰·穆勒（J. S. Mill）记载，他曾陷入无情的忧郁危机——觉得生活无用——又通过阅读马蒙泰尔（Marmontel）的《回忆录》（*Memoirs*）和华兹华斯的诗而得以解脱，这个危机是又一理智的和一般形而上学的实例。见穆勒的《自传》（*Autobiography*, New York, 1873），第 140, 147 页。

③ 除了"逃罪"（escape from sin）之外，斯塔柏克将"属灵的洞见"划归单独的一类皈依经验。《宗教心理学》，第 85 页。

④ 詹姆士在《信仰的意志》（*The Will to Believe*, *Works*, pp. 31—32）中讨论过不可知论。——译者

为软弱与耻辱,予以否定,以致今天,我们许多人仍然畏葸不前,害怕运用自己的本能。有许多人,从来没有克服这种抑制。直到生命终结,他们仍然拒绝信仰,他们个人的能力已无法抵达宗教的中心,因而这个中心始终没有激活。

另一些人,麻烦更深。他们在宗教方面麻木不仁,缺乏宗教的敏感性。就像一个冷血动物,尽管完全善意,却永远达不到那些热血性情享有的不计后果的"血气"。因此,精神贫瘠的天性可能钦佩和羡慕他人的信仰,然而,天性适于信仰的人享有的那些热情与平和,则是它不能获取的。不过,所有这些,最终恐怕都是因为暂时的抑制。甚至垂暮之年,也会产生一点儿缓解,来一点儿解脱,哪怕最贫瘠的胸膛,也会竭尽全力,拼死一搏,这个人的铁石心肠,终究会软化,融入宗教情感。这些事例更能暗示一种观念,即突然的皈依凭借神迹。只要有这种事例存在,我们千万不能幻想,我们所涉及的种类固若金汤,永不改变。

人有两类心理事件,导致皈依过程的明显差别。斯塔柏克教授注意到这种差别。你们知道,当努力回忆一个忘记的名字时,情形如何。通常,你竭力搜索,在脑海里浏览与这个名字相关的地方、人和物。但是,这种努力常常无效:你觉得,好像用力越多,希望反而越少,名字似乎被堵塞了,朝那个方向施加压力,只能使它更难想出来。相反的方法则经常奏效。完全放弃努力,考虑完全不同的事情,半个小时,忘记的名字便浮现出来,在你的脑海里漫游,正如爱默生所说,它是那么漫不经心,好像根本没有邀请它。心灵内部隐含的某个过程从努力开始,努力停止后继续进行,结果就好像是自发产生的。斯塔柏克博士说,有一个音乐老师,他的学生清楚地知道应做的事情,但尝试未获成功,他便对学生说:"别试了,它会自己做的!"①

　　因此,获取心理的结果,有自觉的和有意的方式,也有不自觉的和无意的方式。我们在皈依的历史中发现了这两种方式,因而有两种类型,斯塔柏克把它们分别叫作有意的类型和顺从的类型。

　　在有意的类型中,再生的变化通常是逐渐的,在于一点一滴地建构,形成一套新的道德和精神习惯。但是,这里总有一些临界点,达到临界点,前进的速度似乎快得多。这种心理学的事实,斯塔柏克博士曾列举大量例证。我们任何实践技能方面的教育显然都是一顿一跳的,就像我们身体的成长一样:

　　　　运动员……有时可能突然醒悟,领会出游戏的精妙之处, 203
　　并真正地享受游戏的乐趣,就像一位皈依者醒悟,领会了宗
　　教。如果他继续从事这项体育项目,那么可能有一天,这项游
　　戏突然自行运作,融贯他的全身——他在某场重要比赛中,出
　　神入化,忘记自我。同样,有时一位音乐家突然达到某种境
　　界,技巧带给他的快乐完全消逝,某种灵感使他变成流出音乐
　　的乐器。作者有机会听见两个已婚者谈话,他们两个人的婚姻
　　生活一开始就相当美满,但直到结婚一年多以后,他们才意识
　　到婚姻生活十分完满。我们研究的,正是这些人的宗教经验。②

----

① 《宗教心理学》,第 117 页。
② 《宗教心理学》,第 385 页。参见第 137—144,262 页。

204   不久,我们还会听到更奇特的例子,证明潜意识的成熟过程,
最终导致的结果突然为我们所意识。爱丁堡的汉密尔顿①和雷考
克②教授最先注意到这类结果。然而,假如我没弄错的话,是卡彭
特③博士第一次使用"无意识的大脑活动"一词,从此,这个词便成
为通俗的解释。我们现在得知的事实,比他当时所知的范围要宽
泛得多,因此,对于许多事实,形容词"无意识的"几乎是一种误用,
最好用比较笼统的"潜意识的"或"阈下的"取而代之。

      至于有意类型的皈依,很容易举例,④但是,它们通常不如顺

---

① 詹姆士的《心理学原理》(*Works*, p. 199n)涉及汉密尔顿。——译者

② 雷考克(Laycock,1812—1876),英国医生,詹姆士的《心理学原理》(*Works*, p. 166n)涉及雷考克和其他人关于无意识的见解。——译者

③ 卡彭特(1813—1885),英国生理学家。《心理学原理》(*Works*, p. 166n)涉及卡彭特。——译者

④ 例如,芬内(C. G. Finney)强调意志因素:"正是在这一点上,全部福音救赎问题,以当时看来最奇异的一种方式,呈现我的心灵。我想,我当时看到的基督赎罪是实在的,充分的,像我一生中曾经看过的那么分明。在我看来,福音救赎提供了某种东西,理应接受;我必须做的,是自愿同意放弃我的罪孽,接受基督。这种清晰的启示在我脑海停留片刻之后,似乎生出疑问:'你现在接受它吗,今天?'我回答:'是的,我今天接受它,不然,我宁愿死!'"然后,他进了树林,在那儿描述他的斗争。他不能祈祷,他的心依然冷酷,自以为是:"我于是陷入自责,因为我答应离开树林之前,将我的心献给上帝,我尝试这么做时,却发现自己不行……我的灵魂踌躇不前,我的心并没有归向上帝。我要在那天将心交给上帝,否则宁愿去死,这个思想压迫着我,因为我的承诺过于仓促。在我看来,它好像支配我的灵魂,然而,我还是打算食言。一种巨大的失落和挫折感笼罩着我,我觉得太软弱,几乎不能跪立。就在此刻,我又以为听见有人走近我,我睁开眼睛,看是否如此。然而,我内心的自高自大在那时清楚地显示出来,好像一个巨大障碍横在路上。我的邪恶感膨胀,势不可挡,使我感觉害羞,害怕有人看见我跪在上帝面前,我竭尽全力大声喊叫:即便世上所有人和地狱的所有恶魔都围在我身边,我也决不离开这个地方。我说:'什么! 像我这样一个卑贱的罪人,跪下来向伟大而神圣的上帝忏悔;而且,觉得害臊,害怕别人,即像我一样的罪人看见我跪着,竭力与我的上帝和解!'这个罪孽是可怕的,无限的。它把我打垮,瘫倒在上帝面前。"《芬内回忆录》(*Memoirs of Rev. Charles G. Finney*),[1876],第14—16页,节选。[芬内,美国奋兴主义者和教育家,奥伯林学院院长。——译者]

从的类型那么有趣。顺从类型的潜意识结果更丰富,更让人震惊。因此,我很快将论及后者,况且,两个类型的差异毕竟不是根本的。即便最有意的再生过程,也有部分的顺从阶段穿插其中。绝大多数皈依,当意志竭尽全力,即将抵达立意追求的完全统一时,其最后一步似乎必然留给其他力量,无须借助意志自身的活动。换句话说,顺从成为必需的。斯塔柏克博士说:"个人的意志必须放弃。许多事实表明,除非个人停止抵抗,停止按照自己的意愿努力,否则,解脱永远不会来临。"斯塔柏克的一位通信者这样写道:

> "我曾说,我不会放弃。然而,我的意志一旦崩溃,一切都结束了",——另一个通信者说:"我只是说:'主啊,我已经做了力所能及的一切。现在,我把事情完全托付给您。'立刻,我就得着极大的安宁。"——还有一位说:"我突然觉得,假如我停止自己的一切努力,去追随耶稣,我也可以得救:不知什么缘故,我卸掉了身上的重负。"——另一位说:"最后,我不再抵抗,完全屈服了,尽管那是一场艰苦的战斗。我逐渐感觉到,我已经尽了自己的职责,上帝即将尽他的职责。"[1]——纳尔逊[2]奋力搏斗,急切地想摆脱惩罚,弄得精疲力竭,高喊:"主啊! 随你的愿行事吧;或者让我下地狱,或者拯救我!"[3]顷刻间,他的灵魂充满安宁。

---

[1] 斯塔柏克:《芬内回忆录》,第 91,114 页。
[2] 纳尔逊(John Nelson,1707—1774),卫理会教徒,讲道者。——译者
[3] 《纳尔逊日记精选》(*An Extract of John Nelson's Journal*),London,无日期,第 24 页。

　　至于顺从为什么在最后一刻必不可少，斯塔柏克博士作出了一个有趣的解释，我以为它是真实的——假如这么简略的概念可以称为真理的话。开始，心灵中有两样东西等候皈依选择：第一，目前的不完善或错误，即他渴望逃避的"罪恶"；第二，他希望实现的积极理想。对大多数人来说，目前的错误之感是我们意识的一部分，其清晰程度远远超过我们所追求的任何积极理想的想象。的确，大多数情况下，"罪恶"几乎吸引了全部注意，所以，皈依"与其说是追求正义的过程，不如说是竭力摆脱罪恶的过程"。[①] 人的有意识的智慧和意志，就其向往理想而言，只是追求某种想象之物，朦胧而不确切。然而其间，内心纯粹机体的生长力，依然继续趋近自己预想的结果，有意识的努力放开幕后潜意识的助力，让它们按照自己的方式进行重新安排。所有这些深层力量趋向的重新安排的确是确定的，确实不同于有意识的设想和决定。因此，人的自愿努力偏离正确的方向，现实中可以干扰这种重新安排（似乎像忘记的词一样被阻塞，越努力回想，越想不起来）。

　　斯塔柏克似乎一针见血，他说，运用个人的意志，就是停留在原来的生活领域，依然最注重不完全的自我。相反，在潜意识力统辖的领域，则更可能有比较完善的可能自我指挥行动。因此，这个自我并非追求的目标，需要笨拙而模糊地从外部加以寻求，它本身就是组织中心。那么，人需要做什么呢？斯塔柏克博士说："他必须放松，也就是说，他必须依赖那个支撑正义的伟大力量，让它按自己的方式完成它已开始的工作，而这种力量，正是从人的本心喷

---

①　斯塔柏克，第64页。

涌而出的……从这种观点看,所谓顺从行为,就是让自我进入新的生活,成为新人格的中心,以前认做自我的客观真理,现在则从内部变成活生生的现实。"①

关于需要顺从这一事实,神学的提法是:"人的绝境,便是上帝的机会。"②而生理学的表述则是:"让人尽其所能,其余的将由人的神经系统来做。"两个陈述承认同一事实。③

也可用我们自己的象征系统表示:个人能力的新中心由潜意识长期培育,直至能够含苞欲放,使"放手"成为我们的惟一选择, ²⁰⁷这时,它无须助力,必然自己跃然而出!

我们一直用的是模糊而抽象的心理学语言。但是,无论如何,我们描述的转变是有意识的自我顺从更理想的力量,无论什么力量,总比我们的现实更理想,并有利于救赎,因此,你们看到,我们为什么一直,而且始终必须将顺从看作宗教生活的主要转折点,只要这种宗教生活是精神的,而非外在的功业、典仪和圣礼。可以说,整个基督教的内部发展过程,不过是越来越强调这种顺从转变。从天主教到路德宗,然后到加尔文派;从加尔文派到卫理派;从卫理派,走出了专门的基督教,再到纯粹的"自由主义"或超验的唯心主义,不管它们是否是医心类型的,途中还包括中世纪神秘主义、寂静派、虔信派、震颤派等,其间,我们经历了进步的若干阶段,逼近直接的精神帮助的观念,这是个人在绝望中体验到的,根本不需要教义系统或调解机构。

---

① 斯塔柏克,第 115 页。
② 弗莱沃(John Flavel,1630—1691),英国的圣职人员。——译者
③ 斯塔柏克,第 113 页。

到此为止,心理学与宗教是完全和谐的,它们二者都承认,有些力量似乎存在于有意识的个体之外,使他的生活获得救赎。不过,心理学将这些力量界定为"潜意识",并把它们的结果归结为"培育"或"大脑活动",这意味着,它们并不超越个人的人格。这里,心理学与基督教神学大相径庭,因为后者坚持,这些力量是神直接超越自然的举动。我建议,我们别把这种分歧看作最后的结局,暂且放下这个问题——继续研究有可能使我们摒弃某些表面的冲突。

208

这会儿,我们再回到顺从心理学。

假如你们发现,一个人生活在破碎的意识边缘,囿于自己的罪恶、匮乏和不完满,因而找不到安慰,于是你告诉他,他一切都好,他必须停止忧愁,戒除不满,放弃焦虑,那么,你在他眼里,似乎是在胡说八道,信口雌黄。他具有的惟一积极的意识告诉他,一切都不好,你所提供的良方,在他听来就好像是冷酷的谎言。"信仰意志"鞭长莫及,不能扩展那么远。我们对已萌生的信仰,可以增加自己的忠实,但是,假如知觉积极确认的东西正相反对,我们不可能凭空创造一个信仰。在这种情况下,对我们有益的心灵将采取纯粹否定的形式,否认我们所具有的惟一心灵,我们不可能主动地立意要求纯粹的否定。

只有两种方法能够摒弃愤怒、忧愁、恐惧、绝望或其他不利的情感。一种是相反的情感威势雄雄,压倒了我们;另一种则是我们拼斗得精疲力竭,不得不停下来——于是我们戛然中止,放弃,毫不在意。我们大脑的情感中枢罢工了,陷入暂时的冷漠。现在有文献证明,这种暂时的衰竭状态,常常构成皈依转变的组成部分。病态灵魂以自我为中心,焦虑不安,只要有它把门,信仰灵魂的强烈自信就进不来。但是,前者一旦消逝,哪怕一会儿工夫,后者便能乘虚而入,而且,只要有所收获,就能保持下去。卡莱尔[①]的泰弗斯特劳克就是经过"冷漠的中心",从永远的"不"成为永远的"是"。

209

我举一个精彩的例子,向你们说明皈依过程的这种特征。真正的圣徒布雷纳德[②],这样描述自己的转变:

> 一天早晨,我像往常一样,在一个僻静地方散步,突然发觉,我为自己争取解脱和救赎的方略与计划统统徒劳无功。我完全木然了,不知所措。我看到,想依靠自己的作为救助和解脱自己,恐怕永远不可能,我已经尽力而为,奉上永生永世的祈求。然而,我的一切祈求纯系枉然,因为我知道,是个人利益驱使我祈祷,我从来不曾因为敬仰上帝的荣耀而祈祷。我看到,我的祈祷与承蒙神恩之间没有必然联系。祈祷并未赋予上帝任何义务,让他赐恩于我。祈祷过程并无多少美德或善良,就像我用手划水,其间没有多少美德或善良一样。我看到,我曾经将自己的奉献堆放在上帝面前,斋戒、祈祷等等,假装我在追求上帝的荣耀,有时,甚至信以为真;实际上,我却不曾有过这种要求,想的只是我自己的幸福。我看到,既然我

---

①　卡莱尔(Carlyle)的《裁缝雷萨特:泰弗斯特劳克先生的生活和意见》(*Sartor Resartus:The Life and Opinions of Herr Teulfesdrockh*,3rd ed.,London:Champman and Hall,1849)。詹姆士指的是第二卷第7—9章。——译者

②　布雷纳德(David Brainerd,1718—1747),美国牧师。乔纳森·爱德华兹于1749年率先公布了他的生平。——译者

没有为上帝做过什么,反而充满伪善和嘲弄,那么,除了下地狱,我不能再向上帝要求别的。我清楚地看到,我所考虑的仅仅是一己的私利,因此,我的祈祷似乎都是邪恶的嘲弄,以及一连串的谎言,整个过程不过是自我崇拜,是对上帝的辱骂,令人发指。

　　我记得,这种心态继续维持,从星期五早晨直至星期日晚上(1739 年 7 月 12 日),当时,我还是在相同的僻静处散步。我满怀悲伤的情绪,试图祈祷,但发现无心履行这项或任何其他义务。我先前的考虑、修炼及宗教情感,现在统统消逝不见了。我想,上帝的精神已经完全离开了我。我并不苦恼,但很忧郁,好像无论天堂还是地狱,都不能使我幸福。我这样尝试着祈祷——尽管我以为,非常愚蠢,毫无意义——持续了将近半个小时。然后,我走进茂密的树林,一种说不出的荣耀似乎突然开启,为我的灵魂所领悟。我的意思不是指外部光明,亦不是指光明之物的任何想象,而是我对上帝的一种新的内心领会或觉察,以前从来没有过,甚至没有一丁点儿类似的东西。我对三位一体的任何一位,均无特别的领会,无论圣父、圣子,还是圣灵,有的却似乎是神的荣耀。我的灵魂看见这个上帝,看见这个荣耀的神,满怀喜悦,难以言表。我内心深感兴奋和满足,他就是凌驾万事万物之上、亘古不变的上帝。上帝的尽善尽美强烈吸引我的灵魂,让我欣喜若狂,几乎完全消逝在其中。至少,我想不起自己的救赎问题,甚至几乎记不得有我这个人。我沉浸在这种喜悦、宁静和惊异的状态,一直到天黑,没有丝毫退减。我开始思索并琢磨我的所见,整个夜晚心里都觉得甜滋滋,镇定自若。我觉得自己进入一个新世界,周围的一切与以往的样子截然不同。这时,救赎的道路向我敞开,展现出无限的智慧、适宜和优越,以至于我怀疑,何以还要设想其他的救赎之道。我万分惊愕,以前何以不放弃自己的雕虫小技,遵循这种纯洁、幸福、美好的方式。既然履行自己的职责或运用以前设计的其他方式,均无法使我得救,那么现在,整个灵魂何以拒绝这种新的方式? 我奇怪,全世界为什么无人发现并遵循这种得救方式,完全借助基督的正义呢?[①]

我所强调的这一段,记录了迄今习以为常的焦虑情绪消耗殆尽的情形。大部分报告,或许绝大多数,声称低级情绪的枯竭与高级情绪的来临是同时的,[②]而且,它们好像还经常说,高级情绪主动驱逐低级情绪。我们即将看到,这种说法无疑适用于大多数事例。然而,同样不容怀疑的是,要得到这种结果,必须同时满足两个条件:一种情感在潜意识里日趋成熟;另一种情感则消耗殆尽。

耐特尔顿[③]的一个皈依者 T. W. B.,突然情绪激动,坚信

---

①　爱德华兹(Edwards)和德怀特(Dwight):《布雷纳德回忆录》(*Memoirs of the Rev. David Brainerd*),New Haven,1822,第45—47页,节选。

②　我们将整个现象描述为平衡的变化,可以说,趋向人格中心的新的心理能力运作,以及趋向边缘的旧的心理能力撤退(或者说,某些对象凸显意识域上,其他对象收缩到域下),只是描述一个不可分离的事件的两个方面。无疑,这往往是绝对真实的,而且,当斯塔柏克说,"自我屈从"(self-surrender)和"新的决定"(new determinationt)尽管乍一看分属不同的经验,但"实际上是同一事物。自我屈从是从旧的自我观察变化,决定则是从新的自我观察变化"。同上书,第160页。

③　耐特尔顿(Nettleton,1783—1844),美国复兴主义者。——译者

有罪，整天粒米未进，晚上陷入绝望，将自己锁在屋里，大叫："哦，主啊！有多么久，多么久啊？"他说："我几次重复这话以及类似的话，然后，似乎堕入毫无感觉的状态。我恢复知觉时，自己正跪着，不是为自己祈祷，而是为他人祈祷。我觉得自己屈服于上帝的意志，情愿让他随意处置我，只要他觉得好就行。我对自己的关怀似乎完全丧失，让位于对他人的关怀。"①

美国伟大的奋兴主义者芬内写道："我对自己说：'这怎么了？我必定让圣灵伤透了心，离我而去。我丧失一切信念。我对自己的灵魂漠不关心。圣灵必定抛弃了我。'我想：'哎呀！在我一生中，我从未对自己的救赎问题这样漠不关心。'……我试图回忆自己的信念，追回以前承担的罪恶负担。我企图让自己忧虑，但是白费力气。我异常平静和安宁，所以竭力想感受那种关怀，生怕这是我让神灵伤心，离我而去的结果。"②

然而，毋庸置疑，有些人完全无须主体的情感能力消耗殆尽，甚至没有经过事前情感剧烈的波动，高级状态便达到应有的强烈程度，像突发的滔天洪水冲破一切藩篱，一泻千里。这些是最引人注目、最令人难忘的事例，即瞬间的皈依，神恩的概念与此具有最特殊的联系。我已经详举一例——布拉德雷先生的例子。至于其他例子以及我对其他主题的评论，最好还是到下一讲再谈。

---

① 泰勒（Bennet Tyler）：《耐特尔顿及其工作》（*Nettleton and His Labours*，ed. A. A. Bonar，Edinburgh，1854），第 261 页。
② 芬内（Charles G. Finney）：他自己写的《回忆录》（*Memoirs*，1876），第 17，18 页。

第十讲　皈依(结论)

　　在这一讲,我们必须完成皈依的主题。首先考察那些瞬间皈依的显著例子,其中以圣保罗最为著名。这种皈依常常经历剧烈的情绪激动,或感觉的混乱,眨眼间,旧生活与新生活便断然分离。这类皈依是宗教经验的一个重要阶段,因为它曾在新教神学里发挥重要作用,因此,我们应该认真地研究它。

　　我以为,最好先列举两三个实例,然后再给以概括的论述。人必须首先认识具体的事例,因为正如阿加西兹①教授常说的,人所达到的概括程度,决超不过以前熟知的特例让他理解的程度。因此,我将回到我的朋友阿兰的例子,引录他关于一七七五年三月二十六日的报告。那天,他可怜的分裂的心灵得到永远的统一。

　　　大约日落时分,我去野外踱步,哀叹自己迷惘而败落的悲惨境况,身上的重负几乎把我压垮,我以为,我的这种悲惨状况是前所未有的。我折路返回,走进家门时,刚刚踏过门槛,心中产生以下的印象,好像有一种声音,微小且温和,威力却

---

　　① 阿加西兹(Agassiz,1807—1873),瑞士裔自然主义者,哈佛大学教授,詹姆士在劳伦斯科学学校的教师之一。詹姆士在"路易斯·阿加西兹"一文中阐述了阿加西兹的观点,该文收入《记忆与研究》。——译者

十分强大。你一直在追求、祈祷、革新、劳作、阅读、倾听、思索,但你为自己的得救做了点儿什么?你现在比你开始更接近皈依吗?你比开始追求时,难道做了更充分的准备上天堂,或更适于出现在上帝公正的审判台之前?

　　这话让我信服,我不得不说,我并不认为自己比开始更近一步,而是像以前一样有罪,一样丑陋,一样悲惨。我在内心呼喊:哦,主啊上帝,我迷惘,如果你,主啊上帝,找不到我所不知的新途径,我将永远不能得救,因为我为自己设定的途径和方法,统统失败了,而且,我情愿它们失败。主啊,发慈悲吧!主啊,发发慈悲吧!

　　这些发现继续维持,直到我进屋坐下。坐下后,我的内心一片混乱,好像一个落水者放弃希望,让自己下沉,几乎陷入极度的苦恼。我坐在椅子上突然转过头,看见另一把椅子上放着一本旧《圣经》,赶紧抓起来,不假思索地翻开,眼睛盯在《诗篇》第38篇上。这是我第一次看见上帝的话。这话强烈地吸引着我,似乎穿透我的整个灵魂,好像上帝正在祈祷,在我心中,伴随我,为了我。这时,我父亲招呼全家祈祷。我去了,但并没有注意他的祈祷说些什么,继续用《诗篇》里的那些话祈祷。我喊道:哦,救我,救我啊,灵魂的拯救者!你若不救,我就永远完了。只要你愿意,今天晚上,你的一滴血就能赎我的罪,就能平息上帝的盛怒。一旦我将自己的一切全部交给上帝,让他随意处置,并情愿让上帝按他的意愿支配我,刹那间,救赎的爱便随着反复吟诵的经文闯入我的灵魂,强烈无比,我的整个灵魂似乎都融化在爱中。罪恶的重负卸掉了,黑暗驱散了,我的心变得谦卑,充满感激。几分钟前,我的整个灵魂还在死亡之山的压迫下呻吟,向不认识的上帝求救,现在却充满不朽的爱,凭借信仰的翅膀在高空翱翔,挣脱死亡与黑暗的束缚。我的灵魂高喊:我的主啊,我的上帝;你是我的磐石、我的堡垒、我的盾牌、我的高塔、我的生命、我的快乐、我的现在及永久的命运。我举目仰望,我想,看见的是同样的光〔他以前不止一次在主观上看见明亮的光辉〕,尽管看上去似乎有所区别。我一看见这种光,便觉出其中的意图,与他的允诺完全相符。我禁不住高喊:够了,够了,神圣的上帝!皈依的过程、变化及其表现,并不比我所看见的光,或者我曾看见的任何东西,更值得怀疑。

　　我的灵魂获得自由,沉浸在欢乐之中,还不到半小时,主便向我披露了我的传教任务,让我宣讲福音。我喊道:阿门,主啊,我愿去。派我去,派我去。那天夜里大部分时间,我都沉浸在极度的快乐中,赞美神、敬拜神,感谢他给我慷慨而无限的恩典。经过长时间这种狂喜的天国状态,我的身体似乎要求睡觉,于是,我想合一会儿眼。这时,魔鬼闯进来告诉我,如果我去睡觉,那将失去所有这些,第二天早晨醒来,便发现一切都是幻想和虚妄。我立刻呼喊:哦!主啊上帝,假如这是欺骗,请让我明白。

　　于是,我合眼眯了几分钟,似乎借睡眠振作精神。我醒来时,第一个问题就是:我的上帝在哪儿?刹那间,我的灵魂似乎也醒过来,寓于上帝,伴随上帝,为永久之爱的臂膀所搂抱。大约日出时分,我满心快乐地起来,将上帝对我灵魂的成就告诉父母,向他们展示上帝给我无限恩典的神迹。我拿出《圣经》,让他们看昨天晚上上帝铭刻在我灵魂上的文字。然而,我翻开《圣经》,一切似乎都是新的。

216　　　我渴望成就基督的事业,渴望传布福音,简直有点儿迫不及待,好像必须出去讲述这个救赎之爱的奇迹。我对世俗的快乐、世俗的伴侣,完全失去兴趣,因而能够远离它们。①

这位年轻的阿兰先生,除了《圣经》,没有其他书本知识,除了自己的经验,没有任何理论学说,但经过最短暂的耽搁之后,即刻成为基督教传教士,而且此后,他的一生克己奉公,忠于职守,足以列入最虔诚的圣徒行列。尽管他在拼命工作中获得幸福,却再没有品尝过世俗的快乐,哪怕最无邪的快乐。我们必须将他划归班扬、托尔斯泰一类人,灵魂深处,抑郁的烙铁留下永不磨灭的印记。他的赎罪进入另一个世界,并非纯粹的自然界,对他来说,生活始终是悲惨的、持久的考验。我们发现,几年之后,他在日记里写道:"十二日,星期三,我在一个婚礼上布道,颇感幸福,借此排除肉体的快乐。"

另一个例子是柳巴教授的一个通信者。柳巴教授的文章我们曾引用过,登载在《美国心理学杂志》第六卷。这位通信者是牛津大学毕业生,一位教士的儿子。他的经历,有许多方面类似加德纳上校的经典事例,关于后者,恐怕已经家喻户晓。下面是通信人的

---

① 《生平与日记》(*Life and Journal*,Boston,1806),第31—40页,节选。〔在复制本中詹姆士标明阿兰先生的情况应该节略。——译者〕

叙述,多少有些删节:

自离开牛津①到我皈依这段时间,我从未踏进过父亲教堂的门,尽管我与他共同生活了八年,靠着新闻工作赚钱,以满足我的需要。我用这些钱与人狂喝滥饮,只要他愿意与我坐在一起,直到把钱喝得精光。我就是这样生活着,有时一个星期都醉醺醺的,然后便是极度的懊悔,甚至一个月不沾一滴酒。

在这期间,也就是说,直到我三十三岁,始终没有任何愿望,试图出于宗教的原因洗心革面。但是,滥饮之后,我常常感觉极度的懊悔,悔恨一个受过高等教育且才干超群的人,居然愚蠢地以这种方式断送一生。我的一切烦恼,统统来源于这种懊悔。一天晚上.这种可怕的懊悔使我郁闷,而且,每当这种懊悔侵袭一次,第二天早晨,我都会觉得更加郁闷。我所遭受的痛苦,无法用言语表达。它简直是地狱之火,是最恐怖的折磨。我屡屡发誓,假如"这一次"大难不死,我一定痛改前非。呜呼! 大约三天,我痊愈了,像以前一样快乐。就这样一连几年,不过,我的体格像犀牛一样强壮,每次总会复原,而且,只要我不喝酒,没有人的生活像我一样快乐。

我的皈依发生在我的卧室里,那是我父亲教区的住宅,确切说,是七月一个炎热日子(1886 年 7 月 13 日)的下午三点钟。我当时非常健康,已经将近一个月没有喝酒了。关于灵

217

---

① 在复制本中,詹姆士标明,牛津大学学生的情况应该节略。

魂,也没有什么烦恼之事。事实上,那一天,我根本没有想起上帝。一位年轻的女朋友送给我一本书,德拉蒙德(Drummond)[①]教授的《精神世界的自然法》,让我发表意见,谈谈这部著作作为文学作品的价值。我一向对自己的评论天赋颇感自豪,希望能得到这位新朋友的敬重,于是,我把书带回卧室,打算安安静静地仔细研究它,并写出我的想法。就是在这里,我遇见了上帝,与他面对面,而且,这次会面让我永远难忘。"有人子的人永生,没有人子的人没有生命。"这个话我以前读过几十遍,但这一次完全不同。我现在在上帝面前,注意力完全"焊"在这段文字上,只有充分考虑了这段话的真实含义,才能继续读下去。就在我往下读的时候,始终觉得还有另一个东西在卧室里,尽管我看不见它。当时的寂静简直不可思议,我感到莫大的幸福。刹那间,我毫不怀疑地意识到,我以前从未接触过永恒的上帝:假如我这时候死去,必然沉沦,决无幸免。我毁了。我当时清楚地知道这一点,就像现在清楚地知道我得救了一样。上帝的神灵向我指明这点,让我沉浸在不可名状的爱中。其中没有恐吓。我觉得上帝对我的爱十分强烈,惟一的不安是深深的哀叹:由于自己的愚蠢,已经失去了一切,我该做什么? 我能做什么? 我甚至不懊悔,上帝从不让我懊悔。我所感受的一切是"我毁了",上帝即便爱我,恐怕也无能为力。并非全能的上帝有什么过错。我始终深感幸福,

---

① 德拉蒙德(1851—1897),苏格兰牧师和作家,著有《灵性世界中的自然法》(*Natural Law in the Spiritual World*,1883)。——译者

218

好像一个孩子在父亲面前。我做了错事,但我的父并不责骂我,反而异常地关爱我。然而,我的厄运是命中注定的。我无疑沉沦了,而且,我有勇敢的自然禀赋,在厄运面前不会畏缩不前,但是,对往事的深深哀叹,伴随对我所失的懊悔,牢牢地束缚着我,每每想到一切都完了,我的灵魂就颤抖。后来,一种解脱方法悄然而至,那么温柔,那么慈爱,那么不容置疑。究竟是什么方法呢? 又是非常古老的故事,用最简单的方式讲述:"除了主耶稣基督,天下没有什么名字能够救你。"没有人跟我说话,但我的灵魂似乎看见了精神的救主。从那一时刻直到现在,已经将近九年了,我的生活从未怀疑过,七月的那天下午,主耶稣基督与上帝天父共同降临于我,方式不同,但都施以可以设想的最完美的爱。那时那刻,我满怀喜悦与他们交谈,令人震惊,还不到二十四个小时,全村的人都知道了。

但是,麻烦又来了。皈依的第二天,我去草场帮助收割。由于没有向上帝承诺戒酒节饮,我又喝多了,醉醺醺地回了家。可怜的妹妹心都碎了。我羞愧万分,无地自容,赶紧进了卧室。妹妹随后跟进,满面泪水。她说,我刚刚皈依,但马上又堕落了。我虽然酒气熏天(并未糊涂),但我知道,上帝在我身上开始的功业不会白费。大约中午,我双膝跪下,二十年里第一次向上帝祈祷。我不乞求饶恕,觉得那样不好,因为我将来肯定还会失足。我做什么呢? 我把自己完全交给上帝,最坚定地相信,我个人将被摧毁,他将从我这儿拿走一切,我情愿如此。这种顺从是神圣生活的秘密所在。从那时起,我再不惧怕酒了：我再没有碰过它，再也不想碰它。吸烟的情况也是这样。我十二岁就开始吸烟，以后积习成癖，但从那时起，吸烟的欲望立即消失，而且一去不返。每一件众所周知的罪恶都是如此，其解脱都是永久的和完全的。自从皈依，我再没遇到诱惑，上帝似乎拦截了撒旦，不让它引诱我。上帝经常在其他方面自由干预，但是从未触及我的肉体罪恶。我把自己生命的所有一切统统交给了上帝，所以，上帝千方百计地引导我，为我开辟道路。有些人没有福分享受真正的屈从生活，在他们眼里，这些几乎是天方夜谭。［第 373—376 页］

关于那位牛津的毕业生，我们就谈这么多。你们从他身上注意到，完全弃绝一种古已有之的贪欲，是皈依结出的一个果实。

据我所知，关于突然皈依的最奇特的记载，是阿尔丰斯·拉提斯邦先生①的。拉提斯邦先生是一位思想自由的法国犹太人，于一八四二年在罗马皈依天主教。数月后他写信给一位教士朋友，记叙了激动人心的皈依场面。② 皈依的诱因似乎微不足道。他有

---

　　① 阿尔丰斯·拉提斯邦（Alphonse Ratisbonne，1814—1884），出生于阿尔萨斯一个犹太人家庭，他皈依天主教，尔后受洗，并为犹太人的皈依而努力工作。他皈依的传奇是用法文撰写的。——译者

　　② 引自这封信的意大利译本，见《拉提斯邦先生传》（*Biografia del Signore M. A. Ratisbonne*），Ferrara，1843，我必须感谢罗马的奥康内尔（Monsignore D. O'Connell），是他让我关注这本书。我对原文做了删节。［奥康内尔（1849—1927），罗马天主教神甫，1885—1895 年任罗马北美学院院长。詹姆士于 1900 年 10 月—1901 年 2 月在罗马，不知道奥康内尔这时是否在罗马。——译者］

一个哥哥①曾经皈依，是天主教神父。他本人没有宗教信仰，对那
位变节的兄弟颇为反感，平常很讨厌那身"黑色制服"。他二十九
岁那年，在罗马偶然与一位法国绅士相遇。那个人想劝他皈依天
主教，但是，谈了两三次话，无非使他脖子上多了一枚宗教徽章（半
开玩笑地），接受并朗读了对圣母玛丽亚的一篇简短祈祷，并无其 ₂₂₀
他进展。谈话的过程中，拉提斯邦显得轻佻，玩世不恭。但是，他
毕竟看到一个事实，即好几天，他心里始终无法忘掉那几句祈祷，
并在皈依关头的前一天夜里做了噩梦，梦见一个黑色十字架，上面
没有基督。直到第二天中午，他才摆脱梦幻，用琐碎的谈话打发时
间。我现在引录他自己的话说：

假如这时有人搭讪，对我说："阿尔丰斯，你在一刻钟之
内，将尊崇耶稣基督作为你的上帝和救主；你匍匐在一所破旧
的教堂里，脸颊贴着地面；你在教士的脚下捶胸；你的狂欢节
将在耶稣会学院度过，在那儿准备受洗，献身天主教信仰；你
将舍弃尘世及尘世间的浮华和享乐；放弃你的财富，放弃你的
希望，如果必要，甚至放弃你的婚姻；还有你对家庭的眷恋，你
对朋友的敬重，你对犹太民族的依附；除了追随基督，背负他
的十字架至死不渝，你别无他求。"照我说，假如一个先知到我
这儿来，宣明这样一些预言，那我断定，恐怕只会有一个人比
他更疯狂，即相信这种无意义的蠢话能够成真的人。然而，这

----

① 阿尔丰斯·拉提斯邦的哥哥是提奥多里·拉提斯邦（1802—1884），他于1827
年皈依天主教，1830年受洗。——译者

番蠢话现在却是我的惟一智慧,我的惟一幸福。

我从咖啡馆出来,正碰见B先生[就是劝导阿尔丰斯皈依天主教的朋友]的马车。他停下车,请我上车搭一程,但先让我等几分钟,因为他要去圣安德烈教堂办事。我没有在车上等候,自己走进教堂去看。圣安德烈教堂相当简陋、狭小,空荡无人。我相信,那里当时只有我一个人。没有艺术品引起我的注意。我机械地将目光转向教堂内部,完全没有什么特别的念头。我只记得在我发呆时,有只全黑的狗在我面前跑过来又跑过去。瞬间,那狗不见了,整个教堂也消失了,我再也看不见任何东西,……更确切地说,我只看见一个东西,哦,我的上帝啊。

221　　天哪,让我怎么说呢? 不! 人的语言根本不能表达无法表达的东西,任何描述,无论多么崇高,都是对这个无法言说的真理的亵渎。

我匍匐在地,泪流满面,心神迷狂,不能自己,直到B先生把我叫醒。他提出一个又一个问题,我全然无法回答。但是,我最终捧起胸前的徽章,完全出于灵魂的感动,亲吻了荣光四射的圣母像。啊,的确是她! [他看见的是圣母现身。]

我不知道我在哪儿,也不知道我是阿尔丰斯,还是别的什么人。我只知道自己变了,相信自己变成另一个我。我在自身寻找自我,但是没有找到。我觉得灵魂深处迸发出最热烈的欢乐。我不能说话,不想透露发生的事情。但是,我感觉到内心具有一种严肃和神圣,驱使我去求见一位神父。我被带到一位神父那里,孤独一人,他给了我积极的指令,然后,我尽量说明,跪在地上,内心始终战栗着。关于我已经认识和信仰的真理,我无法向自己说明。我所能说的一切是,刹那间,我眼睛上的绷带脱落了。不只是一条绷带,而是我生长成人以来的所有绷带。它们一条接着一条迅速消逝,就像泥水和冰块在炽热的阳光下消逝一样。

我好像走出坟墓,走出黑暗的深渊。我还活着,完好地活着。然而我哭,因为在深渊之底,我看见了极端的痛苦,我就是被一种无限的仁慈从中救出的。我看见了自己的邪恶,为之震颤,惊诧和感激使我昏迷,让我溶化,把我压垮。你或许问我如何产生这种新的洞见,因为实际上,我从未翻过一本宗教著作,甚至连一页《圣经》都没有读过,况且,原罪的教义不是被当今的犹太人完全否认,就是为他们所遗忘,因此,我也几乎不想这事,甚至怀疑我是否知晓这个名词。但是,我对罪恶怎么有了这种感知?我无法回答,只能说,我进教堂时,完全沉浸在黑暗中,出教堂时,眼前充满光明。我无法说明这种转变,只能比作深沉的睡眠,或者好像天生的盲人突然睁开眼,看见耀眼的白昼。他看见沐浴他的光,并借着光看见让他惊诧不已的事物,但他无法界定这光。假如我们不能解释物理之光,又怎么能够解释真理之光呢?我说我根本没有宗教学知识,现在却直觉到它的意义和精神,我以为这依然是实话。我还感觉到那些隐藏的事物,比看见它们更分明。我感觉它们,是因为它们在我内心产生了不可名状的结果。一切都发生在我的内心,那些印象比思想还要快,激荡我的

222

灵魂，使它翻转，好像转到另一个方向，经其他路径奔向其他目标。我的表达相当拙劣。然而，主啊！那些只有内心才能理解的情操，您愿意让我用贫瘠丑陋的文字包装它们吗？

我还能列举许多例子，几乎没有定数，但是，上述例子已经足以说明，突然皈依对经验者来说，是多么真实、多么确定、多么刻骨铭心的事件啊。皈依的整个高潮，经验者自己无疑像个被动的旁观者和经历者，亲眼看到上峰施与他的惊人过程。这种证据太多了，很难引起什么怀疑。神学将这个事实与神选和神恩的教义结合起来，断定在这些激动人心的时刻，上帝之灵以特殊的神迹方式与我们同在，不同于我们生活的其他时刻。神学相信，我们在那个瞬间吸入一种全新的性质，我们分有了神灵的实体。

根据这种观点，皈依似乎应该是即刻发生的，摩拉维亚派新教徒似乎最先看到这种逻辑结果。卫理宗信徒（Methodists）随之效223 仿，即便不在教义上，也是在实践中。卫斯理临死前写道：

> 仅在伦敦一地，我就发现我们教派652名成员，曾有过极其清楚的经验，我没有理由怀疑他们的证言。他们每个人（没有一个例外）都宣称，他解脱罪孽是瞬间的，变化刹那间完成。假如有一半人，或者三分之一，或者二十分之一，宣称他们的转变是逐渐完成的，那么我会相信他们的确如此，以为有些人逐渐认信，有些人则瞬间认信。然而，经过了这么长的时间，我没有发现一个人这么说，因此我只能相信，认信通常（并非

始终)是瞬间的过程。[①]

新教一些比较普通的派别,始终不太重视这种瞬间皈依。它们像天主教一样,以为基督的血、圣礼,以及个人平常的宗教功课,实际上足以让他得救,即使从来没有严重危机的经验,从未经历自我绝望、屈从、然后得救的过程。相反,卫理宗却认为,必须经历这种危机,否则,即便提供了救赎,却未必能够有效地受用,仅就此而言,基督的牺牲是不完备的。这里,卫理宗如果不是遵循健全的心态,总体上一定遵从更为深刻的宗教本能。卫理宗树立的个人典型和学习榜样,不仅事迹更生动,心理上也更加完美。

这种思维方式,可以说,导致了规则而定型的程式,在英国和美国充分发展起来的奋兴运动(Revivalism),让我们看到了这一点。尽管毫无疑问,确有一次生的信徒存在,无须剧烈变化,亦能逐渐成为圣洁;尽管显而易见,非常纯粹的自然善良渗入(像有人说的那样)救赎的计划;奋兴派却始终认定,惟独他们自己的宗教经验才是完美的。你必须首先被钉在自然绝望和痛苦的十字架上,然后,眨眼间就奇迹般地解脱了。 224

亲自经历这种经验的人,自然为其陶醉,觉得那是奇迹,不是自然过程。经常会听见异音,或看见光明,或目击显圣;无意识动作的现象也时有发生。个人的意志缴械投降之后,外部的崇高力量便汹涌而至,占据心灵。此外,新生、安全、圣洁、正义的感觉是

[①] 台尔曼(Tyerman)的《卫斯理的生平与时代》(*Life and Times of the Rev. John Wesley*,1870,i.)第463页。

那么不可思议,那么欢欣鼓舞,足以保证人们相信那个全新的本质。新英格兰的清教徒阿雷因①写道:

> 皈依并非镶嵌一块圣洁。真正的皈依者是将圣洁织进他的一切能力、一切操守、一切实践。诚实的基督徒是全新的织物,从头到脚,彻头彻尾。他是一个新人,一个新的造物。

爱德华兹以同样的口吻说:

> 上帝之灵造成的那些恩典效果,完全超乎自然——截然不同于死不悔改的罪人的经验。改善或拼凑自然的禀赋或资质,根本无法造就它们,因为它们不仅不同于自然之物,不同于自然人每一经验的程度和环境,而且经验的种类亦完全不同。它们的性质优越许多。因此,受恩典的影响,[也]有新的知觉和感觉,其性质和种类完全不同于[同一]圣徒献身之前的任何经验……圣徒理解的上帝之尊,以及他们从中经验的快乐,都是极特殊的,完全不同于自然人所经历的事物,或者,不同于自然人能用专有名称表示的事物。②

爱德华兹在另一段指出,在这种光荣的转变之前,必定有绝望发生。他说:

---

① 阿雷因(Joseph Alleine,1634—1668),英国清教牧师。——译者
② 爱德华兹:《宗教感情》,第109,111页。——译者

上帝在解救我们摆脱罪恶状态,免除我们永远受苦的债务之前,首先应该让我们对自己曾犯的罪恶有深刻的罪感,以使我们能够体味上帝乐于救人的价值,这确实没有什么不合理的。得救者先后经历两个截然不同的状态——先是判罪状态,然后是释罪和受福状态——上帝救人时,把人当作理智的造物,因此,那些得救者能够感受自己曾处于两种状态,似乎符合他们的智慧。首先应使他们感受判罪状态,然后让他们感受解脱和幸福状态。[①]

这段引文充分表达了这些转变的教理解释,足以满足我们的目的。在情绪激昂的群体里,暗示和模仿不管对其男女的转变起了什么作用,但就无数的个案而言,它们都是原始的、直接的经验。假如不掺杂任何宗教兴趣,从纯粹自然史的观点撰写心灵的发展,我们仍然需要记载人的突然完全皈依的性情,将其看作人的最奇妙的特性。

我们自己必须如何考虑这个问题?瞬间皈依是否上帝现身的奇迹,好像上帝现身,内心的转变就没有不是急促突然的?即便明显的新生人,是否也有两类,一类实际分有基督的品性,另一类只是似乎如此?或者相反,整个更生现象,即便那些惊人的瞬间事例,或许都是严格意义的自然过程,当然,结果是神圣的,但有的多点儿神圣,有的则少些,而且,就纯粹起因和机制而言,其神圣并不

226

---

① 爱德华兹:《宗教感情》,第63页。——译者

比人的内心生活的其他过程（无论高低）更多些或更少些？

回答这个问题之前，我必须请你们再多听一些心理学论述。我们上一讲，说明个人能力的中心如何转移，如何引起新的情感危机。我解释说，这种现象部分产生于思想和意志的意识过程，明晰可见，部分则产生于潜意识，培育和酝酿生活经验积淀下来的动机。一旦成熟，就会开花结果。现在，我必须用更明确的方式，谈一下孕育这种开花过程的潜意识领域。遗憾的是这里时间有限，我只能简略谈谈。

"意识场"这种表述，只是最近几年才成为心理学著作的时髦用语。不久前，用以描述心理生活单位的术语还是"观念"，据说，那是轮廓分明的东西。但是现在，心理学家首先倾向于承认，现实的单位很可能是整个心理状态，整个意识波或者任一时刻展现给思想的对象场。其次认为，明确地勾勒出这个波、这个场，根本不可能。

我们的心理场[①]前后相继，每个都有自己的兴趣中心，周围的对象越来越不为我们的意识所注意，渐渐淡去，越接近边缘，越模糊不清，以至于根本无法指明界限。有些意识场狭小，有些意识场宽大。通常，我们有宽大的意识场时感到高兴，因为可以看到大量的真理混在一起，并且往往瞥见多重关系，看不清，却能觉察到，因为它们伸出的线索超出意识场，进入遥远的客观现实领域，我们似乎就要知觉这个领域，但并未实际知觉到。其他时候，诸如瞌睡、

227

---

① 詹姆士在《心理学原理》中提出了类似的观点。可重点参阅其中"思想流"一节。——译者

生病或疲劳之时,我们的意识场恐怕十分狭小,几乎缩成一个点,我们相应地感觉自己受压迫,受约束。

在意识场的大小问题上,不同的个人展示不同的结构。伟大的组织天才习惯上具有广阔的心理视野,未来行动的整个纲领似乎已显格局,其光芒射向远方,照亮确定的前进方向。普通人对一个主题,便没有这种恢弘的眼界。他们蹒跚而行,好像摸着石头过河,从这一点到那一点,而且常常驻足不前。意识若陷入某种病态,那便成了纯粹的火星,没有往昔的记忆,亦无未来的预想,惟有跟随现在,蜷缩在身体的某个单纯情绪或感觉里。

这个"场"的公式记载的重要事实,就是边缘的不确定。边缘所包含的事物尽管是不经意地被领悟,但它确实在那儿,帮助指导我们的行为,决定我们下一次的注意活动。意识场如同我们周围的"磁场",当意识的现阶段发生变化,转入下一阶段,我们的能力中心就会像指南针一样偏转方向。我们的全部记忆库漂浮在边缘的外边,一触即来。全部的残余力量、冲动和知识,构成我们的经验自我,连续不断地向外伸展,伸向边缘的那一边。我们某一时刻的意识生活一分为二,一边是现实,另一边只是潜在,其间的界线如此模糊,因而很难说,某些心理要素究竟是否为我们所意识。

普通心理学完全承认描绘边缘界线的困难,但是,却仍然主张:(1)个人现有的一切意识,无论中心的还是边缘的,无意的还是注意的,完全一样,都包含在那一时刻的"意识场"内,不管后者的轮廓多么朦胧,多么难以认定。(2)绝对的超越边缘,就是绝对的不存在,根本不可能成为意识事实。

讲到这里,我必须请你们回想上一讲有关潜意识生活的内容。

你们或许还记得，我曾经说过，那些最初强调这种现象的人，并不像我们现在一样知晓这方面的事实。因此，我的首要任务是告诉你们，我所说的这个话意味着什么。

我不能不认为，自我研究心理学以来，这门学科在这个方面已经取得伟大成就。最重要的是一八八六年首次发现，至少有些人，不仅具有普通的场意识，形成通常的中心和边缘，而且，还有另外一套记忆、思想和感受，游离于边缘的外围，完全在主体意识的范围外，但又必须划归某种意识事实，能够凭借不容置疑的符号展示它们的存在。我称其为"最重要的发现"，是因为它不同于心理学的其他发现，它向我们揭示了人性构造的一个特点，完全出人意料。其他的心理学发现，没有哪个配得上这种资格。

尤其是，发现一种意识存在于意识场外，或用迈尔斯的话说，存在于意识阈下，能够说明宗教传记的许多现象。这就是我现在谈及它的缘由，尽管在这里，我不能阐明接受这种意识的证据。这种证据，你们会在近期的许多书里找到，比纳①著的《人格的更迭》②，或许像其他的好书一样值得推荐。

迄今为止，证明所需要的人员资源相当有限，而且，至少有一部分还颇为怪异，都是些极易接受暗示的催眠患者，或者歇斯底里的病人。然而，人类生活的基本机制大概相当一致，证明为一些人明显具有的，或许所有的人都在一定程度上拥有，少数人甚至能够

---

① 比纳(Binet，1847—1911)，法国心理学家。著有《人格的更迭》(*Les Altera-tions de la personnalite*，Paris：Bailliere，1892)。英文版由鲍德温(Helen Green Baldwin)翻译(*Alternations of Personality*，New York：D·Appleton)。——译者

② 国际科学丛书。

达到超凡的程度。

这种极端边缘的生活倘若迅猛发展,最重要的结果便是,人的普通意识场很容易受其侵袭,当事人不知来源,因此,以为作用发自莫名其妙的冲动,或者因为压抑行为、执迷的观念、甚至幻象幻声。这些冲动可以指挥无意识的言语或书写,尽管来自当事人,本人却不解其意。迈尔斯把这种现象泛化,将整个效应称作"自动症"(automatism),有感觉的或运动的,情感的或理智的,皆因为源于人心阈下部分的能力"上冲",进入普通意识。

自动症的最简单例子,是所谓催眠后暗示现象。给一位感应灵敏的人催眠后,你向他发布命令,让他醒来后做某个指定动作——不论平常的还是怪异的,都无关紧要。当信号发出,或者,你让他采取行动的时间来临,他会准确执行。但是,他这样做并非记得你的暗示,而且,假如是怪异的动作,他总会即兴虚构一个托词,以掩饰他的行为。甚至可以向被试暗示,醒后某段时间可能看见或听见什么,时间一到,他果然看见那个景象,听见那个声音,被试方面丝毫不知其来源。关于歇斯底里病人的阈下意识,比纳、让内(Janet)、布劳伊尔[1]、弗洛伊德、迈森[2]、普林斯[3]等人做了杰出工作,给我们揭示隐藏生活的完整系统,其形式为:痛苦的记忆导致一种寄生存在,埋藏在主体意识场之外,并伴随幻觉、痛苦、惊厥、感觉或运动的麻痹,以及歇斯底里身心疾患的全部过程,突然闯入意识场。用暗示改变或消除这些潜意识记忆,病人立即好转。

①　布劳伊尔(Breuer,1842—1925),奥地利心理学家。——译者

②　迈森(Mason,1830—1903),美国医生。——译者

③　普林斯(Prince,1854—1929),美国医生和心理学家。——译者

用迈尔斯的话说,病人的症状就是自动症。这些治疗记录听起来好像神话故事,但是,人们无法怀疑它们的准确性。而且,第一批观察者一旦开辟了道路,类似的观察便接踵而来。正如我说过的,他们给人类的自然构造提供了一个全新的阐释。

我以为,他们必然还会前进。既然用类比已知解释未知,那么以后,我们凡遇见自动症现象,无论运动冲动,还是执迷观念,或者莫名其妙的怪想、妄想、幻觉之类,首先必须考察这是否潜伏观念的突然爆发,经过心灵阈下领域的酝酿,突然闯入普通意识场。因此,我们应该去主体的潜意识生活寻找其来源。在催眠的例子中,我们自己用暗示创造了这个来源,所以我们直接知道它。在歇斯底里的例子中,丧失的记忆是其来源,我们必须运用许多巧妙的方法,从病人的阈下意识将它们抽取出来。要了解这些,你必须查阅专书。至于其他病例,例如疯狂的妄想,或精神病态的执迷,也必须寻找来源,但通过类推,其来源也应该在意识阈下领域。可以设想,将来我们的方法改进后,便能随时把握它。逻辑上应该假设有这种机制——然而,这个假设包含一个庞大的纲领,需要做许多证实工作,其中,人的宗教经验必定发挥作用。①

因此,我又返回瞬间皈依的特殊主题。你们还记得阿兰、布拉

①　这里请读者注意,前次演讲,我完全依据动机(动机随经验的发展积淀而成)的潜意识"孵化",我所遵循的方法是运用人们公认的解释原则。阈下领域无论是什么,现在毕竟为心理学家所接受,认为其功能是积累可感经验的踪迹(无论是否注意过),并依照通常的心理学或逻辑法则,使它们进入结果,最终获得一种"张力",使它们有时能够进入意识,好像是突如其来的爆发。因此,将用其他原因无法说明的突如其来的意识变化,解释为阈下记忆的张力达到临界点的结果,应该是"科学的"。然而,必须坦

德雷、布雷纳德,还有那个下午三点皈依的牛津毕业生吧? 类似例 `232`
子还有许多,有的见到光明形象,有的没有,但都有惊人的幸福感,
都为更高的力量所左右。假如完全撇开事件对个人未来精神生活
的价值问题,仅仅从心理学方面考虑,那么,其中的许多特征使我
们想起皈依以外的东西,驱使我们把它们归入自动症一类,并猜
想,造成瞬间皈依与逐渐皈依区别的,并非一个有神迹显现,另一
个显现的神性较少,而是因为一个简单的心理特征,即一个事实:
突然获得恩典的接受者,具有较大的区域供心灵进行意识阈下的
作业,入侵的经验由此出发,瞬间便破坏了主体意识的平衡。

我看不出,卫理宗有什么理由反对这种观点。请回过头,想一
想我在第一讲引导你们得出的一个结论。你们恐怕记得,我在那
儿曾经反对一种观念,即事物的价值能够为它的起源所决定。我
说,我们的精神判断,我们认为人类事件或境况具有什么意义和价
值,唯有用经验的理由才能判定。假如皈依状态导致的生活结果
是好的,即便它属于自然心理学的一个片断,我们仍然应该把它视
为理想,尊重它。否则,不论什么超自然的东西介入,我们都应不

率承认,偶尔也有一些突然爆发进入意识,其结果很难证明经历过潜意识的长期“孵
化”。我在第三讲运用一些实例说明不可见之物的临现感,它们属于这一类(参见第
59、60、61、66 页[原书页码])。我们转向神秘主义主题时,将会看到另一类经验。布拉
德雷·拉提纳上邦的例子,可能还有加德纳上校和圣保罗,恐怕很难用这么简单的方式加
以解释。这种结果或许出于纯粹生理神经的激动,诸如癫痫之类的宣泄性损害(dis-
charging lesion),或许出于某种更神秘、更有神学意味的假设,如果它像后两例,有用而
且合理的话。我之所以这么说,是为了使读者意识到,这个主题实际上相当复杂。不
过目前,我将尽量保持较“科学的”观点。只是等到后边的演讲情况复杂时,我再考虑
用它解释全部事实是否绝对充分的问题。毫无疑问,潜意识的孵化可以解释其中大部
分事实。

予理睬。

好吧！有了这些生活结果又如何呢？我们撇开名留青史的著
名圣徒，只考虑普通"圣徒"，那些开店铺的教会成员，还有普通的
233 中青年突然皈依者，无论皈依出自奋兴，还是卫理派自发的发展过
程，那么你们或许同意，配得上"完全超自然"美名的造物，其光辉
没有一丝从他们身上射出，或者，没有一丝将他们与从未经验这种
恩惠的凡人分别开。假如这些突然皈依者真像爱德华兹所说①，
直接分有基督的实质，其类型完全不同于自然人，那确实应该具有
一种精美的类别标志，甚至这个阶层的最下等人，也照射出独特的
光芒，我们当中没有人感觉不到，而且，凡光芒所到之处，便证明他
比最天才的自然人更出色。然而，众所周知，根本没有这种光辉。
皈依者若归于一类，他们与自然人并无分别。有些自然人的成就
甚至高于皈依者。对教义神学一无所知的人，若用日常眼光揣算
面前这两群人的"不测"，恐怕没有一个人能够猜出，他们的本质不
同，居然就像神的本质与人的本质不同一样。

实际上，相信突然皈依具有非自然性质的人也承认，所有真正
的皈依者，并无什么独特、分明的类别标志。那些超乎寻常的事
件，诸如奇声异象、突然出现的经文内涵刻骨铭心、与转变时刻相
关联的激动情绪和热烈情感，等等，可能统统是由自然方式产生
的，或者更糟糕，是由撒旦伪造的。要寻找精神再生的真正见证，
234 只能去探索真正的上帝子民的气质、永久的忍耐心，以及无我的
爱。必须承认，这也见于没有经历转变的人，甚至在基督教以外

---

①　爱德华兹在另一处说："我敢说，上帝驱使一个灵魂皈依，及其源泉、基础和价
值，还有它的利益、结局和永久收获，是上帝的工作，比创造整个物质世界还要光荣。"

发现。

爱德华兹的《论宗教感情》描述了超自然倾注的情形,绚丽多彩,细致人微,美不胜收,然而没有一个确切的特征,没有一个标记,能够确定无疑地使它特立独行,与那些或许程度极高的自然之善区别开。这部著作无意中支持了这样一个论断:人的不同优势之间并无鸿沟,这里同其他方面一样,显示了自然界的连续差异,生与再生只是程度问题。事实上,恐怕没有哪个论证比这里更清楚了。

否认实际存在着截然有别的两类人,并不等于让我们盲目否认,皈依的事实对皈依者本人异常重要。每个人的生活都有高低两种可能的限度。只要洪水淹没了头顶,其绝对高度是多少无关紧要。假如我们触及自己的极限,依靠自己的最高能力中心生活,我们便可以称自己得救了,用不着顾及其他人的能力中心有多高。一个微末的人得救,对他来说始终是伟大的救赎,是一切事实中最伟大的事实。我们平常的传教结果假如令人失望,便会记得这一点。这些精神的蝇营狗苟,这些笨伯蠢汉,假如他们连已经接受的那一丁点儿可怜恩赐都从未沾过,谁知道他们的生活会有多龌龊呢?[1]

倘若粗略地把人分类,每一类代表一级精神的优越,那么我相 235

---

[1] 爱默生说:"倘若我们看见一个灵魂,其行为举止端庄、优雅、愉悦,好像一朵玫瑰花,那就必须感谢上帝,是他让这种事物可能存在,并真实存在,而不必酸溜溜地对天使说:'哼哼唧唧地抗拒一切内在魔鬼的笨伯是更好的人。'"很对。不过,笨伯实际上可以是更好的笨伯,因为其内在冲突及二次降生。你们一次生的"端庄"品格,的确总比可怜的笨伯好,但是,假如笨伯有能力忏悔自己特殊的恶魔行径,不管这些行径多么优雅,多么愉悦,多么文质彬彬,那么,你们恐怕还不如具有笨伯能力时的个人品格。

信,我们会发现自然人与皈依者(包括突然皈依和逐渐皈依)统统归属同一类。再生变化引发的形式没有普遍的精神意义,只有心理学意义。我们已经看到,斯塔柏克艰苦的统计研究试图将皈依等同于普通的精神发展。另一位美国心理学家柯教授[①]对他所知道的七十七个突然皈依者或先前准备皈依者的案例进行分析,其结果明显证实,突然皈依者与具有积极的阈下自我有关。他测试了被试的催眠感应性,还有自动症,诸如催眠的幻觉、古怪的冲动、皈依时刻的宗教梦,等等,发现那些转变"明显"的皈依者,出现上述症状的频率要多得多。这里的所谓"明显"转变,"不一定是瞬间变化,但是,在转变者眼里,这种变化似乎与生长过程(无论多么快)截然不同"。[②] 你们都知道,奋兴过程的准备皈依者,经常陷入失望:因为他们经验不到明显变化。柯教授的七十七个被试中,这类人数量很多。柯教授用催眠测试他们,证明他们几乎统统属于所谓"自发"的子类,也就是说,他们喜欢自我暗示,不同于大多明显转变者隶属的"被动"的子类。柯教授推断,同样环境,对比较"被动"的被试,很容易产生他们所追求的效果,但是,"自发"的被试因为自己暗示没有任何可能性,结果阻碍了环境对他们产生影响。在这些领域,要做到泾渭分明的确困难,柯教授的被试数量太少了。不过,他的方法十分细致,结果亦与人们的预期相吻合。从总体上看,这些结果似乎证实他的实际结论,假如一个被试,同时兼备三个要素:(1)显著的情绪感受,(2)自动症倾向,(3)被动型的

① 见他的书:《灵修生活》(*The Spiritual Life*,New York,1900)。[柯(George A. Coe,1862—1951),美国宗教教育家,有"宗教教育之父"的美誉。——译者]

② 见他的书:《灵修生活》(*The Spiritual Life*,New York,1900),第112页。

暗示感受,并且受到皈依的影响,那么,你可以信心十足地预测:将会发生突然皈依那种明显的转变。

这种个人气质的起源,会不会贬损突然皈依的意义呢? 柯教授说得好,一点儿也不会,因为"宗教价值的最终标准不是心理的,不是根据如何发生来判定的,而是伦理的,仅仅根据获得什么加以判定"。①

随着我们的考察深入发展,我们将看到,获得的通常是全新的精神活力,即相对英雄主义的层面,这里,不可能的事情变为可能,展现出新的能力和新的耐力。人格变了,这个人现在获得新生,不管他的心理特质是否赋予这种变化以特殊形式。"圣洁"是这种结果的技术名称。不久,你们将会看到这一结果的若干实例。这次演讲,我仅仅再做一点儿补充,说明变化时刻感受的那种确信与平静。

不过,讨论这个问题之前,还要多说几句,以免人们误解我用潜意识活动解释突然皈依的最终目的。我确实相信,假如被试没有这种潜意识活动的倾向,假如他的意识场边缘有坚硬的外壳,阻挡外面的东西入侵,那么,这个人发生的皈依,必然是逐渐的,类似于简单地演变为新的习惯。具有发达的潜意识的自我,具有泄漏或通透的边缘,乃是一个人瞬间皈依的先决条件。但是,假如你是正统的基督徒,把我当作心理学家询问我,将一个现象归结潜意识的自我,是否完全排除神灵直接降临的思想,那么必须坦率说,作

---

　　① 　见他的书《灵修生活》(*The Spiritual Life*,New York,1900),第 144 页(节选)。

为心理学家,我看不出为什么必然如此。诚然,潜意识的低等现象隶属于个人资源:他的日常感觉材料是无意中接受的,为潜意识记住并结合,能够用来解释他平常的所有自动症状。然而,正如原始的清醒意识开启我们的感官,让它们接触物质对象一样,逻辑上同样可以设想,假如有更高的精神设置能够直接触及我们,那么,这样做的心理条件或许就是因为我们具有潜意识领域,只有这个领域允许我们接近它们。喧闹的清醒生活关闭的门,梦中的潜意识或许始终半开半掩着,或者敞开着。

因此,作为皈依的本质特征,对外力支配的感受,至少在有些案例中,可以依从正统的解释,即有一些超越有限个体的力量在作用于他,而他就是我们所说的"阈下人"。但是无论如何,这些力量的价值必然为它们的效果所决定,仅仅根据它们有超越性这一事实,恐怕无法必然推断它们更多的是神性,而不是魔性。

应该明说,作为一种方法,我想把这个问题暂时搁下,保存在你们的脑子里,直到后边的一个演讲,我再将这些落下的线索重新联结起来,形成更明确的结论。在我们研究的现阶段,确实不应认为潜意识的自我这一概念,排斥一切高层力量的侵入。假如真有高层力量能够作用于我们,那它们恐怕只能经由阈下意识之门。(见后面第506页以下)

现在,让我们回到皈依经验的直接感受。首先应该指出的正是这种高层支配感。它并非始终存在,但的确经常出现。我们从阿兰、布拉德雷、布雷纳德及其他人身上,看到这方面的例子。需

要这种高层支配力量,这在法国著名新教徒摩诺①关于自己皈依
关头的短述中讲得很清楚。事情发生在那不勒斯,时间在 1827 年
夏,正值他的青壮年时代。他说:

> 我的悲伤没有限度,完全占据了我,渗透我的生活,从最
> 无关紧要的外部活动直到最隐秘的思想,并从源头腐蚀我的
> 情感、我的判断、我的幸福。就在那时,我发现,想靠自己患病
> 的理性和意志制止这种紊乱,其行为无异于一个盲人妄想借
> 助这只瞎眼校正那只瞎眼。我没有其他出路,只有求助某种
> 外部影响。我想起圣灵的许诺。我从未领会的福音的积极陈
> 说,终于因为必需而懂得了,我平生第一次相信这个许诺,其
> 惟一的意义是它满足了我的灵魂的需要,因为我的灵魂需要
> 真正外部的超自然行为,能够给我思想,亦能剥夺我的思想,
> 上帝作用于我,成为我心的主宰,就像他主宰自然界的其他部
> 分一样真实。于是,我丢弃一切功德、一切能力,放弃个人的
> 全部资源,承认除了自己遭受的深重苦难,并无任何资格享受
> 上帝的恩赐。我回到家,跪在地上祈祷,我一生中还从来没有
> 祈祷过。从这天起,我开始了新的内心生活:并非我的忧郁已
> 经消逝,而是忧郁丧失了刺激力。希望在我心中升起,而且一
> 旦走上正路,我那时学会委身投靠的耶稣基督的上帝,便逐渐

239

---

① 摩诺(Adolphe Monod,1802—1856),法国新教牧师。——译者

地成就其他事情。①

　　无须再提醒你们,新教神学与这种经验展示的心灵结构完全吻合。在极度忧郁中,有意识在场的自我绝对无能为力。它彻底崩溃了,山穷水尽,无计可施,它所能做的一切都是徒劳的。若想得救,摆脱这种主观状态,必须依靠无偿的恩赐,否则没有可能。基督通过献身施予的恩典,就是这样的恩赐。路德说:

　　　　上帝是谦卑者、苦难者、受压迫者及绝望者的上帝,是那些行将毁灭者的上帝。上帝的本性,就是让盲人重见光明,安抚破碎的心灵,为罪人洗刷罪孽,拯救极度绝望和罪恶的人们。有人以为,人具有自己的正义,并非肮脏、痛苦、该死的罪人,而是正义的和圣洁的。这个意见谬种流传,危害深重,根本不容许上帝行使自己本来的职能。因此,上帝必须手握大槌(我指戒律),把这个妄自尊大的野兽砸个稀巴烂,消灭它,使他最终通过自己的苦难懂得,他是无望的恶棍。但是困难在于,倘若一个人惊恐万状,闻风丧胆,便无法重新站起来,说:"我现在是遍体鳞伤,痛苦不堪。现在是恩典的时候了;现在是倾听基督的时候了。"人心简直愚蠢至极,到那时还企图为自己寻找更多的戒律,以满足自己的良心。他说:"假如我活着,我将改变生活:我要做这个,我要做那个。"然而,除了你

240

————————————————————

　　① 我把摩诺(W. Monod)《生平》(II Vit)中的一段引文与《摩诺:卷一,生平回忆》(*Adolphe Monod:I, Souvenirs de sa vie*, 1885, p. 433)刊印的一封信拼合在一起。

倒行逆施,除了你把摩西及其戒律撵走,并在恐惧和苦恼中抓住为你罪孽而死去的基督,这里并没有寻求救赎。你的僧衣、你修过的头顶、你的贞操、你的服从、你的贫困、你的工作、你的业绩,所有这些干什么用? 摩西的戒律有什么用? 假如我,悲惨而该死的罪人,通过功业能够热爱上帝之子,从而理解他,那他有什么必要为我献身? 假如我,一个悲惨而该死的罪人,能够以其他代价获救,那有什么必要非得牺牲上帝之子呢? 然而,没有任何其他代价,因此他不奉献牛、羊、金、银,而是奉献上帝自身,完完全全是"为我",我说,就是"为我",一个悲惨、痛苦的罪人。因此现在,我得到安慰,并将这点用于我自己。这个用法正是信仰的真正威力和力量。因为他的死不是为了证明义人正当,而是为了解救不义之人,使他们成为上帝的子孙。①

也就是说,你沉沦得越深,就越有资格成为基督殉难所要拯救的人。我想,与路德个人经验传递的信息相比,天主教神学对病态灵魂的述说,没有一点够得上直截了当。既然新教徒并非都是病态灵魂,那么,依靠路德自鸣得意的所谓个人功业之类的粪土,个人正义之类的污秽,当然会在他们的宗教中再次风靡。然而,路德的基督教观点作为一个新生事物,能像野火一般迅速传播,证明它与人类心灵结构的深层部分相吻合。

相信基督已经真正展开自己的工作,是路德信仰的一部分,至 241

---

① 《加拉太书注释》(*Commentary on Galatians*),ch. iii, 19 以及 ch. ii, 20,(节选)。

此,所信仰的事实均可以由理智设想。然而,这只是路德信仰的一部分,另一部分则更加关键。这部分不是理智的,而是直接的、直觉的,即确信:我,这个个别的我,就像我现在的情形,无须辩解什么的,现在得救了,而且永远得救了。①

柳巴教授正确无疑地指出,从概念上相信基督的作业,尽管经常有效并且在先,其实却是附属的、次要的,"快乐认信"(joyous conviction)恐怕也是经由其他渠道,并非凭借这种概念。他将"杰出信仰"的名称,送给"快乐认信"本身,即确信自己一切都好。他写道:

在狭窄的自我内部建立藩篱的疏离感一旦破除,个人便发现"万物合一"的境界。他过着宇宙的生活。他与人,他与自然,他与上帝,都是一体。那种自信、信任,以及与万物合一的状态,就是信仰状态,是继获取道德的统一之后产生的。信仰状态来临之际,各种教义信念突然得到确认,展现一种新的实在,成为信仰的对象。这里,确信的基础并非理性,因此与论证无关。然而,这种认信不过信仰状态的偶发枝节,若以为

242

---

　　① 有些皈依,两个步骤相当分明。例如:"当我阅读布道文时,很快就为一个表述所震动:'基督完成的工作。'我问自己:'作者为什么这么说? 他为什么不说"救赎的工作"?'此后,'它完成了'这几个字便呈现我的心里。我问自己:'所完成的是什么?'我的心立刻回答:'完全赎罪;得到完全满意;代理人还了债。基督为我们的罪而死,不仅仅为了我们,而是为了所有人。假如全部工作已经完成,所有的债务已经偿还,我们还做什么呢?'圣灵驱使另一道光在我心中闪过,一种愉快的信念油然而生:除了下跪,接受救主和他的爱,并永远赞美上帝,无须再做什么。"《泰勒自传》(Autobiography of Hudson Taylor)。我是从夏朗(Challand)的法文译本(日内瓦,无日期)重新译回英文的,英文原本不可得。[泰勒(1832—1905),英国传教士。——译者]

信仰状态的主要实际价值，就在于有能力将实在的印记，刻在某些特定的神学概念上，那就大错特错了。[①]相反，信仰状态的价值仅仅在于，它是生物发展的心理相关物，试图将彼此冲突的欲望导入同一方向。这种发展表现为新的情感状态和新的反应，亦表现为更加广泛、更加崇高、更像基督的行为。因此，特别确信宗教教义的基础是情感经验。信仰的对象甚至可以荒诞不经，情感之流将携带它们漂浮，赋予它们颠扑不破的确定性。情感经验越是惊心动魄，越是似乎难以解释，就越容易成为一个载体，承载那些毫无根据的概念。[②]

我认为，为了避免混乱，情感经验应该叫作确信状态，而不应叫信仰状态，其特征极易列举，却恐怕难以体会它们的强度，除非人们亲自经验。

确信状态的第一个主要特征是无忧无虑，觉得最终一切都好，和平、协调、遂愿，即使外部环境依然如故。上帝的"恩典"、"释罪"、"救赎"都确定无疑，成为客观的信念，通常伴随基督徒内心的变化。不过，完全没有这种确定，仍然可以具有情感的平和——你们会记得那位牛津毕业生的例子。而且，还可以举出许多，说明个人得救的确信只是后来的结果。情愿、默许、赞赏的激情，正是这种心灵状态的炽热的中心。

第二个特征是真理感，即感知到前所未知的真理。按照柳巴

243

---

① 托尔斯泰的例子是这个话的好注脚。他的皈依几乎没有神学。他的信仰状态是恢复一种感觉，觉得生活充满无限的道德意义。

② 《美国心理学杂志》(*American Journal of Psychology*)，vii，345—347，节选。

教授的说法,生活的神秘昭然若揭。这种揭示经常,不,通常是在一定程度上无法用语言表达的。不过,我们暂时搁下这些比较理智的现象,直至我们讨论神秘主义时再说。

确信状态的第三个特征是客观的变化,就是世界经常经历的那种变化。"崭新的模样能够美化一切对象",恰与另一类崭新正相反对,即抑郁病人所经验到的,世界显现出可怕的不真实及陌生感。我关于这方面的举证,恐怕你们还记得。[①] 内外清新而美丽的感觉,是有关皈依的记录中最普通不过的。爱德华兹自己描述说:

> 此后,我对神圣之物的感觉逐渐增强,越来越活跃,内心充满更多甜美。每一事物的外貌都发生变化,几乎件件都面露静谧与甜蜜,闪耀着神圣的光辉。上帝的美德、智慧、纯洁及慈爱,似乎映现在每一件事物上:日月星辰,蓝天白云,花草树木,还有水与其他万物。它们常常使我聚思凝想。我觉得,所有自然之物的运作,没有哪个能像雷电一样甜美,而以前,它们是最让我恐惧的。我过去常常为雷鸣吓得魂不附体,每当看见雷雨来临,便胆战心惊。现在恰恰相反,雷雨让我欢欣鼓舞。[②]

---

① 《美国心理学杂志》(*American Journal of Psychology*),vii,345—347,节选,150 页。

② 德怀特(Dwight):《爱德华兹生平》(*Life of Edwards*,New York,p. 1830,61),节选。[德怀特(1786—1805),美国牧师。——译者]

伯雷①是个小小的福音传教士,没有文化却成绩卓著。他这 ²⁴⁴
样记录了自己的新鲜感:

> 我对主说:"您曾说过,乞求的人将有所获,寻觅的人将有
> 所见,对于敲门的人,门将敞开,我真心相信这个话。"刹那间,
> 主让我感觉幸福,简直无法用言语表达。我热烈欢呼。我的
> 全身心都在赞美上帝……我想,这件事发生在一八二三年十
> 一月,但我不知道确切的日子了。我记得,我眼里的一切都是
> 新的,人、田野、牲畜、树木。我好像是新世界里的新人。我用
> 更多的时间赞美上帝。②

斯塔柏克和柳巴引录了一些文字说明这种新鲜感。下面两段
均选自斯塔柏克收集的手稿。一例是位女士,她说:

> 我被带到一个露营会,母亲和其他教会朋友想要我皈依,
> 替我祈祷。我的情绪骤起波澜,深受感动。我忏悔自己的堕
> 落,恳求上帝救我摆脱罪恶,完全忘却周围的一切。我祈求饶
> 恕,并真切地意识到,我已得到宽恕,我的本性更新了。我站
> 起来高喊:"旧的统统过去,万物已经更新。"这就好像进入另
> 一个世界,进入新的生存状态。自然之物荣耀生辉,我的心灵
> 视觉明察秋毫,看见宇宙的一切物体都是美丽的,连树木都发

---

① 伯雷(Billy Bray,1794—1868),英国矿工、酒鬼。——译者
② 伯恩(F. W. Bourne):《国王的儿子;伯雷回忆》(*The King's Son; or, A Memoir of Billy Bray*,London,Hamilton,Adams & Co.,1887),第9页。

出天乐。我的灵魂沉浸于上帝之爱的喜悦,我想让每个人都分享我的喜悦。

另一个例子是男人:

我不知道怎样回到营地,却发觉自己蹒跚向教长的帐篷走去。帐篷里好像挤满了求道者,发出可怕的声音,有的呻吟,有的大笑,还有的在喊叫。帐篷十英尺以外有一棵高大的橡树,我在那儿脸朝地俯倒在一个凳子旁,试图祈祷。我每一次呼唤上帝,都好像有一个人的手掐住我的咽喉,让我窒息。我不知道周围或附近是否有人。我想,假如我得不到求助,我肯定会死,然而,每当我要祈祷时,便觉得那只看不见的手在我的咽喉部位,勒得我喘不过气来。终于,某个东西说:"拿出勇气赎罪吧,否则,你无论如何是死定了。"于是,我最后奋力挣扎,呼唤上帝的饶恕,尽管一样觉得压抑和窒息,但我决定,哪怕窒息而死,也要做完乞求饶恕的祈祷。那回,我记得的最后事情是摔倒在地,那只看不见的手还在我的咽喉上。我不知在那儿躺了多久,也不知后来发生了什么。我醒来时,有一群人在我周围赞美上帝。天似乎开了,洒下光明和荣耀。不是一会儿,而是整个昼夜,光明和荣耀的洪流似乎涤荡我的灵魂,啊,我完全变了,一切都变成了新的。我的马和猪,甚至每个人,似乎都变了。

这个人的情况展示了自动症的特征,这在易于接受暗示的人那里，始终是更生的显著特征，令人颇感惊讶，自从爱德华兹、卫斯理和怀特菲尔德[1]时代，这些自动症现象便成为传播福音的常规手段。最初，它们被当作半神迹的证据，证明圣灵的"力量"。但是很快，便围绕着它们产生很大的分歧意见。爱德华兹在《关于新英格兰宗教复兴的一些想法》里，不得不为它们辩护，反击那些批评者。它们的价值，甚至在复兴运动的各教派内部，也成为长期争论的问题。[2]　无疑，自动症现象并无根本的精神意义，而且，尽管它们的出现，会使皈依者对皈依过程更加难以忘怀，然而，这并不证明，有自动症的皈依者，比那些缺乏内心激烈变化现象的皈依者，能够得到更坚定、更富成效的善果。从总体看，失去知觉、抽搐、幻象、不自主说话、窒息等，必然起因于当事人具有广阔的阈下领域，其中包含神经的不稳定。当事人事后经常也这么看。例如，斯塔柏克的一位通信人写道：

> 我曾经历了皈依的经验。我的解释如下：皈依者的情绪鼓舞到极限，同时出现抑制脉搏加快之类的身体表现，然后突然让它们完全支配身体。松弛是一件美妙的事情，由此经验到情绪的快乐结果达到最高程度。

---

①　怀特菲尔德（Whitefield，1714—1770），英国牧师，卫理公会奠基者之一，在北美布道。——译者

②　参见斯普拉格（William B. Sprague）：《宗教复兴演讲录》（*Lectures on Revivals of Religion*，New York，1832），长篇附录列出许多教士的意见。［斯普拉格（1795—1876），美国牧师。——译者］

有一种感觉自动症,由于频频发生,或许值得特别注意。我是指幻觉或半幻觉的发光现象,即心理学家所说的幻光。圣保罗看见的目眩天象似乎就是这类现象。君士坦丁看见天上的十字架也属此类。我引证的倒数第二个例子提及光明和荣耀的洪流。阿兰提到光,至于光的外在性,他似乎不敢确定。加德纳上校看见闪耀的光。芬内院长说:

> 247　　突然,上帝的荣耀照到我身上,围绕着我,简直不可思议……一束光莫名其妙地射进我的灵魂,几乎把我掀翻在地……这束光好像四面八方的太阳光芒。它太强烈了,不能用眼睛看……我想,我当时的实际经验告诉我,保罗奔赴大马士革的路上,那光让他匍匐在地。这种光确实是我不能持久忍受的。①

其实,这种幻光的报告并非罕见。下边还有一个,引自斯塔柏克的手稿集,说明光分明是外部的:

> 248　　接连两周,我断断续续参加了一系列的奋兴崇拜。好几次我被请到圣坛,每次总是给我更深的印象,最后,我决定必须这么做,否则,就会沉沦。皈依的体验相当生动,就好像心中卸下一吨的重物。似乎有一种奇异的光,照亮了整个屋子(因为天黑了)。我感受到无上的幸福,许久不断地重复"荣耀

---

① 《回忆录》(*Memoirs*),第34页。

归于上帝"。我决定一生甘做上帝之子，放弃心爱的志向、财富和社会地位。先前的生活习惯总是阻碍我的发展，但是，我开始有计划地克服它们，一年的时间，我的整个性情都变了，就是说，我的志向完全变成了另一种。

斯塔柏克还搜集了一个例子，涉及发光的成分：

　　显然，我二十三年前已经皈依了，或者说，已经改邪归正。我当时的更生经验清晰而神圣，而且再没有旧习复发。但是，一八九三年三月十五日，大约上午十一点钟，我经验到圣洁化的过程。伴随这种经验的特殊现象完全出人意料。当时我正安静地坐在家里，吟唱圣灵降临节的赞歌。突然，似乎有个东西潜入我的体内，使我整个人都膨胀起来——这种感觉我从来没有经验过。这种经验发生时，好像有人引导我，走过一间宽大、明亮的屋子。我跟着这位看不见的向导，四周环顾，心中生出一个清晰的念头："它们不在这儿，它们已经走了。"这个思想一旦在我心中明确，尽管没说一个字，圣灵还是立刻让我感到，我正在审查自己的灵魂。那时，我生平第一次知道，我洗净了所有的罪，完全为上帝所充实。

柳巴引述了一位皮克①先生的例子，那里的发光效应，让人想起一种色彩幻觉，是具有麻醉性质的仙人掌芽引起的，墨西哥人把

---

①　皮克（Peek，1836—1894），美国牧师。——译者

这种植物叫作威廉斯仙人球：

> 我早晨下地干活时，上帝创造的一切可见之物，都显现出他的荣耀。我还清楚地记得，我们是收获燕麦，每一棵麦秆和麦穗就好像着装打扮过，笼罩在一种彩虹似的荣光里，或者可以这样说，在上帝的荣耀里发光。①

---

① 这些关于感觉幻光的报告渐渐发生变化，成为明显的隐喻性描述，表现新的精神启迪之感，例如布雷纳德（Brainerd）的陈述："我在密林中散步，灵魂领悟一种难以言说的荣耀。我说的不是外部光亮，因为我看不见这类东西，没有三重天中发光物体的任何想象，亦没有任何这类性质的东西。然而，它是我的内心对上帝的一种新领悟或新看法。"

类似的例子还有一个，是从斯塔柏克的手稿集里摘引的，照亮黑暗或许也是隐喻的："一个星期日的夜晚，我决定一回到我所工作的牧场家中，便将我自己、我的能力及一切统统交付给上帝，任他运用，为他所用……天下着雨，道路泥泞，然而，这个欲望越来越强烈，于是我跪在路边，将这一切告诉了上帝，然后打算站起来，继续赶路。给我的祈祷以特别的答复这类事情，从未进入过我的心灵，我因信仰已经皈依，但是毫无疑问，我依然处于被拯救的过程中。我祈祷时，记得向上帝伸出双手，告诉他，只要他肯把我用作他的工具，并给我满足的经验，我的手要为他工作，我的脚要为他走路，我的舌要为他说话，等等，——这时，突然间，黑夜似乎被照亮了——我觉得，我体会到，我知道，上帝听见我的祈祷，并给予回答。我全身充满深深的幸福，我觉得我被上帝接纳了，成为上帝所爱者的亲信。"

下面闪光的例子也是隐喻性的："晚礼拜即将结束时，要求一次祈祷会。教士以为我为所听到的话所感动（一个误会——他比较愚钝）。他走过来，把手放在我的肩上说：'你不想把你的心托付给上帝吗？'我给以肯定的回答。然后他说：'到前面的座位来。'他们唱歌、祈祷，并与我交谈。我体验到一种不可名状的窘迫。他们宣称，我之所以没有'获得安宁'，是因为我不愿将一切奉献给上帝。大约两个小时后，那位教士说，我们回家吧。通常在睡觉前，我要祈祷。这一次，由于极度苦恼，我只简单地说：'主啊，我已经尽我所能，我把全部问题都交给你了。'立刻，好像一道闪光，我感到极大的安宁，我站起来，走进父母的卧室说：'我确实感觉非常幸福。'我把这一刻看作皈依的时刻。正是这一刻，我确认神的接纳和恩宠。就我的生活而言，它并未造成直接变化。"

在皈依转变的所有成分中,最有特点的,也是我最后要谈到 249
的,是由此而发生的幸福的出神状态。我们已经听到这方面的一
些论述,但是,我还要再补充两个。芬内院长的例子十分生动,因
此下面大段引述:

　　我的全部感情好像喷涌而出。我的内心呼喊:"我要倾吐
我的整个灵魂,奉献给上帝。"我的灵魂猛烈提升,遂冲进前边
办公室的后房做祈祷。屋里没有火,没有灯,然而,我却觉得
屋里光耀夺目。我进了屋,关上门,转身时觉得自己碰见了主
耶稣基督,面对面。我不以为这完全是心理状态,当时不以
为,过后的一段时间也不以为。相反,我看见他,就好像看见
其他人一样。他什么话也没说,只是盯着我,让我瘫倒在他的
脚下。此后,我始终认为这是最奇异的心灵状态,因为在我看
来,他站在我面前,我瘫倒在他的脚下,将我的灵魂倾吐,奉献 250
给他,那都是实实在在的事情。我像孩子一样放声大哭,用哽
咽的声音进行忏悔。我似乎以泪水冲洗他的双脚,但记不清
是否触摸到他。这种情形必定持续了好一会儿,但是,我的心
灵当时过于关注会见,因而记不得我说了些什么。不过,我知
道,当我的心灵平静下来,足以出离这次会见时,我立刻返回
前面的办公室,发现原来加满柴的火几乎烧完了。我转过身,
打算坐在火边,正值此刻,接受了圣灵的伟大洗礼。完全出乎
意料,我从未想过会有这种事情发生,也不记得听说世上的什
么人曾经提及这类事情,圣灵降临于我,似乎穿过我的肉体和
灵魂。我觉得这个印象如同电波,贯穿我的每一部分。的确,

它好像流动的爱,一个波浪接着一个波浪涌过来,根本不能用其他方式加以表达。它就好像是上帝的气息。我记得很清楚,它好像巨大的羽翼在为我扇风。

这种穿流我心的神妙之爱,无法用语言表达。我因为欢乐和爱而放声痛哭。应该说,我真的喊出了心中说不出的滔滔心语。这些波涛冲过来,接二连三,一浪接着一浪,直到最后,我高声呼喊:"倘若这些浪继续冲击我,我会死掉。"我说:"主啊,我再也忍受不了。"然而,我并不怕死。

我不知道这种状态持续了多久,也不知道这种洗礼冲刷我、穿越我有多久。但是我知道,我们唱诗班的一个队员(我是唱诗班的领导)来办公室找我时,已经是晚上了。他是教会的成员。他发现我正在痛哭流涕,便对我说:"芬内先生,你怎么了?"我半天答不出话来。然后他说:"你痛吗?"我竭力打起精神,回答:"不痛,我只是幸福得不得了!"

251   刚才,我曾摘引过伯雷的记录。关于皈依后的情感,他的简短叙述恐怕是最好的:

我情不自禁地赞美主。我独自走上街,抬起一只脚,似乎是说"荣耀";抬起另一只脚,好像在说"阿门"。整整一路,我的脚总是保持这个样子。[p.31]①

---

① 我再补充几个记录:
一天早晨,我十分苦恼,害怕随时会下地狱,我不得不痛哭流涕,真心地要求恩赐。主来安慰我,使我的灵魂摆脱罪的重负。我浑身发抖,从头到脚,我的灵魂享受着甜蜜

结束这次讲演之前，我再简略谈一下突然皈依究竟是短暂的还是持久的这一问题。我敢确定，你们当中一定有人知道，曾有许多皈依者故态复萌和旧习复发，并借助解释整个主体的统觉群说明这种事情，因而，对这种"歇斯底里"患者抱以怜悯的微笑，便将这个问题一笔抹掉。然而，无论从心理学看，还是从宗教学看，这种做法都相当浅薄。它忽略了一个严重问题，与其说是延续问题，毋宁说，这涉及性格向更高水平转化过程的质和量的问题。人可以在任何水平上堕落——这无须统计学告诉我们。例如，众所周知，恋爱是不能消除的，然而，无论恒久不恒久，当它持续时，总是展示新的飞跃，抵达理想。对恋爱的男女来说，这些启示便构成恋爱的意义，无论延续是长是短。皈依的经验亦如此：即便时间短暂，它毕竟向人们表明，精神能力的极限是什么。这正是皈依的重要所在——持续性或许能够强化这种重要性，然而，旧习复发并不能削减它。事实上，所有惊心动魄的皈依，譬如，我列举的那些，都

的安宁。我那时所感受的快乐无法描述。这种幸福持续了大约三天，此间，我没有对任何人讲过我的感受。[《丹扬自传》(*Autobiography of Dan Young*, H. W. Strickland ed., New York, 1860)]

瞬间，我内心升起一种感受，觉得上帝关心那些信赖他的人，于是整整一个小时，整个世界都是透明的，天是清澈的，我跳起来，开始哭和笑。[比彻(H. W. Beecher)，转引自柳巴]

我悲哀的眼泪变成快乐，我躺在那儿赞美上帝，快乐达到出神的状态，只有体验它的灵魂才能意识到。——我无法表达我的感受如何，就好像曾经堕入黑暗的地牢，又升入太阳的光明。我高喊，我歌唱，赞美爱我、给我洗刷罪恶的人。我被迫隐藏到秘密地点，因为我的确在流泪，我不希望被店里的同事看到，然而，我不可能保守秘密。——我经验到快乐，几乎哭泣。——我觉得脸上肯定在放光，像摩西一样。我有一般的漂浮之感。这是我有幸经验到的最大的快乐。——我哭了笑，笑了哭。我轻得好像在空气中行走。我觉得，我所得到的安宁和幸福，比曾经预期的更大。（摘自斯塔柏克的通信者信件）

是持久的。其中最可怀疑的,是拉提斯邦的例子,因为它强烈地暗
示癫痫的突然发作。不过,据我所知,拉提斯邦的整个未来,都是
这几分钟塑造的结果。他放弃自己的结婚计划,成为一名教士,并
奔赴耶路撒冷定居,在那儿创建了一个修女传道会,劝导犹太人皈
依基督教。后来,他每每谈起这次皈依,难得不掉眼泪,但是并无
迹象表明,他企图利用他皈依的特殊情形沽名钓誉,以谋取私利。
总之,如果我没有记错的话,直到他 19 世纪 80 年代后期去世时,
他始终是基督教的模范儿子。

　　关于皈依的持续问题,我所知道的惟一统计,是约翰斯顿小姐
为斯塔柏克搜集的。这个统计仅包含一百人,均为福音派教会成
员,半数以上是卫理宗教徒。按照这些人自己的陈述,几乎全部妇
女,即百分之九十三,还有百分之七十七的男子,曾经出现过倒退
的现象。斯塔柏克详细讨论了这种倒退,发现只有百分之六的人
摈弃了他们皈依时所确认的宗教信仰,大多数人自怨自艾的倒退,
不过是热情的涨落波动。一百个人中,只有六个报告有信仰的变
化。斯塔柏克得出如下结论:皈依的结果使皈依者"改变了生活的
态度,尽管情感有所波动,但是,这种态度是持久的、永恒的。……
换句话说,经历皈依的人一旦采取宗教生活的立场,便觉得自己与
这种立场同一,不管他们的宗教热情出现多大的衰退"。[①]

①　《宗教心理学》(*Psychology of Religion*),第 360、357 页。

第十一、十二、十三讲　圣徒性

上一讲把我们带入期待状态。我们聆听的那些动人的幸福皈依,究竟给生活带来什么实际结果呢?我们工作的真正重要部分,正是由这个问题开始的,因为你们记得,我们最初着手这种经验的考察,不纯粹是为人类意识的自然史翻开神奇的一章,而且主要是为了作出精神的判断,判定我们所见的一切宗教困惑和宗教幸福的全部价值及积极意义。因此,我们必须首先描述宗教生活的结果,然后加以判断。这使我们的考察分为两部分。我们现在就直接开始描述的任务。

这几讲应该是我们演讲中最愉快的部分。诚然,有些片断或许是痛苦的,或许揭示了人性的悲惨情景,不过,总体是愉快的,因为宗教经验的最好结果,是历史所能展示的最好东西。它们始终有此殊荣。如果还有真正的热烈生活,那么就在这里。回想最近我所领略的一些例子,尽管只是阅读,却依然觉得鼓舞、奋发,好像为美好的道德空气所荡涤。

人性的羽翼所能飞抵的最高慈善、信任、虔诚、忍耐以及勇敢,都是为了宗教的理想而鼓翼奋飞的。关于这一点,最好还是引录圣伯夫①的话,他在《波尔罗亚尔修道院史》里评述了皈依或恩典

---

① 圣伯夫(Sainte-Beuve,1804—1869),法国作家和批评家。——译者

255 状态的结果。他说：

　　即便从纯粹人类的观点看，恩赐的现象无论就其性质还
是结果，似乎都应该是超凡脱俗、卓尔不群、极其罕见的，值得
仔细研究。灵魂由此进入某一状态，稳如泰山，无往而不胜，
这是真正的英雄状态，灵魂所作出的伟大业绩，都是从这里生
发的。协助产生这种状态的所有不同的感通，所有各式各样
的方法，无论凭借节日的庆典，还是凭借日常的忏悔，或是凭
借独自的祈祷和抒情，一句话，无论什么场合或什么时间，很
容易从中辨认，它是一种基本的精神状态，产生许多效果。倘
若再深一点儿进入各种不同的情景，就可以清楚地看到，不同
时代的基督徒，始终都为同一种变化所影响：确实有一种基本
而同一的虔诚和仁慈精神，为接受恩典的人所共有。这是一
种内心状态，首先是仁爱和谦卑，对上帝无限信赖，严于律己，
宽以待人。这种灵魂状态结出的特定果实，其滋味完全相同，
无论在遥远的星球，还是处于截然不同的环境，无论阿维拉的
圣特雷莎，还是黑恩胡特的摩拉维亚派兄弟。①

　　这里，圣伯夫仅仅列举了几个心灵再生的典型例子，它们当然
颇具启发性，值得我们考察。这些皈依者的经历往往与别人大相
径庭，假如根据世俗的法则判断，或许以为他们是怪物，完全偏离

────────

　　①　圣伯夫：《波尔罗亚尔修道院史》(*Histoire de Port-Royal*, Paris：Hachette)
[ed. 1878]，卷一，第 94,105 页，节选。

自然的轨道。因此,我先提出一个普通的心理学问题:即什么样的心理状态会使一个人的性格与另一个人截然分别?

我立刻回答说:性格不同于理智,就性格而言,人与人的差异主要是因为我们对情绪激动的敏感程度有别,因为随之而来的冲动和抑制有别。让我们更详细地说明这一点。

一般说来,我们任何一个时刻的道德和实践态度,都是我们内心两股力量的结果:冲动推动我们沿一个方向前进,抑制则阻止我们前进。冲动说:"是!是!"抑制则说:"不!不!"没有明白反省过这类事情的人,很少能够意识到,抑制因素如何经常地作用我们,如何凭借其限制压力束缚我们,捏塑我们,几乎就像我们是装在瓶子里的液体。这种影响经久不衰,竟成为潜意识。例如,你们此刻坐在这里,便因为场合而受到一种约束,但你们对这个事实,完全没有明白的意识。假如让你们某一个人独自呆在屋里,他恐怕会不知不觉地调整自己,让自己的姿势更"舒服"。然而,假如发生强烈的情绪激动,礼节和抑制就会像蜘蛛网一样,突然破裂。我曾看见一位颇重外表的人,满脸挂着剃须皂沫跑到街上,因为马路对面的房子着火了。一位女士为了解救自己和孩子的生命,会穿着睡衣在陌生的人群里奔跑。拿一个放纵女人的普通生活为例。凡是自己的不舒适感形成的每一个抑制,她都会顺从:很晚才起床,依靠茶和溴化药物过活,寒冷天气足不出户。每一件困难向她说出的"不"字,她都乖乖屈服。不过,她一旦做了母亲,那又如何呢?现在,她为母亲的激情所支配,面对失眠、疲倦、辛劳,她没有片刻犹豫,没有只字怨言。凡涉及婴孩利益的场合,痛苦对她的抑制力都毫无效力。正如亨顿①所说,这个婴孩造成的种种不便,已经变成快乐的炽烈中心,而且现在,的确成为她获得最深快乐的条件。

这是你们已经听说的"高级情感驱除力"的一个例证。然而,情感无论高低,并无差别,只要它所引起的激动足够强烈。德拉蒙德(Henry Drummond)曾经谈论印度的一次洪水,说有一块高地及其上面的一座房屋未被淹没,成为避难地,除了人,许多野兽和爬行动物也到这里避难。这时,一只庞大的孟加拉虎向这里游来,爬上岸,像狗一样趴在人群间的空地上,气喘吁吁。它还处于极度惊恐的状态,一个英国人从容地走过去,一枪打穿了它的脑袋。这只老虎惯常的凶猛,暂时为恐惧的情绪所压抑,恐惧变成主导,成为老虎性格的中心。

有时,没有哪个情绪状态占据主导,而是许多相反的情绪混杂在一起。这时,人们会同时听到许多"是"和许多"不",于是,便请"意志"出来,解决冲突。例如一位士兵,不想做懦夫的担心强迫他冲锋,恐惧却驱使他逃跑,他的模仿倾向则要求他仿照同伴的榜样行动。他个人成为多种冲突的场所,或许一时间犹豫不决,因为没有一个情感占上风。然而总有一个最高强度,一旦某种情绪达到这个强度,便尊它为王,让它独自生效,并将它的敌手和一切障碍统统扫除。同伴的猛烈冲锋,一旦感染这位战士,便给他无限的勇气,同伴溃败的恐慌,则使他极度恐惧。在这些占据主导的激奋中,事情通常不能自然发展,因为抑制作用完全失效。它们的"不!

258

---

① 亨顿(James Hinton,1822—1875),英国医生、哲学家。詹姆士在《信仰的意志》中提到他所写的一本书《痛苦的神秘主义:一本关于悲惨的书》(*The Mystery of Pain:A Book,for the Sorrowful*,London:Smith,Elder,1866)。——译者

不!"声音不仅听不见,甚至根本不存在。这时的障碍就像马戏团骑手穿过的薄纸圈——实际上没有障碍。洪水比它们建造的堤坝还要高。某个近卫兵正在为皇帝的被俘狂躁不安,这时有人提起他的妻子和孩子,他大声叫喊:"他们要是饿了,就让他们讨饭去吧!"据说,困在失火的剧院里的人们,竟然有人用刀从人群中杀出一条路。①

在强悍性格的构造中,有一种情绪激动是极其重要的,因为它特别能够破坏抑制。我的意思是说,就低级形式而言,直接指暴躁、易怒、好斗的脾气;精微的形式则表现为性格的急切、倔强、热烈、严格。热烈意味着情愿强盛地生活,哪怕这强盛引起痛苦。痛苦或者是加于他人的,或者是加于自己的——并无多大差别。因为一个人为强力情绪支配时,目标就在于破坏东西,不管是谁的东西,也不管是什么东西。没有什么能像愤怒一样,将障碍统统清除,势不可挡。正如毛奇(Moltke)所说的战争,单纯的破坏便是它的本质。这使愤怒身价百倍,成为所有其他情感的同盟者。最甜蜜的快乐,一旦成为障碍,压抑我们高涨的愤慨迸发,立刻就会

259

---

①　"布尔热(Bourget)说:'除非能够驱使人犯罪,否则,爱就不是爱。'因此也可以说。除非能够驱使人犯罪,否则,激情不是真正的激情。"(西格尔[Sighele]:《教派心理学》,*Psychologie des Sectes*,Louis. Brandin,Paris:V. Giard & E. Briere[1898],第136页。)换句话说,炽烈的激情取消"良心"设置的一般禁令。反之,所有的罪犯,即那些实际活着的欺诈者、怯懦者、淫乱者或残忍者,或许没有一个人的犯罪动机,不会同时为其他情绪所压倒(他的性格潜在地趋向这些情绪),只要那种情绪足够强烈。恐惧是这类特殊群体最常出现的情绪。它代替良心,这里可以恰当地将其归入"高级情感"。假如我们就要死去,或者,相信末日审判即将来临,那么,我们改善自己的道德状况该有多快啊——我们不清楚罪恶怎么会如此长久地诱惑我们! 激烈的老派基督教清楚地知道,如何从恐惧中提取与忏悔结果相同的全部等价物,提取全部皈依的价值。[西格尔(1868—1913),意大利人类学家。——译者]

被强烈的意志踩得粉碎。那个时候,解除友谊,放弃长期积累的特权和财产,断绝社会联系等等,都无须任何耗费。相反,我们在严峻和冷酷中获得苛刻的欢乐。所谓的性格软弱,大多数情形似乎就在于不能承受这些牺牲精神,一个卑贱的自我及其宠爱的软弱,必然经常成为这种牺牲精神的攻击目标和牺牲品。①

至此,我们一直讨论同一个人因为激动的改变而导致性格的暂时变化。不过,用类似的方法,同样可以说明不同人的性格何以具有相对稳定的差异。一个人容易诱发某种特殊情绪,全部相关的抑制便习惯性地消失(尽管它们对其他人仍然有效),为其他种类的抑制所取代。倘若一个人有感受某种情绪的天赋,其生活自然不可思议,有别于常人,因为通常威慑常人的力量并不能阻止他。相反,你立志追求某一类型的性格,只不过表明,与那些天赋激情的天然爱恋者、战斗者和改革家相比,有意的行为劣于本能的行为,简直是望尘莫及。你必须刻意克服自己的抑制,天赋激情者似乎根本不觉有什么抑制,全然没有内心的摩擦和神经的浪费。对于一个佛克斯、一个加里波第、一个布思将军、一个约翰·布朗、一个路易·米歇尔、一个伯雷德洛,那些压抑旁人的万能障碍,好像并不存在。假如我们其他人也能这样不理会它们,恐怕会出现许多英雄,因为许多人希望为类似的理想生活,但是缺乏消除抑制

———

① 例如:贡斯当(Benjamin Constant)经常让人惊诧,被当作高等智力与低等性格结合的典型例子。他说:"我被可怜的软弱抛上抛下,来回拖拉。从没有什么东西像我的优柔寡断那么荒谬可笑。一会儿结婚,一会儿独身;一会儿德国,一会儿法国,迟疑又迟疑,一切都因为我最终不能放弃一样东西。"(《日记》*Journal*,Paris,1895,第56页)他不能在选择时"发疯";人的一生若为这种全面的温柔所包围,那将毫无希望。

的锐气。①

　　因此,意志与纯粹的愿望之间、有创造的理想与只是渴望和懊 261
悔的理想之间,其差异或者取决于气压的分量,沿着理想的方向不
断推动性格,或者取决于暂时获取的理想的激动程度。倘若具有
一定程度的爱、义愤、慷慨、宽厚、崇敬、忠诚或顺从的热情,结果是
一样的。那些成批成量的懦弱阻拦,立刻沉没了,但对没骨气的人
和怯懦的性情,它们却是绝对的阻力。我们的习俗,②我们的羞
涩、懒惰和吝啬,我们对先例与准许、抵押与担保的要求,我们的细
微犹疑、怯懦和绝望,现在它们在哪儿? 像蜘蛛网一样断裂,像水
泡一样在日光下破灭——

---

　　① 高度兴奋给予的重大之物是勇气;而且,这种品格的增减,都将造就不同的人,
不同的生活。各种各样的激奋将勇气释放出来。深信的希望会这样,感人的榜样会这
样,爱会这样,愤怒也会这样。有些人天生富有勇气,因此,稍微一点儿危险就能激发
勇气,尽管对大多数人来说,危险反而大大地抑制行动。"热爱冒险"成为这种人的主
要激情。斯科别列夫(Skobeleff)将军说:"我相信,我的勇敢就是激情,同时也是对危
险的轻蔑。危及生命让我欣喜若狂。冒险的人越少,我越喜欢。我必须身临其境,才
能得到充分的刺激。一切理智的事情,在我看来是反射。然而,人与人对垒,决斗,身
先士卒,挺身迎对危险,则吸引我、激动我、陶醉我。我为它发疯,我爱它,崇拜它。我
像追求女人那样追求危险;我希望危险永不消失。即便危险总是一样,也总会给我带
来新的快乐。当我投身我所希求的风险时,我的心因不确定而剧烈跳动。我希望这种
情形立即出现。但又要延迟。一种痛苦而美妙的战栗摇动我;我的全部性命冲出去面
对危险,冲动迸发,我的意志做任何抵抗都是徒劳。"(亚当[Juliette Adam]:《斯科别列
夫将军》,*Le Général Skobeleff*,Nouvelle Revue,1886,[第34—37页],节选。)斯科别列
夫似乎是残暴的唯我论者;然而,不关心利害的加里波第(Garibaldi),如果根据他的《回
忆录》(*Memorie*)判断的话,也是生活在一种类似追求危险刺激的情绪中,经久不衰。
[贡斯当(1767—1830),法国政治家、作家。斯科别列夫(1843—1882),俄罗斯军事领
导者。——译者]

　　② 见上面第69页的例子,作者描述他与神合一的经验,认为"仅仅在于暂时忘记
平常包裹生活的习俗"。

> 那种种的忧虑和需求，
>
> 昨天我还趋之若鹜，精疲力竭，
>
> 今日它们何在呢？
>
> 晨曦中，我自愧自羞。

托浮我们的洪流，却将它们翻卷水底，那么轻，根本不觉得与它们接触。我们解除了它们，漂浮着，翱翔着，歌唱着。这种曙光的开启与高升，将光明和赞颂的性质赋予一切创造性理想。当宗教情感取得支配地位时，这种性质再明显不过了。意大利的一位神秘主义者说："真正的修士随身只携带琴。"

现在，我们可以从这些心理学通则转向宗教心态的结果，这是本讲的主题。人的生活若将个人精力集中于宗教，并为宗教热情所激励，那他必将以完全确定的方式，与自己先前的世俗自我分道扬镳。新的热情在他胸中燃烧，将先前困扰他的那些低级的"不"，统统焚毁，使他获得免疫力，抗拒自己本性中所有下流部分的传染。从前不可想象的宽厚豁达，现在却轻而易举。原先肆意横行的龌龊习俗和卑劣动机，现在则势头全无。他内部的石墙坍塌了，他心灵的冷酷崩溃了。我以为，这种情形，其他人也都能想象到，只要我们回忆一下自己"感伤心情"时的感受。艰苦的现实生活、戏剧或小说，时常把我们带入这种心境。尤其是我们哭泣时！因为那个时候，我们的眼泪冲破内心长期营造的堤坝，将所有以往的罪恶和道德的滞浊统统排泄，让我们洗刷一新，软化心肠，接受一切崇高的引导。我们大多数人，惯有的冷酷很快死灰复燃，圣徒则不然。许多圣徒,即便像特雷莎和罗耀拉那么精力充沛的人,都经历了教会传统尊奉的特殊恩典,即所谓的泪水之赠(gift of tears)。这些人的内心似乎一直为感伤心情所支配,几乎没有间断。泪水和感伤心情如此,其他崇高的情感亦如此。这些情感的统辖,可以是逐渐发展而来的,也可以是通过剧变而来的,无论哪种情形,都能够"稳固驻扎"。

在上一讲末尾,我们已经看到,这种持久性同样适用于最伟大的崇高洞见,尽管情绪低落之时,比较卑劣的动机可能暂时得势,故态复萌。不过,脱离暂时的情绪,那些卑下的诱惑可以完全消除,就好像人的习性变成另一个样子。有些例子可以提供文献证据证明这一点。开始讨论再生人格的自然通史之前,我先举一两个例子,说服你们相信这个奇怪的事实。最多的例子是那些翻然悔改的酒鬼。你们记得上一讲的哈德雷先生;杰里·麦考利水街传教会有许多类似的例子。[①] 你们也记得牛津的那位毕业生,下午三点皈依了基督教,第二天在草场上又喝得酩酊大醉,但是此后,永远戒除了酒癖。"从那时起,我再不惧怕酒了:我再也没有碰过它,再也不想碰它。吸烟的情况也是这样。……吸烟的欲望立即消失,而且一去不返。每一件众所周知的罪恶都是如此,其解脱都是永久的和完全的。自从皈依,我再没遇到诱惑。"

下面是类似的例子,是从斯塔柏克手稿集里摘选的:

---

① 见上面第 200 页[原书页码]。"据我所知,对嗜酒狂的惟一彻底的治疗是宗教狂。"这个说法是我听别人引用一位医学家的话。

　　我走进古老的两兄弟剧院,那里正在举行圣主崇拜会……我说:主啊,主啊,我必须得着这种神佑。然后,我听见一个声音说:你愿意把一切都奉献给主吗?接着,提出了一个又一个问题。对此,我都回答说:是的,主!是的,主!最后我听见:你为什么不现在就接受这种神佑呢?我回答说:主啊!我接受。——我不觉得有什么特别快乐,只是觉得真诚。就在这时,崇拜会结束了。我走到街上,遇见一位抽精致雪茄的绅士,喷吐的烟雾飞到我脸上。我深深吸了一口气,并赞美主,从那时起,我抽烟的一切欲望完全消失了。然后,我沿街行走,路过酒吧,里边散发出酒气。我发现,我对酒这种有害之物的兴趣和渴望,变得无影无踪。荣耀归于上帝!……[然而此后,]大约有十年或十一年之久,我始终漂泊于荒野之中,却再未生喝酒的欲望。

　　加德纳[①]上校的经典事例,讲述一个人在一个小时内治愈了性的诱惑。加德纳上校对斯皮尔先生说:"我深深地沉溺于那种罪恶,我甚至曾经以为,除非用子弹打穿我的脑袋,绝无任何方法能够祛除我的邪念。然而,这种罪恶的邪念居然成功地祛除了。这方面的所有欲望和念头都消除了,就好像我全然是一个吃奶的孩子。那种欲望至今再没有出现过。"韦伯斯特先生这样谈论同样的主题:"我常常听见上校说,他皈依宗教之前,深深地沉溺于声色犬

　　① 加德纳(1688—1745),苏格兰军事领导者。道德里奇(P. Doddridge)的《加德纳上校生平》(*Life of Col. James Gardiner*, London: Religious Tract Society, 1860, pp. 34n—35n),对此有详细记载。——译者

马之中。但是，他一得到上天的启示，便感受到圣灵的巨大威力，是那么神奇，居然改变了他的品性，使他这方面的净化比其他方面明显得多。"①

这么迅速地清除陈积的冲动和癖好，让我们猛然想起曾经看到的催眠暗示②的结果，不得不相信，潜意识的影响恰如催眠时一样，对心的突然变化起了决定作用。③ 暗示疗法有许多成功的记录：一些根深蒂固的恶习，病人单凭普通的道德和物理治疗，始终徒劳无益，然而，经过几次暗示，便痊愈了。酗酒和淫荡，也是用这种方法根治的，许多人有能力引起相对稳定的变化，似乎都是通过阈下意识的活动。假如上帝的恩典产生奇迹，或许正是经由阈下意识之门。但是，这个领域究竟如何运作的，我们依然无法解释。现在，我们最好完全离开这种转变过程——假如你愿意，将其看作心理学或神学的巨大秘密——去关注那些宗教状态的结果，不管

265

---

① 道德里奇（Doddridge）的《加德纳上校生平》（*Life of Colonel James Cardiner*，London religious Tract Society），第 23—32 页。

② 催眠暗示是法国催眠师本海姆（Hippolyte Bemheim，1840—1919）一本著作的名称，詹姆士在《心理学原理》中多次引用过这本书。——译者

③ 例如，斯塔柏克的书提供一例，说明"感觉无意识行为"（sensory automatism）很快产生祈祷和决定都无法产生的东西。当事人是位女子。她说："我大约四十岁时，企图戒烟，然而，抽烟的欲望纠缠我，约束我。我哭泣，我祈祷，向上帝承诺戒烟，但是不能。我抽烟已有十五年。五十三岁那年，一天，我坐在火炉边抽烟，一个声音向我飘来。我的耳朵听不见，却更像是做梦，或像一种双重思想。它说：'路易莎，别抽烟了。'我立刻回答：'你会消除抽烟的欲望吗？'然而，它还是继续说：'路易莎，别抽烟了。'于是，我站起来，将烟斗放在壁炉架子上，并且再没有抽烟，再没有抽烟的欲望。抽烟的欲望消逝了，好像我从不知道，或从未碰过烟。看见其他人吸烟，闻到烟的味道，始终不曾给我再碰一碰烟的愿望。"（《宗教心理学》，第 142 页。）

结果是如何产生的。①

　　性格成熟的宗教结果有一个集合名称，即圣徒性（Saintliness）。② 对于圣徒性格，属灵的情绪变成个人能力的习惯中心，而且，有一种综合图像，反映普遍的圣徒性，为一切宗教所共有。其特征很容易描述。③

266

---

　　① 斯塔柏克教授认为，从生理上彻底破坏旧的影响，是切断高级大脑中枢与低级大脑中枢之间的联系。他说："与精神生活相关的联想中枢与低级中枢断裂，这种情形常常反映在通信者描述经验的方式中……例如，'外部诱惑依然袭击我，然而，内心却没有任何反应。'[这里的]自我完全等同于高级中枢，其感觉性质就是内在性质。另一个回信者说：'从那时起，尽管撒旦引诱我，但似乎有一铜墙包围我，致使他的标枪刺不着我。'"——毫无疑问，这种功能排拒必然发生在大脑内部。然而，从反省的方面看，它们的原因不过是某种程度的精神刺激，越来越高，越来越强，最后达到至高无上的辖制。必须坦率承认，我们不知道这种至高无上的辖制为什么或如何在这人身上发生，而不在那人身上发生。我们只能通过机械的类比给我们的想象提供某种虚妄的帮助。

　　假如我们设想，例如，人的心灵具有平衡的各种可能性，好像一个具有不同面的多面体，可以借助各个面平稳放置，那么，我们可以将心灵的转动比作这种物体的空间转动。比如说，用一个杠杆撬动它，使它改变 A 面朝下的位置，它将一时失去稳定，一半翘起；假如杠杆不再使劲，它将由于地心引力的不断拉动，"恢复"原来的位置。但是，假如它转动很大，其重心完全超越 A 面，物体便翻转过来，比如，B 面朝下，并稳稳地安置在那儿。拉向 A 面的引力已经消失，现在无须考虑。这个多面体已不再受其他方向的吸引。

　　根据这个形象的说法，杠杆相当于导致新生活的影响，重心的最初拉力相应于旧时代的障碍和抑制。只要情绪的影响没有达到生效临界点，它产生的变化就不稳定，人们可以恢复原来的态度。然而，倘若新的情绪达到一定强度，超过临界点，就会产生不可逆的翻转，等于产生新的性质。

　　② 尽管这个词不时有"伪作神圣"的味道，我还是用它，因为其他词无法恰当表示下文即将描述的各种属性的结合。

　　③ 英格（W. R. Inge）博士说："我们将发现，具有明显圣徒性的人，说的话十分一致。他们告诉我们，他们不依靠推理，而是依靠直接的经验，获得不可动摇的信念，相信上帝是人的精神能与之交感的一种圣灵；其中汇集了他们所能想象的一切善、一切真、一切美。他们能在自然的每一角落，看到上帝的足迹，能感觉上帝在他们内心露面，是他们的生命之门，因此，他们恢复本来面目的程度，就是接近上帝的程度。他们告诉我们，使我们与上帝和幸福分离的，第一是各种形式的自私；第二是各种形式的肉体之欲，这些是通往黑暗和死亡之路，让我们无法与上帝会面；正义之路则是闪烁的光

它们是：

1. 感觉过着一种更广阔的生活，超越尘世微末的私利；确信存在着一种理想力量，它不仅是理智的，似乎也是可感的。这种理想力量在基督教的圣徒性里，始终被人格化为上帝。不过，抽象的道德理想、公民的和爱国的乌托邦、内心的圣洁和正义，也可以感觉为我们生活的真正主宰和开拓者，其方式我已在"看不见的实在"一讲里描述了。

芒，越来越亮，最后是完完全全的白昼。"（见他的演讲《基督教神秘主义》*Christian Mysticism*，London，1899，p. 325。）［英格（1860—1954），英国牧师和作家。——译者］

①　"人性的热情"（enthusiasm of humanity）可导致一种生活，许多方面与基督教圣徒生活相吻合。下面的规程是道德行为联合会（the Union pour l'Action morale）为其会员提出的，见《联合会公报》（*Bulletin de l'Union*），April 15，1894。也见《蓝色评论》（*Revue Bleue*，August 13，1892）。

"我们要以身作则，让世人知道规则、纪律、顺从和自制的用途；我们要教导人们，苦难是永远必须的，并展示苦难所发挥的创造作用。我们要反对虚妄的乐观主义；反对坐享现成幸福的卑劣希望，反对单凭知识得救，或单凭物质文明得救。物质文明是文明的空虚象征，是靠不住的外部安排，不配取代灵魂的亲密结合与一致。我们也反对道德败坏，无论公共的还是私人的；反对奢侈、讲究和过分精细；反对贫穷的加剧，避免一切强化痛苦、缺德、反社会的倾向；反对激化普通人的嫉妒和不悦，反对人生的主要目的是自由享乐的主张。我们将用自己的榜样，宣扬尊重长辈和同辈，尊重所有的人；宣扬我们在与卑贱者的关系上力求亲密而质朴；宣扬对我们自己的权利听任自然，而涉及他人和公众的义务时则要求坚决。

"因为普通人是我们帮助他们成为那样的；他们的邪恶就是我们的邪恶，为他们所注视、所羡慕、所模仿，假如他们返回来压迫我们，那是公平的。

"我们禁止自己追求声名，禁止一切显达富贵的野心。我们发誓不欺诈，无论什么程度的。我们郑重承诺，决不利用我们的言谈或文字，造成或鼓励幻想，以代替可能之事。我们承诺彼此以诚相待，力求清晰地把握真理，不怕说出真相。

"我们承诺刻意抵制时髦的潮流，抵制大众心灵的鼓噪和恐慌，抵制一切懦弱和恐惧。

"我们禁止自己利用讽刺挖苦。严肃的事情，我们严肃地讲述，面无笑容，不开玩笑，亦没有开玩笑的样子；——甚至对一切事情都是如此，因为轻松心情亦有严肃的方式。

"我们始终追求自己的本来面目，朴实，没有虚伪的谦恭，也没有拘谨、造作和自矜。"

267　　2.感觉理想力量与我们自己的生活是连续的,亲密无间,并心甘情愿为理想的力量所支配。

　　3.极度的兴奋与自由,好像约束自我的界限融化了。

　　4.有关非我的要求,情绪中心转向慈爱与和谐,转向"是",而远离"不"。

　　这些基本的内心状态产生独特的实践结果,如下:

　　1.苦行主义——自我顺从或许十分激烈,变成自我牺牲。它可以大大强化通常的肉体禁忌,致使圣徒在牺牲和禁欲中寻求积
268 极的快乐,并以此为尺度,衡量和表示他们对崇高力量的忠诚。

　　2.灵魂强健——生活的扩充感异常激昂,让平常无所不能的个人动机和抑制变得微乎其微,不屑一顾,并增加新的耐心和刚毅。恐惧和忧虑消失了,为幸福的恬静所取代。来吧,天堂！来吧,地狱！现在都无关紧要！

　　3.纯洁——情绪中心的转移首先增加了纯洁。对精神失调的敏感加强,清除野蛮和肉感因素成为生存的必需。圣徒尽量避免与这些因素接触:圣徒的生活必须巩固精神的稳定统一,维护它们不为尘世污染。在有些气质,这种净化精神的需要转向禁欲主义,
269 冷酷无情地对待肉体的弱点。

　　4.慈善——其次,情绪中心的转移有利于慈善,仁慈地对待同类。憎恶的日常动机每每严格限制人类的仁慈,现在却被抑制了。圣徒爱自己的仇敌,将讨厌的乞丐视为兄弟。

　　现在,我必须列举一些例子,具体说明这些精神之树结出的果实。这里的惟一困难是选择,因为这类事例太多了。

感受仁慈而友善的力量降临,似乎是宗教生活的基本特征,因此,我们先从这儿说起。

我们叙述皈依时,看到世界在皈依者眼中,是多么光明,多么美丽,[1]而且,即便撇开敏感的宗教事务,我们有时似乎也会觉得,周围的宇宙生活以友善包裹我们。青春而健康的年华,夏日,或树林深处,或高山之巅,都会有些日子,天气好像在我们耳边轻轻细语,都会有些时刻,生存的善良与美妙,好像干燥温暖的气候一样拥抱我们,或者和谐的音调贯穿我们,好像内心的耳朵听见世界平安,其妙无穷。梭罗[2]写道:

> 来到树林后几个星期,我曾一时生疑:要过宁静而健康的生活,是否真的不需要以人类为邻? 独处总有点儿不适。然而,正当我胡思乱想之时,飘来一阵毛毛细雨,我突然觉得,甜蜜而有益的社会就在自然中,在吧嗒吧嗒的雨滴中,在我房舍周围的景色和声音中,刹那间,一种难以名状的无限友谊,像空气一样支撑我,使以人为邻的幻念变得微不足道,此后,我再没有想起它们。每个小小的松针都富于同情,不断扩大,不断膨胀,与我为友。我分明意识到,某种东西与我同源,因此我以为,再没有哪个地方会让我感到陌生。[3]

在基督徒的意识里,这种周围弥漫的友善感变成最私人的、最

---

① 见本书第 243 页及后几页[原书页码]。
② 梭罗(1817—1862),美国作家。——译者
③ 梭罗(H. Thoreau):《瓦尔登》(*Walden*),修订版[1896],第 206 页,节选。

确定的。一位德国作家写道:"丧失了人们不愿放弃的个人独立感,其补偿是消除人们生活的一切恐惧,形成内部的安全感,只能自己经验,不可描述,亦不可言传,不过,一旦经验,将永生不忘。"[①]

我在沃伊齐[②]先生的一篇布道词里发现这种心态的精彩描述:

无数诚实的灵魂都有这种经验:即上帝不失时机地出现在他们身旁,随着他们来来往往,从早到晚,这种感觉是绝对安宁和极其平静的源泉。它驱逐了可能威胁他们的一切恐惧。上帝的邻近是抗拒恐怖和忧虑的坚实保障。并不是说,他们的人身安全有了保证,或者,他们自以为得着别人没有的关爱,受其保护,而是说,他们具有一种心态,同时为安全和伤害做好准备。假如伤害降临,他们甘愿承担,因为主是他们的保护人,没有主的意志,什么事情都不会发生。假如这是主的旨意,那么伤害对于他们是一种福气,绝非祸害。诚实的人如此这般地避免了伤害。拿我来说——我绝不是一个厚颜无耻或铁石心肠的人——便对这种安排绝对满意,而且不愿以其他方式免除危险和灾难。我同最敏感的生物一样,异常怕疼,然而,我还是觉得,因为相信上帝是慈爱而警觉的保护人,相信没有上帝的旨意,就没有什么能够伤害我,从而克服了最坏

---

①　希尔蒂(C. H. Hilty):《幸福》(*Glück*),pt. 3,第 85 页。
②　沃伊齐(Voysey,1828—1912),英国牧师。——译者

的刺激,并完全排除了痛苦。①

　　关于这种状况,还有更感人的描述,这在宗教文献里十分丰富。我很容易让你们对千篇一律的面孔感到厌倦。下文引自爱德华兹太太。爱德华兹太太说:

　　　　昨天夜里,是我一生中最美好的夜晚。我以前从未经历过那么长的时间,在灵魂中享受那么多天堂的光明、宁静和甜蜜,整个过程,没有一丝肉体的纷扰。那天夜里,我有时躺着睡不着,有时睡着了,有些则似睡非睡。但是整个夜晚,我始终有一个清晰的、生动的感觉,觉得基督的伟大慈爱具有天堂般的甜美,觉出他就在我的近旁,觉出我对他的亲爱。我的灵魂完全依赖他,具有无法言说的甜美的宁静。我似乎知觉一团神圣之爱的火焰,从天上基督的心里流出,好像一束柔光,不断进入我的心。同时,我的心和灵魂统统涌出,将爱奉献给基督,似乎是天堂之爱的不断流入流出,我似乎在这些明亮、温柔的光线里漂游,就好像尘埃漂游在阳光里,或漂浮在窗外照进的光线中。我以为,我每一分钟的感受,比我一辈子享受的外部舒适和快乐加起来还有价值。这种快乐没有一点儿苦涩,没有任何间断。这种甜蜜完全浸透我的灵魂。所有这些,似乎正是我那柔弱的身躯所能承受的一切。我无论睡还是

————————

　　① 《痛苦、死亡与罪的神秘》(*The Mystery of Pain*, *Death and Sin*),London,1892,第258页。

醒,并无差别。假如有差别,恐怕睡着时最甜美。① 第二天清晨醒来,我似乎完全弃绝了自我。我觉得,世人对我的意见化为乌有,我不必再为自己的外部利益发愁,就像我不必为从未见过的他人利益犯愁一样。上帝的荣耀似乎吞没我心里的一切期求和欲望……我又上床睡了一会儿,醒来时,反省了上帝对我的恩宠。多年来,他赐予我死的愿望;此后,又给我生的意志,他让我做的任何事情,我都可以做,他让我受的任何苦,我都可以受。我也想起,关于我应该以何种方式去死,上帝仁慈地让我完全听从他的意志;无论死于拉肢架,还是死于火刑柱,我都心甘情愿,假如是上帝的意志,我亦情愿死在黑暗中。然而,我现在想起,我过去常常不想比普通人的寿命活得更长。这使我扪心自问,我是否不情愿长久地呆在天堂之外。我的心似乎立刻回答说:我愿意,哪怕一千年,假如这最适合上帝的尊荣,我就一千年生活在恐怖里,无论肉体的折磨多么残忍,多么可怕,多么势不可挡,以致没有人能够忍受这种惨状,胆敢在看得见这种景象的国度里生活,也无论心灵的折磨是否比肉体的折磨还要惨烈得多。我似乎发现,若能最大地

① 参照居伊昂夫人(Madame Guyon)的话:"半夜起来祈祷,是我的习惯……在我看来,上帝似乎准时到达,唤醒我,让我享受他。我身体不适或极度疲劳时,他不叫醒我;这个时候,即便在睡眠之中,我也会觉得上帝是我的惟一所有。上帝非常爱我,似乎渗透我的全身,而我却只能不完全地意识他的展现。我的睡眠时常中断——一种半睡半醒状态,然而,我的灵魂似乎醒着,足以认识上帝,尽管几乎无法认识其他事物。"乌波汉(T. C. Upham):《居伊昂夫人的生平和宗教体验》(*Life and Religious Opinions and Experience of Madame de la Mothe Guyon*, New York, 1877, vol. I, p. 260)。[居伊昂(1648—1717),法国神秘主义者,寂静教创始人之一。乌波汉(1799—1872),美国牧师,哲学作家。——译者]

适合上帝的荣耀,就该认为事情理应如此,这样,我的灵魂便完全遂意,觉得安宁和快活,我的心便没有踌躇、疑虑或蒙昧。273上帝的荣耀似乎征服我,吞没我,任何可能想见的苦难,任何有损我本性的可怕事件,似乎一遇到上帝的荣耀,便统统化为乌有。这种顺从十分清楚、鲜明,后来的整个夜晚都持续着。第二天、第二天夜晚,以及星期一上午,都没有间断,没有减弱。①

天主教的圣徒年鉴有许多记载,像这个例子一样狂迷忘我,或者更甚。据说,马蒂尼尔修女"每每经历神圣之爱的侵袭,使她几乎死亡。她经常温和地向上帝抱怨:'我受不了了。'并说:'请仁慈地宽恕我的软弱吧,不然,我将在你猛烈的慈爱中死去。'"②

让我接着谈谈慈善和兄弟之爱,它们都是圣徒性通常结出的果实,并始终被人看作神学的主要美德,无论具体的神学要求的那种善行多么有限。从逻辑上看,兄弟之爱来源于"上帝友善降临"的信念,人们彼此互为兄弟的概念,则直接从"上帝乃众人之父"的思想推论出来。当基督发出告诫:"要爱你们的仇敌,为诅咒你们的人祝福,为憎恨你们的人行善,为恶意使唤你们、迫害你们的人祈祷。"他的理由是:"这样,你们可以成为你们天父的儿子:因为天父叫日头照好人,也照坏人;降雨给义人,也给不义的人。"自我谦

---

①　原文见爱德华兹的《新英格兰宗教复兴记》(*Narrative of the Revival in New England*),我对原文做了大幅度删节。

②　布高(Bougaud):《幸福玛丽的历史》(*Hist. de la Bienheureuse Marguerite Marie*,1894),第125页。[布高(1824—1888),罗马天主教神甫。——译者]

卑以及对他人的仁慈成为宗教情感的显著特征,因此,人们试图将二者理解为标准有神论信仰的结果。然而,毫无疑问,这些情感并非有神论的纯粹衍生物。我们在斯多亚哲学、印度教及佛教中,发现了它们最高的可能程度。它们与父系有神论完美地结合在一起;但是,它们也与人们的反思相结合,只要反思的是人类对普遍原因的依赖。我以为,在我们所研究的复杂激情里,它们肯定不是从属部分,而是地位平等的部分。宗教迷狂、道德热诚、本体论的惊诧、宇宙论的激情,统统是一个心态,其中,自我的沙砾消失殆尽,仁慈占据了统治地位。最好将这种心态整个描述为一种特殊性情,为我们的品性所趋同。它是我们安居的家园,是我们畅游的海洋,我们无须自作聪明,借助彼此的衍生来说明它的各个部分。信仰状态同爱或惧一样,也是自然的复合心理,借助有机的结果带来慈善。喜悦(jubilation)是一种宽阔的情感,所有宽阔的情感,只要依然存在,就是忘我的、仁慈的。

　　有的案例,即便起源于病态,也是如此。乔治·杜马(Georges Dumas)在其颇具启发的《忧愁与快乐》①一书里,将循环精神错乱的抑郁期与喜悦期加以比较,并指出,前者的特征是自私,后者的特征则是利他的冲动。玛丽身陷抑郁期时,没有哪个人像她那样吝啬,那样无用!然而,喜悦期一旦开始,"同情与慈善便成为她的特有情操。她表现出了一种普遍的友善,不仅是愿望,而且有行为……她惦念其他病人的健康,热情地希望他们痊愈,并想方设法弄到毛线,为有的病人纺织袜子。自从我对她进行观察以来,从未

①　巴黎,1900。

听见她在喜悦期发表什么不仁慈的意见"。[①]　后来,杜马博士谈及这种快乐情形时说,"无私的情操和友善的情绪,是从中发现的惟一情感状态。主体的心灵严密抵制嫉妒、憎恨和报复,完全转为仁慈、宽容和怜悯"。[②]

快乐与慈善之间具有天然的姻缘关系,因此无须惊讶,它们二者在圣徒的生活中结伴而行。友善随快乐而增,这在皈依的记叙中屡屡出现。"我开始为他人工作";——"我对家庭和朋友更加友善";——"我立刻与我气恼的人说话";——"我同情每一个人,并更爱我的朋友";——"我觉得每一个人都是我的朋友";——所有这些表达,都是从斯塔柏克教授搜集的记录里摘引的。[③]　爱德华兹太太在我前面引录的叙述里继续说:

> 我在安息日早晨醒来时,感觉一种对全人类的爱,其力量和甜美十分特别,超越我以前的一切感觉。爱的力量似乎无法言传。我想,即使我为仇敌所包围,他们向我发泄怨恨,虐待我,折磨我,我还是对他们报以爱,怜悯他们,热切希望他们幸福,绝不会怀抱其他情感。我以前从未像那天早晨一样,没有任何情绪评判和责难他人。我以真切而不寻常的方式意识到,基督教有很大一部分,在于我们彼此间履行社会的和相关的义务。同样的快乐感持续了整整一天——对上帝和全人类的甜美之爱。

---

① 乔治·杜马:《忧愁与快乐》,第 130 页。
② 同上书,第 167 页。
③ 同上书,第 127 页。

276　　无论怎样解释慈善，它毕竟可以清除平常的一切人为障碍。[1]

　　例如，理查德·韦弗[2]的自传里，有一个例子说明了基督教的不抵抗行为。韦弗是个矿工，年轻时，曾是半职业化的拳击手，后来成为受人喜爱的传教士。他最初似乎觉得，酒后打架是他肉身的最顽固的罪孽。他第一次皈依后，旧病复发，把一个侮辱妇女的人痛打了一顿。他觉得，既然失了足，干脆破罐子破摔，于是，他喝得醉醺醺的，把最近向他挑衅的一个人的下巴打坏了，并耻笑对方懦弱，借口他是基督徒而拒绝与他对打。我所以讲这些事，是要说明他后来的行为隐含着多么真实的内心变化。他这样描述自己的行为：

277　　　　我走下巷道，发现一个男孩儿在哭，因为他的工人同伴想把他的车抢走。我对那个人说：

　　　　"汤姆，你不能拿走车。"

---

　　① 也包括人与动物之间的障碍。我们看到这样一段记载，是讲述波兰著名爱国志士和神秘主义者托维安斯基(Towianski, 1799—1878)的："一天，他的一位朋友在雨中与他相遇，朋友的一只大狗扑到他身上，将他弄得浑身是泥，肮脏不堪。朋友问他，为什么容忍这个畜生弄脏衣服，他回答说：'这狗第一次与我见面，向我表示友好之情，并对我的认同和接纳感到高兴。假如我把它赶走，就会伤害它的感情，给它造成精神的创伤。这不仅是对它颇有冒犯，而且，冒犯了另一世界上所有与它同类的精灵。假如我对它的示好漠然置之，无动于衷，那么，它对我的衣服的损坏，根本无法与我对它的伤害相比。'他又说：'我们应该尽量改善动物的境况，同时鞭策自己，争取一切精神世界的统一，基督的牺牲使这种统一成为可能。'"《托维安斯基》(André Towianski)，意大利文译本，Turin, 1897(私人刊印)，[第353页]。)我知道这本书和托维安斯基，得益于我的朋友鲁托斯拉夫斯基(W. Lutoslawski)教授，他是《柏拉图逻辑学的起源与发展》(The Origin and Growth of Plato's Logic)一书的作者。

　　② 理查德·韦弗(Richard Weaver, 1827—1896)，英国矿工，信仰复兴运动者。——译者

他骂我，骂我是卫斯理魔鬼。我跟他说，上帝并没有告诉我，允许他抢我的东西。他又骂我，声称要推着车从我身上碾过。

"好啊，"我说，"让我们比比，究竟是主和我更强，还是魔鬼和你更强。"

结果证明，主和我比魔鬼和他更强，他必须退让，不然，车子将从他的身上碾过。我把车给了男孩儿。汤姆说："我真想狠狠地打你嘴巴。"

我说："好，假如对你有好处，就请你打。"所以，他打了我一嘴巴。

我把另一边脸伸过去，说："再打。"

他打了一次又一次，一连打了五次。我伸过脸让他打第六次，他转过身骂骂咧咧地走了。我冲他的背后大喊："主饶恕你，因为我饶恕你，主拯救你。"

这是星期六发生的事情。我从煤矿回到家，妻子看见我的脸肿了，问发生了什么事。我说："我打架了，给一个小子好好教训了一顿。"

她忽然哭了，说："理查德，你为什么打架?"我告诉她事情的原委。她感谢主，因为我没有还手。

然而，主已经还手了，主的打击比人的打击更有效。星期一到了。魔鬼开始引诱我，说："其他人都嘲笑你，你居然让汤姆在星期六那样对待你。"我大叫："滚开，撒旦!"随后向煤矿走去。

汤姆是我碰见的第一个人。我说了一声"早上好"，但是没有回答。

　　他先下去。我下去的时候,惊讶地发现他正坐在车道边等我。我走过去,他忽然流着眼泪说:"理查德,你能原谅我打你吗?"

278　　我说:"我原谅你。你求上帝宽恕你吧。主保佑你。"我跟他握了手,然后各干各的工作去了。①

　　"爱你的仇敌!"请注意,不单纯指那些并非朋友的人,而是你的仇敌,正在积极活动的仇敌。或者,这纯粹是东方人的夸张,有点儿言过其实,意思不过是说我们应当尽己所能,减少我们的仇恨;或者,字字掷地有声,至诚至真。除了某些密切的私人关系,这个话很少被人当真。然而,它却让人提出一个问题,即一般说来,人的情绪能否达到这么统一的程度,大大消除人与人之间的嫌隙,甚至连憎恨都变得微不足道,无力阻挡炽烈的友善之情? 假如积极的善良愿望能够达到这么高的热烈程度,受其支配的那些人简直就是超人了。从道德方面看,他们的生活恐怕与别人截然不同,而且,由于缺乏真实可靠的积极经验——我们的经书很少这方面的生动事例,佛教的例子则都是传说②——所以很难说结果会怎样,但是可以设想,它们将改变世界。

　　从心理学看,"爱你的仇敌"这句格言,原则上并无自相矛盾。

---

　　①　见帕特森(J. Patterson)的《韦弗生平》(*Life of Richard Weaver*,Kilmarnock,Scotland:John Ritchie[n. d]),第 66—68 页,节选。
　　②　例如,未来的佛陀化身为一只野兔,跳进火里把自己烹煮,给乞丐吃——此前他摇晃三次,避免皮毛里的虫子与他一起死掉。

它不过使我们十分熟悉的宽厚精神——诸如慈悲地宽恕我们的压迫者——达至极限罢了,然而,倘若严格遵守这一戒律,那将彻底摧毁我们全部行为的本能动机,摧毁目前的世界局面,以至于实践上超越临界点,使我们降生在另外一个世界。宗教情感让我们觉得,另一个世界近在咫尺,唾手可得。

　　压制本能的抗拒,不仅见于爱你的仇敌,而且见于关爱任何你所厌恶的人。我们在圣徒编年史里,发现沿此方向驱动的各种动机奇妙地混合在一起。苦行主义起了作用。与质朴的慈善相伴而行的,还有谦卑,或者放弃功名利禄的欲望,情愿匍匐在上帝面前一视同仁的平面上。阿西西的方济各和依纳爵·罗耀拉,当与污秽的乞丐交换衣服时,上述三个动机确实都起了作用。宗教徒献身照料麻风病人,或者照料其他特别厌恶的疾病,也是这三个动机的共同作用。护理病人,即便撇开教会传统的要求,似乎也是强烈吸引宗教徒的一项工作。然而,在这种慈善事业的记载中,我们发现过分的奉献达到怪诞的地步,惟一的解释是,它们同时引发了自残的迷狂。阿西西的方济各与他的麻风病人接吻;据说,阿拉克(Margaret Mary Alacoque)、方济各·沙勿略[1]、天主的圣约翰[2]及其他一些人,居然用舌头舔净病人疮脓。像匈牙利的伊丽莎白[3]及尚塔夫人[4]这样的圣徒,其传记充满了这种对医院脓液的迷恋,读

———————

[1]　方济各·沙勿略(1506—1552),西班牙犹太人,在印度布道。——译者

[2]　天主的圣约翰(1495—1550),葡萄牙罗马天主教圣徒。——译者

[3]　匈牙利的伊丽莎白(Elizabeth of Hungary,1207—1231),罗马天主教圣徒。——译者

[4]　尚塔夫人(Madame de Chantal,1572—1641),法国罗马天主教圣徒。——译者

后让人难受,既赞叹,又打战。

关于信仰状态引发的人类之爱,就讲这么多。下面谈谈这个状态引起的恬静、顺从、坚毅和忍耐。

看来,"内心宁静的乐土"是信仰的通常结果。即便一个人本身不是宗教徒,也很容易理解这一点。前不久,我们讨论上帝的临在之感,谈到那一时刻,人们可能具有不可言传的安全感。的确,假如有人感受到,无论暂时遇上什么困难,他的整个生活始终为他信赖的力量所庇护,他怎么能不稳定神经,冷却热度,缓和情绪呢?深信宗教的人,将自我完全托付给这种力量,正是一种激情。无论是谁,不仅说出"上帝的旨意亘古不变",而且具有这种感觉,那他就等于披上一层铠甲,能够抗拒一切软弱。历史上的一大批殉道者、传教士以及宗教改革家,都证明自愿顺从者能够保持心灵平静,即便周围的环境纷扰而痛苦。

当然,由于个人的气质或者忧郁,或者乐观,恬静心境的特征亦随之有所区别。在忧郁者,恬静更带有驯服和顺从的性质;在乐观者,恬静则是愉快的同意。前者的实例,是我从拉格诺①教授的一封信摘录的部分。拉格诺是一个受人尊敬的哲学教授,严重的病患者,最近在巴黎去世。他说:

> 我的生活(你对它的成功寄予了良好的祝愿)将得过且过。我对它不要求什么,也不期望什么。多年来,直到现在,我生存,我思想,我行为,物尽其用,不枉此生,只是依靠绝望。

---

① 拉格诺(Lagneau,1851—1894),法国哲学家。——译者

绝望是我的惟一力量,是我的惟一基础。但愿在我即将面对的最后磨难中,绝望能为我保存勇气,无须借助解脱的欲望。我对万力之源没有更多的要求,假如允许了这一点,你的祝愿将成为现实。①

这些文字有点哀婉和宿命,但是显而易见,其语调有力量抗拒外来的打击。帕斯卡也是一个悲观气质的法国人。他更充分地表 281 达了自愿顺从的气质。他在祈祷文中说:

主啊,救我,让我摆脱我的悲惨境况吧,因为那是自爱带来的痛苦造成的,但是,请您按照自己的心愿将悲惨赐予我。让我的痛苦来缓解您的怒气。使我的痛苦成为皈依和得救的机缘。我既不向您乞求健康,也不向您乞求病患,不求生,亦不求死,但求您能任意处置我的健康和病患,我的生与死,为了您的荣耀,为了我得救,为了教会和您的圣徒的功用。我愿承蒙您的恩典,成为您的圣徒的一员。只有您知道什么对我有益。您是至尊的主人。请您随心所欲地处置我吧。无论赐予我,还是剥夺我,只求我的意志遂您的愿。主啊,我只知道一件事:追随您就是好,违背您就是坏。除此之外,我不知道其他事情什么是好,什么是坏。我不知道哪个最适合我,健康还是疾患,富有还是贫穷,也不知道世上的其他事情。这种辨

---

① 《道德行为联合会公报》(Bulletin de l'Union pour l'Action Morale),1894 年9月。

认超越人或天使的能力,隐藏在您的冥冥天意之中,对此,我除了赞叹不已,并无测知的企图。[①]

我们若接触比较乐观的气质,顺从就变得不那么被动了。这类例子遍及历史,俯拾即是。因此,我首先谈谈现在映入我脑海的一个例子。居伊昂夫人体质虚弱,但具有乐观的天性。她曾经历许多危险,但都临危不惧,令人钦佩。她因为持宗教异说被关进监狱——

"我的一些朋友听说这件事,"她写道,"哭得很伤心,但是,我采取的态度是默认和顺从,甚至没有流一滴眼泪。……当时我的内心就像现在一样,似乎完全忘记自己的事情,我的任何私利都不能给我一点儿快乐或痛苦。我愿意或希望获得的只是上帝做的那种事。"她在另一处写道:"我们碰巧必须过一条河,渡河时几乎全部遇难。马车陷进流沙。与我们同行的人惊惶失措,纷纷从车上跳出去。我却发现自己的思想专注于上帝,没有丝毫危险的感觉。诚然,淹死的念头曾在脑海掠过,但是,除了这个念头,并无其他感觉和想法——我觉得非常满足,如果这是天父作出的选择,我情愿如此。"她乘船从尼斯到热那亚,海上航行11天,始终为暴风雨所包围。"疯狂的波涛在我们身边猛烈撞击,我情不自禁地体验到某种满足。

---

① 帕斯卡(B. Pascal):《为疾病的祈祷》(*Prières pour les Maladies*),第 8、9 节,节选。

我欣喜地想到,上帝的所作所为都是正确的,那些暴怒的浪涛或许遵照他的命令,要把我埋葬在水的坟墓里。我的想法也许极端,当我看见自己被汹涌澎湃的水浪冲击,打来打去,深感快活。周围那些人都注意到我的勇猛。"①

宗教热情所产生的临危不惧,还有更轻松的。我下边列举的例子,取自布伦②新近饶有趣味的自传《与基督一起航海》。他叙述了船上皈依的情景,几天后——

　　风猛烈吹着,我们正满帆向北行驶,以摆脱恶劣的天气。四声钟敲了不久,我们拉下三角帆,我跳出去,跨在帆杠上卷帆。我正跨坐在帆杠上,突然,帆杠带着我掉下去。帆从我手里滑脱,我向后倒,头朝下,惟独一只脚挂着,下面是船头激起的奔腾的浪花,闪闪发光。然而,我只觉得异常欣喜,确信永生。虽然死亡离我仅毫发之隔,我也敏锐地意识到这一事实,但是,除了快乐,我并无其他感觉。我想我挂在那儿恐怕不超过五秒钟,那个时刻却让我享受了整整一生的快乐。然而我的身体自作主张,拼命地作出体操动作,使我又回到帆杠上。我不知道我是如何把帆卷起来的,但是,我放声高歌,赞美上

283

---

　　①　引自乌波汉(T. C. Upham):《居伊昂夫人的生平和宗教体验》(*Life and Religious Opinions and Experience of Madame de la Mothe Guyon*, New York, 1877, ii. 48, i. 141, 413),节选。

　　②　布伦(Frank Bullen, 1857—1915),英国水手,作家。行文内容引自《与基督一起航海》(*With Christ at Sea*, 3rd. ed., London: Hodder and Stoughton, 1901, p. 129—130)。——译者

帝,歌声在黑暗而浩瀚的大海上传播。[①]

　　殉道编年史当然是颂扬宗教镇静的理想场所。我们摘录一个卑微受难者的陈述,他是路易十四时代受迫害的胡格诺教徒。伽蒙(Blanche Gamond)写道:

　　　　他们关上所有的门,我看见六名女子,每人拿着一束柳条,粗细刚好能用手握住,有一码长。她们命令我:"脱掉衣服。"我脱下衣服。她们说:"你现在还留着衬衫呢,必须脱掉。"她们不耐烦了,把我的衬衫脱下来,我的上身赤裸着。她们拿来一条绳子,把我捆在厨房的横梁上。她们使尽全力将绳子扎紧,问我:"伤着没有?"然后便在我身上宣泄愤怒,边打边喊:"现在向你的上帝祈祷吧。"说这话的正是那个轮盘赌的女人。但是此刻,我得到一生中所能得到的最大安慰,因为我有幸为基督的名义而遭受鞭笞,并且承蒙基督的恩赐和安慰。我内心感受的这种难以想象的影响、安慰与平和,为什么不能记载下来? 要理解它们,人们必须经历同样的折磨。它们那么强烈,令我心荡神移,苦难深重之处,神恩亦丰厚。那些女人徒然地狂叫:"我们必须加倍打她;她不觉得痛,既不说也不哭。"我怎么会哭呢? 我内心正快活得要死。[②]

---

　　① 见前引书,London,第 130 页。
　　② 克拉帕雷德(Claparède)和格蒂(Goty):《宗教二女子》(*Deux Héroines de la Foi*),巴黎,1880,第 112 页。

从紧张、自主、焦虑到恬静、顺从、平和，这种转变是内心平衡的变化中最令人惊诧不已的。那些个人能力中心的变化，我曾屡屡分析过。主要奇妙之处在于：变化并非由于作为，倒是因为放松，摈弃重负。放弃自己的责任似乎是基本行为，为宗教所特有，不同于道德实践。放弃先于神学，独立于哲学。医心运动、通神术、斯多亚主义，以及普通神经病卫生学，都像基督教一样，坚决主张这种放弃，而且，放弃能与每一个思辨的教义密切结合起来。①果敢放弃的基督徒，生活在所谓"冥想"之中，绝不忧虑未来，也不操心现时的结果。据说，热那亚的圣凯瑟琳②"仅仅按照事物先后相继的呈现认识它们，片刻接着片刻"。对于她的圣洁的灵魂，"神圣的片刻就是现在这一片刻……按当下时刻本身及其关系加以评估，包含其中的义务一旦完成，立即放它过去，好像它不曾存在过，为随后片刻的事实和义务让路"。③印度教、医心运动和通神术都强调意识集中于当下的片刻。

　　我提出的另一个宗教症状，是我所说的生活的纯洁。圣徒对 285 内心的矛盾或冲突变得极为敏感，对混乱和纷杂无法容忍。心灵

　　①　参见三个不同陈述：柯尔（A. P Cau）：《当然的事》（*As a Matter of Course*，Boston，1894）；德雷瑟（H. W. Dresser）：《靠精神生活》（*Living by the Spirit*，New York and London，1900）；斯密（H. W. Smith）：《基督徒幸福生活的秘密》（*The Christian's Secret of a Happy Life*），由威拉德评论宝库（Wiiard Tract Repository）出版，现在已有几千份。[柯尔（1853—1940），美国心理健康作家。斯密（1832—1911），美国宗教作家。——译者]

　　②　热那亚的圣凯瑟琳（Saint Catherine of Genoa，1447—1510），意大利罗马天主教圣徒。——译者

　　③　乌波汉（T. C. Upham）：《凯瑟林·阿多娜夫人生平》（*Life of Madame Catharine Adorna*），第三版，纽约，1864，第 158，172—174 页。

的一切对象和事务,必须根据特定的精神激奋有序排列,符合现在的主旨。非精神的东西玷污灵魂的净水,令人厌恶。伴随这种道德感性的提升,还有献身的热忱,为了神的目的,甘愿牺牲自己一切不应有的东西。有时,神圣的热忱至高无上,一举便获得纯洁——我们已经见过几个例子。通常,则是逐渐获得的。比利·伯雷(Billy Bray)谈及戒烟的经历,那是渐进形式的一个好例子。

　　我以前是一个烟鬼,也是酒鬼,常常嗜烟如命,下矿井宁肯不吃饭,亦不能没有烟。从前,主借助他的奴仆(先知)的嘴说话;现在,他则凭借他儿子的精神向我们诉说。我不仅有宗教的感受,而且能够听见内心细微、平静的说话声音。当我掏出烟斗准备抽烟时,内心便发出声音:"抽烟是谬误、是肉欲。要用洁净的嘴崇拜上帝。"因此,我觉出抽烟是不对的。主又派遣一个女人说服我。有一天,我在屋里,拿出烟斗要在火上点,玛丽·霍克(Mary Hawke)——那是女人的名字——说:"你不觉得抽烟是错误的?"我说,我觉得内心有个东西告诉我,抽烟是谬误,是肉欲。她说,那是主。于是我说:"我现在必须戒烟,因为主在内心让我戒烟,女人在外边说服我戒烟,所以烟必须戒掉,无论我多么喜欢它。"我当场从口袋里掏出烟草,扔进火里,并把烟斗踩在脚下,"灰归灰,尘归尘"。从此以后,我再没有抽烟。我发现旧习惯很难戒除,但我向主求救,他给了我力量,因为他说:"有麻烦时呼唤我,我将解救你。"戒烟后的那一天,我牙痛得要命,不知如何是好。我想这是戒烟的结果,但是我说,即便我的牙统统掉光,我也绝不再抽烟。我说："主啊,你曾告诉过我们,我的轭很松,我的担很轻",当我说这话时,一切疼痛都没有了。有时,抽烟的念头又浮现出来,非常强烈。但是,主给我力量抗拒它,赞颂主的名字,我从此不再抽烟。

伯雷的传记作者写道,伯雷戒烟之后,想嚼一点儿烟,但还是克服了这个肮脏的习惯。伯雷说:

> 有一次,在希克斯·弥尔的祈祷会上,我听见主对我说:"要用洁净的嘴崇拜我。"于是,我站起来时,拿出嘴里的烟草,扔到长凳底下。但是,我们再次下跪时,我又拿出一块烟草塞进嘴里。那时,上帝又一次对我说:"要用洁净的嘴崇拜我。"于是,我又拿出嘴里的烟草,扔到长凳底下,并且说:"是的,主,我愿意。"从那时起,我戒除了嚼烟,也戒除了吸烟,始终是个自由人。

为追求生活的真实和纯洁,这种冲动可能采取苦行的方式,而且往往非常悲惨。例如早期的贵格派教徒(Quakers),便极力反对当时教会基督教的世俗与不诚,斗争十分艰苦。然而,让他们遭受最大重创的战斗,或许是他们捍卫自己诚实社交的权利,坚持用"你"(thou,thee)的称呼,不必脱帽,不称呼头衔。在佛克斯看来,这些习俗是欺骗和虚伪,因此他的所有追随者都摈弃它们,献身于真理,使他们的行为与他们所信奉的精神更加一致。佛克斯在日记里说:

主派我来到这个世界时,禁止我向任何人脱帽,无论尊卑贵贱,而且,必须用"thee"或"thou"(你)称呼一切男女,不分贫富高下。我来来往往的时候,不必向人们问候"早安"或"晚安",也不可以向任何人鞠躬作揖。这使得一些教派和同仁十分恼怒。嗬!那些牧师、官员、教授以及各种各样的人,统统发怒了,尤其是牧师和教授,因为尽管用"thou"称呼单个人,既符合他们的词法和语法,亦符合圣经,然而,连听到这个字,他们都无法忍受。我不能向他们脱帽,也使得他们怒火冲天……嗬!嘲讽、火气、愤怒,有多凶呀!啊!我们因为不向他们脱帽而遭受殴打、推搡、拳头和监禁。有些人的帽子被他人强行摘去,扔到一边,以致丢失了。我们因此而听到的恶言秽语,受到的百般虐待,难以用语言表达,有时,甚至有丢掉性命的危险。干这种事儿的人,居然是基督教的大教授们,因而发现他们并非真正的信徒。虽然在人们眼里,这不过是区区小事,但是,却在一切教授和牧师当中引起极大的混乱。不过,还是应该赞美主,许多人因此逐渐认识到,脱帽的习俗是虚伪,感受到反对这一习俗的真理强大有力。

　　爱尔伍德①是早期贵格派的一个信徒,一度担任弥尔顿(John Milton)的秘书。我们在他的自传里,发现一些雅致而坦诚的记叙,描述了他遵循佛克斯的真诚准则的过程中,在国内外所遭受的

---

　　① 爱尔伍德(Thomas Elwood,1639—1772),英国宗教作家。著有《托马斯·爱尔伍德史:自撰》(*The History of Thomas Elwood:Written by Himself*, London: George Routledge and Sons,1885)。——译者

种种折磨。这些奇闻逸事太长，不宜转引，可是，爱尔伍德有一小段文字，表达了他对这些事情的感受，我将它们摘引如下，以表明精神敏感性的特征。爱尔伍德说：

　　我借助神圣之光发现，虽然我承蒙上帝的仁慈和公民教育，得以免除那些大恶，不必刻意戒除通常的龌龊、淫荡、亵渎及世俗的污秽，但是，我仍有其他罪恶需要克服，需要排除。其中有些罪恶所以为恶，并非根据恶者手中的尘世标准（《约翰一书》5:19），而是借助基督之光，我才看清它们是恶，因而内心也判定它们为恶。

　　特别是那些骄矜的结果，表现为追求服饰的浮华和奢侈；我在这方面太过用心了。这种恶习，必须戒除，必须克服；审判始终加于我，直至我戒除为止。

　　我除去衣服上不必要的饰物：花边、丝带以及无用的纽扣，这些东西没有实际用途，只是为了被错误地称作装饰的目的。而且，我也不再戴戒指了。

　　再有，就是阿谀奉承，冠人头衔，其实在他们与我之间，并无这种头衔所要表明的那种关系。这是我惯犯的恶德，并被看作精于此道的老手。因此，这个罪恶也是必须革除的。自那时起，我不敢称呼"长官"、"老爷"、"大人"、"夫人"等，也不敢随便向什么人谦称"你的仆人"了，只要我与他之间没有过真正的奴仆关系——我从来没有做过什么人的奴仆。

　　再有，用脱帽屈膝或鞠躬向人表示敬意，也是我常有的行为。这是尘世间的一种虚伪习俗，由世俗之风兴起，并不表示

288

真正的尊敬,而是一种假象,用于欺骗,有人们互相尊敬的外表,无彼此尊敬的诚意。况且,这是神圣敬仰的一种类型和贴切的方式,统统应该奉献给全能的上帝,所有的形式,只要人们冠以基督的名义,在祈祷基督时采用,就不应再用于人类。我发现这个长期犯下的恶行,现在必须革除。

再有,就是那种堕落而腐朽的说话方式,即用复数称呼单个人,不用 thou,而是用 you 称呼一个人,这违背了用纯洁、朴实、单一的语言表达真理的原则。称单个人为 thou,称多数人为 you,自有史以来始终这样运用,上帝对人,人对上帝,人与人之间,莫不如此,直到后来堕落的时代,堕落的人为了堕落的目的,为了奉承、献媚、利用人们的堕落性质,才开始采用错误的、无意义的方式,用 you 称呼单个人。这种说话方式败坏了现代的语言,玷污了人们的精神,腐蚀了人们的礼仪行为。我同别人一样深深陷入这个恶习,现在如梦初醒,必须祛除它。

这些以及更多的恶习,都是在黑夜里滋生的,通常背离真理和真正的宗教,现在纯洁的神圣之光照入我的良心,我逐渐发现应该革除、回避这些恶习,成为这些恶习的见证人。[①]

这些早期的贵格派信徒是地地道道的清教徒。宣言与行为之间哪怕有一丁点儿不一致,都会给他们一些人震动,进行积极的反

---

① 《爱尔伍德的历史》(*The History of Thomas Elwood*),自著,伦敦,1885,第32—34页。

抗。约翰·伍尔曼[1]在日记里写道：

在这些旅行中，我去过染布的地方。有几次，我还到排放染料的地方转过。这使我心中激起一种渴望，但愿人们能够具有精神的清洁，人格的纯洁，以及房屋和衣服的清洁。染料的发明，部分是为了悦人眼目，部分则是为了掩藏污垢。对后边这个弊端，我深有感触，当我经过肮脏之地，为污浊的臭气熏呛时，便产生一种强烈的愿望，想更充分地思考一下染布的藏污纳垢的性质。

清洗衣服，使它们保持洁净，是清洁的行为，但是，掩藏污垢则与真正的清洁相反对。允许我们的衣服藏污纳垢，必然强化隐藏有害念头的精神。真正的清洁属于圣洁的民族。然而，利用漂染掩藏污垢，则与诚实之美背道而驰。有几种染料会使布的用途大打折扣。假如把染料的价值、染布的费用，以及染色对于布的伤害加在一起，将这些花费统统用来保持洁净，那么，真正的清洁之风恐怕要强盛得多。

屡屡考虑这些事情，用有害的染料漂染衣帽，夏天穿太多不必要的衣服，现在对我来说，变得越来越不舒服了。我相信这些习惯并非纯粹的明智之举。由于顾虑远离亲朋好友，举步维艰，因此违背自己的意愿，继续用这些东西约莫有九个月。后来，我想弄一顶天然色的皮帽，但是，害怕被人看作标新立异。因此，一七六二年春季我们聚会之时，我的心极度紧

---

①　约翰·伍尔曼(John Woolman, 1702—1772)，美国贵格派布道者。——译者

张,希望得到正确的指导。当我心甘情愿地匍匐在主的面前,
我一下变得顺从,情愿去做我所害怕的事情。回到家里,我便
买了一顶天然色的皮帽戴上。

出席各种会议时,这种与众不同便是对我的考验,尤其在
那个时候,有些人喜欢时髦,追赶时装潮流,戴白色的帽子。
我的一些朋友,不知道我出于什么动机要戴天然色帽子,见到
我心存芥蒂,一时间,我觉得传教的道路被堵塞了。有些朋友
担心,我戴这顶帽子是想标新立异。对那些与我友善交谈的
人,我通常用几句话告诉他们,我相信我戴这顶帽子并非出于
自己的意愿。

追求道德的一贯和纯洁一旦达到这种程度,人们便发现外部
世界到处都是震荡,无法栖居,只有退出世界,才能净化自己的生
活,保持自己的灵魂不遭玷污。艺术家为了使作品和谐,必须摈除
一切冲突与杂乱之源,这个法则同样适用于宗教生活。斯蒂文森
说,省略是文学的一门艺术:"如果知道如何省略,我便无须其他知
291　识。"生活若充满混乱、怠惰和模糊的浮华,便失去我们所说的品
味,就像在同样的情况下,文学没有品味一样。因此,当修道院和
志趣相投的信士团体打开大门,那些恪守秩序(省略是秩序的特
征,就像秩序由行为构成一样)的心灵圣洁者发现,那种内心的平
静与纯洁,为世俗生活的争斗和残暴所侵扰,让他们痛心疾首。

必须承认,严格的洁净能够弄到怪异的程度。这方面类似于
苦行主义。下面我们最好转向苦行主义,这是圣徒性的另一个象

征。形容词"苦行的"所泛指的行为,源于不同的心理水平,我们便从这些区分开始:

1. 苦行主义可以仅仅表示身体的吃苦耐劳,厌恶过分的安逸。

2. 忌酒忌肉,衣着简朴,纯洁,不允许一般的肉体放纵,这些都是爱好洁净的结果,任何肉欲都对此造成打击。

3. 它们也是爱的果实,也就是说,它们依从主体的心愿,主体喜欢为他所信奉的神明作出牺牲。

4. 禁欲和受苦或许起因于对自我的悲观感受,与赎罪的神学信仰结合在一起。信奉者可能觉得,他现在受苦,正是为了赎买自己的自由,或避免来世遭受更深的苦难。

5. 对精神病态的人,亦可凭借非理性的方式产生禁欲的结果,即起因于一种迷恋或执著,形成挑战,必须加以排遣,因为只有这样,主体才能使自己内部的意识恢复正常感觉。

292

6. 最后,在一些罕见的例子中,苦行或许起因于肉体感受的真正倒错,结果,正常的疼痛刺激实际上变成快乐的感受。

我将对上述各类,依次列举一个实例。但是,寻找单纯的例子并非易事,因为那些足以直接归入苦行一类的实例,通常总是几个动机共同发生作用。另外,列举实例之前,我必须先带你考察一般的心理学问题,它们对一切实例都适用。

上个世纪,我们西方世界经历了一种奇怪的道德变化。我们现在不再以为,我们必须平静地面对肉体的痛苦。我们不期望一个人应当忍受痛苦,或者施人以巨大痛苦,听到别人讲述受苦受难的事情,自己也觉得毛骨悚然,不仅在道德上,而且在肉体上。让我们惊骇不已的是,我们的祖先居然将痛苦视为世界秩序的永恒成分,施以痛苦和遭受痛苦都是日常工作的组成部分,理所当然。我们大惑不解,竟然有人这样残忍。历史变化的结果是,甚至教会,即把苦行修炼当作长期继承的优良传统的地方,现在即便不把这种修行看作耻辱,大多也都废弃了它。现在,一个鞭笞自己或"斋戒消瘦"的信徒,引起的困惑和恐惧,恐怕比竞争要大得多。许多天主教作家也改变了态度,他们承认在这个方面,已经时过境迁,甚至补充说,最好不要浪费情感,对废弃苦行表示惋惜,因为恢复古代勇士的肉体训练,现在未免过分。

倘若追求安逸和快乐似乎是本能——似乎是人的本能,那么,刻意自找痛苦,并把它当作自己的目标,恐怕就会被人看作纯粹的变态。不过,从温和的程度看,追求艰险对于人性仍是自然的,而且十分平常。只有极端的表现形式,才被看作悖谬的。

产生这种状况的心理学缘由非常浅显。假如我们撇开抽象,将所谓的意志纳入这个行为,便会看到,意志是一个十分复杂的功能。它包含刺激和抑制两个方面,遵循一般的习惯,为反省的鉴别所护驾,并依照行为的方式,留下自己好受或难受的经验。结果,我们一般的道德态度,在获得或经历这种经验时,远离感觉经验提供的直接快乐,产生一种次生的满足或厌恶。诚然,一些男男女女,能够永远依靠微笑和"是"生活。然而,对其他人(大多数人)来说,这种道德气候过于温暾,过于松懈。被动的幸福才是枯燥乏味的,很快就变得讨厌,令人无法容忍。必须掺杂一些严峻而冷酷的否定,一些艰辛、危险、紧迫和努力,以及一些"不!不",这样才觉得生存有性格、有特点、有力量。这一方面的个人差异范围广阔,但是，"是"与"不"的混合无论怎样，个人都会准确无误地意识到，他对生活的感受什么时候对他才是适度的。他觉得，这是我的天职，是我的最佳条件，是规律，是我要过的生活。我在这里发现，我需要何种程度的平衡、安全、恬静和闲适，或者说，我在这里发现了挑战、激情、斗争与艰辛，没有它们，我的灵魂的精力便消失殆尽。

总而言之，个人灵魂好像一架机器或一个有机体，具有自己的最佳效率状态。一架机器要最佳运转，需要一定的气压、一定的电流量；一个有机体则需要一定的饮食、体重或锻炼。我听见一位医生对病人说，你的动脉压大约 140 毫米时，状态似乎最好。这同样适用于我们人的灵魂：有些人在平和的气候里最快活。有些人则需要紧张感，需要强烈的志愿，这样才能使他们觉得活跃和健康。对于后者，他们每天的所得，必须付出牺牲并受到抑制，否则，便觉得太轻而易举，缺乏刺激。

现在，这种人成为宗教徒，便试图翻转他们的刀锋，将他们对奋斗和否定的需要，对准天然的自我，结果，演变成了苦行的生活。

亭达尔①教授在一篇演讲里告诉我们，卡莱尔（Carlyle）在柏林冰天雪地的冬季，每天早晨要跳进浴盆泡澡，声称这是最低级的苦行修炼。即使没有卡莱尔，我们大多数人也会发现，为了灵魂的健康，以凉水的浸泡开始一天的生活，是极其必要的②。沿着这个阶梯再进一层，便得到下面的陈述，这是我的一位通信人提供的，他是个不可知论者：

294

---

① 亭达尔（Tyndall，1820—1893），英国医生。——译者
② 格拉海姆（Sylvester Graham，1794—1851）倡导冷水浴，他是美国的宗教变革者，广泛实践心灵的变革。——译者

我晚上躺在温暖的床上,每每觉得羞愧,愧不该如此依恋温暖,每当这个念头浮现脑海,不管当时是夜里几点钟,我都必须爬起来,到寒冷中冻上几分钟,证明我的丈夫气概。

这种事例属于上面所列第一类。下面的例子,或许是第二类与第三类的混合:苦行变得更为系统,更为明确。作者是个新教徒,其道德感无疑不能为低级的程度所满足。我是从斯塔柏克的手稿集摘取的:

我实行了斋戒和禁欲,并暗中制作一件粗麻衬衫,将粗糙的一面贴身,并在鞋里放进沙砾。好几个夜晚,我躺在地板上睡觉,没有任何铺盖。

罗马教会曾经将这类事情统统搜集在一起,编纂成册,并按照"功德"确定市场价格。然而我们看到,艰苦的磨炼发生在每一个地方,每一种信仰,那是性格的自发需要。于是,我们看到有关钱宁①的记载,钱宁刚刚担任一位神教传教士:

他现在比以往更简朴,似乎不能有任何个人嗜好。尽管他要一间更明亮、更通风、各方面都更舒适的房间,可谓轻而易举,但是,他拣了一间最小的屋子作书房。他选择一间顶楼作睡房,与他弟弟合住。睡房的陈设担负着一个隐士蜗居的

① 钱宁(Channing,1780—1842),美国牧师、作家。——译者

全部功能:只有一副简陋的床架,上面放着硬邦邦的床垫,粗糙的木制桌椅,地板上铺着草席。屋里没有火,而他一生却极其怕冷。但是,他从不抱怨,或者没有显露出一点儿不方便的感觉。他弟弟说:"我记得度过一个最寒冷的夜晚,第二天早晨,他一边锻炼一边戏谑那夜的艰苦:假如我的床是我的国家,我大概有点儿像波拿巴:除了我占据的地方,哪都控制不了。我一动,寒冷便立即侵入。"只有生病的时候,他才暂时更换住房,略微舒适一点儿。他平常穿的衣服也是最粗劣的,而且经常是破衣烂衫,世人恐怕称之为破烂,只是近乎女性的整洁,才使他没有一点儿不修边幅的样子。①

钱宁的这种苦行主义,显然是吃苦耐劳与爱好纯洁的混合。其中无疑也渗透了民主精神。民主精神发端于人类的热诚,我后边论述贫困崇拜时还会谈及。钱宁的例子确实没有悲观成分。下面一例则包含强烈的悲观成份,因而属于第四类。约翰·塞尼克(John Cennick)是卫理派第一位俗家传道人。一七三五年,他在切普赛德街散步时,确认自己有罪:

> 立即戒除了歌唱、打牌和看戏。他常常渴望去罗马教的修道院,过虔诚的隐修生活。有时,他想到山洞里生活,滚在落叶里睡觉,用野果充饥。他经常长时间禁食,每天祈祷九次……他自认为,对他这种罪孽深重的罪人,干面包已经是天大

---

① 《钱宁回忆录》(*Memoirs of W. E. Channing*,Boston,1840,i. 196)。

的奢望了，于是就吃土豆、橡子、沙果、野菜，并且每每希望以树根和药草为生。终于在一七三七年，他与上帝言归于好，高兴地继续他的路途。①

在这位可怜人的身上，我们看到病态的忧郁和恐惧，牺牲是为了洗刷罪孽，赎买安全。基督教神学对于肉体和自然人，通常不抱任何幻想。这种绝望态度使恐惧系统化，并使其成为自寻痛苦的重要动机。然而，把它叫作图利的动机却有失公平，尽管事实上，这种动机常常用于劝告的目的，有功利的形式。赎罪和忏悔的冲动，就其本意，是自我绝望和焦虑的直接流露，自发产生，因而不应承担"图利"的恶名。最严格的苦行修炼表现为热衷于牺牲，奉献我们的一切以表忠诚，这或许产生于高度乐观的宗教情感。

维亚尼②是法国的一位乡村教士，阿尔斯（Ars）的教区神甫。他的圣洁堪称楷模。我们读他的传记时，看到描述他内心需要牺牲的下列文字：

　　"走这条路，"维亚尼说，"只有第一步费力。苦行中自有安慰和品味，一朝结识，生活中便不能没有。将自我奉献给上帝只有一种方式，即全部奉献，不留一点一滴。哪怕一丁点儿保留，都是祸害，带来痛苦。"因此，他强迫自己，永远不闻花

297

----

　　① 泰尔曼（L. Tryerman）：《卫斯理的生平与时代》（*The Life and Times of the Rev. Johh, Wesley*, i. 274）。
　　② 维亚尼（M. Vianney, 1786—1859），法国牧师。——译者

香,口干舌燥时不喝水,不驱赶飞蝇,不在可憎的东西面前表示厌恶,不抱怨与个人舒适相关的事务,不坐,跪拜时不依靠臂肘。这位阿尔斯神甫怕冷,却从不想法御寒。一个冷峭的冬天,一位传教士给他的忏悔室做了假地板,将一铁箱热水放在地板下面。这个诡计成功了,骗过这位圣徒。他充满感情地说:"上帝真好,今年一直寒冷,我的脚却总是暖烘烘的。"[1]

在这个例子中,为挚爱上帝而作出牺牲的自发冲动,或许是最有意识的动机,因此我们可以把它归入第三类。有些作者认为,牺牲的冲动是重要的宗教现象。的确,它是显著的、普遍的现象,而且,比任何特定教义都深刻得多。下面的例子似乎是自发冲动,表现的内容似乎恰好就在个人与上帝之间。新英格兰的清教徒马瑟,[2]通常被人看作行为怪僻的书呆子。然而,什么会比他叙述他妻子死时所发生的情景更纯朴动人呢? 他说:

我知道,现在我对主的服从应该达到什么程度,于是,我决心在主的帮助下,彰显主的荣耀。我在亲爱的配偶去世前两个小时,跪在她的床边,用两只手紧握那只亲爱的手,世上最亲爱的手。我用手抓着她,严肃而真诚地将她托付给主:我的手轻轻地松开她的手,送别这只最亲爱的手,并决心永远不再碰它,以表示我的真正的服从。这是我一生所做的最艰难, 298

---

①　牟宁(A. Mounin):《阿尔斯的神甫维亚尼传》(Le Curé d'Ars, Vie de M. J. B. M. Vianney,1864),第 545 页,节选。[牟宁(1832—1886),法国牧师。——译者]

②　马瑟(Cotton Mather,1663—1728),美国牧师、作家。——译者

或许也是最勇敢的举动。她……告诉我,她对我的服从行为
已经签章画押。此前,她持续不断地呼唤我,此后,她却再没
有找我。①

维亚尼神甫的苦行主义,从整体上看,是高涨的宗教热情长期
汹涌澎湃的结果,渴望证明自身。罗马教会以前所未有的形式,搜
集了所有苦行的动机,编纂成册,任何愿意追寻基督教完美性的人
都可以在大量现成的手册中求其所需,按图索骥,策划自己的践行
方式。② 当然,教会首要的完善概念是消极的,即避免罪孽。罪孽
生于贪婪,贪婪生于肉体的情欲和诱惑,主要是骄傲、各种形式的
纵欲,以及爱好世俗的刺激和财富。所有这些罪孽之源必须加以
抵制,对付它们的最有效方法便是修行和禁欲。因此这些书里,总
有一些章节讲述自我禁欲。然而,一种程序一旦编纂成册,其中更
精妙的精神便烟消云散。倘若我们想捕捉纯粹的苦行精神——强
烈的自我轻蔑,以惩治可怜的肉体;神圣的、非理性的奉献,将肉体
所有的一切(即肉体的情欲)当作供品,奉献给它所崇拜的对
象——我们就必须接触自传,或其他个人文件。

　　十字架的圣约翰是西班牙神秘主义者,曾在十六世纪享有盛
名——应该说,生存过,因为很少有迹象证明他享有盛名——他的

---

　　①　温德尔(B. Wendell):《科顿·马瑟》(Cotton Mather),纽约,无日期,第198页。
　　②　早期耶稣会士罗德里格兹(Rodriguez)的手册最为著名,被翻译成所有文字。
现代编纂很好,且方便的手册,是里白特(M. J. Ribet)的《基督教苦行主义》(L'
Ascétique Chrétienne,Paris,Poussielgue,1898)。[里百特(1837—1909),法国罗马天主
教神甫。——译者]

一段文字很适合我们的目的：

首先，小心翼翼地激发自己，形成惯常的、深情的意志，立志在一切事情上模仿耶稣基督。任何事情，倘若惬意地呈现你的感官面前，同时却不能纯粹地彰显上帝的荣耀，那么，为了基督的爱，舍弃它，并离开它。基督的一生没有其他旨趣和心愿，惟有践行天父的意愿，你将其称作他的肉和滋养。例如，你热衷倾听与上帝荣耀无关的事情。那么，打消你的这种满足，改变你倾听的愿望吧。你喜欢看的那些对象无法提高你对上帝的认识。那么，拒绝这种快感，转移你的视线。谈话和所有其他事情，同法处理。你应尽其所能，用类似的方式对待一切感官作用，努力摆脱感官的束缚。

彻底的治疗在于戒除四大自然情感：快乐、希望、恐惧和悲伤。你必须想法不使它们得到任何满足，让它们好像处在黑暗和空虚之中。因此，你的灵魂始终是：

不求最安逸的，但求最艰难的；

不求最有味的，但求最无味的；

不求最诱人的，但求最讨厌的；

不求安慰之物，但求凄凉之物；

不求休息，但求劳作；

不求多欲，但求寡欲；

不求最高贵，但求最低贱；

不求有志，但求无志；

不求最好之物，但求最坏之物，致使你为爱基督，陷入极

300　　度穷困,精神的彻底贫乏,绝对抛弃的一切。

尽你灵魂的全部精力,努力实践这些,你很快就会发现巨大的快乐和无法言表的慰藉。

蔑视自己,并希望他人也蔑视你;

说不利于自己的话,期望别人也这样;

设想自己的卑贱,别人持同样看法,亦觉可信;

品尝万物滋味,却不对任何事物感兴趣;

知道一切,却学习一无所知;

拥有一切,却决心一无所有;

是一切,但求什么都不是;

达到不对任何事物感兴趣的程度,经历你没有兴趣的经验;

学会一无所知,伴随你的无知;

求得一无所有,到你无有的地方;

成为你的不是,体会你所不是的经验。

后边的几行令人晕眩,充满自相矛盾,是神秘主义十分喜爱的。紧接的文字则完全是神秘主义的,因为约翰从上帝转到更为形而上学的大全(the All)概念。

你停留在一件事上,便不再向大全开放。

为了获得大全,你必须放弃大全。

假如你应当拥有大全,你必然拥有它,一无所求。

在这种剥夺中,灵魂找到自己的平静与安宁。它扎根于自己的虚无中心,因而下面没有东西能够侵袭它;它不再有任何欲望,上面的东西也不能占有它;因为只有它的欲望才是灾祸的原因。①

下面举个更具体的例子,说明第四类和第五类,事实上,亦说 301 明上面所有六类,证明精神病患者实行肉体的苦行时,有可能走向非理性的极端。我所引录的,是诚实的苏索②记叙自我折磨的文字。你们恐怕记得,苏索是十四世纪德国神秘主义者,他的自传是宗教的经典文件,用第三人称撰写。

他年轻时性情暴躁,充满烈火和活力。他开始意识到这点之后,极为痛苦,他千方百计,试图让自己的身体服从管束。他长期穿着一件毛发编织的衬衫,并戴一条铁链,直至身上流血,才被迫脱掉。他秘密让人给他制作一件内衣,并在内衣里缝上几条皮子,皮子上嵌入一百五十枚削磨尖利的铜钉,铜钉的尖利一面始终朝着肉。这件内衣做得非常紧身,四面完全裹住身体,前面系紧,便能紧贴身体,使尖利的铜钉刺进皮肉。内衣的上边够得到他的肚脐。他经常穿着这件内衣睡觉。夏季天气炎热,他因旅行十分疲倦时,或者,承担演讲的职务时,他就好像为枷锁所束缚,为苦役所压迫,为毒虫所折磨,声嘶力竭,狂躁不安,痛苦地来回扭动,好像一条虫子被尖钉刺透

---

① 十字架的圣约翰(Saint Jean de la Croix):《生平与著作》(*Vie et Oeuvre*,Paris,1893,ii. 94,99),节选。

② 苏索(Heinfich Suso,1300—1366),德国多米尼克神秘主义者,布道者。——译者

似的。有时，他好像躺在蚁冢上，遭受虫子的百般吞咬，假如他想睡觉，或者一旦入睡，这些虫子便争相咬他。[①] 有时，他从心底呼唤全能的上帝：噢！仁慈的上帝，这是什么死法呀！一个人被谋杀，或者被野兽吃掉，一下就完了；但是现在，我躺在这里被残忍的虫子吞咬，却求死不能。冬夜再长，夏日再热，也不能使他放弃这种修行。相反，他又设计了某样东西——两个皮圈，把手套进去，绑在颈上，一边一个，固定牢靠，即便他的屋子着火，也不能自救。他连续捆绑自己，直至手臂扭拉过度，几乎颤抖不止。于是他发明了另一样东西：两只皮手套。他让铜匠给手套表面安上尖利的铜钉，并经常在夜晚戴上，以便当他入睡时，若想脱掉毛发衬衫，或者，想逃脱恶虫的吞咬，铜钉就会刺进他的身体。这种事情的确发生过。他睡觉时，假如想用手解救自己，就会将尖尖的钉戳进胸膛，弄伤自己，所以他的肉溃烂不堪。几周后，伤口愈合，他再次弄破，旧伤添新伤。

这种痛苦磨炼持续了大约十六年。最终，他的血冷却了，他的火暴脾气也根治了，圣灵降临日那天，他看见了异象，天上来了一位使者，告诉他，上帝让他别这么做了。因此，他停止折磨，将所有器械扔进湍急的河流。

---

① "虫子"即虱子，乃中世纪圣徒的显著标志，无一例外。书上谈及圣方济各（Francis of Assisi）的羊皮衣，称"这位圣徒的同伴经常把它拿到火炉旁清理，除虱，据说，这么做，是因为这位纯洁的教父并非虱子（pedocchi）的敌人，相反，要将它们保留在自己身上，并以穿戴这些神圣的珍珠为荣耀"。引自萨巴蒂埃（P. Sabatier）编：《完德鉴》（*Speculum Perfectionis*），等等，巴黎，1898，第 231 页的注释。

然后,苏索又说,为仿效被钉在十字架的主的不幸,他给自己也造了一座十字架,上面安了三十根凸出的铁针和铁钉。无论白天黑夜,他都将这座十字架背在赤裸的背上,固定在两肩之间。

第一次把十字架架到背上时,他柔弱的身躯深感恐怖,于是,在石头上把尖钉稍微磨秃了一点儿。但是很快,他便为这种女流之辈的懦弱懊悔,又用锉把它们磨尖,再次将十字架背上。这座十字架使他背上的骨肉鲜血淋淋,伤痕累累。他无论坐下还是站起,就好像一块豪猪皮贴在身上。有谁不经意触及他,或者,碰着他的衣服,十字架都会刺破他的肉。 303

接着,苏索谈到他借助背负十字架,迫使铁钉刺入他的皮肉,以求忏悔,同时也谈到自我惩罚的事情——一个恐怖的故事——然后继续说:

同一时期里,侍从买到一扇破旧的门,他经常躺在上面过夜,不用任何舒适的被褥,只是脱掉鞋,用一件厚斗篷裹在身上。他为自己准备了一张最粗劣的床,因为他头下枕着硬邦邦的豆其,十字架的尖钉刺进脊背,双臂牢牢锁在枷锁里,马毛内衣紧束腰际,斗篷很重,门板很硬。他这样悲惨地躺着,不敢动,像根木头,不知有多少次仰望上帝呜咽长叹。

冬天,他受尽了严寒折磨。伸开脚,便裸露到地板,被冻僵;缩起脚,腿上的血便沸腾,引起剧烈疼痛。他的脚遍布溃疡,他的腿严重浮肿,他的膝流血凝结,他的腰被马毛弄得伤痕累累,他的身躯瘦骨嶙峋,他的嘴渴得唇焦舌枯,他的手软弱得打战发抖。他身受如此折磨,度过多少个日日夜夜。他忍受这一切,完全因为他心中满怀挚爱,爱戴神圣的、永恒的智慧,我们的主耶稣基督,他试图仿效基督遭受的巨大痛苦。一段时间之后,他放弃了睡门板的忏悔修炼,搬进一间小屋,改睡板凳。这条板凳又短又窄,在上面,身体根本无法伸直。夜晚,他躺在小屋里,或躺在门板上,还戴着平常用的枷锁,这样持续了大约八年。二十五年里,他还养成一个习惯,假如他呆在修道院,冬天晚祷之后,不管天气多么寒冷,再不踏进任何温暖的屋子,也不到修道院的火炉边取暖,除非因为其他理由非进屋子不可。这些年里,他从不洗澡,无论水浴,还是汽浴。他这样做,是为了惩罚他贪图安逸的身体。他还长期践行严格的贫穷,即便一文钱,亦不收不碰,无论是否得到别人的允许。有很长一段时间,他力图达到高度的纯洁,因此,除了手和脚,既不抓亦不碰他身体的任何一部分。[①]

至于苏索利用口渴惩戒自己,我就不讲了。我们高兴地得知,苏索四十岁以后,上帝通过一系列异象向他明示,他已经充分地摧毁了自然人,可以停止这些修炼了。苏索的例子显然是病态的,然而,他的症状——苦行者所津津乐道的——似乎始终没有减轻,他的感觉力的变化依然能够现实地将痛苦变成相反的快乐。例如,

---

① 《有福者苏索的生平》(*The Life of the blessed Henry Suso*, trans. by T. F. Knox, London, 1865),第56—80页,节选。

关于圣心会的创始者,我们从书中得知:

> 她对疼痛与痛苦的爱是没有止境的……她说,假如她总能为上帝受苦,她就能愉快地活到最后审判那天。然而,毫无痛苦地生活,哪怕一天,也不可饶恕。她还说,她为两个难以缓解的热情所吞噬:一个是渴望圣洁的交感,另一个则是渴求受苦、蒙羞和毁灭。她在信札里继续说道:"惟独疼痛,才能支撑我的生命。"①

关于某些人的苦行冲动引发的现象,我们就谈这么多。献身教会的人,认为自我苦修有三个分支,它们是寻求完善的必由之路。我所指的,就是修士们立誓奉行的贞操、恭顺和清贫。我将对顺从和清贫发表一点儿意见。

首先谈恭顺。我们二十世纪的世俗生活,对恭顺这个美德评价不高。相反,个人有义务决定自己的行为,自食其果,或取利或受苦,似乎成为我们当今最根深蒂固的新教社会理想。甚至很难想象,具有自己内心生活的人,何以最终会认为,他的意志必须服从其他智力有限的人。我承认,对我来说,这似乎是神秘之物。然而,有证据表明,这却满足了许多人深刻的内心需要,我们必须竭尽全力去理解它。

就最低水平而言,人们看到,恭顺是稳固教会组织的便利手

---

① 布高(Bougaud):《幸福玛丽的历史》(*Hist. de la Bienheureuse Marguerite Marie*,Paris,1894),第265,171页,也见第386,387页。

段,必然被看作是功德卓著。其次,经验表明,在每个人的一生中,有时,别人的忠告比自己的主意更好。不能决断是神经疲劳的最常见的症状。有些朋友从更广阔的视野观察我们的困难,见解往往比我们更明智。因此,征询并听从医生、伙伴或妻子的意见,常常是一种美德。然而,撇开这些低级的明哲范围不论,我们发现,我们所研究的某些宗教激情,其性质亦可提供充分的理由,说明恭顺的理想化。恭顺可以产生于一般的宗教现象:内心柔弱,自愿屈服,将自己交付给崇高的力量。人们觉得这些态度可取,因而撇开功利的作用,将这些态度本身尊为理想。即便服从一个凡人,我们分明知道他会犯错,我们也可以有这种感觉,就像我们把意志托付给无限的智慧者一样。再加上自我绝望和自愿受难的激情,恭顺就变成一种苦行的牺牲,特立独行,全然不顾还有什么明白的用途。

恭顺成为一种牺牲,成为一种"苦修"方式,主要是天主教作家的意见,恭顺是"人对上帝的祭奉,人既是祭司,又是祭品。人以贫穷牺牲他的身外财产;人以贞操牺牲他的身体;人以恭顺完成这种牺牲,将他仍然拥有的一切,即最宝贵的财富:理智和意志,统统奉献给上帝。因此,这种牺牲是完全的,毫无保留,这是真正的燔祭,全部祭品,现在为了上帝的荣耀,统统烧掉"。① 因此,在天主教的修炼中,我们服从的上峰不是普通人,而是基督的代表。我们有意服从他身上的上帝,恭顺便轻而易举。但是,编纂教科书的神学家,将他们倡导恭顺的理由罗列在一起,声音混杂,十分怪僻。耶

---

① 勒热纳(Lejuene),《神秘生活导论》(*Introduction à la Vie Mystique*,1899),第277页。燔祭的明喻至少可追溯到依纳爵。

稣会的一位权威人士说：

> 禁欲生活的一个最大安慰，就是我们确信，服从了就不犯错误。上级命令你做这做那，他有可能犯错误，但你确信，只要服从，就不会犯错误，因为上帝只是询问，你是否一丝不苟地执行你所接受的命令，假如你能提供这方面的清晰账目，你就完全无罪。至于你做的事是否妥当，或者，是否不能做得更好了，这些问题并不问你，而是问你的上级。你做的事一旦从命做了，上帝就从你的账单上将它抹去，记在你上级的账上。所以，圣哲罗姆(Jerome)颂扬恭顺的好处，明确指出："哦，至高无上的自由！哦，神圣而幸福的安全啊，有了你，人们几乎洁白无瑕。"

圣约翰·克里马库斯(John Climachus)将顺从称作上帝面前的辩解，表达的是同样的意思。事实上，当上帝问你为什么这么做时，你回答说，那是因为我执行上级的命令，上帝就不再追究了。就好像高超的舵手驾驶的一条好船，船上的乘客无须多虑，就能安然入睡，因为舵手担负全责，并"守护你"。受服从约束的宗教徒也是如此，他们上天堂就好像睡觉，也就是说，完全依从上级的行为，上级就是船上的舵手，始终守护着他们。老实说，能够依靠别人的臂膀横渡人生的惊涛骇浪，绝非小事，然而，这是上帝的恩典，赐予那些为服从所约束的人。他们的上级承担了他们的负担……有位认真的医生说过，他宁愿服从命令去捡稻草，聊以生存，也不愿自己单独负责，从事崇高的慈善事业，因为服从命令做任何事情，确实都是遵循上帝的旨意,然而,我们根据自己的态度做的事情,绝对没有这等确信。①

依纳爵(Ignatius Loyola)推崇顺从,将其奉为他的教团的支柱,人们若想透彻理解恭顺崇拜的全部精神,就应该读读他的书信。② 这些书信太长,无法引录。不过,他的同伴报道了他的几段话,非常生动地表达了他的信仰,尽管它们经常为人引用,我还是请求你们准许我再次引录它们。"入教及其以后,"根据一位早期传记作者的报道,他曾说,

我应该将自己全部交给上帝,应该用上帝的权威代替他的人。我应该期望,我的上级强迫我放弃自己的判断,压制自己的心灵。我不应该区分这个上级还是那个上级……而应承认他们在上帝面前统统平等,他们都代表上帝。因为,假如因人而异,我便削弱了恭从的精神。我在上级手里,必须成为一块柔软的蜡,一个玩意儿,投其所好,任他摆布,无论写信还是收信,无论与这人说话还是不说话,诸如此类。而且,我必须竭尽全力,热烈而准确地执行我所接受的命令。我必须把自己当作一具尸首,既无智慧亦无意志。我好像一团物质,让人随意摆放,想放哪儿就放哪儿,毫无抵抗。我好像老人手中的

308

---

① 阿方索·罗德里格斯(Alfonso Rodriguez, S. J.):《基督徒完德的修行》(*Pratique de la Perfection Chretienne*),Part iii, Treatise v., ch. x.[阿方索·罗德里格斯(1526—1616),西班牙犹太人。——译者]

② 书信集第51封和第120封,由布怡(Bouix)译成法文,巴黎,1870。

拐杖,任其需要,随意使用,只要他合适就行。我必须这样控制在教团手里,按照它认为最有用的方式为它服务。

我绝不询问上级,要把我派到什么地方,将差我执行什么特殊使命……我绝不认为有什么事务属于我个人,绝不顾及我所用的东西,我就像一尊雕塑,任人将衣衫脱去,绝无任何抵抗。①

罗德里格斯(Rodriguez)在我刚才引用的那一章里,还报道了另一种说法。在谈及教皇的权威时,他写道:

圣依纳爵担任教团主持时说,假如教皇命令他,驾驶他在罗马附近奥斯蒂亚港发现的第一只船,任其漂泊大海,没有桅,没有帆,没有桨,没有舵,没有任何航海或为生的必需品,他也服从,不仅欣然接受,而且没有顾虑和反感,甚至内心还会生出极大的满足。②

关于我们所考察的恭顺的美德,我再举一个极端化的具体实例,然后转到下一个题目。

[波尔罗亚尔修道院(Port Royal)的]玛丽·克莱尔(Marie Claire)修女,始终为德·朗格勒(de Langres)先生的圣洁

---

① 巴托利—米歇尔(Bartoli-Michel):ii. 13。
② 阿方索·罗德里格斯,同上引书,Part iii,Teatise v.,ch. vi。

和美德所感染。这位教长来到波尔罗亚尔修道院不久,有一天,看见她那么缠绵地依恋安吉丽克(Angelique)院长,便对她说,也许,她最好别再跟安吉丽克院长说话。玛丽•克莱尔坚决服从,把这句轻率的话当做上帝的神谕,从那天起一连好几年,她不再跟这位姐妹说一句话。①

下面的题目是贫困。在一切时代里,在一切教义中,贫困都被看作圣徒生活的一种装饰。占有的本能是人性的基本成分,因此,贫困成为苦行悖谬的另一个例证。然而,人们一旦想起,高级的兴奋如何轻而易举地抑制低级的贪欲,贫困便不再是悖谬,而变成完全合理的了。刚才讨论顺从时,我摘引了耶稣会士罗德里格斯的话,现在直接讨论贫困的具体内容时,也请你们看看他关于这个题目的一段文字。你们必须记得,他写的这些文字是为了教诲耶稣会的教士,一切都依据这句经文:"精神贫困的人有福了。"他说:

> 如果你们有谁,想知道是否真的精神贫困,就请他考虑一下,他是否喜欢贫困常有的结果和影响,那就是饥渴、寒冷、劳累,并失去一切便利。看看你是否喜欢穿补丁斑斑的破衣烂衫。看看你是否喜欢粗茶淡饭,是否喜欢美味佳肴从你面前经过,却供别人享受,是否喜欢你的饭菜不合口味,让人生厌,是否喜欢你的居室破烂不堪。假如你不喜欢这些东西,不是爱好它们,反而逃避它们,那就证明,你并没有获得地道的精

---

① 圣伯夫:《波尔罗亚尔修道院史》,i. 346。

神贫困。

随后,罗德里格斯更为详细地描述了贫困的行为。

第一点是圣依纳爵在其规则中提出的,他说:"别让人使用东西像使用他的私有财产一样。""一个宗教徒所使用的任何东西,都应该像一尊雕像,人们可以给它披上衣衫,但是,当人们再给它脱掉时,它既不悲伤,亦不抵抗。你对待你的衣服、你的书籍、你的居室,你所用的一切,都应采取这种方式。若有人命令你放弃它们,或者用它们交换他物,你不应伤心,应该像那尊被脱掉衣衫的雕像。用这种方式,你将避免将它们用作私有财产。然而,假如你舍弃居室时,或者出让这个那个物品,或者用它交换其他东西时,你觉得反感,不像那尊雕像,那说明,你把这些东西看作你的私有财产。"

正是由于这个缘故,我们圣洁的创立者希望上级考验他们的教士,就像上帝考验亚伯拉罕那样,让他们经受贫困和恭顺的考验,借此方法,便得知他们的德行达到什么程度,并获得机会进一步完善……当一教士发觉居室舒适,恋恋不舍时,让他搬出去;让另一位教士交出他所喜爱的书;或者强迫另一个教士用他的衣服交换更破的。不然的话,我们最终将把所有这些东西变成一种财产,那座围绕我们并构成我们主要防线的贫困之墙,便渐渐地崩塌了。古代沙漠上的教祖,就是这样对待他们同伴的。……圣多西狄斯(Dositheus)是个医护,想得到一把刀,不是为了私用,而是用于他所负责的诊所,便

310

向圣多罗西斯（Dorotheus）要它。圣多罗西斯回答说："哈！多西狄斯,你居然这么喜欢那把刀！你究竟是刀子的仆人,还是耶稣基督的仆人？你期盼刀子做你的主人,不觉得脸红吗？我偏不让你摸那刀。"此番责备和拒绝深刻影响了这位圣洁的信徒,从此以后,他再没有摸那把刀。……

罗德里格斯神父继续说:

因此,我们的房屋里,必定只有床、桌、凳和烛台,纯粹的必需品,再无别的家具。我们不允许居室里饰图片或其他东西,既无手椅、地毯、窗帘,亦无精致的柜橱。而且,我们不允许存放任何食品,为自己或为来访者备用。我们必须获得批准,才能去食堂,哪怕是为了一杯水。最后,我们不允许保留书本,或者在上面写字,或者随身带出。不容否定,我们因此很贫困。然而,这种贫困同时也是极大的安宁和极大的完美。因为,一旦允许宗教徒占有额外的财产,这些财产必然分散他的精力,想着如何得到它们,保存它们,使它们数量增加。所以,根本不允许拥有它们,能弥补所有这些不便。教团之所以禁止俗人进入我们的居室,有种种理由,最主要的理由则是,这样我们容易保持贫困。我们毕竟都是人,假如接待俗人进入我们的居室,我们便没有力量遵守规章制度,至少想用一些书装饰房间,以给来访者一种颇多学问的印象。①

---

① 阿方索·罗德里格斯,同上引书,Part iii,Treatise iii. ,chaps. vi,vii。

既然印度教的法吉尔(Fakir)、佛教的僧人,以及回教的德尔
维希(Dervish),与耶稣会士和方济各会的修士联合起来,将贫困
理想化,尊为个人的最高境界,那当然值得考察一下,这种似乎并
非自然的观点,其精神的依据是什么。首先,谈谈那些最接近普通
人性的依据。

所有者(the men who have)与所是者(the men who are)之间
的对立,古已有之。尽管事实上,绅士(旧式意义的绅士,指名门出
身的人)通常掠夺成性,并沉溺于土地和财富之中,但是,他绝不认
为,他的本性就是那些财产,而是将其归结为优秀的人格,即天生
勇敢、慷慨和自负。他感谢上帝,让他永远摆脱那种斤斤计较的考
虑,假如随着生活的变迁,他因算计不周而变成穷光蛋,他会高兴
地认为,凭借他的英雄气概,他能够更自由地解决自己的救赎问
题。在《智者纳旦》里,莱辛的圣殿骑士说:"谁都有点儿什么,我的
上帝啊,我的上帝,我却一无所有!"出身名门而没有财产,这种理
想体现为游侠骑士和圣殿骑士的风气。尽管这一理想始终蒙受腐
蚀,污秽不堪,然而,还是支配了军队和贵族的人生观,即便不在实
践上,亦是在情感上。我们赞美战士,称作绝无牵挂之人。除了赤
裸裸的一条命,别无他物,而且,无论何时,假如事业需要,他甘愿
舍弃生命,因此,他是自由追求理想的代表,毫无顾忌。劳动者以
身抵债,日复一日,没有投资未来的本钱,因此也表现出许多这种
理想的超脱。他像野人一样,以右臂为枕,以天地为床。从他简朴
而运动的观点看,财产所有者似乎都是为肮脏的外物和约束所埋
葬,所窒息,"踏入腐草和垃圾堆中,一直没过膝部"。外物的要求
是大丈夫气概的腐蚀剂,是灵魂的抵押单,是拖曳后腿的铁锚,不

312

让我们飞上九天云霄。

> 我所遇见的一切,怀特菲尔德说,似乎都伴随一个声音:"你去传福音;做世上的朝圣者;不要结伴,亦不要任何居所。"我的心回响起:"主啊耶稣,帮助我奉行您的旨意。假如你看见我有陷入安乐窝——陷入不幸——陷入温柔的不幸——的危险,请将荆棘放进我的巢穴,不让我进去。"①

憎恶"资本",今天在我们劳动阶级当中越来越流行,很大程度上就产生于这种强烈的厌恶感,即憎恨以纯粹占有为生。正如一 313 位无政府主义者②所写的:

> 不因积累财富,而因舍弃你的所有,
>
> 你才变得美丽;
>
> 必须丢弃包裹,别再用新的包装自己;
>
> 若要强身健体,不是增添重叠的衣服,而是将它们抛弃……
>
> 奔赴沙场的战士,不再背负新的家什,而是千方百计,轻装前进;
>
> 应当清楚地知道,凡不能自由运用和掌握的东西,都是他

---

① 菲利普(R. Philip):《怀特菲尔德的生平与时代》(*The Life and Time of George Whitefield*),London,1842,第366页。

② 诗的作者是卡彭特(Edward Carpenter,1844—1929),他是英国诗人和随笔家。——译者

的累赘。①

总而言之,以所有(having)为生,绝没有以所做(doing)或所是(being)为生那么自由,为了行为的方便,那些受精神激励的人往往舍弃财物,就如同清除障碍。惟独无私者能够追求理想,义无反顾。懒惰和怯懦的潜入,常常伴随我们必得守护的每一分或每一厘。一位新来的修士见圣方济各,说:"教主啊,若有一部诗篇,对我来说就是极大的安慰,即便我们会长应允这个奢望,我还是想得到您的许可。"方济各以查理曼(Charlemagne)、罗兰(Roland)、奥利弗(Oliver)为例,拒绝了他的要求,说这些人辛勤劳动,受苦流汗,追随不信教的人,最后战死疆场。"所以,别在乎有书,有知识,倒是应该在乎善行。"几个星期后,那位新修士又来见方济各,又谈到他想要那部诗篇。方济各说:"你得到诗篇之后,便想要祈祷书,得到祈祷书之后,便想像高级教士一样,坐进专门席位,并对你的教友说:'把我的祈祷书拿来。'……因此,他拒绝了所有这些要求,并说:一个人具有多大学问,只能产生于他的行为,一个修士是否是好的传教人,只能通过他的行为证明,因为若认识每棵树如何,只有凭借它的果实。"②

314

然而,除了所做和所是包含的比较有价值的运动态度,在拒绝

---

① 卡彭特(Edward Carpenter):《走向民主》(*Towards Democracy*,London:T. Fisher Unwin,1892),第362页,节选。

② 《完德鉴》(*Speculum Perfectionis*),萨巴蒂埃(P. Sabatier)编:巴黎,1898,第10,13页。

占有的欲望中,还有某种更深刻的东西,某种与宗教经验的基本神秘性有关的东西,即在绝对顺从崇高力量中得到的满足。只要世俗的保障依然存在,只要还有残留的保命符可以把捉,只要顺从并非全心全意,生死的危机便没有度过,恐惧依然戒备森严,对神明的不信任依然存在:我们拽着两只锚,的确在一定程度上依赖上帝,却也依靠我们自己的策略计谋。我们看到某些医疗经验,亦有相同的临界点需要冲破。例如,一个酒鬼,或者一个吗啡或可卡因的瘾君子要求治疗。他求医生除掉他的死敌,却又不敢面对彻底的戒除。暴虐的毒品依然是上风的铁锚:他将毒品隐藏在衣服里,秘密地安排好,一旦需要,马上可以得到。没有完全更新的人正是如此,他对自己的伎俩始终坚信不疑。他的钱就像慢性失眠患者放在床边的安眠药。他投靠了上帝,但是,如果需要其他的帮助,也是唾手可得。这种不完全而且无效的改造欲望,人人都知道几例——有些酒鬼,常常自责,常下决心,但是,人们知道,他们根本不情愿认真对待,保证以后绝不再醉!真正放弃我们依赖的东西,彻底放弃,永生永世,再不复萌,实为品格的一种剧变,我们在讨论皈依的那几讲曾经谈及过。变化过程中,灵魂经历反复,达到一种完全不同的平衡,从此依存于新的能量中心,而且,所有这些作用的转折与关键,通常似乎需要诚心诚意地接受某种坦白与贫穷。

　　因此,在圣徒生活的全部编年史中,我们发现了一个反复出现的警示:把你交给上帝来安排,毫无保留——别为明天担心——卖掉你的所有财产,施舍给穷人——惟有不留情面和不顾一切地牺牲,才能真正获得更崇高的安宁。下面举个具体例子,是我从安托瓦内特·布理农①的传记里摘引来的。安托瓦内特·布理农是个善良妇女,在她那个时代,因为不肯间接地接受宗教,遭受新教和天主教的双重迫害。她还是少女时,住在父亲的房子里:

　　她整夜整夜地祈祷,每每重复说:主啊,你要我做什么?一天夜里,她进入最深刻的忏悔状态,发自内心地说:"我的主啊!我做什么才能博得你的欢心?因为没有人教诲我。请对我的灵魂说吧,它将洗耳恭听。"那一瞬间,她听见了,好像另一个人在她心里说:舍弃世间的一切事物。远离对人的爱恋。克制你自己。她异常惊愕,不理解这些话,长久思索这三点,考虑如何实践它们。她想,倘若没有世间事物,倘若不爱人,倘若不爱己,她就无法生活。然而,她还是说:"主啊!我将借助你的恩典去做。"她去履行自己的诺言时,却不知道从哪儿开始。她想起修道院的修女,她们被关在修道院里,舍弃了世间的一切事物,她们让出了自己的意志,弃绝了爱己之心,于是她要求离开父亲,加入赤脚加尔默罗会修道院。但她父亲不同意,并说宁愿见她进坟墓。这对她似乎是无情的打击,因为她以为,到了修道院,能够发现她所追求的真正的基督徒。过后她才发现,父亲对修道院的了解比她更清楚。因为,当父亲阻止她,不许她当修女,不给她钱去修道院之后,她还是去

　　①　安托瓦内特·布理农(Antoinette Bourignon,1616—1680),法兰西(弗莱芒)寂静派教徒。——译者

316 见了修道院主持,劳伦斯(Laurens)神父,要求留在修道院里
服务,靠做苦工换面包吃,一丁点儿便足矣,假如他肯收留她
的话。劳伦斯神父微笑地说:那不可能。我们必须有钱营建;
我们不收没钱的少女;你必须想法搞钱,否则,甭想进来。

　　这使她极为震惊,并因此明白了修道院是怎么一回事,决
心离群索居,直至上帝欢心,指示她应该做什么,去什么地方。
她自始至终诚挚地询问:"上帝啊,我什么时候才能完全成为
你的?"上帝回答说,当你一无所有,并完全舍弃自身的时候。
"主啊,我应该在哪儿做这事呢?"上帝回答说,在沙漠里。这
话给她的灵魂印象极深,她渴望这样做。然而那时,她仅仅是
个十八岁的少女,害怕遭遇不幸的事情,而且从来没有旅行
过,不认识路。她将所有这些疑虑抛在一边,并说:"主啊,你
将指引我,告诉我如何让你欢心,在哪儿让你欢心。为了你,
我愿意做。我将脱下少女的服饰,换上隐士的服装,这样可以
不让人知道。"于是,她秘密地准备这些行装。与此同时,她父
母想让她嫁人,父亲把她许配给一个法国富商,她就拖延时
间,并在复活节那天晚上,剪掉头发,穿上隐士服装,睡了一小
会儿,大约清晨四点钟时溜出卧室,身上只带一便士,准备购
买当天的面包。当她走出去时听到一个声音说:你的信仰在
哪儿? 难道在一便士上? 她便把那个钱扔掉,乞求上帝饶恕
她的过失,她说:"不,主啊,我的信仰不在钱上,只在你身上。"
因此,她完全卸除尘世间顾虑和利益的重负,发现自己的灵魂
得到极大的满足,不再希冀世上的事物,完全依赖上帝,惟一
的恐惧就是害怕事情败露,被迫回家。因为她已经觉得,这种

贫困状态,比她此前一生享受的所有尘世快乐,要更惬意。①

　　这一便士是小小的经济保障,却也是实在的精神障碍。只有 317
将它抛弃,人格才能达到全新的平衡。

　　贫困崇拜除了自我顺从的神秘,还有其他的宗教神秘。有真
实性的神秘,"我赤条条地来到这个世界"等等,首先说这话的人,
就具有这种神秘。我自己赤裸裸的实存必须战斗——羞耻不能救
我。还有民主的神秘,或上帝的子民在上帝面前一律平等的情感。
这种情感(一般说来,伊斯兰教地域似乎比基督教地域流传更广
泛)试图弃绝人们通常的利欲。有这种情感的人鄙夷高官显贵、威
仪特权,宁愿像我前一讲所说的,同一程度地匍匐在上帝面前。确
切说,这并非谦卑,尽管实践中它与谦卑十分接近。应该说,它是
人道,拒绝享受其他人不能分享的东西。基督说过:"卖掉你所有

---

　　① 《为布理农辩》(*An Apology for M. Antoinette Bourignon*,London,1699),第
269,270 页,节选。
　　还有一例摘自斯塔柏克手稿集:
　　我在第二天早晨六点钟举行的会上,听一个人讲述他的经验。他说:主问他,是否
愿意在与他工作的矿工中公开向基督忏悔,他说愿意。然后主问他,是否愿意献出他
所储蓄的四百元钱,供主所用,他说愿意,于是,主救了他。我立即想起,我从未真正地
将自己,将财产奉献给主,而总是试图以我的方式侍奉主。现在主问我,我是否愿意用
他的方式侍奉他,假如他下命令,我是否愿意独身出走,不名一文。问题紧迫,我必须
作出决定:舍弃一切而跟随主,还是拥有一切而失去主! 我很快决定跟随主;于是,幸
福的自信油然而生,他把我当作自己人,我充满快乐。我离开会场回家,情感像孩子一
样纯朴。我想,所有人倘若听说主的快乐占据我的心,都会感到高兴,所以,我开始讲
述这个简单的故事。然而,令我惊讶,牧师们(因为我参加三个教堂的集会)反对这种
经验,声称这是宗教狂热,一位牧师告诉他的教会成员,远离具有这种经验的人,我很
快发现,我的敌人就是我的家里人。

318 的一切,跟我走。"一位深刻的道德家在讨论这段话时,做如下解释:

> 基督的意思或许是说:如果你绝对爱人类,你就不会顾及任何财产,这似乎是非常合理的命题。但是,相信一个命题可能真是一回事,将它认作事实则是另一回事。如果你像基督那样热爱人类,你就应该把他的这个结论当作事实。这是显而易见的。你会卖掉财产,它们对你来说并无损失。这些真理,尽管对基督而言是真实的,对所有像基督那样热爱人类的心灵也是真实的,然而,对于那些禀性有所欠缺的人,就变成了寓言。每一代人里,总有一些人起初相当纯洁朴实,并不存心想成为什么圣徒,却发现自己热衷于帮助人类,并因为实际的帮助而颇有觉悟。他们舍弃以往的生活方式,就像擦去天平上的尘土。其过程是逐渐的、附带的、不知不觉的。因此,舍弃奢侈的全部问题根本不是问题,只是另一个问题的附属品,即我们能在多大程度舍弃自己,奉献于爱他人的无悔的逻辑。①

然而,凡关涉情感的事务,人必须亲自"经历过",才能理解它们。没有哪位美国人能够理解英国人对其君主的忠诚,或理解德国人对其皇帝的忠诚;也没有哪位英国人或德国人能够理解美国

---

① 查普曼(J. J. Chapman),见《政治培养所》(*The Political Nursery*),卷四,第4页,1900年4月,节选。[查普曼(1862—1933),美国律师,随笔家。——译者]

人在自己与公共的上帝之间没有君主，没有皇帝，没有任何荒谬的废话，却居然心安理得。假如这些简单的情感都是神秘之物，人们生来就必须接受的禀赋，那么，我们所考察的那些精微的宗教情感当然就更加如此了！人们不能站在情感之外测试情感，或把捉它的趋势。然而，一旦进入热烈的兴奋时刻，一切不可理解的问题都迎刃而解，外部遇到的晦暗之谜豁然开朗，清晰可见。每一情感都遵循自身的逻辑，推导其他逻辑不能推导的结论。虔诚与仁爱生存在另一个世界，完全不同于尘世的贪欲和恐惧，它们形成全然不同的另一个能量中心。正如极度悲哀之中，轻度的忧虑或许变成了一种安慰；炽烈的爱可能将微小的牺牲视为获利；同样，至深的信任或许认为通常的保护措施惹人厌恶，而且，当向某种慷慨的激情进发之时，继续保留个人的财物便显得卑鄙可耻，简直恶劣透顶。假如我们自己徘徊在这些情感的范围外，惟一稳妥的办法就是尽己所能，观察感受它们的人，忠实地记录我们的观察。几乎不用说，这正是我在这两个描述性的演讲中努力做的，我希望涉及的内容相当广泛，足以满足我们目前的需要。

第十四、十五讲　圣徒性的价值

　　到目前为止,我们已经回顾了一些比较重要的现象,这些现象通常被人看作真宗教的结果,也是虔信者的特征。现在,我们必须改变态度,变描述为鉴赏;我们必须问,这里所说的结果,能否帮助我们判断宗教为人们生活增添的绝对价值。假如非要模仿康德,我或许会说,"纯粹圣徒性批判"必定是我们的主题。

　　转入这一主题,假如我们能够像天主教神学家那样,应用有关人及人的完善性的稳便定义,应用有关上帝的积极教义,自上而下地切入题目,我们的探讨就会容易些。人的完善就是实现自己的目的;人的目的就是与造物主融合。追求融合,人可以有三条途径,分别是:行动的、净化的、冥想的。无论哪条途径取得进展,只要借助一定数量的神学及道德概念和定义,就能轻而易举地作出判断。因此,我们听到的任何宗教经验的绝对意义和价值,或许都是通过这种类似数学的方式得手的。

　　假如仅求方便,我们现在就应该深感惋惜,因为我们不能利用这种令人艳羡的便利方法。你们恐怕还记得我的第一讲,在讨论

经验的方法时,我已经有意放弃了这种方法;必须承认,一旦放弃这种方法,我们就再不能希求获得明晰的、经院式的结果。我们不能把人截然分成动物部分与理性部分。我们也不能把自然的结果

与超自然的结果区分开来；在超自然的结果中，我们也不知道哪些是上帝的恩宠，哪些是魔鬼的假冒行径。我们不得不远离任何特殊的先验神学体系，仅仅搜集事实，将林林总总的经验价值的判断——其中起指导作用的，只有我们通常的哲学偏见、我们的本能，以及我们的常识——汇聚起来，以此判定，大体上，应根据这样的结果赞成这一类宗教，而根据那样的结果谴责那一类宗教。我是说"大体上"——我们恐怕逃避不了这种限制，这对你们实践者来说十分宝贵，而对系统思想家来说，则极其讨厌！

我担心，由于我坦诚相告，使你们一些人产生误解，以为我把指南针扔进了大海，凭借异想天开的怪想当舵手。你们或许认为，我采取这种不成型的方法，其结果只能导致怀疑主义，或刚愎自用的选择。因此在这里，我有必要对上述意见稍事反驳，并进一步解释我公开承认的经验主义原则。

抽象地说，纯粹用人的价值尺度衡量宗教结果的价值，似乎不合逻辑。假如对于诱发宗教结果的上帝是否实际存在，你居然没有考虑过，那又怎么能够衡量它们的价值呢？如果上帝真的存在，人们为满足上帝的需要而采取的一切行为，必然是其宗教的合理结果——要是上帝不存在，这些结果就是不合理的。例如，假定你根据自己的主观情感，谴责以人或动物做献祭的宗教，假如真有一个神始终要求这种献祭，那么，你要是暗中默认根本没有这样的神，你就犯了一个理论错误；你恐怕建立了一种自己的神学，好像你是一个经院哲学家似的。 322

就这个范围，就断然不信某类神祇这个范围，我坦率承认，我必然是一个神学家。如果不信也算作一种神学，那么，我选作人生指南的那些偏见、本能和常识，只要能使某些信仰变得面目可憎，就足以形成一个神学的宗派。

　　然而，这些常识、偏见和本能，本身都是经验进化的结果。人们对自然及社会组织的洞见逐步发展，人的道德和宗教格调也随之发生变化，这种世俗的变化比任何变化都更为显著。以前让人心满意足的神祇观念，经过几代人的更替之后，已不再迎合现在的心理倾向了：旧式的神已经堕落，跌到一般的世俗水平之下，不再为人相信了。今天，假如一个神需要血祭方能安抚，人们一定认为他太残忍，不会信奉他。即便有充分的历史证据为他辩护，我们恐怕也是不屑一顾。相反，他的凶残性情本身曾经就是证据。当人们尊重表现强力的粗鄙迹象，而不理解其他迹象时，这个神就会积极地进入人们的想象。这类神当时所以受人们崇拜，乃因为人们对这种结果津津乐道。

　　毫无疑问，历史事变总会影响后来的发展，但是，执著于某些神的形象，其原始的因素必然始终是心理的。创立特殊崇拜的先知、预言家和信徒们所见证的神，都是对他们自己有价值的某种东西。他们能够利用这个神。这神则指导他们的想象力，保证他们的希望得以实现，控制他们的意志——不然，他们就需要这个神作保镖，以抗拒魔鬼，抑制他人犯罪。总而言之，他们选择这个神，是因为他产生的结果对他们有价值。这些结果一旦出现毫无价值的端倪；一旦与必不可少的人类理想发生冲突，或者过分贬损其他价值；一旦经过反省，发现他极其幼稚，不值一提，或者道德败坏，这个神立刻就会声名扫地，很快被人忽略和遗忘。古希腊罗马的诸神后来不再为有教养的人所信奉，经历的过程正是这种方式。我们自己也是这样评判印度教、佛教和伊斯兰教神学的。新教如此对待天主教的神明概念，自由主义新教亦如此对待旧式新教的概念。中国人这样判断我们，我们的后代也将这样判断现在活着的人。倘若一个神明的定义，其内涵不再为我们所崇拜或赞赏，我们最终便以不信那个神而告结束。

没有什么历史变化会比这些神学意见的更迭交替更奇妙的了。例如，君主类型的至上权力，深深扎根于我们祖先的心灵，因此，他们想象神带有一些残暴和专断，似乎是一种现实的需要。他们称残暴为"报应正义"（retributive justice），不残暴的神在他们看来，一定没有足够的"至尊"。然而今天，我们却憎恨永远遭难这个概念。对遴选的个人，可以随心所欲地施予拯救和惩罚。爱德华兹认为，自己不仅信服这点，而且是"高兴地信服"，并将其视作"极其惬意、极其光明、极其甜美的"学说。而在我们眼里，它却似乎是至极的非理性，至极的卑劣，假如真有什么"至极"的话。不仅残暴，而且前几个世纪所相信的神明的卑鄙性格，也让后世大为惊骇。我们从天主教圣徒编年史里看到的例子，使我们的新教徒擦亮了双眼。在近代的超越主义者和极端的清教思维者看来，一般的礼仪崇拜所针对的神明，好像具有近于荒谬的小儿性格，喜欢玩具店里的摆设，还有小蜡烛与金银丝、鲜艳的服装、喃喃说话、假面舞会这类玩意儿，觉得凭借这些，他的"荣耀"便能增加，达到高深莫测的程度——正像从另一方面说，在喜欢礼仪的人看来，泛神论无形的广阔，似乎十分空洞；福音派贫乏的有神论，似乎枯燥、苍白、荒凉，无法让人容忍。爱默生说，假如路德曾经料到，他的论纲命中注定导致波士顿一位神派(Boston Unitarianism)的无力否定,那他宁愿断去右手,亦不会将论纲钉在威滕堡的大门上。

至此,每当我们评估他人的宗教成果时,不论自诩的经验主义是什么,总得用我们自己的某种神学倾向做标准,然而,尽管如此,这种标准仍然产生于普通的生活潮流。它是我们内心人类经验的呼声,所有神,凡阻挡人类经验自认的前进道路,都将受到审判和谴责。因此,从其广义看,是经验滋生了那些不信,据指控,那些不信与经验方法相矛盾。你们知道,这种矛盾无关紧要,这个指控可以忽略。

如果我们从不信论及积极的信仰,那么在我看来,我们的方法甚至连形式矛盾也不会遭遇。我们所信奉的神,是我们需要并能利用的神,它们对我们的需求强化了我们对自己的需求,强化了我们彼此间的需求。简单地说,我试图用常识检验圣徒性,借助人类的标准去判定,宗教生活能在多大程度上尊奉为一种理想的人类活动。假如能够尊奉,那么凡激发宗教生活的神学信仰,便在这个程度内是可信的。否则,就不可信。所有这些,仅仅指涉人的行事原则。它只是使人类事务的不适者消亡,使人类事务的最适者生存,并将这个原则用于宗教信仰。假如我们不带偏见地正视历史,那就必须承认,最终没有任何宗教曾以其他的方式被建立或被证实。宗教始终在证实自己;宗教始终要满足它们时代盛行的各种生活需要。倘若它们过分侵害其他需要,或者,倘若新产生的其他信仰比它们更好地满足同样的需求,那么,先前的宗教便被取而代之。

需要总是多种多样,检验并非严丝合缝。因此,对模糊性、主观性,以及"大体"性质的指责,最终也是对应付这些事务的整个人生的指责,这种指责,亦可合法地指向我们不得不采用的经验方法。从来没有哪个宗教的流行,起因于具有"绝对的确定性"。我将在后一讲考察,对一个已经实际流行的宗教,神学的推理能否为其增加客观的确定性。

还有另一个指责,即假如遵循这种经验的方法,我们便陷入系统的怀疑主义。我想对此说上一两句。

不容否认,我们的情操与需要始终逐步发生变化,因此,以为我们的时代不能为下一时代所修正,恐怕是荒谬的。所以,任何派别的思想家,都不能排除怀疑主义,认为自己的结论毋庸置疑;也不应有哪位经验主义者,自命能够免除这种普遍的倾向。不过,倾向于修正是一回事,驶进变化无常的怀疑之海则是另一回事。指控我们有意放纵怀疑主义,那是不能接受的。一个人承认自己的工具不完善,为自己的考察留下讨论的余地,这种态度比声称自己的工具万无一失好得多,更易获得真理。或许,教义的或经院的神学所以事实上较少引起怀疑,是因为它自命有权不容怀疑?倘若不然,倘若这种神学不要求绝对的确定性,只要求适度的或然性,那么对于真理,它实际上失去怎样的统辖权?假如我们只要求适度的或然性,那么,这将是热爱真理的人在任一时刻有望把握的全部。这的的确确已经不少,其程度超过我们不觉自己有错时所能把握的真理。

然而,教条主义无疑会因为我们的这种坦白而继续斥责。在有些人看来,那种持久不变的确定性,其纯粹的外表形式相当珍贵,明确摈弃它是断然不能的。即便事实极其分明地宣告它是愚蠢的,他们还是坚持这个主张。然而,稳妥的做法当然是承认,像我们这样生命短暂的生物,其见识必定是暂时的。最聪明的批评家是个变化者,将服从第二天更好的洞见,任一时刻的正确都是"到目前为止"和"大体上"的。当真理敞开更广阔的领域时,我们最好是能够开放自己,去接受它们,别让先前的自负所囚禁。"要深切知道,半神(half-gods)离开之日,便是神到来之时。"

　　因此,对宗教现象有多种多样的判断这一事实,是根本无法避免的,无论人们自己欲求获得什么颠扑不破的真理。不过,撇开这个事实不论,还有另一个更基本的问题,即在宗教领域,是否应当期待人们达成绝对一致的意见。所有人是否应有同一种宗教? 他们该不该赞成相同的结果,遵从相同的领导? 他们的内在需求是否那么相似,以至于无论刚强还是柔弱,高傲还是谦卑,勤奋还是懒惰,心智健全还是绝望,都需要完全相同的宗教动机? 或者,人类机体分属不同类型的人,具有不同的功能,因而一些人需要给予安抚和保障的宗教,另一些人则更需要给予恐惧和谴责的宗教? 可以设想是这样。而且我以为,随着演讲的继续,我们将越发看出这一点。假如果真如此,任何可能的评判者或批评家,怎能不生偏见,偏袒最能满足自己需要的那个宗教呢? 他力求公平。然而,他离那场格斗太近了,不能不在某种程度上充当参与者,所以,对于别人的虔信结果,他最热烈赞成的,肯定是最合他的口味、最适宜滋补他的那些结果。

　　我清楚知道,上面所讲的很多内容,听起来颇有些无政府主义。我这样抽象而简短地讲述,似乎对真理的概念已经绝望。然而,我请你们现在别下判断,先看看它如何用于我们讨论的细节,到那时再说。我的确不相信,类似宗教处理的那些事务,我们或其他凡人居然能在某一天获得有关它们的绝对无误的真理,亘古不变。不过,我所以排拒这种武断的理想,不是因为性情乖张,偏好理智的不稳定。我并非无序和怀疑的爱好者。相反,我倒是担心,因为自认已经完全掌握真理反而丧失真理。我像其他人一样相信,倘若始终沿着正确的方向前进,便会获得越来越多的真理,而且,我希望这些演讲结束之前,使你们都理解我的思维方法。在此之前,我求你们别那么固执己见,断然拒绝我所主张的经验主义。

因此,我不再费言抽象地为我的方法辩解,而试图直接将它用于事实。

在评判宗教现象的价值时,重要的一点是坚持宗教的区分:作为个人功能的宗教与作为制度、社团或部落产物的宗教。你们或许记得,我曾在第二讲做过这个区分。日常所用的"宗教"一词,歧义丛生,模棱两可。历史的考察表明,通常是宗教天才吸引门徒,并引出一大群同情者。这些群体日渐强盛,等到足以"组织"起来的时候,便形成具有自身团体志向的教会机构。到那时,政治的态度与独断辖制的欲望极易侵入,玷污最初纯洁的东西。因此,我们现在听到"教会"一词,不可避免地会想到这个或那个"教会"。对一些人来说,"教会"一词更多地暗示着虚伪、暴政、卑鄙,以及顽冥不化的迷信,因此,他们不分青红皂白,自鸣得意地声称"反对"一切宗教。即便我们属于教会的人士,除自己的教会外,并不能使其他教会免除这种普遍的斥责。

　　然而,在我的这组演讲中,教会制度几乎与我们无关。我们研究的宗教经验是私人心中经历的经验,这种第一手的个人经验对那些目击发生过程的人来说,总好像是一种异端邪说的创立。这种经验毫无遮掩地来到这个世界,且孤独一身。至少在一段时间,这种经验的经历者每每被驱赶到荒山野岭,经常被扫地出门,流落真正的荒夷之地,那是佛陀、耶稣、穆罕默德、圣方济各、乔治·佛克斯以及其他许多人不得不去的地方。乔治·佛克斯清楚地描述了这种孤独。此刻,我最好把他的一页日记念给你们听,这一段讲述了他年轻时的一个时期,那时,宗教开始在他内心积极酝酿。"我常常禁食,"佛克斯说:

　　在偏僻的地方四处行走,一连好几天,并且每每拿着我的圣经,坐在空心树里寂静的地方,直到黑夜降临;并且经常在黑夜里满怀悲哀,独自走来走去。因为主第一次作用我的内心时,我是哀伤的人。

　　整整一个时期,我从未与任何人一起立誓信教,只是将自己完全交给主,离弃一切邪恶的伴侣,告别父母,告别亲戚朋友,像个陌生人在世间奔走,踏上主让我想去的路途;在我所到的城市里,自己独住一室,在一地的逗留有时长些,有时短些:我不敢长住一地,既怕公开信教者,亦怕不信者,以免我这个稚嫩的年轻人,因为与某一方过多交往而受伤害。正是出于这个理由,我始终充当陌生人,以追求天国的智慧,从主那儿获取知识;我远离外界事物,仅仅依赖主。我离开教士,同样也离开独立的布道者,还有那些最富有经验的人;因为我知道,他们当中没有一个能够应对我的情况。我对他们以及一切人的希望统统破灭了,外界没有谁能帮助我,也没有谁能告诉我做什么,这时,啊,就在这时,我听见一个声音说:"有一个人,就是耶稣,能够处理你的情况。"我听到这个话,满心欢喜得跳了起来。随后,主让我懂得,世上为什么无人能够处理我的情况。我与任何人、任何教士都没有交往,无论公开的信教者,还是各种独立的人。我害怕所有世俗的谈话和谈话者,因为我看到的只是腐败。当我跌进深渊,陷入四面封闭之时,我不相信自己能够最终取胜;我的麻烦、我的悲哀、我的诱惑有那么多,以至于我常常以为,我就应该绝望,就应该受这样的诱惑。然而,基督向我展示了,他如何为同样的魔鬼所诱惑,又是如何战胜魔鬼,砸破魔鬼脑壳的;因此,借助基督以及基督的权力、生命、恩典和精神,我也能战胜魔鬼,我信任基督。假如我所享用的是国王的膳食、宫殿和随从,那一切都毫无价值,因为除了主运用他的权力,没有什么能够给我安适。我看见公开的信徒、教士和人民,安于我的那种悲惨境况,喜爱我竭力摈弃的那些东西。但是,主将我的欲望引到他自己身上,330我所关心的只有他。①

像这种货真价实的第一手宗教经验,在目击者看来,必定是异端,这位先知似乎是离群索居的疯子。假如他的学说颇具感染力,

---

① 乔治·佛克斯(George Fox):《日记》(*Journal*,Philadelphia,1800),第59—61页,节选。

传染了其他人,那么,它就变成名符其实的异端邪说。然而,如果它还继续感染,足以抵抗迫害,它本身就成为正统学说。一门宗教一旦成为正统,内心的时期便宣告结束:源泉枯竭了。它的信徒仅仅过着二手的生活,并转而阻碍先知。新的教会,无论鼓励怎样的善良人性,从此以后,便加入坚实的同盟,企图压灭自发的宗教精神,阻塞后来的所有泉源,而它在原先的纯洁时代,正是从这里汲取灵感的。除非它能吸纳新的精神运动,利用它们,以谋取自己团伙的私利! 这种政治的保护行为,其决定无论迅速还是迟缓,都可以从罗马教会制度对付个体圣徒和先知的方式获取足够的实例。

　　事实很明显,人的心灵,正如人们经常说的,是在密封的间隔里构造的。尽管它们多少带有宗教性,但是,除了宗教,还有许多其他东西,免不了有些不洁的纠缠和牵连。因此,通常算在宗教头上的那些劣迹,几乎都不能归罪于宗教本身,而应归于宗教实际的邪恶伴侣,即团伙垄断的精神。那种褊狭,大多又可归罪于宗教的邪恶理智伙伴,即教义垄断的精神,以绝对封闭的理论体系这一方式制定法则的热情。一般的教会精神是这两种垄断精神的总和。我请你们千万别把教会精神所表现的部落或团体心理现象,与那些纯粹内心生活的表现混为一谈,只有后者才是我们研究的对象。对犹太人的欺侮,对阿尔比教派和瓦尔登教派的驱逐,向贵格派门徒投石,将卫理派弟子溺水,谋害摩门教徒,屠杀亚美尼亚信众,所有这些,统统都表现出原始人的惧新(neophobia)症状,表现出我们尚存痕迹的好斗性格,天生对外人的憎恨,将怪异者和不顺从的人视为外人,却并不表现各类作恶之人的积极虔诚心。虔诚是假面具,内在力量是部落的本能。尽管德国皇帝对派往中国的军队高唱宗教情怀,但是,你我恐怕不会相信,他所暗示的行为,以及其他基督教军队比他们还要过分的那些行为,与参与者的内心宗教生活有任何联系。

所以,我们不应让虔诚对这一暴行负责,同样也不应让它对过去的种种暴行负责。充其量,我们只能谴责虔诚不能压抑我们的自然激情,并且常常给它们提供伪善的口实。然而,虚伪也承担一些责任,它通常将这种托词与某种限制联系在一起。而且,激情的发作一旦结束,虔诚便诱发懊悔的反应,这是无宗教信仰的自然人所没有的。

因此,许多曾经归罪宗教的越轨行为,并不应该归于宗教。不过,宗教容易导致过分的狂热或狂信,这一指控恐怕不能完全免除,所以,下面我将讨论这个问题。此前,我将做个开场白,它与下面的讨论关系密切。

我们对圣徒性现象的考察,无疑给你们过分的印象。你们看到一个又一个实例,有些人会问,善良到这种狂热的程度,是否必然?我们这些不以极端圣洁为天职的人,即便谦卑、苦行及虔诚都不那么疯狂,在末日审判之时,也定会从轻发落。这实际上等于说,在这一领域,那些理应赞美的事情,亦无须刻意模仿,而且,宗教现象同所有其他人类现象一样,也服从中庸法则。在各国历史中,政治改革家因为暂时对其他主张茫然不知,结果成就了他们的事业。伟大的艺术流派,若产生它意图引发的效应,其代价是偏向一面,必须由其他流派加以补正。我们接受一位约翰·霍华德[①]、一位

---

① 约翰·霍华德(John Howard,1726—1790),英国博爱主义者,倡导监狱改革。——译者

马志尼①、一位波提切利(Botticelli)、一位米开朗琪罗(Michaelan-gelo)时,总带一种嗜好。我们欢迎他们表现出那种方式,但也欢迎其他观察人生和选择人生的方式。对众多的圣徒,我们持同样的态度。人性居然能达到如此热情的程度,我们引以为自豪,但是,我们亦害怕其他人仿效他们。我们责备自己没有模仿的那种行为,更接近人类力所能及的中道。它很少依赖特定的信仰和学说。它能在不同的时代流行,能为不同国度的鉴赏家所欣赏。

换句话说,宗教成果像所有人类产品一样,很容易为过激所腐蚀。常识必须评判它们。常识无须责怪信徒,但它可以有条件地赞扬他,将其看作尽力而为,忠心行动的人。他表现了一种英雄品质,然而,无条件的善行不需要任何沉迷。

333　　我们发现,圣徒的每一德性,都能证明过激的错误。就人的能力而言,过激通常意味着偏颇或失去平衡。因为,只要有其他同样强大的能力合作,很难想象能有什么基本能力过于强大。强劲的结果需要强烈的意志,强大的活动力需要强健的理智,强健的理智需要强烈的同情,才能保持生活的稳定。假如有平衡,便没有哪个能力会过于强烈——我们得到的只是比较强健的全面性格。技术上所说的圣徒生活,其宗教能力强大,然而,考察中造成过激印象的,通常是理智的相对缺乏。倘若其他兴趣太少,理智过于狭隘,宗教激情便呈现病态的形式。圣徒的一切态度——虔诚地热爱上帝、纯洁、慈善、苦行——都能证明这点,它们都能误入歧途。下面我将依次讨论这些德性。

---

① 马志尼(Mazzini,1805—1872),意大利爱国主义者。——译者

　　首先谈虔诚。倘若失去平衡，其弊端之一就是狂信。狂信（如果不纯粹是教会野心的表现）就是忠诚达到极端的程度。极端的忠诚和狭隘的心胸一旦为一种感受所攫取，觉得某个超人的位格是惟一值得虔信的，那么，首先发生的事情就是将虔信理想化。充分领悟偶像功德，被看作崇拜者的最大功劳。远古时期，野蛮部落用来向酋长表示忠心的那些献祭和卑从，与现在的敬神相比，则相形见绌。为赞美神，用尽了词汇，更改了语言。假如死能够引起神的垂注，死就被看作收益。作为崇拜者，其个人态度几乎被称作部落里一门新的高级专业。[①]　围绕圣人生活的种种传说，都是这种赞美和崇拜冲动的结果。佛陀[②]、穆罕默德[③]及其同伴，以及许多基督圣徒，都为一大堆珍贵的奇闻佚事所包裹，这些奇闻佚事原本

334

---

　　① 　基督教圣徒都有自己专门的崇拜对象：圣方济各（Francis）崇拜基督的创伤；帕多瓦的圣安东尼（Anthony of Padua）崇拜基督的童年；圣伯纳德（Bemard）崇拜基督的人性；圣特雷莎（Teresa）崇拜圣约瑟夫等等。什叶派穆斯林崇拜阿里（Ali），穆罕默德的女婿，而不崇拜他的妹夫艾卜·伯克尔（Abu-bakr）。范伯里（Vambery）描述了他在波斯遇见的一个苦修教士："三十年前，他郑重发誓，除了永远念叨他所喜爱的名字'阿里'之外，再不运用自己的发声器官。他想以此向世界表示，他是最忠诚的教徒，忠实于死了一千年的阿里。在家里，他与妻子、孩子及朋友说话，除了'阿里'，嘴里绝不会讲出其他词语。倘若他要吃的、喝的或其他什么，只是不断重复'阿里'，以表示他的需要。在集市上行乞或买东西，也总是'阿里'！别人无论虐待他还是善待他，他始终千篇一律地讲'阿里'！后来，他的狂热达到极端程度，像个疯子，整天在街上跑来跑去，将拐杖抛向空中，不时放声高叫'阿里'！人人都将这位教士尊为圣徒，他到处接受最大荣誉。"《范伯里，他的生平及历险》（*Arminius Vambery*，*His Life and Adventures*，London，1889），第 69 页。每当阿里的儿子侯赛因（Hussein）逝世纪念日，什叶派穆斯林仍然制造气氛，高喊阿里和他的名字。

　　② 　参见沃伦（H. C. Warren）：《翻译中的佛教》（*Buddhisn in Translations*，Cambridge，U. S.，1898），散见书中各处。

　　③ 　参见梅里克（J. L. Merrick）：《穆罕默德的生平与宗教》（*The Life and Religion of Mohammed*，*as Contained in the Sheeah Traditions of the Hyat-ul-Kuloob*，Boston，1850），散见书中各处。

是表示尊敬,但都十分乏味和愚昧,恰恰表现了人们误入歧途的赞美癖好。

335　　这种心境的一个直接结果是精心维护神的荣耀。在这方面,信仰者还有什么方式能比敏感性更好地表现自己的忠诚呢?最轻微的冒犯或怠慢都必然引起愤怒,神的敌人必须遭受羞辱。对心胸狭隘和意志活跃的人,这种牵挂可以变成头等大事,压倒一切。有人鼓吹圣战,唆使大屠杀,没有其他理由,只是为了清除他们想象的别人对上帝的轻慢。有些神学念念不忘神的荣耀,有些教会则采取帝国主义政策,它们狼狈为奸,四处煽情,致使不宽容和迫害异己积恶成习,因此,我们一些人不可避免地总将这些恶习与圣徒心性联系在一起。毋庸置疑,它们正是圣徒易染的罪恶。圣徒品性是道德品性,而道德品性常常是残酷的。它是一种党派品性,而党派品性是残酷的。一个大卫,不知道自己的仇敌与耶和华的仇敌有何区别;锡耶纳的凯瑟琳(Catherine of Siena),为制止基督教的内讧,以洗刷时代污点,除了派十字军屠杀土耳其人,再想不出联合基督徒的更好办法;再浸礼派的领袖被处以极刑,路德对此既无任何异议,亦无任何惋惜之辞;克伦威尔所以赞美主,是因为主将他的敌人交给他,让他"施刑"。所有这些都涉及政治,不过,虔诚并没有发现这个伙伴有更多的不自然。因此,假如"自由思想家"告诉我们,宗教与狂信乃孪生兄弟,我们就不能完全否认这个指控。

　　只要宗教徒所具有的智力水平,仍为那种专制的上帝所满意,狂信必然属于一种宗教缺陷。然而,人们一旦认为上帝不那么注重自己的名声和荣耀,狂信便不再有危险。

　　凡是性格专横跋扈、好狠斗勇的人,才会狂信。当性情温和的信徒虔诚且理智薄弱时,我们便会看到,他们的想象全部集中于热爱上帝,完全不顾人类的一切实际兴趣。这种专注虽然无害,却过于偏颇,不值得赞赏。狭隘的心灵只能容纳一种情感。对上帝的爱占据这一心灵,便驱逐所有人类之爱和人类之用。这种可爱的过分虔诚,没有英文名称,我把它叫作虔信状态(theopathic condition)。

有福的玛格丽特·玛丽·阿拉克可以作为一例。

　　脚踏这里的大地被爱,最近,她的一位传记作家说,被高贵、优秀且杰出的人所爱;被虔诚地爱,被忠实地爱——多么让人心醉神迷啊! 然而,被上帝所爱! 被他爱到发狂的地步! 玛格丽特想到这件事,便融化在爱之中。就像先前内里的圣菲利普,或者像圣方济各·沙勿略,她对上帝说:"我的上帝啊,请阻止吞没我的这些洪流吧,不然,请扩大我的包容力,让我接收它们。"①

　　玛格丽特·玛丽接受上帝之爱,最显著的证据是她的视、触及听的幻觉,而这些幻觉的最显著证据,则是基督圣心的启示,圣心"周围的光芒比太阳还明亮,像水晶一样透明。基督在十字架上所受的伤痕印在圣心上,清晰可见。一顶荆棘编织的王冠环绕圣心,并有一个十字架立在上边"。同时,基督的声音告诉她,他不再有关爱人类的热情,因而选择了她,借

---

　　① 布高(Bougaud):《幸福玛丽的历史》(*Hist. de la Bienheureuse Marguerite Marie*,Paris,1894),第145页。

助奇迹传授她这些知识。随后,基督将她的凡心取出来,把它放在自己心里,使其燃烧,然后放回她的胸膛,补充说:"你此前名为我的奴隶,此后,便应叫作我的圣心所钟爱的门徒。"

在后来的异象中,救世主向她详细展示了伟大的设计,他希望借助她实现这一设计。我请你实现它,即把圣餐礼拜之后的第一个星期五,作为一个特别的圣日,凭借一般的交感和仪式,对我的心曾经受到的无礼待遇给以体面的修正,以崇拜它。我答应你,我的心将扩展,对于所有崇拜我的心的人,或所有规劝别人进行同样崇拜的人,它都将施以爱的影响。

布高说:"自从道成肉身和圣主晚餐以来,凡对教会有所启迪的一切启示,无疑,要数这个启示最为重要……圣餐之后,便是圣心的极度努力。"①那么,这个启示对于玛格丽特·玛丽的生活,会有什么好的结果呢? 显然,除了受苦、祈祷、心不在焉、心醉神迷,以及出神状态之外,并无其他结果。她对修道院越来越没用,完全沉浸在基督的爱中:

> 这种沉迷日趋严重,使她越来越无法承担自己的外部职责。他们让她到医院一试,没有多大效果,尽管她的仁慈、热情和虔诚是无限的,她的仁爱发展成为英雄主义行为,其事迹恐怕无法为我们的读者所承受。他们让她到厨房一试,但不得不放弃,毫无指望——所有东西都从她的手中脱落。她那

---

① 布高:《幸福玛丽的历史》,第365,241页。

值得赞赏的谦卑弥补了她的笨拙，但还是损害了一个团体必须具有的秩序和规则。他们派她去学校，那里的小女孩喜欢她，从她的衣服上割下片片布缕[作为圣物]，好像她已经成为一个圣徒，然而，她太专注内心，没有给予必要的关照。可怜而可敬的姐妹哟，她在看见异象之后，更加不像地球上的居民了，于是，他们不得不让她进入她的天堂。①

的确是可怜而又可敬的姐妹！可爱，且善良，就是缺乏理智的眼光，因而，要求我们这些经过新教和现代教育的人，对于她所体现的那种圣徒性，除了宽厚的怜悯以外，还要感受其他什么，未免过分。虔信的圣徒性还有较低级的例子，就是圣格特鲁德②的。圣格特鲁德是十三世纪本笃会隐修院的修女，她的《启示录》（Revelations）是著名的神秘主义权威，主要是证明基督偏爱她这个卑微的人。基督向圣格特鲁德个人保证施以爱，还有极其荒谬且愚蠢的亲密、爱抚和赞辞，构成这篇褊狭叙述的内容。③阅读这

338

---

①　布高：《幸福玛丽的历史》，第 267 页。

②　圣格特鲁德（Saint Gertrude，1256—1302），德国神秘主义者。——译者

③　例如，"她患头痛病，为了上帝的荣耀，她试图嘴里含些清香的东西，以减轻痛苦，这时，主在她面前显现，慈爱地依偎她，觉得香气舒适宜人。她轻轻吸了吸，然后站起来，好像对刚才的事情深感满意，高兴地对圣徒们说：'看看我的未婚妻给我的新礼物！'

"一天，她在礼拜堂，听见一种超自然的吟唱：'圣洁，圣洁，圣洁。'上帝之子像热恋的情人一样依偎着她，最轻柔地亲吻她的灵魂，并在第二个'圣洁'唱出之时，对她说：'在给我的圣洁声中，通过这个吻，你将得着我的神性与人性的全部神圣，对于你，这是走向圣餐桌的充分准备。'下一星期天，她为这个恩宠感谢上帝时，看见上帝之子，比成千上万的天使还美丽，抱着她，好像以她为荣，并赐予她完美的神圣，把她引见给天父上帝。天父接见独子介绍的灵魂，甚为高兴，便不再正襟危坐，将自己圣洁所具有的神圣赐予她，圣灵也这样做了——因此，她始终充满完美的神圣之福，这是全能、智慧和至爱赐予的。"《圣格特茹德启示录》（Revelations de Sainte Gertrude，Paris，1898），i. 44，186。

种叙述,我们可以领悟十三世纪与二十世纪之间的鸿沟,我们觉
339 出,人的圣徒性若与这种低下的理智同情结合在一起,那么,产生
的恐怕几乎就是毫无价值的结果。一方面由于科学,一方面由于
唯心主义,另一方面则由于民主,我们自己的想象发生变化,我们
所需要的上帝,其性情完全不同于我们祖先心满意足的上帝,即专
门企盼个人的宠爱。我们既然热衷于社会正义,那种除了接受谄
媚而对其他事务漠不关心的上帝,那种非常喜好获得个人宠爱的
上帝,便缺乏大气的基本成分;甚至前几世纪最名符其实的圣徒,
由于这种概念的限制,在我们看来,似乎也非常浅薄,不足为训。

以圣特雷莎为例,在我们所记载的妇女当中,她在许多方面是
最能干的一位。她具有把握实践秩序的非凡理智。她撰写的描述
心理学让人赞叹不已,她有应对任何紧急事变的意志,有从政和经
商的天才,有开朗的性格,还有一流的文学风格。她志向远大,坚
忍不拔,将自己的全部生命献给宗教理想。然而,按照我们现在的
思维方式,这些都是微不足道的,因此我承认(尽管我知道,别人有
不同的感受),我阅读她的文字所得的惟一感受是遗憾,那么生机
勃发的灵魂居然用于那么卑微的工作。

尽管圣特雷莎吃苦耐劳,但是,她的才干周围,总散发出奇怪
的浅薄味道。伯明翰的人类学家约尔旦博士(Dr. Jordan)将人类
分为两种类型,分别叫作"泼悍者"(shrews)与"非泼悍者"。① 根
据定义,泼悍型具有"主动的非感情气质"。换句话说,泼悍者是

---

① 约尔旦(Furneaux Jordan):《性格中的解剖学和生理学》(*Anatomy and Physiology in Character*),第一版,后几版更名。

"运动者",并非"感觉者",①他们的表现通常比刺激他们的感受更强有力。从这个词义出发,圣特雷莎是个典型的泼悍者,尽管这一判断听来有些悖谬。她那风风火火的文风像其生活一样,证明了这一点。她不仅必须从救世主那儿接受前所未闻的个人宠爱和精神恩典,而且,必须立刻记录下来,从其职业方面加以发挥,并利用自己的专长开导那些不走运的人。她的泼悍颇具特色:她那滔滔不绝的自我中心;她的感觉,不像真正的忏悔者那样,感受极端邪恶的本性,而是感受自己的许多"错误"和"缺陷";她那老一套的谦卑和反省,每每"慌乱不安",觉得上帝对一个不配的人重新表示特别的关爱。而一个极其善感的人,客观上必将感激涕零,沉默寡言。诚然,圣特雷莎具有一些为公的天性。她憎恨路德派,希望教会战胜他们;然而,她的宗教观念大体说来,似乎是在信奉者与神灵之间没完没了地打情骂俏——假如这么说并不亵渎神明的话;她的榜样和教诲,除了帮助年轻的修女走这条路,对人类绝对毫无用处,或者说,没有任何有利于一般人类事业的迹象。然而,她的时代精神,非但不谴责她,反而把她捧为超人。

对以功德为基础的整个圣徒概念,我们不得不作出类似的判断。任何神,倘若一方面热衷于记载个人缺陷的明细账,不厌其烦,另一方面则感受这种偏爱,将那种枯燥无味的宠爱标记加于特定的造物,那他就太小心眼了,不配我们尊崇。路德以大丈夫气概,大手一挥,将全能之神为每个人记载的借贷账一笔勾销,此时

① 关于这个区分,鲍德温(J. M. Baldwin)有出色的实际论述,见他的小书《心灵的故事》(The Story of the Mind),1898。[鲍德温(1861—1934),美国哲学家、心理学家。——译者]

此刻,他把灵魂的想象发挥到极致,将神学从儿戏中解救出来。

341　　纯粹的信奉脱离理智概念,理智概念则能够引导它结出有益于人类的果实。关于这种信奉,就谈到这儿。

　　另一个过分的圣徒德性是纯洁。我们刚才讨论的虔信者,他们对上帝的爱绝对不与其他爱相混杂。父母、姐妹、兄弟,以及亲朋好友,都被当做分心的干扰物;因为敏感与狭隘倘若像常见的那样,一起出现,首先的要求就是栖居在一个简单的世界。多样与纷杂超出他们的适应能力,让他们难以安稳。进取的虔信者强行剿灭无序和多样,客观上达到他的统一,隐退的虔信者则是主观上达到统一,将无序留给大千世界,营造一个供自己居住的小世界,完全剔除无序的成分。因此,除了好战的教会,拥有监狱、龙骑兵和严厉的刑罚等,我们还有所谓逃避的(fugient)教会,具有隐居所、修道院及教宗组织,这两种教会追求同一目标,即统一

342 生活,①使灵魂面前的景观简单化。对内心的无序极其敏感的心灵,将一个接一个地断绝外部关系,以为它们干扰意识专注于宗教事务。首先必须祛除娱乐活动,其次祛除平常的"社交",再祛除业务,然后是家庭义务,直至最后,惟一可行的事情就是蛰居一室,将

───────────

　　①　关于这个题目,我是参阅穆里希尔(M. Murisier)的著作《宗教情感的弊病》 *Les Maladies du Sentiment Religieux*,Paris,1901),他将内心的统一看作整个宗教生活的源泉。不过,所有富于理想的兴趣,无论宗教的还是非宗教的,都会统一心灵,并试图统领一切。人们或许从穆里希尔的字里行间得出,这种形式条件是宗教的特征,并以为研究宗教时,可以相对忽略其内容。我相信,我目前的演讲将使读者坚信,宗教有大量独特的内容,而且比一般的心理形式重要得多。尽管有这种批评,我还是认为穆里希尔的书极有启发。

一日分成钟点,以便进行规定好的宗教活动。圣徒的生活是不断摈弃混杂的历史,一个个地断绝与外部生活的联系,以保护内心格调的纯洁性。[①] 一位年轻的修女问院长:"假如我在消遣期间一言不发,不冒言说风险,以免落入我不曾意识的罪恶,岂不更好?"[②]假如生活依然还是社会生活,那些参与者必然遵循同一规则。为这种单调所包围,追求纯洁的狂热者才再次觉得洁净而自由。一些教宗团体,无论是否采取修道院形式,其整齐划一的细微程度对尘世的人来说几乎不可想象。装束、言辞、时间、习惯等等,都是雷打不动的,无疑,有些人在这种稳定中,发现一种无与伦比的心灵安宁。

我们没有时间引证许多例子,所以,我仅列举贡扎加的圣路易(Saint Louis of Gonzaga)一例,将其作为追求过分纯洁的典型。343我想你们会同意,这位年轻人竭力排除外部的不协调,已经到了我们无法无条件赞赏的地步。"他十岁那年,"他的传记作者说,

> 忽然产生一个灵感,要把自己的童贞献给圣母——对圣

---

① 例如,"这位侍奉者(苏索)的内心生活一开始,通过忏悔净化了自己的灵魂,然后,在思想中划分三道防线,将自己封闭其中,就像置身于精神的堡垒里。第一道防线是他的居所、他的教堂和唱诗班。在这道防线里,他似乎十分安全。第二道防线是整个修道院,至大门为止。第三道防线是最外围防线,即大门本身,在这里,他必须提高警惕,严加防备。一旦跨出这些防线,他便陷入困境,好像出穴的野兽,为猎人所包围,因此,需要野兽的狡猾和警觉。"《幸福苏索的生平》(*The Life of the Blessed Henry Suso*,trans. by Knox,London,1865),第 168 页。[穆里希尔(1867—1903),瑞士教育家。——译者]

② 《南希多明我教团早期教士的生活》(*Vie des premières Religieuses Dominicaines de la Congrégation de St. Dominique,à Nancy*,Nancy,1896),第 129 页。

母来说,这是最令人欣慰的礼物。于是他毫不犹豫,满腔热情,内心充盈着快乐,爱情之火在熊熊燃烧,发誓要永远保持贞操。玛丽亚接受了他的纯洁心灵的奉献,替他从上帝那儿讨得非凡的恩典,作为回报,让他一生永远不觉一丁点儿破坏纯洁美德的诱惑。这是非常特殊的恩宠,甚至圣徒也很少遇见,而且,其威力非凡无比,因为路易始终住在官邸,生活在大人物之中,那里的危险和机会数不胜数。诚然,路易从小就对不洁和不贞之物,表现出天然的反感,甚至包括任何异性之间的关系。然而,更令人惊讶的是,特别是自他发誓之后,他觉得必须采取一系列措施,以保护他奉献给圣母的童贞,即便危险的些微迹象,也不容忽略。人们或许以为,假如有人能够满足为基督徒设立的日常戒律,那个人必定是路易。然而,不!他在运用保护措施和防卫手段方面,在躲避最无意义的机会,避免一切可能的危险方面,就像抑制自己的肉体一样,要比大多数圣徒走得更远。由于上帝恩典的特殊保护,他不曾被诱惑,但他还是步步设防,好像四面八方到处都有特殊的危险威胁他。此后,无论走在街上,还是出入交际场所,他从不抬起眼睛。他不仅比从前更加小心谨慎,避免与女人的一切事务往来,而且还拒绝了与女性的所有交谈和任何消遣,尽管他的父亲想方设法让他参与;他未免过早地让自己纯洁的身体经受了每一种苦行。①

_____

① 米施勒(Meschler):《圣路易的生平》(*The Life of Saint Louis of Gonzaga*),勒布雷奎尔(Lebréquier)的法译本,1891,第40页。

我们读到,这位年轻人十二岁时,"如果他母亲偶然差遣使女送口信给他,他决不允许使女进屋,只是通过微微开启的房门,听她说话,然后立刻让她离开。他不喜欢独自与母亲待在一起,无论吃饭还是谈话;每当别人退席时,他也找个托词告退……他的几个亲戚是贵妇人,他避免与她们相识,甚至见了面也不认识。他与父亲有一个约定,只要父亲不让他会见妇女,他将欣然满足父亲的一切愿望。"

路易十七岁时,加入了耶稣会,[①]他的父亲强烈反对,因为他是王室的继承人。一年之后,他的父亲去世,他把这个损失看作上帝对他本人的"特别注意",并写信给他伤心的母亲,满纸冠冕堂皇的劝慰,好像出自宗教领袖之口。不久,他成为一名出色的僧侣,假如有人问他有几个兄弟姐妹,他必须思考一番,数一数,才能回答。有一天,一位神父问他,是否从没有思念家庭的烦恼。他的回答是:"除非为他们祈祷,我从不想起他们。"从来没有人见过他手拿鲜花,或任何芳香的东西,以求赏心悦目。相反,他常常到医院里,寻找最令人作呕的东西,热切地从同伴手里抢夺包裹糜烂伤口的绷带,如此等等。他回避世俗的谈话,每每立刻将谈话转向宗教话题,不然便保持沉默。他有意识地拒绝注意周围环境。有一天,派他到斋堂院长的座位上拿一本书,他还得询问院长坐在哪儿,尽管他在斋堂吃饭已经三个月,却始终严格看守自己的眼睛,因而不知道院长的位置。假期里有一天,他偶然注意到一个同伴,便因此

345

---

① 他在幼稚的笔记中,赞美修士生活摆脱罪恶,使我们积累永不毁灭的财富,即"上帝眼里的功德,上帝成为我们永远的恩主"。《幸福苏索的生平》,第62页。

自责,好像犯了轻浮的重罪。他养成沉默寡言的习惯,以避免口舌之罪;他的最大苦行,是上级对其自身禁欲的限制。他要求诬告和不公的惩戒,将其作为培养谦卑的机会;他的服从达到相当程度,他的同屋没有纸,向他要一张,他都觉得不能随便给他,必须首先得到上级批准,因为上级代表上帝,传达上帝的命令。

　　除了路易的这些圣徒行为,我再找不到其他结果了。路易于一五九一年去世,时值二十九岁,在教会颇为有名,奉为所有年轻人的保护人。到了他的节日,罗马某个教堂的礼拜室设立供奉他的祭坛,"四周为鲜花所簇拥,错落有致;祭坛脚下可见一堆书信,那是少男少女写给这位圣徒的,寄往'天堂'(Paradiso)。据说,这些信没有看便被焚烧,只给圣路易过目,他一定会从这些漂亮的短小信札中,发现特别的请愿,有时用丝带捆扎,表示希望,有时用红丝带捆扎,象征爱情",等等。①

————————————

　　① 《莫莉小姐》(*Mademoiselle Mori*),一部小说,转引自黑尔(Hare)的《罗马漫步》(*Walks in Rome*,1900,i.55)。

　　我经不住诱惑,还要从斯塔柏克的书里(第388页)引录另一个例子,说明以排除求纯洁。该例如下:

　　"圣徒的反常症状频频发生。他们与别人不和,往往与教会断绝往来,认为教会太过世俗;他们对别人吹毛求疵,对社会、政治和财务方面的责任,越来越漠然。这种类型的例子,可以列举一位六十八岁的妇人,作者曾对此人进行专门研究。这位妇人住在大城市的繁华地带,曾是那里一个最活跃、最进步的教会的成员。根据她的牧师描述,她已经达到挑剔苛求的程度。她越来越不关心教会,最后,与教会的联系仅仅是参加祈祷会,会上的惟一差事,就是责备和谴责其他人过低级的生活。终于,她断绝与教会的任何关系。作者发现她独自住在一个廉价公寓顶楼的小屋里,断绝所有的人事关系,似乎快活地享受着自己的精神幸福。她的时间统统用来撰写论圣洁化的小册子——通篇都是梦幻般的热昏胡话。其实,她属于一个小团体,主张全部得救过程不是两步,而是三步,即不仅需要皈依和圣洁化,而且需要第三步,他们称之为(接下页)

我们对这种生活价值的最终判断,很大程度上取决于我们的上 346
帝概念,取决于他最喜欢世人做的那种行为。十六世纪的天主教不
关注社会正义,于是,将世界留给魔鬼,却要拯救自己的灵魂,在当
时并不算丢脸的方略。今天,由于我所说的道德情操经历一种世
俗的变化,只要有益于一般的人类事务,不论对错,都被看作性格 347
价值的一个基本要素;而且,具有一定公共的或私人的用途,也被
当作一种神明崇拜。其他早期的耶稣会士,尤其他们当中的传教
士,诸如沙勿略、布雷伯夫①、若格之流,都是客观的心灵,他们用
自己的方式为世界的幸福而奋斗。所以,他们的精神至今还在激
励我们。然而,像路易这样的心智,倘若本来就没有针尖大,而且,
怀抱的上帝观念也那么小,其结果尽管表现出英雄的气概,大体上
却是令人厌恶的。通过这个教训可以看到,纯洁并非必需之物。
接触许多污垢的生活,要比因努力保持洁净而百无一用好得多。

我们继续探讨宗教的过度,下面讨论过度的慈爱和慈善。在
这个问题上,圣徒性面对的指责是:维护不正当者,滋养寄生虫和
乞丐。"忍受邪恶","爱你的仇敌",这些都是圣徒的格言,而世俗
者却发现,讲这个话恐怕没有不耐烦的。世俗者对吗? 或者,圣徒
具有更深刻的真理?

(接上页)'受难'"(crucifixion)或'完全救赎'(perfeet redemption)。第三步与圣洁化
的关系,似乎如同圣洁化与皈依的关系。她谈到圣灵如何对她说:'别再去教堂,别再
去圣洁会。去你自己的屋子,我将教你。'她表示不在乎学院,不在乎传教士,不在乎教
会,只需要倾听上帝对她说的话。她对自己经验的描述似乎完全一致;她很高兴,很满
足,对自己的生活相当满意。人们倾听她的自述,往往被吸引,忘记这种生活完全出自
一个无法与自己同伴共同生活的人。

①　布雷伯夫(1593—1649),法国犹太布道者、殉道者。——译者

不可能有简单答案。这里,人们感觉到道德生活的复杂性,事实与理想盘根错节,其连接方式神秘莫测。

完善的行为是三要素之间的关系:行为者、行为对象,以及行为的受用者。一个抽象的完善行为,这三个要素,即意图、实施和受用,应该彼此适合。假如运用错误的手段或针对错误的受用人,最好的意图也会流产。因此,任何行为价值的评论家或评估者,都不会仅仅局限于行为者的意图,而不顾这一行为的其他要素。最恶劣的谎言,莫过于倾听者对真理的误解,同样,当我们对付人类的鳄鱼和蟒蛇时,那些合理论证、宽仁的激动以及同情或正义的感召,都是愚蠢的。圣徒可能因为自己的诚实,将世界交到仇敌手里。他可能因为不抵抗,断送了自己的生命。

斯宾塞告诉我们,只有环境完善时,完善者的行为才显出完善,它并不适用恶劣的环境。我们可以换个说法,甘愿承认,在人人皆圣徒的环境里,圣徒的行为是最完善的;然而,必须补充一句:在圣徒稀少、多数人与圣徒正相反对的环境里,圣徒行为必然不合时宜。通过经验的常识和平日的实际成见,我们必须坦率承认,在现实世界中,同情、慈善及不抵抗的美德,可以表现过度,而且常常表现过度。黑暗势力始终蓄意利用它们。现代整个科学的慈善机构,就是单纯施舍失败的产物。全部宪政史都说明抗拒邪恶取得的辉煌,别人打你一嘴巴,你也打他,别把另一面脸也转过去。

你们一般会同意这个观点,因为不管福音书、贵格派如何,亦不管托尔斯泰怎样,你们相信以暴抗暴,打击侵略者,拘禁小偷,放逐流氓和骗子。

然而,你们像我一样确信,假如世界仅仅采用这些手段,冥顽不化,铁石心肠,下手狠毒;假如没有人首先急救兄弟,事后再思量他是否值得一救,没有人愿意因怜悯对不起他的人而一笔勾销私怨,没有人宁愿屡屡上当而不愿猜忌别人,没有人喜欢单凭热诚对待他人而不顾一般的明哲保身原则,那么,这样的世界要比现实的生存世界糟糕无数倍。仁慈的恩典——并非死亡之日的,而是有生之日的——以及已经自然而然的黄金律,必将脱离我们想象的范围。

以这种方式生活的圣徒,借助过度的仁爱之心,可以成为预言家。不,他们已经无数次证明自己就是预言家。他们遇见的人,不论过去,亦不论表现,总看作杰出之辈,鼓励他们做一个杰出的人,通过光辉榜样和殷切期望的激励,奇迹般地改造了他们。

从这个观点出发,我们承认,一切圣徒具备的人类慈善,以及有些圣徒的过度,都是真正创造性的社会力量,试图将原本只是可能的某种美德变为现实。圣徒是善良的创作者,是善良的添加者。人类灵魂的发展潜力深不可测。许多看上去冥顽不化的人,事实上曾被软化、皈依、再生,其方式让他们本人惊诧不已,甚至超过旁观者的惊讶,因此,我们万不能事先就断言,某某人无望借助爱加以拯救。我们没有权利说,人类的鳄鱼和蟒蛇本性难移,不可救药。我们不知道人格的复杂、郁积良久的情火、多重性格的其他方面,以及阈下领域的种种资源。很久以前,圣保罗便让我们的祖先懂得,每个灵魂实际上都是神圣的。圣保罗说,基督之死是为了我们所有人,无一例外,因此,我们不应对任何一个人失望。人人本质上神圣的信念,今天表现为各种仁慈习俗和感化机构,表现为对死刑和酷刑的日益厌恶。过度慈善的圣徒,是这种信念的伟大倡导者,是斧头的锋刃,黑暗的驱逐者。他们好像潮头浪尖的水波,奔涌向前,在阳光照耀下闪闪发光,他们指明前进的道路,充当开路先锋。这个世界跟不上他们,所以,他们在世俗的事务中常常显得乖戾。然而,他们是世界的孕育者,是使善良复生和活跃的人,倘若没有他们,善良永远处于休眠状态。当他们经过我们面前时,我们根本不可能像天生的那么卑劣。一颗火星点燃另一颗;没有他们表现出对人类道德的过分信任,其他人恐怕仍然囿于精神贫困之中。

　　因此,乍一看,圣徒或许浪费了他的仁爱,或许成为慈善狂热的受骗者或牺牲品。然而,他的慈善对社会进步的一般功能是生死攸关的,至关紧要。倘若事物总是向上,就必须有人情愿迈出第一步,不畏风险。不愿像圣徒那样尝试慈善,尝试不抵抗,便无人能够说出这些方法是否成功。方法成功之时,其威力远远超过武力或世俗的明哲保身。武力消灭敌人或明哲保身充其量不过保全我们的已有之物。然而,不抵抗一旦成功,将化敌为友;慈善将使对手重获新生。正如我曾说过的,这些圣徒的方法是创造能力。真正的圣徒从信仰赐予他们的崇高激情中,找到权威和魅力,使他们所向无敌,而浅薄者面对这类处境,迎合世俗,明哲保身,根本无法平安生存。稳妥地超越世故智慧这一实际证据,是圣徒赐予人类的神奇礼物。① 不仅圣徒眼中的美好世界给我们安慰,以弥补

───────────────

　　① 最好的传教生活到处都是不抵抗与个人权威的成功结合。例如,佩顿(John G. Paton)生活在新赫布里底(New Hebrides)野蛮的美拉尼西亚(Melanesia)食人部族中,因为这种结合而享受一种魔力保护的生活。每逢关键时刻,甚至无人敢当真攻击他。受他感染,土著皈依者也表现类似的德行。"我们的一位首领,内心充满基督点燃

广泛流行的乏味和贫瘠，而且，即便总体上，我们不得不承认圣徒 352
不合时宜，他还是促使许多人皈依，并因为他的言行而使环境得以
改善。他有效地激励善良，缓慢地将世俗秩序转变为天国的秩序。

　　在这方面，许多现代社会主义者和无政府主义者所编织的社
会正义的乌托邦梦想，尽管不切实际，不适合目前的环境条件，却
类似于圣徒对现实天国的信念。它们有助于突破普遍的金城汤
池，慢慢地营造一个更美好的秩序。

　　下面的论题是苦行，我猜想，无须论证，你们恐怕已经将其看

_____

的欲望，要去追求和拯救，他给内陆的一位首领传递信息，说他将与四个随从在安息日
到，告诉他们耶和华帝的福音。回信到来，断然禁止他们前往，并声称要处死任何接近
他们村落的基督徒。我们的首领回复的一封挚爱的信，告诉他们，耶和华教导基督徒
以德报怨，他们将放下武器，徒手向他们讲述上帝之子如何降临世上，如何为保佑和拯
救他的敌人而献身。那个不信教的首领又回复一封措辞强硬、富于挑衅的信：'你们要
是来，将被杀死。'安息日的早晨，基督教首领和四个随从在村外与那个不信教的首领
会面，后者再次请求并威胁他们。然而，他们说：'我们到你们这儿来，没有带武器！我
们来，只是想告诉你们耶稣的事情。我们相信，耶稣今天会保护我们。'他们坚定地向
村里走去，长矛开始向他们掷来。有些为他们躲过，因为除了一个人外，他们都是矫健
敏捷的战士。其他长矛，他们当真用徒手接住，扔置一边，简直令人难以置信。这些不
信教者看见他们来这儿不带武器，甚至不将他们接到的长矛掷回，显然被惊得目瞪口
呆，他们投掷一轮那位老首领所说的'枪雨'之后，便纯粹因为惊愕而住手。我们的基
督教首领及其随从走到他们中间，进入村子的公共会场，基督教首领大声说：'耶和华
就是这样保护我们。他把你们的长矛都给了我们！我们一旦掷向你们，就会杀死你
们。然而我们现在来，不是为了打仗，而是为了告诉你们耶稣的事情。他改变了我们
黑暗的心。他现在要求你们放下所有的武器，倾听我们向你们诉说上帝的爱，我们伟
大的天父，惟一活的上帝。'那些不信教者完全被震住了。他们分明看见，某个不见的
东西保护基督徒。他们第一次听到福音和耶稣受难十字架的故事。我们能够看到，这
位首领及其整个部落，坐在基督的学校里。在南洋群岛，在一切皈依基督的人中，或许
没有一个岛屿没有类似的基督徒的英雄行为。"佩顿(Hohn G. Paton)：《去新赫布里底
传教，自传》(*Missionary to the New Hebrides, An Autobiography*, 2nd part, London,
1890, p. 243)。[佩顿(1824—1907)，苏格兰裔布道者。——译者]

作容易过度或过分的一种德行。正如我在其他地方说过的,现代
人的想象充满乐观,且精致,改变了教会对肉体禁欲的态度,像苏
索(Suso)或阿尔坎塔拉的圣彼得(Saint Peter of Alcantara)①这类
人,今天在我们眼里,与其说是令人肃然起敬的健全人,倒不如说
是可悲的江湖骗子。假如内部禀性是正确的,我们要问,何以需要
这种折磨? 何以蹂躏外部形体呢? 这未免把外部形体看得太重要
了。真正摆脱肉体束缚的人,其眼中的快乐与痛苦,富足与贫穷,
同样无关紧要,毫不相干。他可以参与行动,体验快乐,丝毫不怕
被腐蚀或被奴役。正如《薄伽梵歌》里所说,只有内心依然留恋世
俗行为的人,才需要放弃这些行为。一个人,假如真的不依恋行为
的结果,他可以安之若素地出入尘世。前面一讲,我曾引过圣奥古
斯丁的唯信主义格言:只要你对上帝的爱足够,就可以随心所欲,

353

---

　　① 圣特雷莎在自传(法文译本)中告诉我们,圣彼得"整整四十年,每天睡眠不足
一个半小时。他的自我节制行为中,要属这个代价最大。为了达到目的,他总是跪着
或站着。他允许身体享有的丁点儿睡眠,都是在坐姿中抢夺的,他的头倚靠固定在墙
上的一块木头。即便他想躺下,也不可能,因为他的斗室只有四英尺半长。这些年,无
论烈日暴晒,还是瓢泼大雨,他从不翻起头巾。他不穿鞋。他贴身穿着一件粗麻外衣。
外衣小得可怜,外面套一件同类布料的小斗篷。严寒降临之时,他便脱掉斗篷,将斗室
的门和小窗打开一会儿。然后,关上门窗,重新穿上斗篷——他告诉我们,这是他温暖
自己的方法,使身体感觉更舒适的温度。对他来说,三天吃一次饭是常事;我表示惊
讶,他却说,一旦养成习惯,很容易做到。他的一个同伴信誓旦旦地对我说,他有时八
天不吃饭……他极其贫穷。甚至青年时代,他的自制便十分苛刻,他告诉我,他曾在修
道会的屋子里呆了三年,却不认识其他修士,只闻其声,不见其人,因为他从不抬头,仅
靠跟随他人认路。在公共道路上,他也这样节制。他许多年来几乎没看过女人;他坦
白地对我说,到他这个年龄,看不看女人都无关紧要。我第一次认识他时,他十分苍
老,他的身体那么单薄,似乎仅由许多树根组合而成。他充满圣洁,非常和蔼。除非有
人提问,不然,他始终沉默不语,然而,他的智慧正直且感人,使他的所有谈吐具有不可
抗拒的魅力"。[阿尔坎塔拉的圣彼得(1499—1562),西班牙圣方济各会教徒。——译
者]

稳如泰山。罗摩克里希纳(Ramakrishna)[1]有句名言："谁要一听
到哈尔(Hari)的名字，心里就流泪，那他无需祈祷功课。"[2]佛陀向 354
弟子提示他所说的"中观"(the middle way)，告诉他们避免两个极
端，过分的禁欲同贪欲和享乐一样，既不真实亦无价值。他说，惟
一的完美生活是内心的智慧，它使我们对这件事与那件事同样无
所谓，并因此走向安宁、平和，进入涅槃境界。[3]

　　我们据此发现，当苦行圣徒年事已高，良心导师经验丰富之
时，通常不太强调特别的肉体禁欲。天主教教师始终提倡一个原
则，既然有效地崇拜上帝需要健康，所以不必为了禁欲而牺牲健
康。当今自由主义新教的一般乐观主义和健全心态，促使我们反
对为了禁欲而禁欲。我们不再同情残酷的神明，"上帝喜欢看见人
们自找苦吃以表敬意"的观念，已为我们深恶痛绝。出于这些动
机，你或许愿意把一般的苦行倾向看作病态的，除非指明某人的苦
修具有某种特殊功用。

　　然而我相信，进一步详细考察整个事物，将苦行的一般善良意
图与它实施的一些特殊行为百无一用区分开来，应该重新赢得我
们对苦行的尊敬。因为从宗教的意义看，苦行仅仅是二次生哲学
的本质。它象征——无疑有缺陷，但真诚——一种信仰：这个世界
具有实实在在的错误成分，这既不能忽略，亦不能逃避，而必须诉

---

　　①　罗摩克里希纳(1836—1886)，印度神秘主义者。——译者

　　②　缪勒(F. Max Müller)：《罗摩克里希纳，生平与格言》(*Ramakrishna, His Life and Sayings*, 1899)，第 180 页。

　　③　奥登伯格(Oldenberg)：《佛陀》(*Buddha*, trans. by W. Hoey, London, 1882)，第 127 页。[奥登伯格(1854—1920)，德国东方学专家。——译者]

355　诸灵魂的雄才伟略,堂堂正正地去面对它,克服它,用苦难加以抵消,并予以清除。反之,极其乐观的一次生哲学以为,我们可以用无视的方法对付罪恶。譬如一个人,有幸运的健康和环境,自身逃脱一切罪恶带来的痛苦,对私人经验之外大千世界存在的罪恶,可以闭眼不见,完全回避,以健全心态为基础度过幸福的一生。然而,我们在讨论忧郁的演讲中看到,这种企图必定靠不住。况且,这只就他个人而言;罪恶留在外面,用他的哲学既不能拯救,亦不能防备。

　　这种企图不能成为该问题的一般解决方式;阴郁情调的人,自然觉得生活是悲剧性的神秘物,在他们看来,这种乐观主义是肤浅的搪塞,或者是可耻的逃脱。它取代了真正的解脱,仅仅承认幸运儿的侥幸,即出逃的一丝缝隙。它撇下大千世界,任其无助无援,依然为撒旦所掌控。二次生的人主张,真正的解脱必须是普遍适用的。必须直面痛苦、过失和死亡,更加奋力克服它们,不然,根本无法折断它们的毒刺。假如有人思考一个事实,即遍及世界史的悲惨死亡——死于冻僵、溺水、活埋、野兽、恶人,以及可怕的疾病——那么在我看来,他恐怕很难继续自己的尘世幸福生涯,而丝毫不去怀疑他可能始终没有进入真正的游戏,他可能缺乏伟大的介入。

　　这正是苦行主义的想法;苦行主义自愿介入。生活既非滑稽笑剧,亦非文雅喜剧,而是我们必须身穿丧服坐守的东西,希望它的苦味洗刷我们的愚蠢。野蛮和英雄的确是生活的根本部分,因此,在任何思想者眼里,纯朴的健全心态,以及它的多情的乐观主

356　义,恐怕很少被看作严肃认真的解决方式。整洁、安逸和舒适,绝非斯芬克斯之谜的答案。

我的以上议论,仅仅根据人类追求实在的共同本能,事实上,这种本能始终将世界当作舞台,以表演英雄主义。我们觉得,英雄主义隐藏了人生的最大秘密。在任何方面没有任何一点儿英雄气概的人,我们无法容忍。反之,人在其他方面无论有什么弱点,只要他愿为自己的选择赴死,尤其如果他死得壮烈,这一事件便让他永久神圣。假如有人这方面或那方面不及我们,然而我们苟且偷生,他却能"弃生命如扔花",毫不在乎,那么我们内心深处承认他天生比我们高贵。我们每人都能亲自感受,视死如归的高尚宅心可以弥补人的一切缺陷。

因此,常识承认一个形而上学的秘密:死亡吃人,而吞吃死亡的人则把握人生,卓越超群,并能圆满应对宇宙的秘密要求。这正是苦行主义衷心拥护的真理。死在十字架上的蠢行,用理智无法理解,本身却具有不可磨灭的重要意义。

我相信,撇开早先蒙昧智力误入的虚妄,从代表性和象征的意义看,必须承认,苦行主义与掌握生存能力结伴而行。相比之下,自然主义的乐观是甜酒,是谄媚,是软糕。因此,对我们宗教徒来说,实际的行动路线似乎并非简单地拒绝苦行的冲动,像我们今天的大多数人那样,而是为苦行寻找出路,艰难困苦结出的果实,具有客观的用途。旧式修道院的苦行,从事毫无用途的可悲营生,最终走向个人纯粹的利己主义,独善自身。[1] 然而,我们难道不能摈弃大多数旧式禁欲,寻求更健全的途径,让英雄主义激励苦行吗?

---

① "其他人的虚荣可以消亡,然而,圣徒对自己圣徒资格的虚荣,的确很难磨灭。"《罗摩克里希纳,生平与格言》(*Ramakrishna, His Life and Sayings*, 1899),第172页。

　　例如,对奢华和财富的崇拜,构成我们时代"精神"的重大部分,这是否造成一定程度的柔弱,尽失男子气概? 今天的大多数儿童,纯粹用同情和逗笑抚养——与一百年前的教育截然不同,尤其与福音派的教育不同——这种方法,尽管有许多长处,难道没有导致品格败坏者的危险? 这里难道不需要一点儿革新和修正过的苦行训练?

　　你们许多人或许意识到这些危险,却主张用竞技、尚武,以及个人或国家的事业和冒险活动加以弥补。这些现代理想促进英雄主义的生活标准,其威力如同现代宗教忽视这些标准的样子,让人惊讶。① 战争和冒险确实使所有人不再过分心疼自己。它们要求付出令人难以置信的努力,无论程度还是持续时间,都需要竭尽全力,坚持不懈,以至于整个动机发生变化。不适与烦恼、饥饿与潮湿、痛苦与寒冷、肮脏与污秽,不再有制止任何行为的威力。死亡变成家常便饭,它通常遏止我们行为的力量消失殆尽。这些惯常的抑制作用消逝,新的能量便释放出来,生活似乎朝向一个更强有力的水平。

　　战争在这方面的美妙之处在于,它与普通的人性协调一致。祖先的进化把我们造就成潜在的勇士;因此,一个微不足道的人,一旦当兵上了战场,便立即斩断对原来娇贵身体的过分呵护,很容易变成一个冷酷无情的怪物。

　　然而,我们若将军人的自制与苦行圣徒的自制加以比较,便会

---

　　① 我看到美国的一份宗教报刊上说:"假如教会必须靠牡蛎、冰激凌和娱乐活动维持,你就可以断言,它正在远离基督。"如果凭借现象加以判断,这就是我们许多教会的境况。

发现,他们的一切精神伴随之物,具有天壤之别。

　　一位头脑清晰的奥地利军官写道:"生与放生,不是军队的策略。轻视战友,轻视敌军,尤其蔑视自己的人身,乃是战争对每个人的要求。一支军队过分凶猛、过分残酷,过分野蛮,远比过分柔情和过分的人类理性好得多。士兵之为合格的士兵,必须与能思善辩的人正相反对。好士兵的标准是他对战争的可能用途。战争,甚至和平,都要求士兵具有绝对特殊的道德标准。新兵带来普通的道德观念,必须立即加以排除。在他看来,胜利、成功就是一切。人类最野蛮的性情,在战争中再度复活,没有什么比它们更适用战争了。"①

　　这些话当然千真万确。按照毛奇(Moltke)的说法,士兵生活的直接目标是毁灭,只是毁灭。战争导致的任何建设都相当遥远,而且并非军事的。因此,士兵不可能把自己训练得过于无情,完全摈弃那些对人对物(有利于保存的人或物)的一般同情与尊敬。然而事实依旧,战争是培养艰苦人生和英雄主义的学校;而且,战争符合原始本能,是迄今惟一可以普遍利用的学校。不过,当我们严肃地扪心自问,这整个无理和罪恶的组织,是否是抵御柔弱的惟一堡垒时,我们会为这个想法所震惊,更同情苦行的宗教。人们听说过热功当量。现在,我们需要在社会范围寻找的,则是战争道德当量:即某种英雄主义,它对人的激励像战争一样普遍,然而,它与人

359

────────────────

　　①　C. V. B. K:《军队和平与战争时期的道德》(*Friedens und Kriegs-moral der Heere*)。转引自哈蒙(Hamon):《职业军人心理学》(*Psychologie du Militaire professional*,1895),第 xli 页。

的精神自我协调一致,战争则证明互不相容。我常想,古时修道院的贫穷崇拜,尽管散发出迂腐味道,却拥有我们寻求的战争道德当量。自愿接受贫穷,难道不是"艰苦人生",且无须蹂躏弱小的人民?

贫穷的确是艰苦人生——没有管乐队,没有制服,没有民众歇斯底里的喝彩,没有谎言,亦没有托词。倘若人们看到,发财致富成为理想,渗入我们这一代的骨髓,一定心生疑窦:重新鼓吹"贫穷乃崇高的宗教使命",难道不能成为"黩武精神的转变",难道不是我们时代最需要的精神变革?

尤其在我们说英语的民族中,必须再次大胆地高唱贫穷赞歌。我们当真变得害怕贫穷;那种追求内心生活简单和救赎的人,为我们所鄙夷。假如他不与挣钱的街痞为伍,争个你死我活,心惊肉跳,我们便认定他萎靡不振,胸无大志。我们甚至丧失想象力,无法理解古人的贫穷理想究竟意味着什么:摆脱物质依恋、不受贿的灵魂、男子汉的洒脱,自恃我们的所作所为,而非我们的所有、随时轻率地舍弃自己生命的权利——更多运动员风度,简言之,有道德的斗争形式。我们所谓优秀阶层特别惧怕肉体的丑陋和艰难,其程度是历史从没有过的;我们推迟结婚,非要等到房子弄得雅致,而且,我们一想起有了孩子而无银行存款,非得出去打工,便浑身发抖;正是这个时候,才需要思想者反抗,反对那么没男子气、没有宗教味儿的意见。

诚然,财富会给人时间追求理想目标,行使理想能力,就此而言,富有比贫穷好,应该选择财富。然而,财富的这个作用,只有很少实例。其他实例则表明,发财的欲望与破财的恐惧,才是滋生怯懦和传染腐败的主要原因。有成千上万次,富人必定变成穷人,而不惧怕贫穷的人变成自由人。想一想,假如我们投身少人问津的事业,那么,个人对贫穷无动于衷,将给我们增添多大力量。我们无须沉默不语,亦不必害怕为革命或改革投上一票。我们的股票可以下跌,我们提职的希望可以破灭,俱乐部可以将我们拒之门外;然而,只要我们活着,就能从容地为精神作证,而且,我们的榜样有助于这代人获得解放。事业固然需要资金,不过,从业者的效力与个人甘愿贫穷的程度成正比。

我建议你们认真考虑这个问题,因为毋庸置疑,有教养阶层对 ₃₆₁ 贫穷的普遍恐惧,是我们的文明染上的最严重的道德病。

关于圣徒生活展现的若干宗教结果,我现在已经说完一切有用的话,下面我将做一简短评论,然后谈谈我得出的一般结论。

你们恐怕记得,我们的问题是:根据圣徒性格展现的宗教结果,能否证明宗教是有价值的。固然,圣徒的某些单项属性是天赋禀性,在非宗教徒身上也能发现。然而,全部这类禀性却形成一种组合,其本身是宗教的,因为它似乎源于神圣感,就好像源于它的心理中枢。神圣感强烈的人自然以为,这个世界最微末的细节,可以通过它们与不可见的神圣秩序的关系,获得无限重大的意义。思考这种秩序,给予他崇高的幸福,给他带来灵魂的无比坚毅。在社会关系中,他的奉献精神堪称典范;他富有助人的冲动。他的帮助是内在的也是外在的,因为他的同情既触及灵魂也触及肉体,并激发其中未曾料及的能力。他不像普通人,将幸福归于安逸,而是归于更高的内心激动,把痛苦变成快乐的原因,并完全取消不幸。

因此,他不逃避任何义务,无论多么不上算。当我们需要帮助时,
指望圣徒伸出援助之手比指望其他人更牢靠。最后,圣徒的谦卑
362 心态和苦行倾向,使他免除小人的自命不凡,后者是破坏日常社交
的严重障碍;他的纯洁使我们能与洁净的人为伴。幸福、纯洁、慈
善、忍耐、自制——这些都是伟大的美德,所有圣徒最完全地表现
了它们。

然而我们看到,所有这些美德,并非使圣徒白璧无瑕。假如他
们的理智格局狭隘,便沉迷于各种虔敬过度、狂热或虔信、自我折
磨、矜持拘礼、谨小慎微、易受欺骗,以及精神病态,无法应对尘世。
一个圣徒,假如由于低劣智力的唆使,极其虔诚地去追求卑微的理
想,那么,他比同一情形的浅薄俗人更讨厌,更该死。我们千万不
能感情用事,孤立地评判他,而必须运用自己的理智标准,将他置
于他的环境,评估他的全部功能。

说到理智标准,我们必须记住,凡发现心胸狭隘者,总将其归
于个人的邪恶,是不公平的,因为在宗教和神学事务上,个人的狭
隘或许是从一代人身上沾染的。况且,我们不能将圣徒的本质与
圣徒的偶性混为一谈,前者是我讨论过的一般激情,后者则是一般
激情在某一历史时刻的特殊倾向。圣徒的这些特殊倾向,通常忠
实于他们民族当时的偶像。在中世纪,进修道院寻求慰藉是民族
偶像,就像今天参与世事是民族偶像一样。无论圣方济各还是圣
伯纳德,假如他们活到今天,无疑会过某种崇高生活,然而,同样毋
庸置疑,他们不会过隐居生活。我们厌恶特殊的历史现象,切不能
摈弃圣徒冲动的实质,完全交给恶意的批判者任意处置。

对圣徒冲动怀敌意最深的批判者,我们知道是尼采。尼采把

圣徒冲动与世俗的激情相对照，其结果完全有利于后者，即体现于 363
掠夺成性的武夫身上的世俗激情。必须承认，天生的圣徒有某种
东西，常常让世俗人感到恶心，因此，有必要更充分地考察这一
对照。

欢迎领导，颂扬部落首领，是有用的生物本能，而不喜欢圣徒
本性，似乎是上述生物本能的负面结果。首领，假如不是现实的专
制魔王，必是潜在的专制魔王，专横跋扈的掠夺者。我们承认自己
卑微，在他面前奴颜婢膝。他的一瞥，也让我们战栗，但同时，我们
为有这么危险的君主而自豪。这种本能的、谦恭的英雄崇拜，在原
始部落的生存中必不可少。那个时代战争连绵不断，为了部落的
生存，首领是绝对必需的。假如哪个部落没有首领，恐怕不会留下
后代叙述他们的厄运。领袖总是问心无愧，因为他们的良心与意
志合而为一，看见他们姿容的人，对他们毫无内心约束惊诧不已，
其程度如同对他们的外部行为力量深感畏惧。

与这些尖牙利爪、吞吃世界的人相比，圣徒是食草动物，是温
顺、无害、圈在庭院里的家禽。有些圣徒，如果你们有意，甚至可以
拔下他们的胡须而不受责罚。这种人不会引发为恐惧遮掩的阵阵
疑虑；他的良心充满自责和悔恨；他对我们的震撼，不是内心的放
纵，亦非外部威严；我们内心若没有完全不同的鉴赏力为他激发，
他将为我们所鄙夷。

事实上，他确实诉诸另一种能力。人性的另一面是风、太阳和
旅行者的神话。性别体现这种差异。男人越粗暴，女人的爱越有
欣赏意味；统治者越是一意孤行，反复无常，世人越将他奉若神明。 364
相反，女人征服男人则是凭借阴柔之美的神秘，圣徒便以类似的东

西陶醉世人。人类受两个相反方向的触动和暗示,各种影响彼此激烈竞争,无尽无休。圣徒理想与世俗理想之间寻机争斗,这在文献中与现实生活中完全一样。

在尼采眼里,圣徒仅仅代表卑怯和奴性。圣徒是矫揉造作的病夫、典型的腐败分子、生命力不足的人。圣徒流行,人型危殆。

> 病人是健康人的最大威胁。强者的天敌并非强者,而是弱者。我们应该期望减少的,不是对同类的恐惧;因为恐惧激励强者,使他们变得令人生畏,并保存获取和成功的人性。最让我们担忧的厄运不是恐惧,而是极端厌恶,不是恐惧,而是极其怜悯——对人的厌恶和怜悯。……人的最大危险不是"恶"人,不是猛兽,而是病态。天生的背运者、失败者、破落者,正是他们这些最弱者,腐蚀人类的生命,破坏人们对生命的信任,并怀疑人性。他们的每次露面,都是唉声叹气——"我要是其他人就好了! 然而,我是病人,我对现在的我腻味透了。"在这块自卑的土壤上,生长出各种各样的毒草,都那么矮小,那么隐蔽,那么猥琐,那么腻人。这里拥挤着敏感而愤怒的蛆虫;这里臭气熏天,气味发自隐蔽之处,不知什么东西;这里不停地编织着无比丑恶的阴谋之网,那是受难者的阴谋,反对那些成功者和胜利者;这里憎恨胜利的方方面面——好像健康、成功、强壮、自豪以及权力感本身成了罪恶的东西,人们有朝一日必将为此痛苦地赎罪。噢! 这些人多么想亲自实施赎罪,多么渴望亲自当刽子手啊! 而且自始至终,他们表里

不一,始终不承认他们憎恨的人被憎恨。[①]

　　这位可怜的尼采,其反感本身就够病态了,但是,我们都明白他的意思,他清楚地表达了两种理想之间的冲撞。食肉的"强人",成年男性和食人者,从圣徒的温顺和自制中看到的只是迂腐和病态,对他只有厌恶。整个冲突主要围绕两个轴心:我们需要适应的主要领域是所见世界,还是未见世界? 我们适应所见世界的手段必须是攻击的,还是不抵抗?

　　这个争论很重要。必须从某种意义出发,并在某种程度上承认和考虑这两个世界。在所见世界中,攻击和不抵抗都有用。问题在于重视程度,多些还是少些? 圣徒类型与强人类型哪个更理想?

　　人们经常认为,可以有一种真正理想的人品,我想,大多数人现在还这么认为。人们想象一种最好的人,绝对地好,完全撇开他的功用,撇开经济的考虑。圣徒类型,还有骑士类型或绅士类型,始终是这种绝对理想的竞选者,在军事宗教组织的理想中,两种类型采取一种混合方式。然而,根据经验主义哲学,所有理想都是关系问题。例如,只要马的功能依然需要划分,诸如拉车、赛跑、生小马驹、驮运商人的货包等,那么,要求界定"理想的马"便属荒谬。你们可以拿所谓一般的万能动物作为妥协,然而,就某一个特殊方面而言,它必定不及专用的马。当我们讨论圣徒性,询问它是否是一种理想人格时,切不可忘记这一点。我们必须通过圣徒性的经

366

---

　　① 《道德的谱系》(*Zur Genealogie der Moral*),第三章,第 14 节。有删节,一处的句子有所调换。

济关系加以验证。

我认为，斯宾塞先生在《伦理学资料》中所用的方法，有助于确认我们的意见。行为的理想性完全是适应问题。一个社会，倘若是清一色的攻击性格，必将因为内部冲突自取毁灭；有秩序的社会，一些人是攻击的，其他人必定是不抵抗的。这是目前的社会结构，我们的许多幸运，归因于这种混合。然而，社会的攻击者总在变成暴徒、强盗、骗子；没有人相信，我们现在生活的这种状态是太平盛世。同时，我们倒可以想象另一个社会，里面没有攻击，只有同情和公平——现在，一小群真正的朋友使这种社会成为现实。抽象地考虑，这种社会大体上是太平盛世，因为每件好事都可以在这里实现，无须任何争斗。圣徒完全适应这种太平盛世。圣徒的平和方式，对周围的人产生效力，他的不抵抗，不会为现存者所骗用。抽象地说，圣徒比"强人"更高，因为他适应所能设想的最高社会，无论这个社会能否具体实现。强人出现，则立即把社会引向衰败。这个社会，除了现代人喜欢的那种战斗刺激，所有方面都变得低劣不堪。

然而，假如从抽象问题转到现实状况，我们发现，由于具体环境不同，个体圣徒或者非常适应，或者不太适应。总而言之，圣徒品格的优越不是绝对的。必须承认，就世界现状而言，谁要做一个彻头彻尾的圣徒，本身就是冒险。假如他不是一个足够大的人物，由于他的圣徒身份，恐怕比依然做俗人还要微末，还要卑贱。① 因

367

_____

① 我们都知道愚蠢的(daft)圣徒，他们让人产生一种古怪的厌恶。然而，将圣徒与强人相比，我们所选择的个人必然属于同一智力水平。智力低下的强人与智力低下的圣人，在其领域内同源，都是贫民窟的地痞流氓。的确，就这个阶层而言，圣徒还是占据某种优势。

此,我们西方世界的宗教很少那么极端,以致信奉者无法将它与世俗品格截然分开。始终可以发现,善良的人们能够追随宗教的大多数冲动,然而,一遇到不抵抗便戛然停止。基督本人有时十分激烈。克伦威尔(Cromwell)、杰克逊[①]、戈登[②]之流,证明基督徒也可以是强人。

既然有那么多环境,有那么多观看适应的方式,如何绝对地衡量成功呢?不可能绝对衡量;结论将随着观点而变化。从生物学观点看,圣保罗是失败者,因为他被砍了头。不过,他非常适应历史的大环境。圣徒的榜样是世间正义的发酵剂,使圣徒的习惯在世上更为流传,就此而言,圣徒是成功者,不管他直接遭受何种厄运。人人承认的宗教英雄,诸如方济各、伯纳德、路德、罗耀拉、卫斯理、钱宁(Channing)、穆迪[③]、格拉特里(Gratry)、布鲁克斯[④]、琼斯[⑤]、哈拉罕[⑥]以及帕蒂森[⑦]等人,一开始就是成功者。他们展示自己,且毫无疑问;每个人都能感受他们的力量和境界。他们对神秘之物的感受,他们的激情,他们的善良,向四周辐射,扩大他们的界线,同时让其柔和。他们犹如氛围和背景中的图画,旁边只有世间的强者,这些强者像树枝一样干枯,像砖瓦石块一样坚硬、粗糙。

因此,一般看来或"大体上"说,[⑧]我们摈弃神学的标准,用实

368

---

① 杰克逊(Stonewall Jackson,1824—1863),美国南部联邦将军。——译者

② 戈登(Gordon,1833—1885),英国将军。——译者

③ 穆迪(Moody,1837—1899),美国福音派教徒。——译者

④ 布鲁克斯(Phillips Brooks,1835—1893),美国牧师。——译者

⑤ 琼斯(Agnes Jones,1832—1868),英国护士。——译者

⑥ 哈拉罕(Margaret Hallahan,1803—1868),英国修女。——译者

⑦ 帕蒂森(Dora Pattison,1832—1878),英国圣公会修女,护士。——译者

⑧ 见本书[边码]第 321 页。

际常识和经验方法检验宗教,使它占据历史的前沿地位。从经济
上看,圣徒品格是世界的繁荣不可或缺的。大圣徒是直接成功者,
小圣徒至少是信使和前驱,也许是发酵剂,酝酿更美好的尘世秩
序。如果可能,让我们成为圣徒,无论我们的成功是否可见,是否
暂时的。然而,我们天父的宅院有许多居所,我们每个人必须为自
己寻找最佳的宗教类型和圣徒效果,以适应他自信所具有的能力,
他自觉所承担的真正使命。只要我们遵循经验哲学的方法,就不
能担保必然成功,就不能对个人发布命令。

　　这是我目前得出的结论。我知道,尽管在第十三讲开头,[①]我
对经验主义作出许多评论,你们有些人依旧怀疑,这种方法能否用
于这个题目。你们说,对相信两个世界和无形秩序的宗教,如何仅
凭结果是否适应尘世秩序便妄加评价呢? 你们坚持说,我们的判
断所依据的,应当是它的真理,并非功用。假如宗教是真的,结果
就是好的,尽管它在世间始终证明毫不适应,只有病痛。因此,最
终还是返回神学真理问题。局面必然更加复杂,我们无法逃避理
论的考察。我以为,我们在一定程度上也有这个责任。宗教徒常
常(尽管并非一律)以某种特殊方式看待真理。这种方式叫作神秘
主义。因此,我将详细讨论神秘主义现象,然后讨论宗教哲学,尽
管比较简略。

369

----

　　① 　见本书[边码]第321—327页。

第十六、十七讲　神秘主义

　　我在前边的那些演讲中,曾多次提出论点,却又把它们放下来,悬而不决,都说要等到讨论神秘主义这个题目时才能最后完成。你们有些人看见我屡屡延宕,恐怕一笑了之。现在终于到了诚心对付神秘主义并将那些断线续接起来的时候了。我想,人们可以确定地说:个人的宗教经验,其根源和中心,在于神秘的意识状态。我们的这些演讲既然把个人经验作为研究的惟一题目,所以,神秘的意识状态应该成为至关重要的一章,别的章节都由这一章得到说明。我对神秘状态的讨论,究竟会给这个题目带来更大的光明,还是让它蒙受更大的黑暗,我并不知道[①],因为我个人的性格使我几乎完全不能体验到神秘状态,我只能借助第二手材料说明它们。不过,尽管我不得不用这种外表的法子讨论这个题目,我仍然尽量采取客观的并接受的态度。我想,至少我能够说服你们相信,神秘状态是实在的,并且,它们的作用是极其重要的。

---

　　① 在《信仰的意志》"论一些黑格尔主义"一节的附录中(Works,pp. 217—221),詹姆士描述了他在醚(ether)的氛围内的经验。"神秘主义的启发"(A Suggestion about Mysticism)一文,包含一些自传式的记述,而"多元宇宙"则讨论了本杰明·保罗·布拉德(Benjamin Paul Blood)的神秘主义。两篇文章都被收入《哲学文集》中(Works)。詹姆士对 1898 年 7 月在阿迪朗达克山的神秘经验的记述,见《书信集》(Letter,II,75—78)。本杰明·保罗·布拉德(1832—1919),美国作家,神秘主义者。——译者

首先,我要问:"神秘的意识状态"这个表达意味着什么? 我们如何把神秘状态与其他状态加以区分?

"神秘主义"(mysticism)和"神秘的"(mystical)这些词,往往是在纯粹贬斥的意义上运用的,以指我们认为模糊不清,阔大无边,滥发情感,而且没有事实依据或逻辑根据的那些意见。有些作者以为,凡相信传心术或灵魂回归的人,都是"神秘主义者"。这样应用,这个词将很少派上用场:因为,不那么模棱两可的同义词简直太多了。因此,为了限制它的意义而使它有用,我将采取我对"宗教"一词的办法,只向你们提出四个标志。假如一个经验具有这四个标志,那么就目前这组演讲的目的而言,我们就有正当理由把它叫作神秘的。这样,我们可以免掉言语的争辩,以及通常随之而来的相互谴责。

1. 不可言说性。我划分神秘的心灵状态所依据的四个标志,最便利的是否定的。经历神秘心态的人一头就说,它不可言传,不能用语言贴切地报告它的内容。因此,人必须直接经验它的性质;本人不可能转告或传达给他人。就这个特性讲,神秘状态更像感受,而不是理智。对从未经历某种感受的人,没有人能够让他明白这种感受的性质或价值何在。熟悉音乐的耳朵,才知道交响乐的价值;自己必须坠入爱河,才会理解恋人的心态。缺乏这种耳官或心境,我们根本不能正确地解释音乐家或恋人的心态,甚至以为他的心智愚钝,荒诞不经。神秘主义者发现,对于他的经验,我们大多数人都采取一种同样不得体的态度。

2. 可知性。神秘状态虽然很像感受,但是,在那些经验者看来,它们似乎也是认知状态。它们是洞见真理的状态,其真理的深刻程度,是推理理智无法探测的。这些状态是洞明,是启示,虽然完全超乎言说,却充满着意蕴与重要;并且,它们对于将来,通常具有一种奇怪的权威之感。

　　按照我对"神秘"一词的用法,任何心态,如果有了这两种特性,都有资格称之为神秘的。另外两种性质的特征没有这么鲜明,但通常也可以发现。这两种性质是:

　　3.暂时性。神秘状态不可能维持很久。除了罕见的几个特例,通常的极限似乎是半小时,最多一两个小时;超过这个限度,它们渐渐消退,淡入日常的境况。它们消退之后,其性质的再现只能靠回忆,而且残缺不全;不过,神秘状态假如再来,肯定能够辨认出来。在一来再来之间,人们所感受的内在的丰富与重要,能够连续地获得发展。

　　4.被动性。虽然预先的有意行为可以促使神秘状态发生,如固定注意,或者经历身体的某些动作,或者采取神秘主义手册所规定的其他方法;但是,这种特殊类型的意识一旦出现,神秘者便觉得自己的意志突然停止了,有时,就好像被一个更高的力量所把捉。这个特性将神秘状态与次生或替代人格的某些现象联系起来,诸如预言,自动书写,或降神巫师的昏迷状态等。不过,如果后边这些状态得到充分展示,那么,对于这个现象,事后恐怕一点儿都回忆不起来;而且,这种现象对于主体通常的内心生活,可能毫无意义。它似乎只是中断了主体的内心生活。但是,严格的"神秘状态",从来不是纯粹的中断。关于它们的内容,总留下一些记忆,总会深切地感受到它们的重要。它们在一次次重现的间隔时期,改变主体的内心生活。然而,在这个领域,很难进行明确

372

的区分；我们发现有各种不同的程度和混杂。

这四个特性足以区分一类意识状态，其鲜明的特点值得赋予一个特殊名称，并要求仔细研究。我们把它叫作神秘的一类。

下一步，我们应该熟悉一些典型例子。专业的神秘主义者能够发展到很高程度，他们往往具有组织缜密的经验，以及建立在这些经验基础上的哲学。但是，你们还记得我在第一讲所说的：要理解现象，最好将它们置于自己的系列，研究它们的萌发状态和熟透后的衰落状态，并将它们与过度的和退化的同类加以比较。神秘经验的范围十分广阔，对我们来说，实在过于辽阔，恐怕在我们所能支配的时间内是无法说完的。然而，按系列进行研究的方法对于我们的解释至关重要；所以，如果我们真的希望得出结论，就必须运用它。因此，我将从不要求特别宗教意义的现象开始，而以极端要求宗教意义的现象终结。

神秘经验的最简单的雏形，似乎是对偶然扫过的一个格言或一个公式，深刻地感受到它的意义。我们惊呼："我一辈子听人说这个，直到现在才领会了它的全部意义。"路德曾说①："有一天，旁边的一个修士吟诵教义里的词句，'我信有赦罪'，忽然，我对《圣经》有一种全新的理解；并且，立刻觉得自己好像获得新生。就好像发现伊甸乐园的大门敞开了。"②这种体会深义的感受不限于理

---

① 这一段的内容出自米什莱（见本书第六、七讲，关于米什莱的译者）。——译者

② 纽曼（Newman）的"Securus judicat orbis terrarum"是另一个例子。［纽曼（John Henry Newman, 1801—1890），罗马天主教枢机主教，行文的这段话，出自他的《为自己的一生辩护》（Apologia Pro Vita Sua : Being a History of His Religious Opinions, new ed. London：Longmans, Green, 1897, pp. 116—117）。——译者］

性命题。假如心境调整得当,单词、①词组、阳光照耀大陆和沧海引起的景观,香气和乐声,都会激发这种感受。我们大多数人都能记得,我们小时候念的某些诗句具有感荡心灵的奇异力量,它们好像是非理性的人口,事实的玄机以及生命的朴野和苦痛,由此潜入我们内心,使它们震颤。对我们来说,此时此刻,词语或许变成金光发亮的外表;但是,抒情诗和音乐则生机勃勃,富有寓意,其程度仅仅在于它们如何将这些生活的模糊前景与我们自己的生活接续起来,它们吸引我们,招请我们,却始终规避我们的探索。我们对艺术的永恒启示是敏感,还是迟钝,完全取决于我们究竟保存还是丧失了这种神秘的感受性。

在神秘的阶梯上跨越更大一步,就会发现一种极常见的现象,即忽然产生——往往一掠即过——“似曾相识”(having been here before)之感,好像在过去某个不确定的时间,就在这个地方,也正是与这些人,我们谈论的恰恰就是这些东西。正像丁尼生②所咏的:

　　某个东西若隐若现,

---

①　“美索不达米亚”(Mesopotamia)一词是一个现成的滑稽例子。——一位出色的德国老太太,曾作过某种旅游,常常向我讲述她还要游历“费城”(Philadelphia)的愿望,因为这个古怪的名称始终萦绕她的想象。据说,对于福斯特(John Foster),“一个单词(如 *chalcedony*,玉髓),或一个古代英雄的名字,都具有魔力。'无论何时,隐士(*hemit*)一词都足以使他激动不已。'树木(*woods*)或森林(*forests*)等词,将产生最强烈的情绪”。《福斯特生平》(*Foster's Life*,by Ryland,New York,1846),第 3 页。

②　引自丁尼生(Tennyson)的《两个声音》(*The Works of Alfred Lord Tennyson*,p. 95)。——译者

如一缕微光触摸我，

恍若早已忘怀的梦境又显心田——

似曾感觉什么，好像就在这儿；

似曾做过什么，却不知在何地？

表示它没有可用的语言。①

375　　　古理顿－布朗医士（Sir James Crichtan-Browne）②给这些忽
然闯入的模糊的回想意识定了专门的名称，叫作"梦态"（dreamy
states）。③ 这些状态使人产生一种神秘感，并觉察出事物的形而
上学的二元性，觉得知觉在扩大，似乎迫在眉睫，却永远不能完成。

①　"两个声音"（The Two Voices）。丁尼生致布拉德（B. P. Blood）的一封信里，这
样谈及自己：

"我获得启示从未借助麻醉，而是凭借一种清醒的出神状态——所以用这个词，是
因为找不到更好的词汇表达——自孩童时代，每当我独处之时，便每每进入这个状态。
我不断默默重复自己的名字，直到最后，突然间，好像冲出强烈的个体意识，个体本身
似乎消散，淡入无限的存在，这个状态并非混乱，反而最为清楚，确定不移，完全超越语
言——这里，死亡成为可笑之事，几乎不可能——没有人格（假如果真如此），似乎就没
有毁灭，唯有真实的生活。我羞于这种贫瘠的描述。我不是说过，这种状态超出语言
的范围吗？"

亭达尔（Tyndall）教授在一封信里，回顾了丁尼生说的这种状态："托万能的上帝保
佑！此事绝无虚妄！它并非朦胧不清的出神，而是超凡的惊诧状态，与心灵的绝对清
楚相关联。"［《丁尼生回忆录》（*Alfred Lord Tennyson：A Memoir*，1897，ii，473）］

②　古理顿－布朗（1840—1938），英国医生。——译者

③　《手术刀》（*The Lancet*），1895 年 7 月 6 日和 13 日，重印本，名为《卡文迪什演
讲，论梦的心理状态》（*The Cavendish Lecture，on Dreamy Mental State*，London，Bail-
liere，1895）。心理学家最近对此论题有大量讨论。例如，见贝尔纳－勒鲁瓦（Bernard-
Leroy）；《误认错觉》（*L' Illusion de Fausse Reconnaissance*，Paris，1998）。［贝尔纳－勒
鲁瓦，法国医生。——译者］

按照古理顿一布朗的意见,它们与羊痫风发作前患者自我意识的迷惑而惶恐的骚乱相关。我以为,这位博学的精神病学家未免大惊小怪,把一件根本不重要的现象夸大到十分荒谬的地步。他随着这个现象走下梯子,走向疯狂;我们的路径则主要是爬上梯子。这个分歧表明,丝毫不差地把握一个现象的各部分的关系是多么重要,因为这个现象看上去可赞还是可憎,完全取决于我们将它置于何种联系。

更深一些的神秘意识见于另一种梦态。金斯利①描写的那些感受,确实并非罕见,特别是在少小之时——

　　　我在田野散步时,时而被一种先天的感受所压抑,觉得我所见到的一切都有意义,要是我能理解它们就好了。有时,这种感受为真理所包围,自己却不能领会她们的感受,简直成了无法形容的敬畏。……难道你不觉得,除了少数几个神圣的瞬间外,你心灵的眼光并不能洞察你的真正的灵魂吗?②

施门慈③描述了一个更为极端的神秘意识;而且,能够用自己的经验提供同类例子的人,或许比我们设想的要多。施门慈说:

---

　　①　金斯利(Clarles Kingsley,1819—1875),英国牧师、作家,参见他的妻子编著的《查尔斯·金斯利:书信和生平回忆录》(*Charles Kingsley: His Letters and Memories of His Life*,2vols. London:J. C. Nimmo,1895,I,pp. 29—31)。——译者

　　②　《金斯利:书信与生活回忆》(*Charles Kingsley: His Letters and Memorirs of His Life*,[1897],i,55),转引自英格(Inge):《基督教神秘主义》(*Christian Mysticism*,London,1899),第341页。

　　③　施门慈(J. A. Symonds,1840—1893),英国作家。——译者

　　忽然,无论在教堂,还是在社交场,或者,在我阅读之时,我想,总是当我的肌肉松弛时,我会觉得那种心绪来临。它不可抵抗,占据我的心灵和意志,这样持续着,似乎达到永恒,然后消失于一连串转瞬即逝的感觉,很像从麻醉药中苏醒过来。我所以不喜欢这种迷睡状态,一个理由是我不能向自己描述它。就是现在,我也找不到语言将它说明白。这种心绪开始是逐渐的,然后迅速加强,转眼间清除了空间,时间,感觉,以及那些我们似乎有资格称作自我的各类经验要素。日常意识的这些条件削减愈多,基础的或根本的意识感就愈强。最后,毫无剩余,只有一种纯粹的、绝对的、抽象的自我。宇宙没有了形式,没有了内容。但是,自我依然存在,其活跃的敏感性相当可怕,对实在产生极其强烈的怀疑,似乎发现生存破灭了,好像包围它的一个泡沫破灭了一样。然后是什么?预感一种消亡即将来临,并且坚定地相信,这个状态是那个意识的自我的最后状态,觉得我已经追随到生存的最后一条线索,到了深渊的崖际,而且已经证明了永恒的虚妄。这种感受惊醒我,或者似乎还要惊醒我。返回平常有知觉的生存状态时,最初是先恢复触觉能力,随后,熟悉的印象以及日常的兴趣逐步地在瞬息间冲了进来。最后,我觉得自己又是人了;虽然人生之谜还没有解决,但是,对于我能够从这个深渊返回——即从进入怀疑主义神秘之境的入口处解脱出来——我真觉得庆幸。

　　这种迷睡状态出现的次数越来越少,到我二十八岁时就停止了。它给我的成长留下烙印,使我觉得,一切环境都会促

成纯现象的意识,都是幻影般的非实在。屡次,当我从那个失
去机敏知觉的无形状态醒来时,苦闷地自问,究竟哪一个是非
实在?——是我刚刚离开的那个热烈、空虚、忧虑,充满怀疑
的自我,还是遮盖那个内在自我并用血肉习俗建构自我的周
围现象和习惯呢? 还有,人是不是某种梦境的成分——人正
是在这样的重要关头,才领悟到梦具有梦幻的非实体性? 假
如进入迷睡的最后阶段,那会怎么样?[①]

　　这样的叙述,确实有点儿病态。[②]　神秘状态再进一步,便把我
们带进另一个领域。很久以前,舆论和伦理哲学就排斥这个领域,
认为它是病态;不过,私人的实践以及某些流派的抒情诗,似乎还
证明它有理想性。我是指醉剂和麻药,尤其是酒所产生的意识。
酒对人类的权势,无疑在于它能激发人性的神秘能力,尽管通常,
清醒时的冷酷事实和干涩批评会将这些神秘能力打得粉碎。清醒
的状态收缩,排斥,并且说“不”;酣醉状态扩大、统合,并且说“是”。
事实上,醉酒是激发人的“是”功能的强大刺激者。它使酒徒从事
物的冰冷外围,进入热核。它使酒徒在顷刻间与真理合一。人求
一醉,不纯粹由于邪恶。对于穷人和文盲,它代替了交响乐和文
学。某些东西,稍微露点儿痕迹,我们立刻就会认出,那是绝代佳

378

----

　　①　布朗(H. F. Brown):《施门慈传》(*John Addington Symonds*,*a Biography*,
London,1895,vol. i),第29—31页,节选。

　　②　古里顿-布朗(Crichton-Browne)清楚地说,施门慈的“最高神经中枢在一定程度
上为迷梦心态所削弱或损伤,这种状态折磨他,使他苦不堪言”。然而,施门慈是个怪杰,
具有大脑的多面效应,批评他的人对于他的奇谈怪论,没有提供任何客观依据,只是
说,他有时像多愁善感或雄心勃勃的人一样,抱怨疲倦,且无法确知自己一生的使命。

品,但是,只有在转瞬即逝的醉酒初期,它们才赐予我们许多人,而从整体上看,那是使人堕落的中毒过程。这实在是人生的一种深刻的奥妙和悲剧。醉的意识有一点点的神秘意义;我们对它的总体意见,必然在我们对整个神秘意识的意见中占有一席之地。

一氧化二氮和醚,尤其是前者,如果与空气进行充分的混合与稀释,很容易引起神秘意识。吸进这种气的人,似乎觉得有无限深远的真理披露给他。可是,这个真理,在醒来的刹那间湮灭了,跑掉了。假如还留有似乎包裹这个真理的言词,那么,这些言词实际上毫无意义。不过,曾经感受的深意之感还持续着;据我所知,不止一个人相信,在一氧化二氮的昏迷状态中,人可以得到一种真正的形而上学启示。

几年前,我自己对一氧化二氮的麻醉做过一些观察,并发表了书面报告。① 那时,一个结论压在我的心头,而且,始终有一种印象,以为那个结论是对的,至今没有动摇。② 这个结论认为:我们正常的清醒意识,即我们所谓的理性意识,只不过是意识的一个特殊类型;在理性意识的周围,还有完全不同的各种潜在的意识形式,由极薄的帷幔将它们与理性意识隔开。我们可能活了一生,却从未猜想它们存在;但是,只要给予必要的刺激,它们便因一触而全面呈现。它们是确定的心理形态,或许某个地方有它们的应用领域和适用范围。任何对宇宙整体的叙述,如果丢下这些意识形式不予理睬,那决不会有最后的定论。问题在于如何考察这些意

---

① 《论一些黑格尔主义》的附录。——译者
② 詹姆士在《人的不朽》中发挥了这一见解,该文收入《宗教与道德文集》。——译者

识——因为它们与平常的意识没有连续性。不过,虽然它们不能提供公式,却能决定态度;它们不能献出地图,却能开辟疆域。无论如何,它不允许我们过早地与实在结账。回顾我自己的经验,它们统统聚会于一种洞见(insight)——我情不自禁要将某种形而上学的意义归属于这种洞见。意义的关键始终是调和。好像世界的各种对立——我们的一切困难和麻烦都是产生于它们的矛盾与冲突——都融合为一。它们不仅作为相差甚远的种(species)归于同一个属(genus),而且,某一个种,更高、更好的种,自身就是属,因而把它的对立面吸收并包容在自身内。我知道,用普通逻辑的方式表达,这是一种含糊的说法,但是,我不能完全摆脱它的权威。我觉得它一定意味着什么,有些像黑格尔哲学的意味,只要人们能够清楚地把握它。凡有耳朵听的人,让他们听吧;对我来说,对实在的鲜活感受,只有在人为的神秘心态中出现。①

　　我刚才说到一些朋友相信麻醉药的启示。对他们来说,这种启示也是一元论的洞见,其中,各种形式的他者(the other)似乎都被吸进了一(the One)。其中一个朋友说:

　　　　我们变成这种弥漫的精神,忘记且被忘记,因此,每个都 380
　　是一切,在上帝之内。除了那个铸造我们的生命,没有更高,
　　没有更深,没有其他。"一存留着,多变并流逝";我们每个人

---

　　① 黑格尔整个的哲学,为完满的存在及其纳入自身的一切"他者"(otherness)所支配,黑格尔的读者中,谁会怀疑,这种感受必定来自他意识中的这类神秘情调凸显(大多数人的这种情调始终压在阈下)? 这个观念完全属于神秘层面的特征,阐明它的任务肯定是由神秘情感分配给黑格尔的理智。

都是那个存留的一。……这是最后结局……像存在(being)那么确实——我们的所有挂念由此而生——内容(content)也那么确实,没有重复,没有对立,没有干扰;于是,我在孤寂中欢庆胜利,上帝并非高高在上。①

---

① 布拉德(Benjamin Paul Blood):《麻醉启示与哲学要义》(*The Anaesthetic Revelation and the Gist of Philosophy*, Amsterdam, N. Y., 1874),第35,36页。布拉德先生在一些很少文学品质的小册子里,试图勾勒麻醉启示,这些小册子是他在阿姆斯特丹私人刊印并分发的。克拉克(Xenos Clark)是哲学家,(十九世纪)八十年代在阿默斯特(Amherst)去世,很年轻,认识他的人都为他惋惜。他也对麻醉的启示具有深刻印象。他曾写信对我说:首先,布拉德先生和我都同意,假如有这种启示的话,那它不是情绪的。它非常平淡。正如布拉德先生所说,它是"惟一充分的洞见,知晓现在为什么(或者不是为什么,而是如何)为过去所推进,又为将来的真空所吸引。这种启示不可避免,这将一切停止它或说明它的企图统统击败。它是先例和前提,对它的疑问永远姗姗来迟。它是过去的开端"。真正的秘密在于"现在"从自身剥离出来,却永远逃脱不了。什么使存在剥离?任何事物,其形式存在,其逻辑定义,都是静态的。对纯粹逻辑而言,每个问题包含着自身的答案——我们只是用自己挖出的泥填洞。为什么二二得四?其实,因为四是二的两倍。因此,逻辑在生活中找不到动力,只能找到动量。它走(goes),因为它是一个走者(a-going)。然而,启示补充说:它走,因为它现在是并且过去是一个走者。你好像在启示中绕着自己行走。通常的哲学,很像一只狗追逐自己的尾巴,它越是穷追,跑得就越远,它的鼻子绝不可能追上它的脚后跟,因为鼻子永远在脚后跟前面。因此,现在已经是一个定论,我总是来得太晚,无法理解它。然而,当脱离麻醉状态的刹那间,此时此刻,在生命即将开始之际,我瞥见了我的脚后跟,瞥见了这一永恒过程正在开始。真相是:我们的旅程在我们出发之前就已经完成了;真正的哲学目的已经完成,不是在我们达到目的之时,而是在我们逗留之时,我们命中注定(已经在那儿了)——这可以在生活中出现,取而代之,假如我们停止理智疑问的话。正是由于这个缘故,当我们面对启示时,以笑脸相迎。启示告诉我们,我们始终晚半秒钟——就是这样。它说,只要你知道秘诀,"就能亲吻自己的嘴唇,娱乐自己"。假如你待在那儿,等到你撞上它,事情就很容易。你为什么不想个法子做一做呢?

有辩证头脑的读者,看到上面这些混杂言论,至少认为,克拉克先生所说的思想领域,还是熟悉的。布拉德在最近的小册子《丁尼生的出神状态与麻醉启示》中,这样描述它对生活的价值:

麻醉启示是人的启迪,开始领悟存在的公开秘密自古具有的神秘性,它展现为不可避免的连续性漩涡。"不可避免"一词不可避免。启示的动机是内在的——它必然这具有真正的宗教神秘主义味道！我刚才引了施门兹的话。[381]
他也记录了一个由三氯甲烷麻醉引发的神秘经验，记载如下：

> 窒息和憋闷过去之后，起初，我似乎进入一片空白状态；[382]
> 随后有强光闪烁，忽明忽暗，我的敏锐的视线能够看见屋内四
> 周发生的事情，但没有触觉。我想我就要死了。忽然间，我的
> 灵魂发觉了上帝，他分明在发落我，可以说，他实实在在地抚
> 摸着我，亲自展现在我的面前。我觉得，他像光一样在我身上

发生。不是为了爱或恨，不为快乐亦不为忧伤，不为健全亦不为疾患。不知终点、开端
或目的。

它不提供形形色色事物的细节，而是在理解历史与神圣之物时，凭借世俗的和极
其个人的悟性，洞察存在的性质和动机，这种洞察似乎是回想——好像每个参与者曾
经见过，或者还要见到。

虽然它最初庄重得令人吃惊，但是直接变成当然的事情——样式陈旧，类似格言，
因而激发喜悦，而非恐惧，并激发一种安全感，与原始和普遍同一。然而，当事人斩钉
截铁地确信，自己正在体验对生活的源始的、亚当式的惊奇。这种确信，无法用言语
表达。

这种经验的重复始终相同，好像不会有其他样子。当事人恢复正常意识后，只能
部分记得它曾发生，时断时续，并试图讲述其困惑难解的内涵——仅留下一个可供安
慰的回忆：他知道了最古老的真理，他不再需要知道关于人类起源、意义及命运的理
论。他在"精神事务"方面，无须教诲。

这个教训是中心安全：天国在内心。每天都是审判日；但是，并没有关于永久的一
般目的，亦没有整体的架构。天文学家加大度量单位，从而缩短令人目眩的长列数字：
我们也可以精简分散精力的繁杂事物，归结为我们每个人所代表的单元。

自从我知道这一点，它始终是我的道德支柱。在我第一次提及它的印刷品里，我
宣称："世界不再是人们告诫我的外在的恐怖之物。那个刚为耶和华轰过的城垛，乌
云笼罩、酷热难挡，我的灰色海鸥却予以藐视，它高扬翅膀，与日落抗争，凭借无畏的眼
睛，飞过朦胧的路程。"现在，经过了二十七年之后，翅膀更加灰白，眼睛却依然无畏，同
时，我重申这一宣言，而且加倍强调。我知道——正如已经知道的——存在的意义：健
全的宇宙中心——灵魂同时既惊诧又确信——除了麻醉启示，理性语言没有给予其他
名字。——我对引文做了大幅度删节。

流动。……我简直无法形容我所感受的狂喜境界。后来,我渐渐摆脱麻醉药的作用,苏醒过来,原来我与世界相关联的感受重新恢复,我与上帝关系的新感觉则慢慢消退。我突然从我坐的椅子上跳起来,大声喊道,太可恶了,太可恶了,简直太可恶了,意思是说,我无法忍受这种幻灭。我随即摔倒在地,最后醒来时,满头是血。我对那两个外科医生(他们被吓坏了)大喊大叫:你们为什么不杀了我?你们为什么不让我死掉?想想吧。在那么长久的无日无时的出神状态,见到了实实在在的上帝,完全的纯洁、慈柔、真诚并至爱,然后却发现,我根本不会得任何启示,那只是我脑部的变态激动在捉弄我!

　　可是,问题依然存在:假如我的肉体对外来印象毫无感觉,那么,继承了日常物质关系之感的那种内心实在感,能否不是妄想,而是现实的经验?在那瞬间,我能否感受一些圣徒说他们不断感受到的东西,即不可证实却又不可怀疑的上帝的实在性?[1]

---

[1]　布拉德:《麻醉启示与哲学要义》,第78—80页,节选。我补充另一个麻醉启示的有趣例子,是英国的一位朋友写给我的,我也做了删减。当事人是个才女,她因为外科手术而用了乙醚。

"我不知道自己是否在监狱里受酷刑,不知道为什么记起曾听人说,人们'通过受苦而学习',根据我的当时所见,这个说法不恰当,我要大声说:'受苦就是学习。'

"此时,我又失去意识,我最后的梦在醒来的前一刻发生,仅持续了几秒钟。我以为,它是最生动、最实在的,尽管无法用语言清晰地加以表达。

"一个伟大的存在者或强者在天空穿行,他的脚踏着闪电,好像车轮压着轨道,那是他的路线。闪电完全由人的精神组成,人数众多,彼此接近,我是其中的一员。他沿直线运动,每一道光亮或闪烁,都进入有意识的短暂存在,使他可以运行。我似乎直接在上帝脚下,我以为,他正在利用我的痛苦,消磨他的生命。然后我看到,他竭力做的

　　这样，我们便涉及纯粹的宗教神秘主义。施门兹的问题把我们带回"突然感觉上帝来临"的例子，你恐怕还记得，我在论述"看不见的实在"那个演讲里曾经引用了一些。这种现象以这种或那种形式出现，并非罕见。

是改变路线，弯曲他所附着的光线，转入他所要求的方向。我觉得自己柔顺，而且无助，知道他会成功。他将我扭弯，利用我的伤转向，我一生受过的伤从未这么严重，并在最痛的时刻，当他走过时，我看见了。我那个瞬间明白的一些事情，现在都忘记了，人一旦恢复常态，没有谁记得住。转弯的角度是钝角，我记得，我醒来时在想，倘若他弄成直角或锐角，我应该受苦更大，'看见的'更多，或许已经死掉。

　　"他继续走，我则醒来。那个时刻，我的全部生活都在眼前经过，包括每一件微不足道的烦恼，而且，我理解它们。这就是它的意义，这就是它所参与的工作。我不知道上帝的目的，只看见他的意图，看见他对所使用的手段毫不留情。他丝毫不考虑我，就像人们开启酒瓶时丝毫不考虑瓶塞的破损，射击时丝毫不考虑子弹的报废一样。然而，醒来时，我满眼泪水，第一个感受就是：'主啊，我不配'，我太微末了，却被抬到这样的位置。我意识到，我被麻醉的半个小时里，在为上帝服务，比以前做过的或能够欲求的都更清楚，更纯洁。我充当上帝成就某事或启迪某事的工具，尽管我不知道什么事，亦不知道针对谁，其受苦程度恰恰在吃苦能力允许的范围。

　　"恢复意识之后，我疑惑不解，既然我的进入那么深，为什么没有看见圣徒所说的上帝之爱，看见的反而都是毫不留情？当时我得到一个答复，刚刚能够听到，说'知识和爱是一，尺度是受苦'——这话是我当时听到的。这时，我最终醒来（与我刚离开的实在相比，我似乎进入一个梦幻世界），看见我的经验的所谓'原因'，是不充分乙醚麻醉下的小手术，发生在靠窗户的一张床上，一个普通城市街道的一个普通窗户。倘若必须讲述当时瞥见的事情，它们大概如下。

　　"受苦的永远必要以及受苦的永久替代性（vicariousness）。最坏的受苦具有遮掩的、不可言传的性质；——天才的被动性，其本质是工具，无防备，被推动，并非自动，它必须做所做的事情；——没有代价，便不可能有发现；——最后，受苦的'观看者'或天才付出的，超过他那一代获得的。（他似乎流一生血汗挣下足够的钱，以解救一方的饥民，正当他蹒跚而归，行将就木但心满意足，带着十万卢比购买粮食时，上帝却将卢比拿走，仅丢下一个卢比说：'你可以把这个给他们，你为他们挣得这个，其余都是给我挣的。'）我也以永世不忘的方式感受到，我们看见的超过我们能够证明的。

　　"如此等等！——在你们看来，这些事情可能虚妄，或者是老生常谈；然而，对我来说，他们是深奥的真理，而且，甚至用这些话讲述它们的力量，也是由醚梦赋予我的。"

385　　徒爱因(Trine)先生说:

　　　　我认识一个在我们警察局供职的长官。他曾经告诉我,
有好几回,在晚上下班回家的路上,他真切而生动地意识到,
他与这种无限的力量合而为一,并且,这个无限的和平之神紧
紧地抓住他,充满他,他的脚几乎碰不着地,由于这个注入的
潮流,他变得那么神采飞扬,那么兴奋不已。①

386　　　　自然界的某些方面似乎具有特殊力量,能够唤起这种神秘的
心境。② 我搜集的那些典型例子,大多数是在室外发生的。文学

---

　　① 见《与无限和谐》(*Tune with the Infinite*),第 137 页。

　　② 较大的神可以吞没较小的神。我从斯塔柏克的手稿集里摘取一例:

　　"我从未丧失上帝临现的意识,直到我站在尼亚加拉(Niagara)的霍斯舒瀑布(Horseshoe Fall)下。我面对眼前的宏伟,失去了他。我也失去自我,觉得自己是微小的原子,不配全能上帝的注意。"

　　我补充另一个类似的例子,也是选自斯塔柏克的手稿集:

　　"那时,上帝临近的意识时常出现。我说上帝,意在描述不可描述的东西。亦可说精灵(Presence),但是这过多地暗示人格,而我所说的那个时刻,并非人格意识,我内心的某个东西,使我觉得自己属于某个更大的东西,它超支配作用。我觉得自己与草、树、鸟、虫合一,与一切自然事物合一。我单纯为生存这一事实欣喜若狂,为成为这一切——细雨、云彩、树干,等等——的一部分而欣喜若狂。其后几年,这种瞬间继续出现,但是,我的向往却经久不衰。我清楚地知道,自我湮没在崇高力量和爱的知觉中给人满足,我的不快在于这种知觉并非长久。"我在第三讲引证的例子,是这种类型的较好实例(第 65,66,69 页)。浦芙(Miss Ethel D. Puffer)女士在《大西洋月刊》(*Atlantic Monthly*,*vol. lxxxv.* 第 195 页)刊登的"人格的丧失"一文说,自我感消失,感觉与对象直接合一,乃因为在这种狂喜经验中,通常在意识的恒常背景(即自我)与前景对象(无论什么对象)之间起作用的运动调节消失了。我必须向读者推荐这篇极富启发的文章,我以为,这篇文章揭示了相关的心理条件,尽管没有从经验者的角度说明狂喜或经验的启示价值。[浦芙(1872—1950),美国教育家、作家。——译者]

曾用许多无比美妙的段落记述这种事实——例如，我们从阿迷埃①的《私人日记》摘引了这一段：

> 往日时常袭入心头的那些奇异遐想还会再来吗？年轻的时候，有一天，正值日出，我坐在浮西倪城堡的废墟上；又一回，是在拉维上边的山里，正午的骄阳当头，我躺在一棵树下，有三只蝴蝶飞来，翩翩起舞；还有一回，是夜间，在北海铺满鹅卵石的岸边，我仰卧在沙滩上，游目于天河之间，——这真是伟大的，宽广的，不朽的，生天生地的遐思，那时，人简直够到了星辰，拥有自己的无限！神圣的瞬间，出神的时刻；其间，我们的思想飞掠一个又一个世界，拆破巨大的谜团，我们的气息像大海的呼吸一样广大，一样安静，一样深沉，像苍穹一样清澈无际；……这是不可抗拒的直觉瞬间，在其中，人觉得自己同宇宙一样伟大，同神一样安宁。……这是什么样的时刻，什么样的回忆呀！它们留下的遗痕，足以鼓起我们的信仰和热情，好像它们就是圣神降临。②

下边是一段类似的记录，引自有趣的德国唯心主义者冯·梅森布③的回忆录：

---

① 阿迷埃(1821—1881)，瑞士学者、诗人。行文引自《私人日记摘抄》(*Fragments d'un journal intime*, 2nd ed. , vols. , Paris：Sandoz & Thuillier, 1884. ＊AC85. J2376. Zz884a, I, pp. 43—44.)。——译者

② 同上书，i. 43—44。

③ 冯·梅森布(Malwida von Maysenbug, 1816—1903)，德国作家。——译者

我独自在海岸边，所有那些思想源源涌入我的心灵，带来
解脱与和谐；此时此刻，我像很久以前在窦菲纳的阿尔卑斯山
一样，情不自禁地屈膝跪下，这次是跪在无边无际的海洋面
前，那是无限的象征。我发觉，我虔诚的祈祷是从来没有的，
而且，此时我才知道，祈祷的真义是什么，即从个体的孤寂回
归与万物合一的意识，跪下时是死者，起来时则不朽。天、地、
海一起共鸣，演奏一曲环绕世界的宏伟和声。就好像已往世
上的所有伟人组成合唱团围绕我的周围。我觉得自己与他们
合一，似乎听见他们欢迎我："你也属于那些征服者的
集团。"①

惠特曼那段广为传诵的诗句，②是这类偶发神秘经验的经典
表达。

　　　　我信赖你啊，我的灵魂……

　　　　同我一起去草地游逛，松一松你喉咙里的塞子……

　　　　我只喜欢一种抚慰，你喉头的低吟声。

　　　　我想起有一回我们躺着，在仲夏一个明亮的清晨。

　　　　超乎一切尘世观点的平和与知识

　　　　倏然而生，拥抱着我，

　　　　我知道，上帝之手是我自己的诺言，

① 《一位女唯心主义者的回忆》(*Memoiren einer Idealistin*)，第五版，1900，iii.
166。许多年来，由于唯物主义信仰，她始终无法祈祷。

② 引自《草叶集》(1891—1892)，第 32 页。——译者

> 我知道,上帝之灵是我自己的弟兄,
>
> 曾降生于世的男人都是我的弟兄,
>
> 女人则都是我的姊妹和爱人;
>
> 宇宙万物的龙骨就是爱。①

　　我可以轻而易举地再举很多例子,但有一个就够了。我是从徒勒阜②的自传里摘录的。

　　　一个明朗的星期日早晨,我的太太和儿子们去了马克尔 388
斯菲尔德的一位神派礼拜堂。我觉得陪伴他们是不可能
的——那一时刻,离开山上明媚的阳光,下山进入那里的礼拜
堂,简直就像发生了一件精神自杀行为。并且,我觉得我的生
活需要新的灵感和扩充。就这样,我闷闷不乐,很不情愿地让
妻子和孩子去了山下的镇子,我却拿起手杖,牵着狗,向山上
进发。可爱的清晨和美丽的山谷,很快使我消除了刚才的愁
闷与悔恨感。几乎一个小时,我沿着小路向"猫与琴"(Cat

---

　　①　在另一处,惠特曼以平静的口吻表达了一种对他来说或许是慢性的神秘知觉。
他说:"在每一高等人格的构造中,除了纯粹理智,还有某种奇妙之物,无须论证,常常
也无须所谓的教育(尽管我以为,这是一切教育的目标和顶峰,假如配得上'教育'之名
的话),便能在时空中,直觉到这个世界的绝对平衡,我们所谓"这个世界",指所有这些
繁杂之物,这种愚人的快乐,以及不可思议的假冒和普遍的动乱;灵魂洞察神圣的暗示
和不可见的线索,统领一切事物,一切历史与时代,以及一切事变,无论多么细微,也无
论多么重大,就像猎人手里一只被牵引的狗。[关于]这种灵魂的洞见和心灵的核心,
纯粹乐观主义的解释只是表面的。"惠特曼抨击卡莱尔,说他缺乏这种知觉。参见《样
板日及短祷》(*Specimen Days and Collect*,Philadelphia,1882),第 174 页。
　　②　徒勒阜(J. Trevor)出生于 1855 年,英国变革家。——译者

and Fiddle)的地方前进,随后折回。在归途中,忽然间,没有任何预兆,我觉得自己进入了天堂——一种内心平静、快乐与自信的状态,异常强烈,根本无法形容,同时,伴随一种为温暖光芒沐浴的感觉,好像外部处境引起了内部结果——一种超脱形骸之感,尽管我周围的景物比以前显得更清楚,更贴近,这是我置身其中的那种光明造成的。这种深邃的情绪持续着,但威力渐衰,一直到我回家,并继续维持了一段时间,才渐渐消失。[①]

这位作者又说,以后多次经历了类似的经验,现在领会得更清楚了。他写道:

　　精神生活,对过这种生活的人来说,是正当的;但是,对不理解的人,我们能说什么呢? 至少,我们可以说,这是一种生活,这种生活经验被它们的所有者证明是实在的,因为当他与生活的客观实在进行最密切的接触时,它们始终伴随着他。梦经不起这个试验。我们醒来时,发现梦不过是梦。一个疲惫大脑的胡思乱想也经不起这个试验。我曾有过的上帝亲临面前的最高经验十分罕见,且时间短暂——都是一闪而过的意识,迫使我惊叫:"上帝在这!"——或者是升华和洞悟状态,不那么强烈,只是逐渐消失。我苛刻地怀疑这些瞬间经验的价值。我不曾对任何人提起它们,生怕我原本是将自己的生

---

　　①　《我对上帝的探索》(*My Quest for God*,London,1897),第 268,269 页,节选。

活和工作统统建立在妄想的基础上。但是，我发现，经过数次拷问和试验之后，它们至今仍然是我最实在的生活经验，而且始终说明、维护和统一以往的所有经验和成长过程。的确，它们的实在性和深远意义越来越清楚，越来越明显。它们来到时，我便过着最充实、最强烈、最健全、最深入的生活。我不是追求它们。我的坚定不移的追求是更奋发地过自己的生活，抵制所有我认为有悖于世界的判断。正是在最实在的时机，实在的灵（Real Presence）显现了，而且我知道，我已沉浸在上帝的无边海洋之中。①

即使你们当中最不神秘的人，到了此刻，也必定相信有神秘的瞬间存在，相信那是一种性质完全特别的意识状态，给经历它们的人留下深刻的印象。加拿大精神病学家柏克（Dr. R. M. Bucke）将这些特征鲜明的现象叫作"世界意识"（cosmic consciousness）。他说："世界意识，就其比较显著的事例看，不纯粹是我们通常熟悉的那个自我意识的扩展或延伸，而是附加的一种功能，完全不同于普通人具有的任何功能，就像自我意识不同于任何高级动物所具有的任何功能一样。"

世界意识的首要特点，在于它是关于世界（cosmos）的意识，是关于生活和宇宙秩序的意识。伴随这个意识，出现了理智的启蒙，独自将个人提升到新的生活层面——使他几乎成

① 《我对上帝的探索》，第 256, 257 页，节选。

为一个新种的成员。除此之外,还有一种道德升华的状态,即一种无法形容的提升、振奋和快乐之感,以及一种道德感的活跃,完全同增强的理智力一样显著,而且比它更重要。随之而来的,还有所谓的不朽感,一种对永生的意识,不是相信他将来会永生,而是意识到他已经永生。①

390

　　激发柏克研究别人的世界意识的不是别的,正是他本人所经验的一种突如其来的典型世界意识。他把他的结论记录在一部极其有趣的书里,下面的一段,就是我从这部书中摘录下来的,叙述了他的经历:

　　我同两个朋友在一个大城市共度晚上的时光,一起阅读诗歌与哲学,并且展开讨论。到半夜,我们才告别。我坐上马车,走了很长时间才到寓所。我的心思深深陷入刚才阅读和谈话所引起的那些观念、意象和情绪,甚是恬静与平和。我处于安宁的状态,几乎成了一种被动的享受,不是实际地思想,好像是让观念,意象和情绪自动流过我的心灵。忽然间,并没有任何预兆,我发现自己被一团火红的云彩包围着。瞬间,我以为是火,是那个大城市附近的某个地方失火了;过了一会儿,我发觉这团火在我内心。紧接着,我感到一种喜悦,一种绝大的快乐,同时伴随着或紧跟着一种理智的猛醒,其情形根本无法描述。我不仅开始相信,而且亲眼见到,宇宙不是由僵

---

　　① 《宇宙意识:人的心灵进化研究》(*Cosmic Consciousness:A Study in the Evolution of the Human Mind*,Philadelphia,1901),第 2 页。

死的物质构成，相反，乃是一种活生生的神灵（a living Pres-ence）。我在内心意识到永生。不是相信我将来会永生，而是觉得我当时已经永生了。我看见，一切人都是不朽的；世界秩序是这样的：世界的一切事物绝无偶然，都是为了彼此的利益而合作，这个世界以及所有世界的基本原则，就是我们所说的爱，并且，所有成员的幸福，归根结底都是绝对确定的。这个景象持续了几秒钟，然后消逝；然而，它的记忆，以及它所教授的实在感，二十五年来始终历历在目。我知道，这个景象所展示的都是真的。于是，我获得一种观点，由此看去，知道它必然是真的。这种观点、这种信念、也可以说这种意识，即便在最忧郁的时期，也从来没有丧失过。①

现在，我们已经充分看到偶发的世界意识或神秘意识。下边，我们必须看看，作为宗教生活的一个因素，神秘意识是如何以某种方式修习的。印度教徒、佛教徒、回教徒，以及基督徒，都会按照一定的方式培育这种神秘意识。

在印度，神秘洞悟的训练自远古时代即为人知晓，名叫瑜伽（yoga）。瑜伽意味着个人与神圣达到经验的合一。这依靠持久的练习。由于教授瑜伽的体系不同，膳食、姿势、呼吸、凝神，以及宗规戒律等，也都略有不同。瑜伽修行者（yogi）用这些方法，可以有效地克服他的低级本性的蒙昧，进入所谓三摩地（samadhi）境界，

---

① 《我对上帝的探索》，第 7,8 页。我的引文依据私人刊印的小册子，这本小册子先于柏克博士的大书，文字上与后者的文本有所区别。

"而且,直接看见任何本能或理性都无法知晓的事实"。他①悟到:

> 心灵本身有一种更高的存在状态,超乎理性,即一种超意
> 识状态。心灵一旦进入这个高级状态,超越理性的知识便随
> 之而生。……瑜伽的一切步骤,旨在用科学方法把我们引入
> 那个超意识状态,即三摩地。……无意识的活动在意识之下,
> 同理,另有一种活动在意识之上,也没有自我(egoism)的感受
> 所伴随。……没有"我"(I)的感受,但心灵仍在活动,无欲望,
> 无不安,无对象,无形体。于是,真理放射出她的全部光辉,我
> 们认识了自己——因为三摩地潜伏于我们每个人之中——知
> 道我们的真吾,自由,不死,万能,脱离有限以及善恶的对立,
> 而与阿德门(Atman)或宇宙之灵(Universal Soul)同一。②

392

①　文中"他"指辨喜(Swami Vivekananda,1863—1902),印度宗教领袖。1894年9月,詹姆士与辨喜相遇。1896年,辨喜在哈佛毕业班哲学学会演讲,参加比较宗教方面的系列研讨会。1900年,辨喜在巴黎也举行了同类研讨会。署名詹姆士的一封书信(无日期)记载了这些研讨会的第二次会议。"剑桥伦理学、哲学和宗教比较研究研讨会"的其他成员对辨喜在剑桥的演讲表示感谢。辨喜给他的一个信徒的信中,描述了巴黎会议时间是1900年10月3日。辨喜提到在信徒家里举行的一个"狂想集会"(congress of cranks),并且提到詹姆士在那里护理疱疹病人。这些人是催眠师迈尔顿先生招募的。一些人在客厅燃烧了小地毯,以此证明"火神"的力量,之后,"詹姆士博士抓住一点时间照料他的病人,并且宣布,要不是他必须照料迈尔顿的志愿者,他也会向同事们谈一些关于火神的趣事。不过,伟大的主人斯宾塞未曾表态,因为他恪守沉默是金"。——译者

②　我的引文取自辨喜(Vivekananda):《王瑜伽》(Raja Yoga,London,1896)。有关瑜伽的最完整的资料来源,是密特拉(Vihari Lala Mitra,Yoga Vasishto Maha Ramayana,4 vols.,Cadcutta,1891—1899)。

　　吠檀多派(Vedantists)说，人不经过预先训练，偶然可以堕入超意识状态；但是，这种状态不纯净。他们检验纯不纯的标准，像我们检验宗教价值的标准一样，也是经验的，就是说，它的结果必然有益于人生。他们断言，一个人从三摩地出来后，仍然是"彻悟的，是一个圣明，一个先知，一个圣徒，他的整个性格变了，他的生活变了，完全觉悟了"。①

　　佛教徒同印度教徒一样，用"三摩地"这个名称；但是，他们用以指高级凝神状态的名词是"禅定"(dhyana)。禅定似乎分四个阶段。第一阶段在于将心集中一点。排除欲望，但并不排除识别或判断：它还是理智的。第二阶段，理智的功能退出，对统一的满足感仍在。第三阶段，满足感消失，漠不关心开始，同时伴随着记忆和自我意识。第四阶段，漠不关心、记忆和自我意识达到完美。[在这里，"记忆"和"自我意识"到底指什么，十分可疑。它们不可能是我们的低级生活熟知的官能。]还提到更高的凝神阶段——那个境界空无所有，沉思者说，"绝对一无所有"，随之默然。然后，进入另一境界，他在那儿说，"既无观念，也无无观念"，又停住了。接着，又到另一境界，"到了观念与知觉的尽头，他永远停住了"。这似乎还不是涅槃(Nirvana)，而是此生所能达到的最接近涅槃

393

_____

　　① 一位欧洲的目击者将瑜伽的结果与人为的催眠或梦幻状态进行仔细比对，指出："瑜伽使其真正的信徒善良、健康、幸福……瑜伽修行者通过控制自己的思想和身体，变成一种'品格'(character)。他使冲动和欲望服从意志，让意志固着于善良理想，由此成为一种'人格'(personality)，很难为他人影响，因此，几乎与我们通常想象的所谓'媒介'或'通灵者'正相反对。"喀尔纳(Karl Kellner)：《瑜伽略说》(_Yoga：Eine Skizze_，München，1896)，第 21 页。

的境界。①

在伊斯兰世界,苏菲派(Sufi)以及各类苦修教士团体(dervish bodies)都具有神秘主义传统。苏菲派很早便在波斯存在。他们的泛神论与阿拉伯人热烈、严格的一神教很不相容,所以,曾有人说,苏菲主义肯定是在印度教影响下传入伊斯兰世界的。我们基督徒对苏菲主义所知甚少,因为只有入教的人才知道其中的秘密。为了让你们对它的存在有真切的了解,我摘引伊斯兰教的一份文件,随即离开这一主题。

阿伽查黎(Al-Ghazzali)②是波斯的哲学家和神学家,活动于十一世纪,是穆斯林教会最伟大的学者之一。他留下一部自传。基督教文献之外很少有自传,这是其一。非常奇怪,这一类书,在我们基督徒数量很多,别的宗教却那么稀少。从事纯文献研究的学者要想知道各类宗教的本质,不仅仅是基督教,对他们来说,缺乏严格的个人忏悔之类的材料,是一个主要困难。

石默尔德③曾把阿伽查黎的部分自传译成法文。④ 这位穆斯

394 林作者说:

---

① 我依据柯本(C. F. Koeppen)的说法,见《佛陀的宗教》(*Die Religion des Buddha*,Berlin,1857,i. 585ff)。

② 阿伽查黎(1058—1111),伊斯兰教神学家。——译者

③ 石默尔德(Schmölders,1809—1880),哲学史家。——译者

④ 关于他的充分论述,见麦克唐纳(D. B. MacDonald):"阿伽查黎生平"(The Life of Al-Ghazzali),见《美国东方学会杂志》(*The Journal of the American Oriental Society*,1899),卷二十,第 71 页。[麦克唐纳(1864—1943),苏格兰裔美国闪族学者。詹姆士给麦克唐纳的三封信,在哈特福德闪族学基金会。在后期著作中,麦克唐纳承认他从詹姆士那里受益匪浅;参见《一些哲学问题》(*Works*,note to 63. 40)。——译者]

苏菲派的学问（Science）目的在于解放灵魂，凡不属于上帝的事物，统统脱离，仅仅思考神圣的存在。在我看来，理论比实践更容易，我阅读［某些书］，能够理解其中所能学到的一切，无论通过研读，还是通过传闻。于是我发现，他们方法中最特别的，正是研读所不能领会到的，只能通过神往，出神，以及灵魂的变形。例如，尽管知道健康或饱食的定义，知道它们的原因和条件，但与实际上的健康或饱食，却存在着巨大的差别。知道醉酒是什么——由胃部出来的酒气引发的状态——与实际喝醉之间，有多大的不同啊。无疑，醉鬼既不知道醉的定义，也不知道科学对醉发生兴趣的原因。醉鬼醉了，所以毫无所知；医师尽管没醉，却清楚地知道醉是怎么回事，知道使人醉的条件是什么。同理，知道禁欲的性质显然不同于真的禁欲，或者，不同于使人的灵魂真的超脱世俗——因此，尽管我已经学习了有关苏菲派的教义，但是剩下的学习，既不能通过研读，也不能通过耳朵，只能让人亲自进入出神状态，亲自过一种虔诚的生活。

反省我自己的情况，发现我被许许多多的羁绊所束缚——四面八方的诱惑包围着我。考察我的学说，我发现它在上帝面前是污浊的。我看到自己奋力拼搏，以求尊荣，并流播自己的声名。［下边，他叙述自己六个月中犹豫不决，迟迟不肯脱离他在巴格达的生活环境，最后他病了，舌头麻痹。］随后，我觉得虚弱，并完全丧失了自己的意志，像一个走投无路的落难人。乞求于上帝。上帝应答了，像应答乞求他的所有可怜人一样。我的心不再觉得舍弃尊荣，舍弃财富和子女有

395

任何困难。于是,我离开巴格达,仅仅留下自己生存的必需品,将其余的财富都布施了。我到了叙利亚,在那里停留两年,不做别的,只过离群索居的孤寂生活,以克服我的欲望,扼制我的情欲,训练自己去净化灵魂,完美自己的品格,使心有充分的准备去存想上帝——所有这一切,都遵照我所读过的苏菲派的方法。

这种静修只是增加了我过孤独生活的欲望,力求完全净化心灵,以适应沉思的要求。但是,时代的变故,家庭事务,以及生存的需要,在某些方面改变了我原来的决定,干扰了我要过纯粹孤独生活的计划。我还从没有完全进入出神状态,除了个把小时的入定;不过,我始终满怀希望,相信能够达到这种状态。每当偶然事件使我误入歧途,我便想法回头;就这样度过了十年。在这种孤寂状态中,我得到一些启示,它们既不能描述,也不可名状。我的的确确意识到,苏菲派教徒确实走在上帝的路径上。他们的所为与不为,无论内心的还是外部的,都为源于先知的光明所照耀。一个苏菲教徒的首要条件,就是净化自己的心,清除一切非上帝的东西。凝神生活的第二个关键在于谦卑的祈祷,脱离那个炽烈的灵魂,使心完全沉浸于对上帝的沉思。事实上,这只是苏菲派生活的开始,苏菲主义的结局是完全融于上帝。就是说,那些直觉以及事前发生的一切,都不过是让进入者进去的门槛。从一开始,启示就通过明显的形象展现,以至于苏菲教徒清醒之时,能够看见天使和先知的灵魂在眼前飞舞。苏菲教徒听见他们的声音,得到他们的偏爱。随后。神往状态发生,从对形式和形象的知

觉,进入不可名状的程度,没有人能够用语言表达出来,假如
他的话语不想包含罪孽的话。

没有神往经验的人,对于先知的真实本质,除了名字外,
毫无所知。不过,他可以凭借经验,通过苏菲教徒的言谈,确
信有这种先知境界存在。有些人只有感觉官能,排斥以纯粹
理性对象的方式所提供的一切事物,同样,也有一些理性人,
他们排斥并避免由先知能力所感知的一切事物。盲人除了凭
借叙述和听说,对色彩恐怕毫无了解。然而,上帝为了让人接
近先知境界,赋予人一种状态,其基本特征与先知状态相似。
这个状态就是睡眠。假如你告诉一个自己没有经验过这种现
象的人,说有人有时昏过去像死人一样,而且,有人[在梦里]
能知觉到隐藏很深的东西,这个人定要否认这件事[并提出自
己的理由]。可是,他的论证会被实际经验所驳倒。因此,就
像理智是人生的一个阶段,在其中,眼睛能够辨别各种理性的
对象,而感觉则是无法领会的。先知境界也是一样,视野为光
明所照耀,揭示一些理智所不能看到的隐蔽事物和对象。先
知境界的主要特性只能在神往状态中感知,只能为奉行苏菲
派生活的人所把握。先知具有的一些德性你没有,因此,你根
本不可能理解它们。既然人只能知道他所能领会的东西,那
么,你如何知道那些德性的真实本质呢? 人通过苏菲派的方
法所达到的神往状态,很像一种直接的感知,就像人用自己的
手亲自触摸到那个对象一样。①

---

①　石默尔德(A. Schölders):《论阿拉伯哲学派别》(*Essai sur les écoles philos-
ophiques chez les Arabes*,Paris,1842),第 54—68 页,节选。

　　神往状态的这种不可言传性,是一切神秘主义的精髓。神秘的真理,对有神往状态的个人来说,是存在的,但对其他人则不存在。我已说过,在这方面,它类似于感觉给我们的知识,而不像概念思维赋予我们的知识。思想具有疏远而抽象的性质,哲学史上,经常有人把它与感觉相对照。有一句形而上学的口头禅,说上帝的知识不可能是推论的,必然是直觉的,也就是说,必须按照我们内心的所谓直接感受加以构建,而不是遵循命题与判断。但是,我们的直接感受除五官提供之外,并无其他内容。我们已经见到,并且后面还会看到,神秘主义者特别否认,在他们神往状态所产生的最高知识中感官起的任何作用。

　　在基督教会中,始终有神秘主义者存在。尽管他们大多数遭受怀疑,但有一些则为权威所青睐。这些人的经验被看作先例,并在这些经验的基础上,编纂了一个神秘主义神学体系——在这个体系内,一切合法事物都能找到自己的位置。① 这个体系的根据是"祈祷"或沉思,用一定方法提升灵魂,使其趋向上帝。通过祈祷,可以达到较高水平的神秘经验。奇怪的是,新教,特别是福音派新教,似乎放弃了这方面的一切修习方法。除了祈祷可能引发的结果,新教徒的神秘经验似乎都是零星发生的。一直等到我们

---

　　① 格雷斯(Görres):《基督教神秘主义》(*Christliche Mystik*,Regensburg:G. Manz,1836—1842)充分论述了这些事实。也见里贝特(Ribet)的《神圣的神秘主义者》(*Mystique Divine*,2 vols.,Paris,1890)。还有一部更加有条理的现代著作,瓦尔格纳拉(Vallgornera)的《神秘主义神学》(Mystica Theologia,2 vols.,Turin,1890)。〔格雷斯(1776—1848),德国罗马天主教作家。瓦尔格纳拉(约 1595—1665),多米尼克神学家。——译者〕

(397 左侧页边标注)

的精神治疗专家,才重新把有计划的沉思引进我们的宗教生活。

祈祷所要达到的第一目标,就是让心灵超脱外感觉,因为外感觉干扰心灵,使其很难专注于理想事物。正如圣依纳爵的"灵修"之类的手册所教授的,门徒必须通过一系列努力,逐步想象神圣的景象,以此排除感觉。这种训练的极点是一种半幻觉的单一观念状态——例如,想象中的基督形象完全占据心灵。这种感觉形象,无论文字的还是象征的,在神秘主义中起着极其重要的作用。[①]不过,在有些例子中,形象恐怕完全消失,而且,进入最高的宗教狂喜状态时,形象也趋于消失。这时,意识状态不容许用任何语言描述。关于这一点,神秘主义宗师是一致的。例如,十字架的圣约翰是最好的神秘宗师之一,他描述了所谓"爱的会合"状态,声称这种会合是由"隐晦的冥想"达到的。会合时,上帝完全渗透灵魂,但是,所用方式极其隐蔽,因此,灵魂——

> 发现,没有任何语词、任何媒介、任何比较,能够表达这种智慧的崇伟,表达充满其中的那种精神感受之微妙。……我们得到的关于上帝的这种神秘知识,既没有任何形象,也没有任何感觉表象,我们心灵在其他环境下运用的手段统统无效。虽然神秘的甜美智慧在我们灵魂的最深处清清楚楚地被把捉,但是,这种知识因为不用感觉和想象,所以,我们得不到任

[398]

---

① 雷塞热(M. Récéjac)在最近的一本书里,认为感觉形象是根本的。他将神秘主义界定为"道德上接近绝对者的倾向",并借助象征。见他的《神秘知觉基础》(*Fondements de la Connaissance mystique*,Paris,1897),第66页。然而,毫无疑问,在有些神秘状态下,感觉象征不起作用。

何形式或印象,既不能加以说明,也不能指出任何相似之处。设想一个人平生第一回看见一件东西。他能够理解它,使用它,享受它,但是不能称呼它,也不能传达它的观念,尽管它始终不过是一件纯粹的感觉之物。假如这件东西超越感官,那么,他的无能为力恐怕要厉害得多!这是神圣语言的特点。神圣的语言越刺激,越亲切,越有精神,越超乎感觉,就越不能用感官把握,就越要迫使它们保持沉默。……灵魂感到进入无边无际而深不可测的孤寂,没有任何所造之物可以接近,好像进入了广袤无边的沙漠,这沙漠越孤寂,就越有味儿。在这个智慧的深渊里,灵魂从领会爱的源泉中汲取养分,生长起来,……并且认识到,我们所用的言词不管多么壮伟,多么博学,假如我们用它们谈论神圣的事物,它们都将变成极大的邪恶,极无意义,而且极不正当。①

　　我不打算给你们详细讲述基督教神秘生活的各个阶段。② 一则我们的时间不够;再则我坦率地说,我们在天主教书中发现的各类子目和名号,在我看来,似乎并不代表任何客观的特殊事物。有多少人,就有多少心;我想,个人的性格千姿百态,因此,这些经验

---

① 十字架的圣约翰:《灵魂的黑夜》(*The Dark Night of the Soul*),book ii,ch. xvii.,见《生平与著作》(*Vie et Oeuvres*,3me édition,Paris,1893,iii. 428—432)。圣约翰的《卡迈尔山的上升》(*Ascent of Carmel*)第二卷第 11 章,专讲使用感觉形象对神秘生活的害处。

② 我尤其不提视觉和听觉幻觉,不提语言和书写的无意识现象,以及"漂浮"、圣疤、病愈之类的怪事。神秘主义者经常提及(或者人们相信他们提及的)这些现象,并无根本的神秘意义,因为它们的发生没有豁然开朗的意识,正如在非神秘主义者身上经常发生的情形。而豁然开朗的意识是"神秘"状态的根本标志。

恐怕也具有无限的变化。

　　这些经验的认知方面，它们在启示上的价值，则是我们要直接考虑的，而且，很容易透过引述表明，它们是揭示深层真理的启示，并给人留下极其强烈的印象。圣特雷莎是描写这方面情形的专家，所以，我直接转引她的话，看看她所说的一种最高经验，即"会合祈祷"（Orison of union）。圣特雷莎说：

　　　　会合祈祷时，灵魂对上帝一面是完全清醒的；但对世俗的 400
　　事物及自我方面，则是完全睡着的。会合持续的短暂期间里，
　　她好像失去一切感觉，即便她要思想，也不会想起任何一件
　　事。因此，她用不着人为地制止使用理智：她的理智始终无精
　　打采，不那么活跃，所以，她不知道她爱什么，也不知道如何
　　爱，更不知道想干什么。总而言之，她对世界的事物毫无感
　　觉，只活在上帝之中。……我甚至不知道在这种状态下，她是
　　否还留有足够的生命呼吸。我觉得她没有；至少，即便她确实
　　有呼吸，自己也不知道。她的理智很想理解内心正在发生的
　　事情，但是，理智的力量现在变得那么弱小，根本无能为力。
　　这种昏迷很深的人看起来跟死了一样……

　　　　当上帝提升灵魂并与之会合时，便中止灵魂的一切自然
　　活动。假如她还与上帝合而为一，她既看不见，也听不见，而
　　且没有任何理智。不过，会合的时间总是很短，似乎比实际发
　　生的还要短。上帝就是以这种方式，在灵魂内部确立自己的
　　地位，当灵魂醒来后，根本不怀疑她曾在上帝之内，上帝也曾
　　在她之内。这个真理给她留下极其强烈的印象，即使过了好

多年,这个状态再没有出现过,她依然不会忘记她所受到的恩宠,也不会怀疑事件的实在性。然而,假如你问,会合之时,灵魂既没有视觉,也没有理智,她如何能够看见并理解她曾经在上帝之内？我的回答是,她当时并没有看见,而是当她醒来后才清楚地看见,不是凭视觉,而是凭长期与她厮守的确信,只有上帝能够给她这种确信。我认识一个人,她不知道上帝无所不在的道理,不知道上帝的存在方式或通过降临,或通过能力,或通过本质。但是,得到我所说的神恩以后,她对这个道理坚信不疑。她就此事向一个半通不通的人咨询,那个人对这个问题像她彻悟前一样无知,回答说,上帝只是通过"恩典"(grace)存在我们当中。她不信他的答话,确信自己的答案是真实的。于是,她去问更明哲的博士,他们证实了她的信仰,这件事使她得到很大安慰……

可是,你还会问,一个人怎么能够这样确信他没有看见的东西？这个问题,我无力回答。这些是上帝全能的奥秘。我参不透。我所知道的,就是我说的都是真话;而且,我绝不相信,不具有这种确信的灵魂曾经真的与上帝合而为一。①

可以用神秘方式传达的真理,无论感觉的还是超感觉的,种类繁多。其中有的涉及这个世界——例如,对未来的展望,解读别人的心事,突然悟出文本的真谛,知道远方的事变;但是,最重要的启示则是神学的或形而上学的。

---

① 《内部城堡》(*The Interior Castle*),Fifth Abode,ch. i. ,见《文集》(Oeuvres,Trans. by Bouix,iii),.第 421—424 页。

有一天,圣依纳爵向雷纳教父(Father Laynez)承认,他在曼勒萨(Manresa)进行一小时的沉思,便知晓许多天国事物的真理,比所有博士能够教给他的所有学说的总和还要多。……一天,他在多明我会教堂的歌咏台阶上祈想,清楚地看到神圣智慧创造世界的计划。还有一次,在队伍行进之中,他的精神游离到上帝那里,上帝使他按照适于世人弱小理智的方式和形象,冥想神圣的三位一体(the holy Trinity)的深奥秘义。这个异象使他的心充溢着甜美,甚至后来每每回忆起这件事,都会使他热泪横流。①

---

①　巴托里—米歇尔(Bartoli-Michel):《圣依纳爵的生平》(*Vie de Saint Ignance de Loyola*),I.34—36。其他人也有对这个所造世界的顿悟,例如波默。他二十五岁时,"为神光所包围,并充满天赐的知识,他出了门,来到格尔利茨(Görlitz)的一片绿地,坐在那儿,观看地上的草丛,他透过内心的光明,看见草丛的本质、用途和属性,这些都是借助外貌、形状和特征发现的"。关于后期经验,他说:"在这一刻钟里,我的所见所知超过我在大学许多年学到的所有东西。因为我看见并知道一切事物的存在,还有无底的深渊、神圣三位一体的永生、尘世与一切造物由于神圣智慧的遗传和起源。我内心看见并知道三个世界,外部的可见世界产生于内在的和精神的世界;我看见并知道全部发生效力的本质,无论善的,还是恶的,以及二者共同的起源和存在;我也看见并知道,孕育永恒的果实累累的子宫如何生育。因此,我不仅对此大为惊奇,而且欢欣鼓舞,尽管我的外部人体不能领悟同样的事情,不能用笔记录下来。因为我对整个宇宙的看法陷入混沌,一切事物都潜伏其中,包裹其中,不可能为我所阐明。"泰勒(Edward Taylor):《波默的神哲学》(*Jacob Beoehme's Theosophic Philosophy*,London,1691,第425,427页,节选)。福克斯亦如此:"我进入亚当的状态,那是他沉沦之前的状态。创世过程向我敞开,展示万事万物如何依照性质和德性获取名称。我心中迟疑,不知我该不该行医助人,因为主让我清楚地看到造物的德性。"(《日记》,*Journal*,Philadelphia,无日期,第69页。)当代的"千里眼"(Clairvoyance)充满类似的启示。例如戴维斯(Andrew Jackson Davids)的宇宙生成论,或者美妙的《巴特沃斯追忆》(*Reminiscences and Memories Henry Thomas Butterworth*,Lebanon,Ohio,1886)一书描述的某些经验。[戴维斯(1826—1910),美国视力超人者。巴特沃斯,美国灵学家。——译者]

402   圣特雷莎也有类似的经验。她写道：

> 有一天,我正在祈祷,上帝让我瞬间感受到,万事万物如何显见于上帝,如何包含在上帝之中。我没有感知事物的真正形式,不过,我看到它们的景象极其分明,我的灵魂至今还留有它们的印象,栩栩如生。这是主赐予我的最特殊的恩典。……这个景象极其深奥,极其微妙,理智是无法把握的。[①]

她接着说,上帝像一块钻石,巨大无比,且清澈透明,它以某种方式将我们的一切行为包含其中,使全部罪孽暴露无遗,似乎比以
403 往任何时候都更明显。她说,另外一天,她正在诵读阿他那修斯信条:

> 主让我领悟到,一个上帝如何能有三个位格(three persons)。他使我看得那么分明,不仅让我惊诧不已,而且使我深感宽慰……现在,每当我想起神圣的三位一体,或听到别人说起它,我都能够理解,这三位可敬的位格(Persons)如何仅仅形成一个上帝。并且,我感受到一种说不出的幸福。

还有一次,上帝让圣特雷莎看见并了解到,圣母是如何登入天堂的位置的。[②]

---

① 《圣特雷莎生平》,第581,582页。
② 同上书,第574页。

　　这些状态有些十分美妙，似乎超越了日常意识认知的一切事物。显然，这种美妙包含机体感觉（organic sensibilties），因为人们说它太过极端，根本无法忍受，已经濒临肉体的疼痛。[①] 但是，它也太精微，太敏锐，无法用普通的语言表达。上帝的接触，他的利剑造成的创伤，以及有关酒醉和新婚交合之类的事情，都必然成为表达方式，成为事态发生的先兆。在这些最高的出神状态，理智和感官都昏迷过去了。圣特雷莎说："如果我们的理智有所领悟，那么这种领悟的方式并不为它所知，而且，它根本无法理解它所领悟的东西。就我自己来说，我不相信它确实领悟了，因为，如我说过的，它并不理解自己在领悟。我承认，这就是将我湮没的神秘。"[②]神学家所说的神迷状态，呼吸和血液循环微乎其微，连医生都深感困惑，不知灵魂是否暂时脱离了身体。人们要想说服自己相信，自己所遇见的不是想象的经验，而是相当罕见却属于完全明确的心理类型的现象，那就必须读圣特雷莎的描述，以及她所做的精确的区别。

　　从医学上看，这些出神状态不过是由暗示和模仿引起的催眠状态，其智力上的基础是迷信，肉体上的基础则是退化病和歇斯底里。毫无疑问，许多案例，也可能所有的案例，都具有这些病态。然而，这个事实并不告诉我们，这对认识它们所引起的意识有什么

──────────

　　① 圣特雷莎将身体部位的疼痛与纯粹精神的疼痛加以区分（《内部城堡》，6th Abode，ch. xi. ）。至于进入天国快乐的身体部分，她说它"渗入骨髓，而尘世的快乐只能影响感官外表。我以为，这是恰当的描述，我不可能提供更好的描述了。"（同上，5th Abode，ch. i. ）

　　② 《圣特雷萨生平》，第198页。

404

价值。要对这些状态作出精神判断,千万不能满足于肤浅的医学空论,而是要探究它们产生的生活结果。

它们的结果五花八门,形形色色。麻木似乎不是完全没有的结果。你们也许还记得,可怜的玛丽·阿拉克在厨房和课堂上那种不知所措的样子。其他许多出神者,假如没有他们的崇拜者照料,恐怕早就死了。对于性格天生被动且智力薄弱的神秘者,神秘经验所激励的"超凡脱俗"很容易使他过分脱离实际生活。然而,心智和性格天生强壮的人,结果却完全相反。那些西班牙的伟大神秘主义者,出神已经成为习惯,经常进入境界,大多数似乎表现出不屈不挠的精神与力量,而且,当他们进入出神状态时,就越发如此。

圣依纳爵是个神秘主义者,但是,他的神秘主义却无疑使他成为世上一个最具有实践能力的人类发动机。十字架的圣约翰曾谈到上帝用以接触灵魂实体的直觉和"触摸"。他说:

> 它们极大地丰富了灵魂,简直不可思议。只需其中一个,就足以将某些缺陷彻底清除,要是依靠灵魂本身,忙乎一辈子也是徒劳无功;而且,它还可以赐予灵魂以美德,赠送超自然的礼物。这些令人陶醉的安慰,只需一个就可以犒劳灵魂一生的辛苦——即便这些辛苦数不胜数。灵魂激发了无敌的勇气,充满强烈欲望,要为上帝受苦受难,因而,产生一种奇怪的苦恼,生怕不允许它去遭受足够的痛苦。[1]

---

① 《文集》,ii. 320。

　　圣德雷莎说得一样斩钉截铁,且更为详细。你们也许记得我在第一讲引述的那一段。[①] 她的自传有许多相似的文字。她描述了某些出神状态的结果,直到状态结束后,灵魂依然处于高度的激动情绪之中。还有什么文献比她的这种描述更明显、更诚实地说明,一个新的精神能力中心是如何形成的呢?

　　　灵魂进入出神状态之前,经常软弱无力,为可怕的痛苦所折磨,但是,从出神状态苏醒后,却变得十分健康,适宜活动,跃跃欲试……好像上帝发愿,让已经从灵魂欲望的肉体分享灵魂的一份快乐。……受到恩宠的灵魂激发了巨大的勇气,即使顷刻间,她的肉体为了上帝而撕成碎片,她也觉得是最大的安慰。这时,我们内心萌发了众多的承诺和伟大的英雄气概,还有高傲的欲望、对尘俗的恐惧,并清楚地感知到,我们本来是虚无……灵魂被上帝提升到高峰之巅,俯瞰脚下尘世的一切,那里,没有哪个能够将她征服。如此,还有什么帝国比得上灵魂的帝国呢? 灵魂对以前的执著多么羞愧呀! 她对自己的盲目多么惊愕呀! 她对现在依然为黑暗所包围的人们,倾注了多大的怜悯呀! ……她哀叹自己曾经那么喜欢荣誉,错误地将世俗的荣誉当作荣誉。现在,她从所谓荣誉中看到的,不过是欺骗世人的一个弥天大谎。她借助上天赐予的新的光明发现,真正的荣誉没有一点儿虚假,信守这份荣誉就在于尊敬真正值得尊敬的事物,将一切衰亡之物,一切不合上

406

---

　　① 见本书第 22 页[原书页码]。

帝旨意之物,统统看作虚无,甚至连虚无还不如。……她看见那些正人君子,那些祈祷者,正在追逐她现在极度鄙夷的名誉地位,觉得可笑。他们以为,这样行为才符合他们的等级尊严,才能使他们更加有益于旁人。但是,灵魂知道,假如他们舍弃自己的等级尊严,专心热爱上帝,他们一天行的善,比保留尊严的十年还要多……她嘲笑自己在一生中,居然一个时期考虑到钱,甚至渴望钱……喔! 假如人类都同意钱是没有用的泥土,世界将变得多么和谐啊! 假如我们对荣誉和金钱的兴趣从地球上消失得无影无踪,人与人之间又将会多么友善啊? 就我自己而言,我觉得这好像能够医治我们人类的一切祸患。①

因此,神秘状态使灵魂的精力更加旺盛,追随着灵感勇往直前。但是,只有灵感是真实的时候,才可能有这种进展。假如灵感是错误的,精力也就更加妄用,更加妄发了。所以我们再次面临真理问题,我们在论圣徒性的演讲末尾,曾遇到这个问题。你们要记住,我们转向神秘主义,正是为了阐明真理问题。神秘状态能否确认圣徒生活植根其中的那些神学感受是真实的?

一般的神秘状态虽然拒绝用语言加以描述,但是,却坚持一种相当明确的理论倾向。我们可以根据一些确定的哲学倾向,将它们的大多数结果表示出来。其中一个倾向是乐观主义(optimism),其他的则是一元论(monism)。我们从日常意识进入神秘状

---

① 《圣特雷莎生平》,第229,200,231—233,243页。

态,就好像从较少(less)到较多(more),从狭小到广阔,同时,也好像从骚动到安宁。我们觉得神秘状态和谐而统一。它们更多地激发我们内心"是"的功能,而非"不"的功能。在神秘状态中,无限吞没界限,并且和平地了结了账目。你们认为适用于终极真理的每个形容词,它们都予以否认——奥义书(the Upanishads)①说,他(He)、自我(Self)、阿德门(the Atman),只能用"不! 不!"加以描述——虽然表面上看,这似乎是"无"的功能,实际上却是更深刻的"是"作出的否定。谁要是把绝对(the Absolute)称作任何特殊事物,或者说它是这个,隐含的意思似乎否认它是那个——好像他把绝对缩小了。所以,为了缠绕我们的那个更高的肯定态度,我们否定"这个",否定我们以为它暗含的否定。基督教神秘主义的源头是阿略巴格的狄奥尼修斯(Dionysius the Areopagite)。他完全用否定的语言描述绝对真理:

　　万事万物的原因既不是灵魂,也不是理智;它没有想象,没有意见,没有理性或智力;它也不是理性或智力;它不能说出,也不能思想。它不是数,不是序,不是大,不是小,不是平等,不是不等,不是相似,不是不似。它不立,不动,不息……它不是本质,不是永恒,不是时间。甚至理智的接触也不为它所有。它不是科学,也不是真理。它甚至不是王德(royalty) 408或智慧;它不是一;不是统一;不是神圣或善良;根本不是我们

①　缪勒(Müller)译本,part ii. 第 180 页。

所认识的精神,诸如此类,可以任其说下去。①

狄奥尼修斯否认这些形容,不是因为真理缺乏它们,而是因为真理比它们好无限倍。真理超越了它们。真理是超光明(super-lucent),超壮丽(super-splendent),超精华(super-essential),超崇高,超越一切可以名状的事物。像黑格尔的逻辑学一样,神秘主义者只能用"绝对否定的方法",走向真理的正极。②

因此,神秘主义的著作到处都是悖谬的表达。例如,艾克哈特(Eckhart)谈及上帝的寂静的沙漠:"那里永远看不到差别,既没有圣父、圣子,也没有圣灵。那里没有一个安居者,灵魂的火花在那儿比在自己内部还要和平。"③又如波墨在议论原始之爱时说:"可以恰如其分地把它比作无,因为它比任何事物都深刻,而且,对一切事物来说,它好像是无,因为它不能通过任何事物加以领悟。既然它不是任何事物,必然超脱一切事物,它是惟一的善,人们无法表达或讲出它是什么,因此,无法将它比作任何东西,无法用任何东西表达它。"④或者,正如西勒瑟⑤咏唱的:

① 戴维森(T. Davidson)的译本,见《思辨哲学杂志》(*Journal of Speculative Philosophy*,1893,vol. xxii),第 399 页。
② "神并非因优越而不配称作虚无"(Deus propter excellentiam non immerito Nihil vocatur)。司各特·爱留根纳(Scotus Erigena),转引自塞斯(Andrew Seth):《有神论二讲》(*Two Lectures on Theism*),New York,1897,第 55 页。[塞斯(1856—1931),苏格兰哲学家。爱留根纳,爱尔兰哲学家、学者。——译者]
③ 罗伊斯(J. Royce):《善恶的研究》(*Studies in Good and Evil*),第 282 页。
④ 波默(Jacob Boehme):《关于超感觉生活的对话》(*Dialogues on the Supersensual Life*,trans. by Bernard Holland,London,1901,48)。
⑤ 西勒瑟(Angelus Silesius,1624—1677),德国宗教诗人。——译者

上帝是纯粹的无,无时无刻你能与它接触;

你越想抓住它,它越躲避你。①

　　理智的这种辩证用法,将否定当作逼近更高肯定的通道。与　409
此相关,在个人意志的领域,则有最微妙的道德相应物。人们在宗
教经验中发现,否定有限的自我及其需要,即实践某种苦行,是进
入更宽广、更幸福生活的惟一门径,因此,在一切神秘主义著作中,
这种道德的神秘与理智的神秘互相纠缠,互相结合。

　　波默继续说,爱是无,因为当你完全脱离创造物,脱离可
见物,对一切自然和创造物而言,你变成了无,那么,你便进入
永恒的一,这个“一”就是上帝,你在你的内心,将感受到爱的
最高美德。……灵魂的至宝就在于她摆脱某某物,进入虚无,
可造成万物的虚无。灵魂在这里说,我一无所有,因为我完全
被剥夺,赤身裸体;我什么都不能做,因为我没有任何能力,只
能像水一样倾泻;我什么都不是,因为我的存在(I am)无非是
存在(Being)的一个影像,对我来说,只有上帝才是“我存在”
(I AM)。因此,我固守自己的虚无,将荣誉归于永恒的存在,
我自己毫无意志,让上帝的意志支配我内心的一切,上帝是我
的上帝,上帝就是一切。②

---

① 《天使般的漫游者》(*Cherubinischer Wandersmann*),第 25 节。
② 《关于超感觉生活的对话》,第 42,74 页,节选。

用保罗的话说，我活着，但不是我活，而是基督活在我内心。只有我变成无，上帝才能入乎其内，他的生活与我的生活之间才明显的没有任何差异。[①]

这样便克服了个人与绝对之间常见的一切障碍。这是神秘主义取得的伟大成就。在神秘状态中，我们与绝对合而为一，同时又意识到自己的一。这种神秘主义传统经久不衰，且胜利辉煌，几乎并不为地域或教宗的差异所改变。在印度教、新柏拉图主义、苏菲主义、基督教神秘主义以及惠特曼主义中，发现不断重复同一个调子。因此，关于神秘主义话语，有一种永恒的一致，应该让批评者三思，而且，正如前面所说，这也使得神秘主义的经典既无出生日，又无出生地的区别。这些经典不断讲述人与上帝合为一体，其言

①　我从一本法国著作中，得到了上帝在灵魂中临在时那种神秘幸福的表达：
"耶稣已经渐渐住在我的心中。与其说这是一种居住、联合，不如说是一种融合。噢，新的、恩典的生活！每天都变得更光明的生活……我面前的墙不久前还是黑暗的。此时光辉灿烂，因为太阳照耀着它。它的光线无论落在什么地方，都会使那里充满荣耀；最小玻璃碴都闪闪发光，每粒种子都熠熠闪亮；我心底里发出高贵的胜利之歌，因为主在那里。岁月穿梭；昨天响晴薄日，今天乌云密布；夜晚坠入奇怪的梦境；但是，只要眼睛一睁开，我就恢复了意识，生活又开始了，同一形象总在我面前，同样的临在充满我的内心……从前的日子没有主，所以枯燥无味。各种阴郁的印象侵袭着我的梦醒时分，生命的旅途上见不到主。今天，主与我同在；薄云淡雾遮蔽着万物，但这并不妨碍我与他交流。我感受到他的手的分量，我感受到某种别的东西，使我充满宁静的喜悦；我敢说出来吗？是的。因为它真实地表达了我体验到的东西。圣灵并不仅仅是造访我一次；绝不是眩人的鬼魅，一下一下地煽动着他的翅膀，到夜晚离我而去，而是永恒的居住。只有他携我同行，他才会离开我。不仅如此，他就是我自己：他与我同一。他不是与我并列，而渗透到我之中，是我的本性发生深远的变化，是我存在的新方式。"引自"一个老人的手稿"（MS of an old man），见摩诺的《基督教神秘的六个玄想》（six meditations sur le mystere chretien，pp. 280—283）。[摩诺（约1811—1890），法国天主教神甫。——译者]

语比语言更古老,而且,它们永远不会陈旧。①

　　奥义书说:"那是你!"吠檀多派则补充说:"不是'那'的一部分。也不是'那'的一个样式,而就是'那',那个绝对世界精神。"411"正如纯净水倒入纯净水还是纯净水一样,哦,乔答摩(Goutama)啊,一个正在认知的思想者的自我(Self)也是如此。水里的水,火里的火,以太(ether)里的以太,没有人能够区分它们;一个心灵进入自我的人也是如此。"②苏菲主义者谷山拉兹(Gulshan-Raz)说,"每个人的心若不再为怀疑所动摇,他将确实知道,除了惟一,没有任何存在者……在他神圣的光环里,找不到我或我们,也找不到你;因为在这个'一'里,不可能有任何分别。所有消逝并完全脱离自我的人,听到他的外面有个声音在回荡:我是上帝:他有永恒的存在方式,而且,再也不会死亡。"③普罗提诺(Plotinus)说,见到上帝时,"观看者不是我们的理性,而是先于并高于我们理性的某种东西……这个观看者并非严格意义的观看,并不区别或想象两个东西。他变了,不再是他本身,也没有保存自我的任何东西。他融于上帝,他与上帝合而为一,就像一个圆的中心与另一个圆的中心相重合。"④苏索(Suso)写道:"在那里,精神死去,却又活在上帝的奇迹中……并且,在静穆中销声匿迹,那是光彩夺目的晦暗和单纯

----

　　① 参照迈特林克(M. Maeterlinck):《吕斯布鲁克的精神婚恋的荣耀》(*L'Ornement des Noces spirituelles de Ruysbroeck*,Bruxelles,1891,Introduction, p. xix)。[迈特林克(1862—1949),比利时诗人、戏剧家。——译者]

　　② 《奥义书》(*Upanishads*),缪勒(M. Müller)译本,ii. 17,334。

　　③ 石默尔德(A. Schmölders):同上引书,第 210 页。

　　④ 《九章集》(*Enneads*),伯里埃(Bouillier)译本,Paris,1861,iii. 561。参照第473—477 页,以及 i.第 27 页。

统一的静穆。正是在这个无形的地方（where），发现了最高福
祉。"①西勒瑟的诗又说："我像上帝那么大，上帝像我那么小；他不
在我之上，我也不在他之下。"②

　　在神秘主义文献里，像"光彩夺目的晦暗"、"低语的静默"、"繁
荣的沙漠"这类自相矛盾的话层出不穷，屡见不鲜。它们证明，神
秘主义真理与我们交谈的最好媒介不是概念的言语，而是音乐。
的确，许多神秘主义经典与乐章几乎别无二致。

　　　　谁想听那陀（Nada）的声音，"那个无声之声"，并领悟它，
　　就必须懂得陀罗那（Dharana 义为执持）的性质。……当他的
　　形象在自己眼里显得虚妄，像他梦中所见的形象醒来时显得
　　虚妄一样；当他再也听不见多，他就可以辨认出一（the
　　One）——那个消抹外部声音的内部声音。……因为那时，灵
　　魂将会聆听，将会记忆。而且那时，静默之声（THE' VOICE
　　OF THE SILENCE）将对内部耳官述说……此时此刻，你的
　　自我（thy Self）隐没在自我（SELF）中，你自己（thy self）面对
　　你自己（THYSELF），沉浸在自我（SELF）中，你最初的辐射
　　便由此发出……看呀！你成了那光，你成了那声，你就是你的
　　主人，你就是你的上帝。你自己（THYSELF）就是你所追求
　　的目标：那个不断之声，永远回响，没有变，没有罪，七音合一，
　　那静默之声。奄靼萨（Om tat Sat）。③

　──────────────

　①　《自传》，第 309，310 页。
　②　同上引书，第 10 节。
　③　布拉瓦特斯基（H. P. Blavatsky）:《寂静的声音》（The Voice of the Silence）。

这些话,假如你听时没有发笑,那或许真的拨动了你的心弦,是音乐和语言一起拨动了它们。音乐给予我们的本体论意蕴,非音乐的批评无法反驳,尽管它可以嘲笑我们愚蠢,居然去留意这类东西。心灵有边缘,这些东西便常在边缘出没;而且,来自边缘的低声细语与我们理智的作用相混合,犹如浩瀚大海的波浪,碰上我们岸边的卵石溅起浪花。

> 这是大海的开端,世界的尽头才是大海的尽头。我们
> 站在这里,
> 假如我们知道,在这些粼光闪烁的波浪那边
> 还有更大的海潮,
> 我们便知晓了人类前所未知的奥妙,人的肉眼
> 绝不会明察秋毫……
> 啊,然而在这儿,人心跳跃,渴望接近那边的幽暗,
> 充满冒险的兴奋与自豪,
> 离开这个海岸,远方无边无际,四周都是
> 海的波涛。[1]

413

我们发现,这类学说,例如,永恒没有时间(timeless);假如我们永世生存,那么,我们的'不朽'与其说在将来,不如说已经存在

___

[1]　斯温伯恩(Swinburne):"在边缘",见《仲夏假日》(*A Midsummer Holiday*)。[斯温伯恩(1837—1909),英国诗人。《仲夏假日》(*A Midsummer Holiday*, New York:R·Worthington,1884)。——译者]

于此时此地了；如此等等，都是今天的一些哲学派别经常主张的。它们可以从神秘主义深层涌出的"听呀，听呀！"或"阿门"那里获得支持。[①] 听见进入神秘界的口令，我们便认得它，但是，我们自己不能使用这些口令；只有神秘界自己保留着"原始口令"。[②]

至此，我已经勾勒了神秘意识的一般特性，极其简短，且不充分，但是，我在允许的时间内，力求全面。总体上说，神秘意识是泛神论的、乐观主义的，或者，至少与悲观主义相对立。它是反自然主义的（anti-naturalistic），与二次生以及所谓的出世心态最为和谐。

我下面的任务是要考察，我们能否认定神秘意识的权威。它能否保证，它所倾向的二次生、超自然性以及泛神论都是真实的？我尽量简明扼要地回答这个问题。

简略地说，我的答复分三个部分：

1. 神秘状态得到充分发展之时，通常是——而且有权利成为绝对权威——完全支配经验它们的那些个体。

2. 神秘状态无权强迫外人承担义务，让他们毫无批判地接受它们的启示。

3. 神秘状态打垮了非神秘主义或理性意识的权威，这些

---

①　参照引自柏克的文字，本书第 398，399 页。

②　据我所知，试图认真调解神秘领域与论证生活的努力，包含在席勒（F. C. Schiller）的一篇文章里，文章讨论亚里士多德的不动的动者，见《心》（Mind），vol. ix., 1900。

权威仅仅建立在理智和感官的基础上。神秘状态表明,理性
意识只是意识的一个种类。它们还揭示了其他真理的可能
性:为了维持生命,我们内心事物总会对神秘状态作出反应,
因此,我们可以自由地继续相信这种真理。

　　我将逐一说明这三点。

1

　　作为心理事实,那种明显而深刻的神秘状态通常是有权威的,
支配着那些经验者。[①] 这些人曾经去过"那儿"(there),而且知道。
理性主义的抱怨是白费力气。如果一个人经历的神秘真理证明是
他赖以生活的力量,我们绝大多数人有什么权力命令他按照另一
种方式生活?我们可以把他关进监狱或疯人院,但是,我们无法改
变他的想法——我们的强迫通常只会使他更固执地坚持自己的信
念。[②] 事实上,我们的所有努力都将以失败告终,而且,从逻辑上
看,我们对此根本没有任何裁判权。我们自己更"理性的"(ration-
al)信念以证据(evidence)为依据,然而,这种证据与神秘主义者为
信仰而作出的引证(quote)十分相似。也就是说,我们的感官使我
们确信某些事实,而对神秘的经历者来说,神秘经验正是对事实的

---

　　① 我离开更软弱的状态,离开书中比比皆是的东西,在这些地方,指导者(通常不
是经验者本人)仍然受到怀疑,即这些经验也许不是从恶魔开始。

　　② 例子:约翰·纳尔逊先生(John Nelson)为宣扬卫理会教义而被囚禁,他这样
描述这段经历:"我的灵魂像水浸润过的花园,我能整日为上帝唱赞歌;因为他把我的
囚禁变成了快乐,并使我能够在硬木板上安卧,像睡在松软的床上一般。现在我可以
说'为上帝服务是完全的自由',我经常为我的敌人祈祷,乞求上帝使我和我的敌人都
能同饮他所赐的和平之水。"(《日记》(*Journal*,London),无日期,第172页。)

直接感知，与感觉对我们的功能一样。有记载表明，纵使五官在神秘经验中停止作用，但是，就其认识论的性质（epistemological quality）而言，神秘经验绝对是感觉的，粗略地说，神秘经验是当面展示，呈现物似乎直接地存在着。

总而言之，神秘主义者是无可辩驳的，不管我们是否乐意，必须让他们不受侵扰地享有自己的信条。托尔斯泰说，信仰是人生的依靠。实际上，信仰状态（faith-state）与神秘状态是可以互换的用语。

2

不过，我现在必须补充说，假如我们是局外人，私人从未感受过神秘经验的来临，神秘主义者就没有权利要求我们接受他们特有的神秘经验。他们在人世间所能要求我们的，最多是容许他们确认一种臆想（presumption）。他们达成了一致意见，具有明确的结果。用神秘主义者的话说，假如这种取得共识的经验证明是完全错误的，那才奇怪呢。然而，这毕竟诉诸数目，与理性主义诉诸其他东西别无二致，况且，求助于数目没有逻辑力量。假如我们承认它，那完全因为"暗示的"（suggestive）理由，而不是出于逻辑理由：我们所以追随大多数人，乃因为这样做适合我们的生活。

416　　　即便这种臆想得到神秘主义者的一致赞同，也并非那么强固。我将神秘主义状态描述为泛神论、乐观主义，等等，总怕把真理简单化。我之所以这样做，只是为了便于说明，为了更贴近古典的神秘主义传统。现在必须承认，古典的宗教神秘主义，只是一个"特例"。它是一种提取（extract），专门选择最适当的实例，保留它们的"学派"(schools)，使它们更典型。它是从更大一批神秘经验中剥离出来的；假如我们认真对待这一大批神秘经验，像历史上的宗教神秘主义一样，那么，我们就会发现，上面所说的"一致赞同"几乎消失殆尽。首先，甚至积累传统并创立学派的那种宗教神秘主义，也不像我说的那么一致。在基督教会内部，神秘主义既有主张苦行的，也有主张纵欲破戒的。[①]　数论(Sankhya)哲学是二元论，吠檀多哲学则是一元论。我把神秘主义称作泛神论；不过，伟大的西班牙神秘主义者决非泛神论者。除了极个别的例外，他们不做形而上学的思考，他们认为，"人格范畴"(the category of personality)是绝对的。在他们眼里，人与上帝的"会合"(union)更像偶然的神迹，而不是原始的同一(orginal identity)。[②]　除了他们共有的快乐之外，惠特曼、卡彭特、杰弗里(Richard Jefferies)[③]以及其他自然主义泛神论者的神秘主义，与更加突出的基督教神秘主义之间，有多大的不同啊！[④]　事实上，扩大、会合、解脱之类的神秘感受，并没有自己特殊的理智内容。它可以利用各种各样的哲学和

417

---

　　①　在迈特林克(Maeterlinck)翻译的一本吕斯布鲁克的著作中，有一章批评信徒们的唯信仰主义。德拉克洛伊(Delacroix)的著作《论十四世纪德国思辨神秘主义》(*Essaisur le mysticisme spéculatif en Allemagne au XIVme Siècle*, Pails, 1900)充满了唯信仰主义的素材。也可以参阅荣特(Jundt)的著作《十四世纪的上帝之友》(*Les Amis de Dieu au XIV Siècle*, Thèse de Strasbourg, 1879)。[德拉克洛伊(1873—1973)，法国哲学家。荣特(出生于1848年)，法国神学家。——译者]

　　②　参见罗斯罗特(Paul Rousselot)的《西班牙神秘主义》(*Les Mystiques Espagnols*, Paris, 1869, ch. xii)。[罗斯罗特(出生于1833年)。——译者]

　　③　杰弗黎(1848—1887)，英国作家。——译者

　　④　参见卡彭特的《走向民主》(*Towards Democracy*)，特别是后几部分。也可参阅杰弗里(Jefferies)奇妙、杰出的神秘主义狂喜，《我内心的传奇》(*The Story of My Heart*, Boston: Roberts Brothers, 1883. ＊AC85. J2376. Zz883j)。

神学,与它们提供的材料联姻,只要它们能在自己的架构内为它的特殊情感寻得一席之地。因此,我们没有权利借助它的威望,明显地偏向任何一种特殊信念,无论是关于世界的绝对唯心主义(absolute idealism),还是绝对一元的同一性,或是绝对的善。神秘感受只是相对地偏向所有这些东西——它从共同的人类意识中来,沿着它们所在的方向去。

关于严格的宗教神秘主义,就说这么多。不过,还要再说一点儿,因为宗教神秘主义只是神秘主义的一半儿。另一半儿除了讨论癫狂的教科书供给的内容外,没有累积的传统。翻开任何一本这类教科书,你都将发现大量实例,将"神秘观念"看作心理状态衰弱或迷妄的特殊症状。在妄想狂(delusional insanity),即他们有时所说的偏执狂(paranoia)中,我们可以发现一种魔怪(diabolical)神秘主义,它是宗教神秘主义的一种倒置。同样觉察微小事件具有不可名状的重要蕴义,同样从文本和词语中发现新的意义,同样的语音、同样的异象,同样的指引和同样的使命;同样依靠外部力量加以控制;只不过这一次,情绪是悲观的:我们看到的不是安慰,而是凄凉;意义令人恐怖,力量则与生命为仇。显然,从它们的心理机制看,古典神秘主义与这些低级神秘主义源于同一心理层面,源于意识的广阔的阈下或外缘区域。这个区域现在开始为科学所承认,但实际上,人们对它知之甚少。它包藏各种各样的内容:"天使(seraph)与毒蛇(snake)"共存,肩并着肩。从那里来并非正确无误的保证书。必须对来者进行筛选和检验,并放入全部经验关系加以验证,就像对来自外部感官世界的东西一样。只要我们自己不是神秘主义者,就必须用经验方法确认它的价值。

我再说一遍,非神秘者没有义务承认,神秘状态就其本性而言具有高高在上的权威。[1]

3

然而,我也要再说一遍,神秘状态的存在绝对地摧毁了非神秘状态的自命不凡,证明后者并非我们惟一可以相信的终极独裁者。通常,神秘状态只是补充意识的日常外部材料,赋予一种超感觉的意义。它们是类似恋爱或抱负的一类情绪,是对我们精神的馈赠;已经客观地呈现我们面前的事实,凭借这些馈赠而获得新的表达,并与我们积极的生活形成新的联系。它们并不反对这些事实,也不否认我们感官直接捕捉的任何东西。[2] 在这个争论中,扮演否认者角色的无非是理性主义批评家;而且,他的否认软弱无力,因为,假如心灵提升到更为包容的观点,绝不会有什么事态不能真正地增加新的意义。神秘状态难道不能成为这种居高临下的观点?心灵难道不能透过这扇窗子将那更为宽广富饶的世界一览无余?

419

---

　　[1]　在他的著作《蜕化》(Degenenration)第二卷第一章中,马科斯·诺道揭示神秘主义的低级错误,企图以此来削弱它。他认为,神秘主义意味着骤然知觉到事物潜在的意义。他用大量不甚完善的联想解释这些知觉,认为这些联想是经验在蜕化的大脑中引起的。这些联想使拥有这类经验的人获得了一些模糊、广大的感觉,要再走向其他东西,然而,它们并不能在他的思想唤起确定的、有用的结果。这种解释表面上讲得通,特别是对于某类意义的感受尤其如此;其他精神病学家(例如,沃尼克[Wemicke]在他的《精神学纲领》[Grundriss der Psychiatrie, Leipzig, 1896]第二部),也利用联想官能的失效解释"妄想狂"的情形。但是,更高级的神秘主义的心态,是积极的、突发的,肯定不是这种纯粹的消极状况的产物。合理的解释似乎是,把它们归于侵入潜意识引起大脑的活动,而我们对于这类活动还一无所知。

　　[2]　他们深深把主观的所见所闻加在事实之上,但是,由于它们通常被解释为超尘世的,所以它们并不要求感觉事实发生变化。

这一直是个悬而未决的问题。从不同的神秘窗子看到的是不同的景物,但这并不妨碍我们提出这些假定。假如真的如此,那么,那个更为广阔的世界也就像现世一样,具有混杂的结构。它恐怕既有天堂也有地狱,既有诱惑也有救度,既有真正的经验也有假冒的经验,就像我们的现世一样。但是,无论如何,它毕竟是更广阔的世界。我们必须通过选择、归属和替换去运用它的经验,就像我们对日常自然主义世界的惯常做法一样。我们会犯错误,像我们现在会犯错误一样。但是,归入更为广阔的意义世界,并且认真地与它打交道,尽管一切都让人困惑,却是我们追求真理的必要阶段,借以达到最后的完全真理。

　　我想,我们得这样结束这个题目了。固然,神秘状态不会仅仅因为自己是神秘状态而行使权威。但是,较高级的神秘状态实际上指出了宗教情操的方向,即使非神秘主义者,也倾向于这个方向。它们表示理想的至高无上,表示广博,表示合一,表示安全,表示平静。它们给我们一些假设(hypotheses)——我们可以故意不420 理这些假设,但是,作为思想家,我们恐怕无法推翻它们。它们规劝我们相信的超自然主义和乐观主义,无论这样或那样加以解释,毕竟是对生活意义的最真实的洞见。

　　“哦,多一点儿,它就那么多;少一点儿,多少世界都丢失了!”或许,这类可能性和允许,正是宗教意识赖以生存所需要的一切。我的最后一次演讲还要说服你们相信,情况的确如此。不过,此时此刻,我敢确信,对许多读者来说,这份膳食未免不够味。如果超自然主义以及与神的内心会合是真的,那么,你们恐怕认为,仅仅允许相信是不够的,而是非相信不可了。哲学始终声称,自己证明宗教真理采用的论证具有强制性;而且,建立这种哲学始终是宗教生活的一个颇受推崇的功能,如果我们在宽泛的历史意义上使用"宗教生活"一词的话。然而,宗教哲学是一个巨大的题目,在下次演讲里,我只能就我能力所允许的范围做一简短论述。

第十八讲　哲　　学

　　圣徒性的题目让我们面对这样一个问题："神的临现（presence）感是否对某种客观真实事物的感受？"为了回答这个问题。我们最初转向神秘主义，发现神秘主义虽然十分愿意证实宗教，但是，它的表达过于私人化（而且过于繁杂），无法树立普遍权威。哲学发表的结果则声称，假如它们确实有效，那么，它们就是普遍有效的。因此，我们现在带着我们的问题去请教哲学。哲学能不能保证宗教徒的神圣感是真实的呢？

　　我想，此时此刻，你们许多人恐怕正在猜测我的目的。你们说：我已经动摇了神秘主义的权威，下一步或许就是损害哲学的权威了。你们料想我会得出结论说：宗教不过是信仰的事情，或者依据模糊的情感，或者依据对无形者的活生生的实在感，我在第二讲和上一讲中列举了许多例子说明它们。宗教实质上是私人的，个人的，始终超越我们的表达能力。尽管由于人性使然，总有人跃跃欲试，企图把宗教的内容注入哲学的模子，但是，这些尝试永远是次生的过程，绝不能增加原来宗教情感的权威，也不能保证它们的真实——人们的尝试正是从这些情感中获得刺激的，而且，他们的认信无论多么热忱，都是从这些情感借取的。总而言之，你们怀疑我正在计划捍卫情感，牺牲理性，恢复原始的、非反思东西，劝阻你们不要对任何配称"神学"之名的神学存有希望。

必须承认,你们的猜测在某种程度上是对的。我确实相信,感情是宗教的深层源泉;而且相信,哲学的和神学的表述都是次生产品,就像将一个文本译成另一种文字,然而,所有这些说法都过于简略,容易误导。因此,我要用整整一小时的时间向你们阐述我的确切意思。

我把神学表述叫作次生产品,意思是说,假如世界上根本没有宗教感情存在,我怀疑究竟能否建立任何一种哲学的神学。我怀疑,毫无情感地对宇宙进行理智的静观,一方面离开内心的不幸和救赎的需要,另一方面离开神秘的情绪,是否还会产生我们现在所具有的那种宗教哲学。按照人们的实际做法,他们开始要对自然事实做泛灵论(animism)的解释,然后才加以批判,用科学的解释取而代之。在科学中,他们恐怕需要留下相当分量的"灵学研究"(psychical research),就像现在,他们将不得不重新接受一定分量的灵学一样。然而,人们自命不凡,沉浸于教义神学或唯心主义神学之类的玄妙思辨,好像根本没有冒险的动机,反而觉得没有必要与这方神圣往来。在我看来,似乎必须把这些思辨看作额外的信念(overbeliefs),即理智沿着情感最初指引的方向建构的一些附属建筑(buildings-out)。

然而,即便宗教哲学必须从情感获得最初的指引,难道它就没有什么高明的方法处理情感所暗示的事物吗?感情是私人的,缄默的,无法表白自己。它允许自己的结果神秘莫测,不可思议,拒绝用理性证实其合理性,有时,甚至宁愿被人看作悖理和荒谬。哲学的态度正好相反。她的抱负是驱逐神秘和荒谬,收回她所涉足的所有领域。摆脱暧昧而固执的个人信念,走上对一切思想者都行之有效的客观真理之路,始终是理智的最服膺的理想。从有碍健康的私人性手里救出宗教,赋予它公共的地位,使它的表述具有普遍的通行权,这一直是理性的任务。

我相信,哲学将永远有机会从事这项任务。① 我们是思想物,不可能阻止理智参与我们的任何一项功能。即便自我的内心独白,也要用理智解释我们的感受。无论我们的个人理想还是我们宗教的神秘经验,都必须加以解释,使它们与我们思维心灵栖居的那种境界协调一致。我们时代的哲学风气不可避免地强迫我们穿上它的服饰。况且,我们彼此必须交流个人感受,交流时必须说话,必须运用普遍而抽象的语言形式。因此,概念和建构(constructions)是我们宗教的必要组成部分。而且,哲学是调解员,需要调解不同假设之间的相互冲突;哲学也是仲裁人,需要裁决一人对另一人的建构提出的种种批判。因此,哲学始终有许多事情要干。假如我不承认这一点,那才叫奇怪呢,因为我正在进行的这些演讲,正是(从现在开始,你们将看得更加清楚)竭尽全力从诸多的私人宗教经验中抽取普遍的事实,用人人都能同意的公式加以界定。

换句话说,宗教经验自发地、不可避免地产生神话、迷信、教义、信条,以及形而上学的神学,还有这派信徒对另派信徒这套东西展开的种种批评。近来,各教派专门用来彼此攻击的声讨与诅

<hr/>

① 参见华莱士教授(W. Wallace)的吉福德演讲,收于《自然神学和伦理学演讲及随笔》(*Lectures and Essays on Natural Theology and Ethics*,Oxford,1898),第17页及以下。[华莱士(1843—1897),英国哲学家。在吉福德讲座的题目是"自然宗教和宗教与道德的关系"(Natural Religion and the Relation to Morality)。——译者]

咒依然激烈,除此之外,不偏不倚的分类和比较也已成为可能。我 424
们有了所谓"宗教科学"的开端。假如我的这组演讲可以算是对这
门科学的微末贡献,我将感到十分高兴。

但是,所有这些理智的作用,无论建设的,还是比较的及批评
的,都必须首先把直接经验作为它们的题材。它们的作用是解释
的和归纳的,是事实之后的工作,是继宗教感情之后而起的,不能
与宗教感情平起平坐,亦不能脱离宗教感情确立的东西独立存在。

我所怀疑的宗教中的理智主义,自称是完全不同的另一回事。
它企图单独凭借逻辑理性的资源,或者,通过逻辑理性从非主观的
事实出发进行严格的推论,以建构宗教对象。随情形的不同,它或
者称自己的结论为"教义神学",或者称作"绝对哲学",但并不把它
们叫作"宗教科学"。它用先验的方法得出这些结论,并保证它们
的真实性。

经过担保的系统永远是热望的灵魂所追求的偶像。包罗万
象,却质朴简单;高贵,清净,光明,安稳,严格,真实。可感事物的
世界污浊且无常,烦扰人们的精神。还有什么能像这个系统一样,
为精神提供更理想的避难所呢? 因此,我们发现,当今的神学派别
几乎像往日的神学派别一样,谆谆告诫人们蔑视那些纯粹可能的
或盖然的真理,蔑视那些只有私人担保才能把握的结果。经院学
者和唯心论者都表现出这种蔑视。例如,凯尔德校长在他的《宗教
哲学导论》中这样写道:

固然,宗教必然是人心内部的事情;但是,为了使宗教摆 425

脱主观的无常和任性,为了区分宗教里的真实与虚妄,我们必须诉诸客观标准。进入人心的首先必须经由理智鉴别其真实(true)。它必须在本性上有权利统制感情,并构成判断感情所依据的原则。① 评价个人、国家、种族的宗教品格时,首要的问题不是他们如何感受,而是他们思想和信仰什么——不是他们的宗教是否表现出激情,热烈的程度有多高,而是激发这些情绪的上帝以及神圣之物的概念是什么。感情是宗教必需的;但是,决定宗教品格和价值的不是感情,而是宗教的内容(content)或宗教的理性基础。②

纽曼③主教在《大学的观念》那部书里更强烈地表现出对情感的轻蔑。④ 他说,神学是最严格意义上的科学。我要告诉你们,神学不是什么——不是证明上帝的"物质证据",不是"自然宗教",因为这些只是模糊的主观解释。他接着说:

假如上帝的能力或技巧,只是像望远镜表现的能力,或者像显微镜表现的技巧;假如上帝的道德律,仅凭动物形体的物质作用即可确认,或者上帝的意志,仅从人类事务的当下争论即可推测;假如上帝的本质,不多不少,正像宇宙一样高,一样深,一样宽;假如事实果然如此,那么,我宁愿承认,根本没有

① 见凯尔德(John Caird):《宗教哲学导论》,第 174 页,节选[并加着重号]。

② 同上,第 186 页,节选并加着重号。

③ 纽曼主教在《大学的观念》(*The Idea of a University*, new ed. London: Longmans Green, 1893, pp. 38—39, 40, 61)中的观点。——译者

④ 《谈话》II(*Discourse* II),§7。

关于上帝的一门特殊科学,神学不过是一个名词,为神学辩护就是伪善。尽管当实验或抽象推理的壮丽队伍经过时,思考 426 上帝仍是虔诚行为,但是,这种虔诚无非是思想的诗意,或者是语言的装饰,是这个人有、那个人没有的某种自然观点。天才的心灵创立它,其他人则以为尽善尽美,精巧微妙,倘若为人人所采纳,世界必定更加美好。其实,它不过是自然神学。就像我们谈论哲学或历史传奇,或童年的诗歌,或生动的,或情绪的,或诙谐的,或任何其他的抽象性质,能为个人的天才或怪想,或为时下的风尚,或为世人的同意,从任何一组它所沉思的对象中辨认出来。在矢言没有上帝与暗示不能确切知道上帝的相关事实之间,我看不出有多大分别。

纽曼继续说,我所说的"神学"不是上面那些东西:

　　我只是指关于上帝的科学,或者说,我们所知道的关于上帝的真理,形成一个体系,就像我们具有关于星体的科学,叫作天文学,或者具有关于地壳的科学,叫作地质学一样。

这两段引文使我们清楚地看到争论的问题:感情只是对个人有效,理性则是普遍有效的,二者正相反对。这里的验证是十分单纯的事实验证。建立在纯理性基础上的神学,必须在实际中能够使人普遍信服。假如不能,那它的优越性何在? 假如它只是形成了宗派和学派,恰如情感与神秘主义形成宗派和学派一样,它怎么能实现自己的计划,使我们摆脱个人的无常和任性呢? 哲学自命将宗教建立在普遍理性的基础上，对此，我们用十分明确的实践结果加以验证，使我今天的程序简单化了。要破坏哲学的信誉，根本无须费力批评哲学的种种论证。我只需指出历史的事实，即哲学不能证实自己夸下的海口，无法"客观地"使人信服，那就够了。事427 实上，哲学确实做不到这一点。哲学不能消除异见；它像感情一样创立了诸多学派和宗派。我以为，人的逻辑理性在神学领域的作用，就像它在爱情中的作用，或者像在爱国主义、政治或其他人生事务中的作用一样，在这些领域，我们的激情和神秘直觉已经预先确定了我们的信念。理性为我们的认信寻找论证；实际上，它不得不寻找论证。它扩充并界定我们的信仰，使其威风凛然，并赋予言辞，使其听起来合理。理性从来不曾产生信仰；现在，它亦不能为信仰担保。①

　　请注意，下面我将简略地谈谈旧系统神学的一些观点。这些观点，你们可以在新教和天主教的手册里找到，最好是看利奥教皇②（Pope Leo）通谕研究圣托马斯之后出版的无数种教科书。首先，我将提及教义神学证明上帝存在的若干论证，然后，再看看确

① 情感和本能为宗教信仰奠定了首要的基础，而理智构造则是次生的基础，相关的思想，可参见费尔定（H. Fielding）那部惊人的著作《人心》（The Hearts of Men），London，1902，我在写完了拙作之后，才看到这本书。作者指出："教义（Creeds）是宗教的文理，它们与宗教的关系，如同语法同话语（speech）的关系一样。言语（Words）是我们需要的表达；语法是继之而来的构词学说。话语绝不是从语法开始，语法恰恰是从说话产生的。无名的原因使话语发展变化，语法必须随着话语的改变而改变。"（第313页）全书非常贴近具体事实，几乎是拙作的扩展。

② 利奥教皇（Pope Leo XIII，1810—1903）1879年的《教皇通谕》（Aeterni Patris），要求全面研究阿奎那。——译者

立上帝性质的那些论证。①

上帝存在的论证已经存在了几百年。期间，非信徒的批评浪潮不断地冲击它们，但始终不能动摇信徒的信念，不过，从总体上说，毕竟还是将它们接缝处的泥灰慢慢地冲掉了。如果你已经有一个你所信仰的上帝，这些论证将坚定你的信仰。如果你是无神论者，它们将无法改变你。证明有多种多样。所谓"宇宙论"证明从世界的偶然性出发推导第一因，第一因必然包含世界本身所包含的一切完美。"设计论证"从一个事实出发，即自然法则是数学的，自然界的各个部分彼此友善，相互适应。由此得出结论，第一因既是理智的，又是友善的。"道德论证"是说，道德律必以一个立法者为前提。"世人认同的论证"则说，对上帝的信仰广泛流传，其基础在于人类理性，因此，应该挟有权威。

正如刚才所说，我不想从技术上讨论这些论证。自康德之后的一切唯心主义论者都觉得有资格嘲笑它们，或蔑视它们。这个事实说明，这些论证并非牢不可破，不能成为宗教的充分根据。照理，绝对非人格的理性应该表现出更普遍的说服力。因果关系的确是个暧昧不明的原则，无法承担神学的整个结构。至于设计论证，看看达尔文的思想如何革了它的命。按照我们现在的设想，我

428

---

① 为了方便起见，我遵从 A. 斯特克尔（Stöckl）的《哲学教本》（*Lehrbuch der Philosophie*, 5te Auflage, Mainz, 1881, Band ii）的顺序。B. 波德尔（Boedder）的《自然神学》（*Natural Theology*, New York, 1873）是一部方便的英文天主教教本。同样的观点亦可见哈奇（C. Hodge）：《系统神学》（*Systematic Theology*, New York, 1873）或者斯通（A. H. Strong）的《系统神学》（*Systematic Theology*, 5th edition, New York, 1896）。[斯特克尔（1823—1895），德国新经院哲学家。波德尔（1841—1917），犹太新经院哲学家。哈奇（1797—1878），美国神学家。斯通（1836—1921），美国神学家。——译者]

们在自然中发现的友善适应像许多东西一样,经历了几乎无限的毁灭过程而幸免于难,因此,它们暗示的上帝与早先的论证描述的上帝大相径庭。[1] 事实上,这些论证所遵循的,无非是事实与我们

---

[1] 我们绝不能忘记,按照设计论的观点,现世任何无序的形式都向人们暗示,恰恰是上帝设计了无序。事实上,任何事物状态,无论怎样称谓它们,在逻辑上都很容易作出目的论的解释。例如,里斯本(Lisbon)大地震废墟:过去的全部历史都被计划得天衣无缝,石块、家具及死者遗骸等的格局,完全与刚刚经历的历史相吻合。没有什么充分的理由。其实,在别的地方,也可以发现其他的格局,无论分布的好还是不好,都是设计的结果。为避免这种悲观的结果,并保留仁慈的设计者,设计论请出其他有限运作的原理。第一个是物理学的:自然力的作用就是无序和毁灭,制造断壁残垣,而不是建造。初看之下,这一原理似乎蛮有道理的,但是,若从最新生物学的观点看,就不大可信了。第二个原理是拟人化的解释。我们心目中任何"无序的"格局,根本不可能是设计的结果。这一原理无疑是以拟人化有神论(anthropomorphic Theism)为依托。

如果我们不以某种特定的神学偏见看世界,就会看到,我们现在所说的秩序和无序纯粹都是人的杜撰。我们对某些有用的、审美的或道德的格局非常感兴趣,以至于我们无论在哪里发现它们,都会认出它们来,它们大大地吸引了我们的注意力。结果是,我们只是有选择地研究世界。从我们的角度来看,世界处处是无序的格局,但是,有序只是我们期待和考虑的东西,凭借选择,我们总能够在混沌中找到有序的格局。假如我们在桌子上随意抛下一千粒豆子,然后淘汰其中相当数量的豆子,无疑,我们能够把剩余的豆子,放在你想要的一切几何模式中,然后,你可以说,那个模式是预定的模式,其他豆子只是不相干的填充物。我们就是这样对待自然的。自然是一个巨大的、充满物质的空间,我们的思绪在无数方位,勾勒出任意的路线。我们沿着某些特定的道路行进时,我们会计算不期而遇的东西,并且为它们命名,而其他的东西以及非选定的道路,则既没有被计算,也没有被命名。其实,在这个世界上,彼此"不适应"的东西,比相互"适应"的东西多得多,不规则联系比规则联系多得多。然而,我们却专门寻找规则的联系,并且巧妙地发现这类联系,牢牢记住它们。在这类有规则的联系之上,再加上其他规则的东西,直到有规则的东西堆满了我们的百科全书。但是,在有规则的联系之间和周围,有无数无名的混沌物,却没有任何人想过它们的联系,它们的联系也没有吸引我们的注意力。

由物理-神学观点出发的有序的事实,很容易被解释为人类任意的产物。既然如此(当然也不会出现反对上帝的论点),为上帝辩护的理由不能成为上帝存在的决定性证据。只有那些有其他理由信仰上帝的人,才会相信这一证据。[詹姆士对于 relation(联系)的看法在《彻底经验主义》中得到详尽发挥。——译者]

感受结合而成的暗示。严格地说,它们什么也没有证明。它们只是坚定了我们早已具有的偏好。

假如哲学不能证明上帝的存在,那么,它在界定上帝属性方面 429
的努力又如何呢? 我们有必要看看系统神学在这个方面的尝试。

这门科学的科学说,上帝是第一因,因此,他与他所创造的一切事物不同:他的存在是自生(a se)的。从上帝的这种"自生性"出发,神学凭借纯粹的逻辑推演出上帝的大多数完 430
美属性。例如,上帝必须是必然的,而且是绝对的,他不可能不存在,也不可能以任何方式为任何其他事物所决定。这使他绝对地没有外部界限,也绝对地没有内部界限,因为界限就是不存在(no-being),而上帝正是存在本身。这种无界限使上帝无限完善。再有,上帝是一,而且是惟一,因为无限完善不允许有其他物并驾齐驱。上帝是精神的,假如他由物质部分组成,那就得有其他力量将部分组合成整体,这与他的自生性相矛盾。因此,他的性质是单一的,非物质的。从形而上学方面看,他也是单一的。也就是说,他的本性与他的存在彼此不分,就像在一些有限的实体,其形式的性质彼此相同,仅在质料方面是个别的。因为上帝是一,而且是惟一,他的本质(essentia)与他的存在(esse)必定一蹴而就。这使上帝完全摆脱我们在有限世界习以为常的一切差异,诸如潜能与现实,实体与偶性,所是(being)与活动,存在与属性。固然,我们可以谈论上帝的力量、行为和属性,但是,这些区别只是"虚拟的",是用人类的观点制造的。在上帝那儿,所有这些观点统统归入存在的绝对同一。

上帝没有潜能，这使他永远不可变化。他是现实，彻头彻尾的现实。假如他的什么东西是潜在的，那么，就得通过现实化过程，就会有所损失，或有所增益。然而，损失与增益都与他的完满相抵牾。因此，上帝不会变。还有，上帝是广阔无垠的。假如他受空间限制，他就是组合的，这与他的不可分相矛盾。因此，上帝是无所不在的，不可分地存在着，占据空间的每一点。同样，他也占据了时间的每一点——换句话说，他是永恒的。因为，假如他在时间上有开端，那就必须有先在的原因，这与他的自生相矛盾。假如他经过任何前后接续过程，那都与他的不变性相冲突。

上帝有智慧，有意志，并具备所有造物的完美，因为我们具有这些完美，结果绝不可能大于原因"（*effectus nequit superare causam*）。然而，在上帝那儿，这些完美绝对而永恒地运作着，它们的对象（object）归根结底就是上帝本身，因为上帝没有外物限制。所以，上帝认识自身的活动是永恒的、不可分的，他自身的意愿是无限的自我快乐。① 按照逻辑必然性，他必然爱自己，意愿于自己，因此，从内看（ad intra），不能说他是"自由的"，对立面的自由是有限物的特征。然而，从外看（ad extra），就他的创造而言，他则是自由的。他不需要创造，因为他的存在和幸福已经十分完满了。他所以立志创造，完全出于绝对的自由。

---

① 按照经院哲学的看法，欲望能力（facultas appetendi）包含着情感、渴望和意志。

上帝是具有智慧、意志和自由的实体,因此,他是一个人格,而且也是一个活生生的人格;因为他既是自己活动的对象,也是自己活动的主体,这就把生命物与无生命物区别开来。上帝是绝对的自满自足:他的自知和自爱都是无限的,充分的,无须外部条件加以补充。

上帝无所不知:他知道自己是第一因,暗中自然知道一切创造物及其事件。他的知识是先见的,因为他无时不在。即便我们的自由行为也为他预先知晓,否则,他的智慧便允许一点点儿地不断充实,这与他的不变性相矛盾。他对一切不含逻辑矛盾的事情无所不能。他能够创造存在——换句话说,他的力量包含了创造。如果他的创造物用他自己的实体构成,那么,其本质必然是无限的,就像他的实体一样。但是,创造物是有限的;所以,它必然是非神圣的实体。假如创造物由一种实体构成,例如一种永存的质料,是上帝在手边发现的,仅仅赋予它以形式,那它便与"上帝乃第一因"的定义相矛盾。使上帝仅仅成为既成事物的推动者。所以,上帝创造事物,是无中生有(*ex nihilo*),并赋予它们绝对的存在,作为他自己以外的许多有限的实体。他印在创造物上的形式,其原型在他的观念中。但是,上帝之内并无"多数"这种东西,而对我们来说,这些观念则是多重的,因此,我们必须将上帝之内的这些观念与我们心灵外在地模仿它们的方式区分开来。我们只能在限定的意义上,把这些观念归于上帝,从有限的观点出发,将上帝独一无二的本质看成不同的几个方面。

当然,上帝是圣洁的、善良的、正义的。他不会作恶,因为

他是积极存在的全部表现,恶则是消极的。固然,上帝在有些
地方创造了物质的恶,但这只是手段,是为了更大的福祉;整
体的福祉高于部分的福祉(*bonum totius praeeminet bonum
partis*)。他不可能意欲道德之恶,无论作为目的,还是手段,
因为那与他的圣洁相矛盾。由于创造了自由的人,他只是容
忍恶,他的公正以及他的善良都不强迫他制止自由的接受者
误用自由这件赠品。

至于上帝创造的目的,原来只是为了行使他的绝对自由,
向他人彰显自己的荣耀。由此可见,这些其他人必定是有理
性的,首先能够认识、亲爱、尊敬;其次能够享受幸福,因为认
识上帝、热爱上帝是幸福的要旨。因此,人们可以说,上帝创
造的次要目的是爱。

433　　我不想继续探索这些形而上学的规定,例如,再扯进上帝三位
一体的神秘性,免得你们生厌。我所列举的,可以看作是天主教和
新教正统派哲学神学的典型样本。纽曼热衷于罗列上帝的完美之
点,他接着我向你们引证的那段文字继续写下去,洋洋洒洒好几
页,文辞那么华美,以至于我们难以割舍,总想多引一些,尽管它们
侵占了我们不少时间。[1] 他首先列举了上帝的各种属性,声音洪
亮,然后颂扬他在天地之间所拥有的一切,还有按照他的旨意所发
生的一切事变。他给予我们的,是"触及情绪"[2]的经院哲学,任何

[1]　见《对话》III,§7。
[2]　在《文献和教义》[*Literature and Dogma*,ch. 1 sec. 2,ed. R. H. Super(Ann
Arbor:University of Michigan Press,c1968)]中,马修·阿诺德(Matthew Arnold)把宗
教描述为触及情绪的道德。——译者

哲学要想得到正确的理解，都应该触及情绪。所以，从情绪方面看，教义神学对纽曼①这类人来说是有价值的。如果在这里，我稍微扯得远点儿，那么，就能帮助我们评估这类神学在理智方面究竟有什么价值。

上帝合起来的东西，没有人能把它分开。欧洲大陆的各派哲学经常忽略一个事实，即人的思想与他的行为是有机地联系在一起的。在我看来，始终注意这种有机的联系，似乎是英格兰和苏格兰思想家的主要荣耀。事实上，英国哲学的指导原则一向主张：每个差异必定造成差异，每个理论的差异总会在某个地方引发实际的差异，讨论理论问题的最好方法，就是首先确定，从这个见解或那个见解出发，将产生什么实际的差别。人们认为的那个特殊真理是什么，它产生了什么事实？从特殊的经验看，它的票面价值是什么？② 这是英国人处理问题的独特方式。③ 你们记得，洛克就是运用这种方式处理"人格同一"问题的。④ 洛克说，你所说的人格同一，意思无非是指你的一连串特殊记忆。这是"人格同一"的意义中惟一可以具体验证的部分。因此，有关人格同一的其他观念，诸如它所依赖的精神实体是一还是多等问题，其意义都是不可理

434

----

① 见《大学的观念》，第63—66页。——译者

② 与这段文字的相关内容，可参见詹姆士《实用主义》的"哲学概念和实际结果"一节。(*Works*, pp. 47—48)——译者

③ 詹姆士从哈奇森(1832—1912，英国哲学家)那里借用了这一语。相关内容，可参见《真理的意义》(*Works*, note to 33. 11)。——译者

④ 詹姆士对洛克关于"个人同一"的探讨，可参见《心理学原理》(*Works*, pp. 331, 332)和《实用主义》(*Works*, pp. 47—48)。——译者

解的。涉及这些观念的命题,既可肯定,亦可否定,二者并没有什么差别。贝克莱①用同样方式处理"物质"问题。物质的票面价值②就是我们身体的感觉。这是物质被认为的性质,是我们具体验证物质概念的全部内容。因此,这就是"物质"一词的全部意义——任何其他自封的意义,都不过是纯粹的空谈。休谟③对因果关系亦采取同样办法。因果关系被认作习以为常的前提,而且,我们倾向于期望某种确定的东西随后而至。休谟说,除了这种实践的意义,因果关系没有任何意义,关于这方面的书,统统可以付之一炬。斯图尔特(Dugald Stewart)、托马斯·布朗(Thaomas Brown)、詹姆士·穆勒(James Mill)、约翰·穆勒(John Mill),④以及贝恩(Bain)教授,都或多或少地一贯遵循同一方法。霍奇森(Shadworth Hodgson)则完全公开地采用这个原则。结果,将"批判方法"——惟一能使哲学值得为正经人所研究的方法——引进哲学的不是康德,反而是英格兰和苏格兰的思想家。假如哲学命题绝不会造成我们行为上的差异,绝不为我们所察觉,那么,辩论这些命题还有什么重要性可言呢?假如所有的命题在实践中并无差别,那么,我们同意把这个叫作真,把那个叫作假,又有什么要紧的?

---

① 　詹姆士对贝克莱的论述,可参见《实用主义》(*Works*,p. 47)。——译者

② 　詹姆士在其他地方也使用过"票面价值"这一短语,例如《实用主义》(*Work*,pp. 31—32)和《真理的意义》(*Works*,p. 112)。——译者

③ 　詹姆士对休谟因果关系的探讨可参见《一些哲学问题》(*Works*,pp. 99—101)。——译者

④ 　詹姆士·穆勒(1773—1836),英国哲学家、历史学家;约翰·穆勒(1806—1873),英国哲学家、经济学家、逻辑学家,詹姆士·穆勒的长子。——译者

　　美国一位颇具创见的杰出哲学家皮尔斯①先生,为思想界作出重大贡献,他从各种特殊的具体应用中,清理出这些人凭借本能所遵循的原则,选择它作为基本原则,并赋予一个希腊名称。他称之为实用主义,并这样为它辩护:②

　　　　思想活动③的惟一可以设想的动机是获得信念,即停止 435
思想。只有当我们对一个主题的思想在信念中寻得安宁,我们对这个主题的行为才能切实而稳妥地开始。简言之,信念是行为的规则。思想的全部功能不过是产生行为习惯的一个步骤。假如思想的哪个部分不能在思想的实践结果上产生任何差异,那么,它就不能成为思想意义的一个正当的要素。因此,要阐发思想的含义,我们只需确定它适于产生什么行为;对我们来说,那个行为就是它的惟一意义;而且,我们一切思想差异的根源在于一个事实,即这些思想差异的微细程度,没有一个能够超过仅仅存在于实践中的可能的差异。要完全弄清我们关于一个对象的思想,只需考虑我们从中可能预期什么感觉,直接的或间接的,并且考虑,假如这个对象是真实的,我们必须准备采取什么行为。对我们来说,假如对象概念有任何积极的意义,那么,我们关于这些实际结果的概念,就是

---

　　①　皮尔斯(Charlles Sanders Peirce,1839—1914),美国哲学家。——译者
　　②　见他的文章"如何使我们的观念清楚"(How to Make Our Ideas Clear),见《大众科学月刊》(*Popular Science Monthly*,January,1878,vol. xii),第 186 页。
　　③　下面这段话来自《实用主义》之哲学概念与实际结果(*Works*,p. 259)。——译者

我们关于这个对象的全部概念。

　　这就是皮尔斯的原则,即实用主义原则。现在,这种原则将帮助我们确定,在经院学派列举的上帝的各种完美属性中,是否有些属性远不如其他属性有意义。

　　也就是说,如果我们把实用主义原则用于严格意义的上帝的形而上学属性,以区别上帝的道德属性,那么我以为,即便我们为强制的逻辑逼迫而相信它们,我们恐怕还得承认,这些形而上学属性根本没有能够为人理解的意义。① 例如,上帝的自生性;或者他的必然性;他的非物质性;他的"单一性",或超越我们有限物的内部差异与前后相继的性质;他的不可分性;以及没有所是与活动、实体与偶性、潜能与现实等内在区分的性质;他不归属任何类别;他的现实的无限性;他的人格(除去其中包含的道德品格);他与非积极但获得容许的恶之间的关系;他的自满、自爱以及自身的绝对幸福:——坦白地说,所有这样的性质,怎么能与我们的生活发生任何确定的联系呢?而且,如果它们各自并不要求我们的行为给予不同的适应,那么,它们是真是假,对一个人的宗教而言,能造成什么重要差别呢?

　　就我个人来说,我不愿意涉及任何敏感话题,以免刺激微妙的联想,但是,我必须坦率承认,即使这些属性是丝毫无误地推导出来的,恐怕也不能认为哪一个是真实的,会在宗教方面对我们产生

---

　　① 与这段文字相关的内容,可参见詹姆士的《实用主义》之"哲学概念和实际结果"(*Works*,pp.264—266)。——译者

一丁点儿结果。请问,为了更好地适应上帝的单一性,我能够采取什么特殊行为呢? 或者,知道上帝的幸福无论如何总是绝对完善的,又怎么能帮助我计划自己的行为呢? 在十九世纪中叶,里德[①]是撰写野外冒险著作的大家。他总是歌颂猎人和野外观察家,赞赏他们熟悉活的动物的习惯,却不时地辱骂那些所谓的"储藏室里的博物学者",那些采集者和分类学家,以及摆弄骨架和皮毛的人。我少小之时常想,储藏室里的博物学者必定是天下最下流的卑鄙小人。然而,系统神学家恰恰就是里德船长所说的储藏室里的博物学者。他们演绎出的形而上学属性只是故弄玄虚,胡乱拼凑字典上的形容词,远离道德,远离人类的需要。这些东西纯粹是根据"上帝"这个词堆砌出来的,利用最近能工巧匠发明的铜木结构的逻辑机器,可以像有血有肉的人做得一样好。它们留有恶蛇的踪迹。好像在神学家手里,它们不过是一套头衔,是通过机械地玩弄同义字而得到的;语词取代了观察,职业取代了生活。我们拥有的不是面包,而是石头;不是鱼,而是蛇。假如这种抽象名词的大杂烩真能告诉我们神灵知识的真谛,神学派别恐怕至今依然繁荣,但是,宗教,具有活力的宗教,早就飞离这个世界。能使宗教发展的,绝非抽象定义,绝非形容词连成的系统,而是与神学院和神学教授截然不同的东西。定义之类的东西只是结果,只是次生产品,依附于与无形的神灵直接交感的那些现象。关于这种交感,我已经向你们列举了许多例子;它们在卑微的个人生活中不断重复,万世不绝。

关于上帝的形而上学属性,就谈这么多。从实践宗教的观点

---

① 里德(Mayne Reid,1818—1883),爱尔兰出生的小说家。——译者

看,它们供给我们崇拜的形而上学怪物,乃是经院脑袋的虚构,绝对没有价值。

　　至于所谓的道德属性,我们将说些什么呢? 从实用主义观点看,它们的立足点截然不同。它们积极地决定着恐惧、希望及期待;它们是圣徒生活的基础。只要略微看一眼就能明白,它们的意义有多么重大。

　　例如,上帝的圣洁:因为他圣洁,他仅仅意愿善行。因为他无所不能,他能保证善行必然成功。因为他无所不知,他能窥见我们暗中的行为。因为他公正,他能根据他的所见责罚我们。因为他仁爱,他也能够赦罪。因为他亘古不变,我们能稳稳当当地依靠他。这些品行都与我们的生活发生关系,我们应该知道它们,这是极其重要的事情。上帝创世的意图,就是彰显他的荣耀,这也是与我们的实际生活具有确定关系的一个属性。其中,也包括一切基督教国家都加以崇拜的确定品格。假如教义神学真能确凿无疑地证明,有这样一个上帝具有这些属性,那么,它当然可以声称,它为宗教情感奠定了坚实的基础。然而,它的论证到底如何呢?

　　它们像上帝存在的论证一样拙劣。不仅康德之后的唯心主义完全抛弃了它们,而且,历史事实已经清楚地证明,人们生活在他所经验的尘世道德中,一旦发现有理由怀疑"善良的上帝何以创造这样的世界",运用这些论证根本不能使他们回心转意,皈依上帝。利用经院学派的论证,即"上帝的本质没有虚无(non-being)",以证明上帝的善良,这在上边那种当事人看来,纯属胡说八道。

　　不!《约伯记》曾经把整个问题彻底考察了一遍,确定无疑。

要接近上帝,推理是比较肤浅而不实在的途径:"我要用我的手捂住我的口;我已经用耳朵听说你,但是现在,我的眼睛看见了你。"理智困惑且迷茫,但还是真实地感觉上帝临现——这种情形发生在这些人身上,他们忠于自己,忠于事实,但依然相信宗教。[①]

439

因此,我以为,我们必须跟教义神学做最后的告别。我们的信仰必须真挚,无须任何担保。我再说一遍,近代唯心主义已经跟这种神学永别了。它难道能够更好地为信仰担保,或者,它必须倚靠它那可怜的自我做见证?

近代唯心主义的基础是康德的统觉的先验自我学说[②]。康德的这个可怕的术语意在仅仅表示这样一个事实:"我思想它们"这个意识,必然(潜在地或现实地)伴随着我们的一切对象。先前的怀疑论者说得也不少,但是,他们所谓的"我",还是指人格的个体。康德则使"我"抽象化,非人格化,成为他的一切范畴中最为普遍的范畴,尽管在康德本人那里,"先验的自我"并没有神学内涵。

康德的后继者把他的"普遍意识"(Bewusstsein überhaupt)或抽象意识的概念,变成了无限具体的自我意识,它是世界的灵魂,我们各种各样个别的自我意识,都存在其中。这个自我意识把我

---

① 从实用的观点看,上帝最重要的属性是他的惩罚公正。但是,以这一论点为基础的神学意见,有谁敢主张,地狱之火或者与它相当的惩罚形式能够得到纯逻辑的证明呢? 神学是在启示的前提下建立这一教义;在对这一学说展开讨论时,越来越倾向于用世俗的刑法代替先天的理性原则。然而,就是这个拥有行星和云团、含笑的天空与海洋的荣耀的宇宙概念,是被想象出来的,而支撑它的主梁是刑罚的细目,从现代观念来看,这个概念是不可信的。用它来为宗教辩护,就削弱了宗教。

② 参见康德的《纯粹理性批判》B131。——译者

们引入专门问题,向你们概括地表明这种转换事实上是如何实现的。我只需指出,在当今深刻影响英美思想界的黑格尔学派,有两个原则起着十分重要的作用。

第一个原则是:陈旧的同一逻辑(logic of identity)[①]所能提供我们的,始终只是"死后解剖的残肢断体",而且,思想若想把握完整的生命,就必须承认,我们思想可能想到的每个对象,都包含着某个其他对象的概念,后者似乎首先否定了前者。

第二个原则是:意识到否定实质上已经超越这个否定。单纯提出问题或表示不满,证明答案或满足已经近在眼前;意识到有限为有限,已经是潜在的无限了。

我们运用这些原则,似乎为我们的逻辑增加了动力,这是普通逻辑绝对没有的。因为后者认定,每件事物只有刻板、单纯的自我同一。于是,我们思想的对象在我们的思想内部活动(act),就像经验的所与对象那样活动。它们变化并发展。它们引进其他东西,与自己同行;这个其他东西,最初只是理想的或潜在的,现在证明自己也是现实的。它扬弃先前设定的事物,证实它并改正它,展开它的全部意义。

这个程序相当出色;宇宙是这些事物跟随那些事物,修正它们并完善它们的场所。一种逻辑若能给我们提供类似的事实运动,它所表达的真理恐怕比传统的学院逻辑要好得多,后者绝不可能自动地从一个事物进到另一个事物,只能登记一些预测和包摄,或者静态的相似和差异。如果有什么东西与教义神学的方法格格不

---

　　① 　詹姆士在《多元主义的宇宙》中表达了他对逻辑的看法。——译者

入,最明显的莫过于这种新逻辑了。让我摘引苏格兰先验主义者凯尔德的几段文字做例证。我们前边曾经谈到他。他这样写道: 441

> 我们应该如何设想一切智慧所依存的实在呢? 他回答说:有两件事不难证明,即:这个实在是绝对精神,反过来说,只有与这个绝对精神或绝对智慧相通,有限的精神才能实现自己。它是绝对的。因为,假如人类智慧的运作不预先假定智慧的绝对实在性,不假定思想自身的绝对实在性,那么,人类智慧的最微末的运动都会立即停顿。怀疑或否定也预先假定它,并间接肯定它。我断定任何事物为真时,确实相对于思想而言,但是,并不相对于我的思想。或任何其他个体心灵的思想。我可以撇开一切个体心灵的存在;我可以认为它们消逝了。然而,我不能认为消逝的东西,是思想或自我意识本身,就其独立性和绝对性而言,换句话说,我不能撇开绝对思想或自我意识。

你们在这里看到,凯尔德做了康德没有做过的转变:一般意识的无所不在是"真理"可能在任何地方产生的条件,他把一般意识的无所不在变成了无所不在的普遍意识,并把它等同于具体的上帝。接着,他采用一个原则,即承认你的有限,本质上就是超越有限。然后转向个人的宗教经验,他的论述如下:

> 假如[人]这种造物只有转瞬即逝的感觉和冲动,只有前来后往的直觉、幻想和感受,那么,在他眼里,根本就没有什么

客观真理或客观实在的性质。但是,人能够委身于比自己大
无限倍的思想和意志,这是人的精神性质的特权。人是思想
物,是有自我意识的实存,因此,确实可以说,他实质上生活在
宇宙生命(the Universal Life)的氛围里。我是思想者,可以
在自己的意识内压抑并制止每个自主的冲动,每个纯粹属于
我的观念和意见,每个属于我这个特殊自我的欲望,成为普遍
思想的纯粹媒介——简言之,我不再过自己的生活,而让我的
无限的、永恒的精神生活所占有,所渗透。然而,正是由于这
样抛弃了自我,我才真正地得到自我,或者说,才实现了自己
本性的最高可能。因为从某种意义看,我们舍弃自我是为了
过普遍的、绝对的理性生活。然而,我们这样委身的理性生
活,实际上正是我们真正的自我。绝对的理性生活并非外在
于我们的生活。

不过,凯尔德接着说,因为我们能够外在地实现这种学说,所
以,它给予的安慰仍然不完全。无论我们潜在地是什么,我们现实
中最好的也达不到绝对神圣的境界。社会道德、爱情,乃至自我牺
牲,都只是将我们的自我(Self)湮没在其他单个或多个有限的自
我中。它们没有完全把它等同于无限。人的理想命运,从抽象的
逻辑看是无限的,但是,从实践的观点看,似乎是永远无法实现的。
于是,凯尔德继续说:

　　理想与现实之间的对立,难道就没有解决办法? 我们的
回答是:有办法,但是,要获得这种办法,必须超越道德领域,

442

进入宗教领域。可以说,宗教区别于道德的本质特征,就在于它把渴望变成结果,把预言变成现实;宗教不是让人们永无止境地追求若隐若现的理想,而是使人们成为神圣生命或无限生命的实际参与者。不管我们从人的方面还是从神的方面审视宗教——灵魂屈从于上帝,或者上帝生活在灵魂中——宗教的本质在于:无限不再是遥远的幻想,它已经变成眼前的实在。当我们正确领悟精神生活的意义时,它的最初的冲动就是一种征兆,表示精神与对象之间的区分消灭了,理想变成了现实,有限达到了它的目标,弥漫在无限者的展示与生命中。

心灵和意志与神圣的心灵和意志同为一(Oneness),这不是宗教未来的希望和目标,而是宗教在灵魂里的开端与诞生。投身于宗教生活就是终止斗争。开始宗教生活的那种行为——无论叫信仰、信赖,还是叫屈从,或者随便什么名称——总意味着有限者与在永恒中实现的生命同一。的确,宗教生活是进步;但是,从上述观念出发,宗教进步不是趋于(towards)无限,而是在无限的范围内(within)。宗教进步不是没完没了地叠加或增长有限,借此聚敛无限的财富,那样只能徒劳无功;它是不断地进行精神活动,充分利用我们已经具有的无限者的遗产。宗教生活的整个未来,一开始就给予了,但是隐含地给予的。凡投身于宗教生活的人,其地位是这样:邪恶、错误、不完善等,并非真正地属于他:它们是赘疣,与他的真实本性没有有机的联系:它们实质上已经被压抑,被消灭了,就像实际中它们也将被压抑,被消灭一样;而且,它们在被消灭的过程中,成了精神进步的工具。虽然他摆脱不了诱惑与冲突,[不过,]在他真实生活的范围内,斗争已经结束,胜利已经获得。精神过的生活不是有限的,而是无限的。它[生存]的每一次脉搏,都表达和实现着上帝的生活。①

　　你们恐怕会欣然承认,描述宗教意识的现象并不比你们这位已故传教士及哲学家的这番宏论更动听。它们再现了那些皈依关头的狂喜状态,这种皈依是我们曾经听过的,它们说出了神秘者感受到却说不出的东西;圣徒听到这番话,定会认出自己的经验。宗教内容居然报告得那么整齐划一,的确是令人高兴的事。然而,归根结底,凯尔德——我只将他作为这整个思维方式的一例——是否真的超越了感情的领域,超越了个人的直接经验的领域,而将宗教基础置于无偏无私的理性身上? 他真的利用强制性推理使宗教变成了普遍的,从私人的信仰变成了公共的确定性? 他真的把宗教论断从晦涩和神秘中解救了出来?

　　我相信,他并没有做这种事,他不过是用更普泛的词汇重新确认了个人经验。而且,我仍然有理由不用从技术上证明,先验主义的推理无法使宗教普遍化,因为我可以指出一个简单的事实,即大多数学者,甚至包括宗教倾向的学者,都拒不承认它们有任何说服力。可以说,整个德国都在积极地拒斥黑格尔主义的论证。至于苏格兰,我只需提及伏勒塞教授和普林格尔-帕蒂森教授(Pringle-

---

　　① 凯尔德(Johnt Kaird):《宗教哲学导论》(*An Introduction to the Philosophy of Religion*, London and New York, 1880),第 246—250 页,及第 293—299 页,多有节略。

Pattison)的著名批评,对此,你们很多人都熟悉。① 我要再次提 445
问:假如先验唯心主义真像它自诩的那样,是客观地、绝对地符合
理性,怎么可能那样缺乏使人信服的力量呢?

你们必须记住,宗教报告所追求的,始终是经验的事实:宗教
说,神现实地展现,而且,在神与我们之间,给与拿的关系是现实
的。假如确切地感知这类事实尚不能自立,那么,抽象的推理更不
能提供它们所需要的支持了。概念构想的过程能够将事实分类,
界定它们,解释它们,但是不能产生它们,也不能再现它们的个性。
总有一个还有(plus),一个这(thisness),只有感情才能为其负责。
因此,在这个领域里,哲学是次生的功能,无法担保信仰的正确性。
于是,我又回到这个演讲开始时提出的论题。

我真诚地认为,我们必须得出结论说:企图用纯理智的过程证

---

① 伏勒塞(A. C. Fraser):《有神论哲学》(*Philosophy of Theism*, seccond edition, Edinburgh and London,1899,especially II,chaps. Vii alld viii);塞思(A. Seth)[Pringle-Pattison]:《黑格尔主义和人格》(*Hegelianism and Personality*,ibid,1893),散见书内。

据我所说,对于酷爱世界有实在的、个性灵魂观点的人而言,最有说服力的论据是我的同事罗伊斯(Josiah Royce)的观点,他在如下作品中阐述过这些观点:《哲学的宗教层面》(*Religioas Aspect of Philosophy*)Boston,1885;《上帝的概念》(*Conception of God*,New York and London,1897);他的吉福德演讲《世界和个体》(*The World and Individual*,2vols.,New York and London,1900—1901).我的一些读者肯定会认为,我似乎并不打算公开反驳罗伊斯教授的观点,避开了哲学的职责,而本讲演的论题恰恰赋予我这个职责。我承认,我暂时避开了他的观点。本讲演的格调是大众化的,精妙的形而上学探讨似乎不适合这种大众化的口味。哲学一向主张,可以把宗教变成普遍相信的科学,因此,出于策略的考虑,只需指出一个事实,即没有任何宗教哲学真的征服了众多的思想者,就足矣。同时,我还要表达我的希望,如果我有时间写作,希望拙作能够抛砖引玉,我将在那本书中充分探讨罗伊斯教授的论点,以及其他有神论绝对主义的论点,这些论点极其重要,理应得到充分研究。目前,我只想引而不发,也不怕人指责我肤浅。

明直接的宗教经验所揭示的真理，是绝对没有希望的。

　　然而，全盘否定哲学恐怕是不公平的。因此，我们最后简要地列举几点，说明哲学能为宗教做点儿什么。如果哲学放弃形而上学和演绎，采取批评和归纳，并且坦率地将自己从神学转向宗教科学，它就能使自己变得大有用处。

　　人类自发的理智总要界定它所感受的神圣，其方式与它暂时的理智偏见相协调。哲学可以通过比较，排除定义中的局部成分和偶然成分。它可以祛除包在教义以及崇拜外部的历史外壳。哲学将自发的宗教观念与自然科学的成果加以对照，可以把现在科学认为荒谬或悖理的一些教义革除。

　　哲学用这种方式把没有价值的表述淘汰，留下一些至少可能的概念。它可以把这些概念当作假设，用曾经检验其他假设的一切方式检验它们，无论肯定的还是否定的。当它发现某些假设有较多的缺陷，可以将假设的数目缩减。也许，它选择一个假设，认为它经过最严格的验证或可能通过这种验证，因而为其辩护。它精心地界定这个假设，将信仰外围的无害之物以及表现信仰的象征方式，与真正需要把握的内容加以区分。结果，它能够为不同的信仰者调解，促成一致的意见。对于它所比较的宗教信仰，它越是能够清楚地将共同因素及本质因素与个人因素及局部因素区别开来，它就越能成功地把这件事做好。

　　我看不出，这种批判的宗教科学最终为什么不能像物理学那样，为公众普遍接受。即便没有宗教倾向的人，也可以凭借信任而接受它的结论，就像现在的盲人接受光学的事实一样——拒绝它们似乎是愚蠢的。然而,光学最初必须从明眼人所经验的事实取材,然后需要这些事实不断地加以验证;同样,宗教科学也必须依靠个人经验的事实,作为它的原始素材,并通过一切批判的改造过程,使自己符合个人的经验。它绝不能脱离具体生活,不能在概念的真空里运作。它像任何其他科学一样,必须永远承认,自然的精妙远远超过它,它的各种表述不过是近似而已。哲学活在语言里,但是,真理和事实源源不断地涌入我们的生活,其方式均超越语言形式。在活生生的知觉活动中,总有一些熹微闪烁而又把捉不住的东西,我们的反思总也赶不上它。关于这一点,没有人会比哲学家知道得更清楚了。哲学家必须从他的概念的枪膛里,射出一排排新的语词子弹,因为他的职业让他注定干这种事。但是,他暗中知道此事的空虚与不实。他的论述好像是从机器外边观看立体镜或放映机的胶片,缺乏深度,缺乏运动,缺乏生命。特别是在宗教领域,认定论述为真的信念,绝不可能完全代替个人的经验。

我在下次演讲里,设法完成我对宗教经验的粗略描述。下下次演讲,也就是最后一讲,我将试着从概念上阐述以宗教经验为见证的真理。

第十九讲　其他特性

我们考察了神秘主义和哲学之后，又回到原来的地方：即宗教的用途，宗教对信奉者个人的用途，以及个人对世界的用途，都是宗教包含真理的最好证明。我们返回经验哲学：真实的就是效用俱佳的，即便总得加上"大体如此"的限制。在这个演讲里，我们必须回到描述，谈谈宗教意识的其他特性，完成我们所描绘的整个图画。在最后一讲，我们可以放手进行全面的回顾，并得出我们的独立结论。

我要说的第一点是：审美生活在决定个人的宗教选择方面，发挥着重要作用。我前不久曾经说过，人们不自觉地将自己的宗教经验理性化。他们需要表述，就像他们的崇拜需要同伴一样。所以，当我说著名的经院学派罗列的上帝属性实际上毫无用处时，口气未免有点儿傲慢不恭，因为我疏忽了这些属性具有的一种用处。纽曼列举这些属性的那段动听文字，[1]可以让我们窥见这种用处。他吟诵这些属性，就像吟诵主教的祈祷一样；这表明，它们具有相当高的美学价值。增添这些华美而神秘的语言，将使我们单纯的崇奉更丰富，就像风琴和古老的黄铜管、大理石柱、壁画，以及彩色

449

---

[1]　《大学的观念》，谈话Ⅲ，§7。

玻璃窗,能使教堂更加富丽堂皇一样。形容词给我们的崇奉增添了气氛和联想。它们像赞美诗和光荣颂,也许越莫名其妙,就越觉得崇高。像纽曼这类人,[①]很是珍惜它们的荣誉,就像一些异教的祭司,对他们崇拜的偶像身上闪闪发光的珠宝与饰品爱护备至一样。

若理解心灵何以自发地迷恋宗教殿堂的外围建筑,千万不要忘记审美的动机。我以前说过,在这组演讲中不谈论教会制度。不过现在,请允许我就这方面讲几句话,说明教会制度满足某些审美的需要,是如何帮助它们操纵人性的。尽管有些人的主要目标是追求理智的纯洁和简单,但是,对其他人来说,丰富才是想象的最高需要。[②] 如果某人的心灵强烈地属于后一种类型,个人宗教几乎无法达到目的。他的内心需要无非是某种制度的、复杂的东西,各部分等级关系森严,权威一层压一层,每层都有对象,需要各种神秘而华丽的形容词加以描述,最后一直上溯到神,神是这个系统的源头和顶峰。于是,人好像面对一个镶嵌珠宝的巨大艺术品或建筑;他听见信众的顶礼膜拜的祈求;四面八方都回响着崇敬的

450

----

①　纽曼(Newman)具有天生就喜欢僧侣制度的想象力,所以他这样写道:"从 15 岁起,教条就是我的宗教的基本原则;我知道没有别的宗教;我不能接纳任何其他宗教的观念。"谈到他 30 岁的情况时说:"我就喜欢这样行动,它使我觉得我的主教看到了我,我的上帝也看到了我。"《为自己的一生辩护》(*Apologia pro Vits Sua*, 1897),第 49, 50 页。

②　事实上,智力差异与禀性差异十分相似。在谈论圣徒性时我们看到,某些人禀性上憎恶混乱,必须生活在纯洁、一致、简单的氛围中(同上,第 226 页以下)。而另外一些人,更需要过量、重压、兴奋以及许多肤浅的东西。有这么一些人,如果你替他还清一切债务,使他能信守契约,使他能回答过往信函,他们的纠纷得到释缓,他们得以屡行职责,甚至在他眼皮底下的桌子上,没有任何东西阻碍他立即完成某些事情,这时,他一定会晕菜。这些人认为,这种被剥得精光的日子简直太可怕了。我们所需要的轻松、文雅、深情赞美、社会认同等等,在另外一些人眼里,就是一堆谎言和诡辩。

颤音。在这种高贵的复杂结构中,升高与降低的运动似乎并不妨碍稳定性,其中任何一个项目,无论多么卑下,都并非毫无意义,因为有许多庄严的机构维持它的地位。与此相比,福音派的新教显得多么平淡无奇,那些自称"人会在丛林中遇到上帝"①的孤独的宗教生活,其气氛又显得多么枯燥乏味啊。② 堆积而成的富丽堂皇的结构被夷为平地! 对于习惯体面而宏伟场面的想象来说,赤裸裸的福音结构,似乎是用皇宫换济贫院。

这很像古老帝国里成长的人具有的那种爱国情绪。当一个人放弃高贵的头衔、深红的灯光和高亢的军号、金线的刺绣、带羽毛的军队,还有恐惧与战栗,而容忍一个穿黑衣的总统与你握手,也许他的"家"在草原,只有一间起居室和摆在桌子中央的一本《圣经》,此时此刻,有多少情绪必然遇到挫折呀! 简直使君主制的想象赤贫化!

这些审美情操相当强烈,因此,在我看来,不管就精神方面的深刻性而言,新教比天主教多么优越,现在要想说服那些崇信庄严的教会制度的人,从中争取更多的皈依者,严格说来,恐怕是不可能的事情。天主教为人的想象力提供了更加丰富多彩的景色和色调,它具有许许多多的蜂窝,包含各种不同的蜂蜜,它纵容对人性的各式各样的吸引,因此,在天主教眼里,新教始终带着济贫院的可怜相。在天主教徒心里,新教那种苦窘的消极性简直不可理解。

---

① 见爱默生"再见",引自《诗选》("Good-Bye", *Poems*, p. 38)。——译者
② 见纽曼:《正义论演讲》(*Lectures on the Doctrine of Justification*) Lecture viii, §6。有上好的一段文字,表达了基督教氛围内的审美情操。不幸的是,这段文字太长,故而没有引用。

对天主教的知识阶层来说，教会赞许的许多古老信条和行为，从文字上看，似乎也十分幼稚，就像新教徒觉得它们幼稚一样。但是，前者眼里的"幼稚"是可喜的"类似童心"之意——纯贞而温柔——考虑到普通老百姓的智力尚不发达，仍然值得用微笑相待。相反，后者眼里的幼稚则是白痴的虚妄之意。新教徒必须清除掉天主教徒这些机灵可爱的累赘，让他一看见他们的朴实无华就浑身发抖。在天主教徒眼里，新教徒似乎悻悻不乐，好像是一条横眉冷对、麻木不仁、单调乏味的小爬虫。这两种人始终不能相互理解——他们情绪力的中心太不同了。严格的真理与人性的复杂，永远需要一个通译者。[1] 关于宗教意识的审美方面，就说这么多。

大多数讨论宗教的著作，都将三样东西看作宗教的最根本的要素。它们是献祭、忏悔和祈祷。我必须逐一地谈谈它们，尽管十分简短。先说献祭。

向神献祭在原始崇拜中相当普遍。但是，随着祭拜仪式的逐渐文雅，燔焚祭品和公羊之血被性质更加精神化的献祭所取代。犹太教、伊斯兰教、佛教，并不需要祭献仪式；基督教也是这样，除了在基督赎罪的神秘仪式中还保留的变相的献祭观念。这些宗教用心灵的奉献，内在自我的舍弃，代替所有那些虚妄的祭品。伊斯兰教、佛教以及古老的基督教都鼓励苦行，我们从中可以体会到，

452

---

[1]　让我们把新教不拘形式与天主教繁文缛节相比，前者是"温顺善良的爱者"，只与他们的上帝在一起，为了爱与上帝而看护病人等等；后者一切繁文缛节的背后，是一切更为复杂的社会刺激在运作。一个本质上追名逐利的天主教女人，可以纯粹为了博取虚名，跟随告解神父和导师去探访病人，她积累的"功德"、她的守护圣徒、她与全能上帝的特殊关系，吸引人的眼球，关注她那专业的幸献、明确的"灵修"以及在教会中认可的地位。

"这种或那种献祭就是宗教修习"的观念,多么牢固难灭。我在演讲苦行主义时,曾提及它的象征意义,即人生在奋斗之时要求作出牺牲。[①] 既然我谈过这些问题,而且,我的这些演讲专门避开早期的宗教习俗和来源问题,那么,我将放下献祭这个题目,转而讨论忏悔。

关于忏悔,我也只是简单讲一下,而且只讲它的心理方面,不涉及它的历史方面。忏悔不像献祭那么广泛,它相应于更内在的道德情操阶段。忏悔属于一般的涤罪和净化过程,为了与神建立正确的关系,人觉得自己需要涤罪和净化。对忏悔者来说,耻辱结束了,真实开始了;他将自己的腐败暴露在光天化日之下。即便他实际上没有完全摈弃腐败,至少不再为它涂脂抹粉,套上一副虚伪的美德外装——至少,他诚实地生活着。在盎格鲁—撒克逊的社会里,忏悔行为居然完全衰灭,真有点儿让人无法解释。反对教皇制度当然是历史的解释;因为在教皇制度下,忏悔与悔罪仪式(penances)及赦罪文(absolution)联系在一起,并涉及其他不能容许的行为。但是,就罪者本人来说,这种需要似乎太重大了,因而不能如此草率地接受忏悔无法令人满意的定夺。人们以为,对于多数人,包藏秘密的外壳必须迸开,郁积的脓疮必须破裂、消解,即使那个听取忏悔的人根本没有资格。天主教会,因为明显的实用理由,早已采用向一个神甫进行耳语忏悔,以取代更为激烈的当众忏悔行为。我们说英语的新教徒,由于性格独立,不甚合群

---

① 见前文,第354页[原书页码]以下。

(unsociability)，似乎单独向上帝吐露我们的秘密就足够了。[①]

　　我下面要讨论的题目是祈祷，这次必须多说一点。近来，我们经常听说有人反对祈祷，尤其反对乞求好天气、乞求病人康复之类的祈祷。关于为病人祈祷，如果有什么医学的事实可以认为靠得住，那就是：在某些环境里，祈祷有助于康复，所以应该鼓励祈祷，将其作为一种医疗手段，祈祷是个人精神健康的一个正常因素，取消祈祷是有害的。至于天气，那就不同。尽管相反的信念很新潮，[②]但是，现在人人知道，旱灾和暴雨都有物质原因，精神的求助无济于事，无法避免它们。但是，请求祈祷只是祈祷的一个范围；假如我们取祈祷一词的广义，表示内心所有不同的感通，与自己认可的神圣力量交感或交谈，那么，我们会很容易看到，科学的批评根本无法伤害祈祷一根毫毛。

　　这种广义的祈祷是宗教的灵魂和精髓。一位思想开明的法国神学家说："宗教是一种交往，一种自觉自愿的关系，是落难的灵魂与神秘力量的接触，它觉得自己依赖这种力量，它的命运为这种力量所决定。"与上帝的这种交往是通过祈祷实现的。祈祷是实践的

454

①　格朗格尔（Frank Granger）优秀的著作《基督徒的灵魂》（*The Soul of a Christian* London，1900，ch. Xii）一书，对忏悔有更充分的讨论。[格朗格尔（1864—1936），英国教育家。该书也在美国出版，New York：Macmillan，1900。——译者]

②　例如，"萨德伯里（Sudbury）的牧师在波士顿聆听周四讲演时，听到主讲牧师在祈雨。仪式一结束，他就走到祈雨者面前，对他说：'你们这些波士顿的教士哪，只要你们窗前的一支山慈姑枯萎，你们就到教堂来祈雨，要是不把康柯德和萨德伯里淹在水里就不算完事'"。爱默森（R. W. Emerson）：《演讲与生平梗概》（*Lectures and Biographical Sketches*），第363页。[爱默生认为这一掌故出自伊兹拉·瑞普里（Ezra Ripley，1751—1841）。——译者]

宗教;也就是说,祈祷是真实的宗教。正是祈祷,把宗教现象与纯粹道德或审美情操之类的近似现象区别开来。宗教是整个心灵试图救度自己的生命活动,心灵紧紧抓住某个原则,从中汲取它的生命。这种生命活动就是祈祷。我所理解的"祈祷",并非空洞的语言习念,或者仅仅复诵某段神圣的经文,而是指灵魂的运动本身,灵魂使自己进入一种个人关系,与它感觉就在面前的神秘力量相接触——即便还没有名号称呼这种灵魂的运动也可以发生。没有这种内心的祈祷,也就没有宗教;相反,只要有祈祷发生并激动灵魂,即使没有形式,没有教义,也是活生生的宗教。人们由此可以看出,为什么"所谓自然宗教不是严格意义的宗教。自然宗教使人与祈祷分离。它使人与上帝彼此疏远,没有密切的交通,没有内心的交谈,没有彼此的交换,没有上帝对人内心的作用,没有人对上帝的回报。归根结底,这种冒牌的宗教只是一种哲学。它是理性主义时代的产物,是批判时代的产物,只不过是一种抽象罢了。它是矫揉造作、死气沉沉的创造,在考察者眼里,它几乎没有任何特性属于宗教的特性"。①

455　　　　在我看来,我们的全部演讲,似乎都在证明萨巴蒂埃的论点是正确的。撇开教会制度或神学纠纷,从内心的事实出发进行研究,那么,宗教现象表明,无论什么地方,无论什么阶段,宗教就在于个人的交往意识,意识到自己与他们觉得有关的崇高力量彼此交流。这种交往发生时,既是主动的,也是相互的。假如它没有效果,假如

---

① 萨巴蒂埃(Auguste Sabatier):《宗教哲学研究》(*Essquisse d'une philosophie de la religion*,2 ed. Paris:Fischbacher,1897),第24—26页,节略。[萨巴蒂尔(1839—1901),法国新教神学家。——译者]

它不是给与取的关系,假如交往中没有实际内容,假如交往后世界没有产生任何差别,那么,这种广义的祈祷,即某物在交流之中的感受,当然只是一种幻觉,并且,从整体上看,宗教不仅必然包含虚妄成分——这些成分无疑无处不在——而且必然完全植根于虚妄,就像唯物主义及无神论者对宗教的指控一样。假如直接的祈祷经验被当作虚假见证而予以排除,那么所剩下的,充其量不过是一种推论而得的信念,相信整个存在秩序必然有神圣的原因。这种沉思自然界的方法,虽然对虔信者来说,无疑觉得可喜,但是,这只能使他们成为一场戏剧的观众;而在经验宗教和祈祷生活中,我们自己似乎就是演员,而且不是在演戏,乃是在极其严肃认真的现实中。

　　因此,宗教的真实与祈祷意识究竟是否幻相的问题分不开。相信祈祷意识中真有某物在交流,是活宗教的精髓。至于到底交流了什么,人们的看法大相径庭。有人认为是无形的力量,能做现在的知识人无法相信的事情。也有事实可以证明,祈祷的影响范围完全是主观方面的,而且,直接被改变的只是祈祷者的心灵。然而,不管我们对祈祷效果的意见如何为批评所限制,就这组演讲所研究的宗教本义而言,宗教的命运必然取决于是否有某种结果真正发生。宗教坚信,用其他方式不能实现的事情,通过祈祷就可能实现:有的能量非祈祷不得释放,现在,它们为祈祷解放出来,并作用于事实世界的某个部分,无论它是客观的还是主观的。

　　已故的迈尔斯(Frederic W. H. Myers)①曾写给朋友一封信,明确表达了这个主张。他的这位朋友允许我摘引这封信。它表明,

------

① 詹姆士文集中没有发现这封信。——译者

祈祷本能在多大程度上独立于通常的教义纠纷。迈尔斯先生说：

　　很高兴你向我问及祈祷的问题，因为我对这个题目有相
当成熟的看法。先看看事实如何。我们周围存在着一个精神
世界，而且，这个精神世界与物质世界发生实际的关系。精神
世界流出能量维持着物质世界；这就是构成每个人的精神生
活的能量。我们的精神需要不断地汲取这种能量，才得以支
持，而且，这种汲取的旺盛程度也永远变化着，就像我们汲取
物质养分的旺盛程度时时在变化一样。
　　我称它们"事实"，因为我以为，这种架构是惟一与我们的
现实证据相一致的架构。它们过于复杂，这里无法概说。那
么，我们应该如何作用于这些事实呢？很明显，我们必须尽量
汲取精神生活，必须按照经验调整心灵的态度，便利这种吸
收。祈祷这一名称，就是用来概括那种开放而恳切的期望态
度的。如果我们进一步问'向谁祈祷'，答案（非常奇怪）必定
是，向谁祈祷都无关紧要。祈祷的确不是纯粹主观的事情，这
意味着，它实在地增加了吸收精神力量或恩典的强度；但是，
我们对精神世界发生的事件所知甚少，因而不知道祈祷究竟
如何生效：谁管辖祈祷？或者通过什么渠道赐予恩典？最好
让儿童向基督祈祷；无论如何，基督是我们所知道的最崇高的
个人精神。但是，如果说基督本人听见我们的祈祷，未免过于
草率；不过，说上帝听见我们的祈祷，那只是重复第一原则，即
恩典源于无限的精神世界。

关于吸收精神力量的信念是真是假,我们留待下次演讲讨论,届时,我们必须得出几点教义的结论,如果真有这种结论的话。这次演讲依然局限于描述现象。我可以举一个极端的例子,说明指导祈祷生活的方式,我的例子你们当中大多数人肯定熟悉,那就是布列斯托尔的乔治·缪勒(George Müler of Brisoll),[1]他死于1898年。缪勒的祈祷属于最粗陋的请求类。他早年立志,决心将《圣经》的某些允诺当作真言,把自己托付给主的手抚养,而不是依靠自己尘世的深谋远虑。他曾有非凡的活动和成功的经历,其中一个成就是发放两百多万本不同语言的《圣经》;装备了几百个传教会;发行了一亿一千一百万本有关《圣经》的书籍、小册子和传单;创立了五个大型孤儿院,收养并教育了几千名孤儿;最后,还建立了若干所学校,为十二万一千多个青年和成年学生提供教育。在工作过程中,缪勒先生经手了将近一百五十万金镑,跋涉了二十多万英里的海陆途程。[2] 在他传教的六十八年中,除了他的衣服、家具,以及手边的现金外,他从来没有任何私产。他八十六岁去世时,遗留下来的财产只值一百六十镑。

　　他的方法是:让公众了解他的一般需要,但不让他人知道他当务之急的细节。为了应付急需,他直接祈求上帝,相信如果真诚至深,祈祷早晚应验。他说:"我丢了钥匙之类的东西,

---

　　①　缪勒(1805—1898),德裔英国博爱主义者。——译者
　　②　这些统计材料的根据是沃尔尼(Frederick G. Warne)的一本论缪勒的小册子,纽约,1898。

便求主指点我钥匙的所在,并寻求对我祈祷的应答;如果同我约会的人没有按时来,给我造成不便,我就求主催他赶快来到我这里,并寻求应验;假如我不理解圣经的一段话,我就诚心地祈求主,请他用神圣的灵教导我,并期待他的教诲,尽管我无法确定什么时间,以什么方式被教诲;我即将传布福音时,便祈求主的帮助,并且……从不气馁,而是乐观愉快,因为我是在寻求他的帮助。"

缪勒的习惯是从不欠账,连一个星期也不欠。"因为主是按日颁赐我们……可能这个星期的账要求偿还,我们没钱垫付;因此,与我们交易的人也许因为我们而感到不便,而且,我们不知不觉地违背了主的训诫'不要欠人任何东西'。往后,当主按日赏赐我们时,我们决定对购买的每件东西立即付钱,如果没有能力立即偿付,宁可不买,无论它看来多么必要,无论交易人多么愿意过一个星期再还欠账。"缪勒说的必需品指孤儿院的粮食、木炭等物品。不知道什么缘故,尽管他们屡屡告急,马上就没吃的了,但是,他们似乎并不真的没有吃的。"当早膳之后,有一百多人的午餐尚无着落的时候,我的感觉格外强烈,感到主就在附近,比任何时候都更伟大、更真切;或者,虽然午餐之后的茶饼没有着落,但是主提供给我们;一切都是这样,而我们的需要,事前并没有告诉任何人……通过神的恩典,我的心灵深信主的忠诚,因此,即使面临极度的窘乏,我依然能够平静地从事其他工作。其实,假如主不给我这种平静(这是信赖他的结果),我恐怕根本无法工作了;因为一天到来之时,我不需要操心这部分工作或那部分工作的情况,现在相对说来比较罕见。"①

缪勒创办他的孤儿院仅仅凭借祈祷和信仰,他肯定地说,他的主要动机是"利用某件事情作为有形的证据,证明我们的上帝天父还是从前那个忠心的上帝——还像从前一样,愿意向一切信赖他的人证明,自己是活生生的上帝,现在同往常一样。"②因为这个缘故,缪勒不肯为他经营的事业借钱。"我们这样抢在上帝之前运用自己的方式,结果如何呢? 我们肯定是削弱信仰,而不是增加信仰;而且,我们每一次靠自己救急,就会发现信赖上帝变得越来越困难,直到最后,我们完全屈从于那个堕落的自然理性,不信上帝的态度便肆意横行。 如果人们能够等待上帝的安排,只是指望他的帮助和解救,情况会多么不同啊! 或许,经过多年的祈祷之后,救助终于降临,那个时候,它是多么甜美,又是多么现实的补偿啊! 亲爱的基督徒读者,假如你以前从未踏上这条忠顺之路,现在请过来吧,你将通过实验很快知道,由此得到的快乐是多么甜美。"③

每当给养姗姗来迟之时,缪勒总是认为,这是对自己信仰和耐心的考验。一旦他的信仰和耐心经受了充分的考验,主将送来更多的东西。"因此,结果是"——我摘录他的一段日记——"今天给我送来二千零五十镑,其中两千镑是〔一所房 460

---

①　《信仰的生活:主与缪勒相处记》(*The life of Trust:Being a Narrative of the Lord's Dealings with George Muller*,New American Edition,N. Y.,Crowell),第 228、156—157、194、219 页。

②　《信仰的生活:主与缪勒相处记》,第 125 页。

③　同上,第 382 页,节略。

屋的]建筑基金,其余的五十镑应付目前的急需。当我收到这笔捐款时,我对上帝的欣慰之情是无法形容的。我不曾激动,也不曾诧异,因为我一直期待着我的祈祷应验。我相信上帝听见了我的话。然而,我的内心极其快乐,我只能坐在上帝面前赞美他,就像'撒母耳书'第七章第二节所说的大卫(David)一样。最后,我伏跪下,脸贴着地,衷心地感谢上帝,并将自己的心重新交付于他,感谢他的神圣的馈赠。"①

缪勒在各个方面都是极端的例子,而且,这个人的理智视野异常狭小,在这方面,恐怕没有人比他更极端了。像他经常说的,他的上帝就是他的经营伙伴。在他眼里,上帝似乎就是一种超自然的教士,关心布列斯托尔的那群商人及其他人(他们都是他的圣徒),关心那里的孤儿院及其他事业,却没有其他人类想象力赋予上帝的那些更宏伟、更热烈、更理想的属性。总而言之,缪勒绝对不是哲学的。他与神的关系是极其私人的、实用的,这种概念继承了最原始的人类思想的传统。② 如果我们将他的思想与爱默生

①　同上,第 323 页。

②　在亚伯(Arber)的《英文文献》(*English Garner*)[1883],卷七,第 440 页中,有一段描述更原始的宗教思想,我忍不住想引用之。莱德(Robert Lyde),一个英国水手与一个英国男孩于 1689 年被一艘法国船只俘虏。他袭击了 7 名法国水手,杀死二人,制服了其他五名水手,最后把船开回了英国。莱德描述说,他之所以赢得这次胜利,是因为上帝在他患难之中帮助了他:

"就在他们三个人加上另外一个人要把我摔倒在地时,上帝帮助了我,我得以站稳脚。拦腰抱着我的法国人重重地吊在我身上,我对男孩说:'绕过罗盘箱,把那个吊在我背后的家伙打倒。'他重击那人头部,那人就倒下了……随后我左顾右盼,想找一个穿索针,或者别的能够击打的东西:但是,我没有看到任何东西,我说,'主啊! 我该怎么

或布鲁克斯的思想加以对比，就能够看到宗教意识所涵盖的范围了。

关于请求祈祷应验的文献有很多。福音派信徒的日记充满了这类经验，并且还有这方面的专著。[①]不过，对我们来说，缪勒的例子足够了。

无数的基督徒所遵从的祈祷生活，并没有那么强烈的乞讨形式。这些人说，持之以恒地依靠全能的上帝支持和指引，将获得明显而更为微妙的证据，证明上帝的临现及其积极的影响。下面描述的"跟随"生活是我曾经摘引过的一位德国作家写的。毫无疑问，对一切国土上的无数基督徒来说，它就好像是从他们自己的个人经验抄来的。希尔蒂说，

462

办呢？'这时我的目光落在左边，看到一个穿索针挂在那里，我用右臂猛地一拉，抓住了它。我把针尖刺进抓着我左臂的那家伙的脑袋，连续击打了四次，刺入 1/4 寸深（另一个法国人把索针从抓着我左臂的那人头上拉开）。可是，由于上帝神奇的力量，索针从那人手中滑脱了，或者也许是他扔掉了索针。这一次，全能的上帝给了我足够的力量，我一只手抓着一个人，另一只手把索针投向另一个的脑袋。我又用目光四处寻找可用来打击的东西，又没看到什么东西。我说，'主啊，我该怎么办？'于是上帝使我想起口袋里还有一把刀子。尽管有两个人抓着我的右手，全能的上帝依然给我力量，使我把右手伸进右口袋里，拿出我的刀子和刀鞘，……把它放在我两腿之间，抽出刀子；然后我用刀子割断了那个背朝着我的人的喉咙：他当即倒下，再也没有动弹一下"。——对莱德的叙述有所删节。

①　例如，利本（Ripon）主教和其他人所著：《答祈祷》(In Answer to Prayer)，London，1898；《感人的琐事和对祈祷的非凡应答》(Touching Incidents and Remarkable Answers to Prayer)，Harrisburg，Pa，1898(?)；哈斯汀斯（H. L. Hastings）：《上帝之手；或者天命指点的真实证明》(The Guiding Hand；Or，Providential Direction Illustrated by Authentic Instances，Boston，1881)。［哈斯汀斯(1831—1899)，美国宗教作家。——译者］

人们在这种经受指导的生活中发现,恰恰在人们需要的关键时刻,书籍和文字(有时还有人)进入人们的视野;人好像闭上眼睛,就能逃脱种种巨大的危险,始终不知道什么令人恐怖,什么引人误入歧途,直到危机过去——尤其虚夸和淫荡的诱惑,常常是这样避免的;人不应该行走的路径,似乎有荆棘的篱笆拦阻;但是,在其他路径,巨大的障碍会突然移开;到了开始做某件事的时刻,忽然增添了前所未有的勇气,或者茅塞顿开,悟出事情的奥妙所在,或者,突然发现自己具有非凡的思想、能力,甚至各类知识或洞见,根本说不出它们是从哪来的;最后,人们帮助我们或不帮助我们,偏袒我们或拒绝我们,好像是必须这么做,完全违背自己的意志,因此,那些对我们漠不关心,甚至怀有敌意的人,也常常向我们伸出援助之手,提供极大的服务和赞助。(当世俗的利益即将阻碍人们去追求更高的利益时,上帝会在这个关键时刻,从他引导的人那里剥夺掉这种世俗的利益。)

除此之外,还有其他值得注意的事情发生,尽管它们不容易叙述。毫无疑问,现在,人们继续穿过'开放的门户',走在最平坦的道路上;即便用尽想象力,恐怕也想不到,居然根本无须劳神费心。

而且,人们发现,自己的事情不早不晚,总能及时解决,但是从前,即便事先做了充分的准备,也常常因为不合时宜而宣告失败。还有,人们做事时镇定自若,似乎它们不是什么重要的事情,好像我们是在替别人当差。当然,替别人做事通常比为我们自己做事更镇静。而且,人们发现,他能耐心地等待一切事情,这是人生的一门博大精深的艺术。还可以发现,每件事情都是此去彼来,准时准点,所以,可以先来后到,有条不紊。在我们看来,每件事情的发生都是恰逢其时,就像我们应当做的那样,凡此种种;而且,常常采取极其明显的方式,好像有个第三者替我们守候,提醒我们注意容易忘记的那些事情。

并且,人们常常在最恰当的时候造访我们,提供所需或要求所需,其中有些东西,我们绝没有勇气或胆量自作主张。

通过所有这些经验可以发现,人对他人是友善而宽容的,甚至对那些讨厌、懒散、心存不良的人,也是如此,因为他们也是上帝行善的工具,而且往往是极其有效的工具。没有这些思想,就算是最好的人,也总是难以保持心灵的平静。反之,意识到有神领导,人们观察许多事物的方式都发生变化,完全不同于没有神的情形。

所有这些,是每个经历者都知道的事情。而且,可以举出极其生动的例子。即便世俗的智慧使出浑身解数,也达不到我们在神的指引下进入的境界。①

这种解释逐渐变化,改头换面,有了另外的说法。人们不再相信有个监管的天神,为了奖励我们的信赖,特地调整一些具体事件,使其更适合我们;而是相信,经过长期培养我们的感觉,我们感受到自己与创造目前世界现状的力量有联系,因而,我们变得更宜

---

①　希尔蒂(C. Hilty):《幸运》(Gluck, Dritter Theil, 1900),第92页以下。

于接收这些事物。自然界的外貌不一定改变,但是,自然界表达的意义发生了变化。自然界过去是死的,现在又复活了。就好像看一个人,爱他时与不爱他时看法截然不同。爱他时,交流将激发新的活力。因此,如果人的情感始终与造物主的神性保持联系,恐惧和自私就会消退;人们将在随之而来的宁静时刻,发现前后相继的一连串善良机缘。好像所有的门都打开了,条条道路都重新铺平了。当我们以渗透这种祈祷的精神面对旧世界时,我们就会看见一个崭新的世界。

这种精神正是马尔库斯·奥勒留(Marcus Aurelius)和爱比克泰德的精神。① 也是医心派、先验主义及所谓"自由主义"基督徒的精神。为了说明这一点,我从马蒂诺②的一篇布道词中摘引一页:

今天人眼看见的宇宙,样子与几千年前差不多:弥尔顿的晨曲赞颂的美丽,不过是我们熟识的阳光覆盖着太古世界的

---

① 爱比克泰德说:"天哪! 天地万物中的任何一物,都足以向谦卑感恩的心灵证明上帝的存在。由草生出牛奶,由奶产出奶酪,由皮生出毛等是惟一的可能性;谁构成了并计划了这一切? 无论我们挖掘、耕作还是进食,我们难道不应该向上帝唱出赞美的歌? 伟大的主啊,是他为我们提供了掘地的工具;伟大的主啊,是他创造了我们的双手和消化器官,使我们在不知不觉中生长,在睡梦中呼吸。我们应该永远赞美这一切……但是,由于你们中的绝大多数人是盲目的、迟钝的,必须有人站在这个位置,带领人们向上帝唱赞美的歌;像我这样一个跛足老人,除了向上帝唱赞美之歌以外,还能干什么呢? 如果我是夜莺,我就一定恪守夜莺的职责;如果我是天鹅,我一定如天鹅般地行事。但是,由于我是一个理性的生物,那么赞美上帝就是我的天职……我请你们同来歌颂上帝。"《爱比克泰德著作集》(*The Works of Epictetus*,book i,ch,Xvi,Carter-Higginson Translation,1865),第 49,50 页,节略。

② 马蒂诺(Martineau,1805—1900),英国惟一神教牧师。——译者

荒野与田园。我们看见的是我们祖先以前看见的东西。假如我们不能发现上帝，无论在你屋里还是在我屋里，在路旁还是海边；在发芽的种子或盛开的鲜花；在白天的劳作或夜晚的沉思；在大众的欢笑或暗地的悲哀；在那不断更新，却又认真度过并消逝的生命过程；那么，我根本就不相信，我们能在伊甸园的草地上或格塞蒙的月光下认出他。相信好了，让我们将一切神圣推向遥远空间，使我们望尘莫及的，不是因为缺乏伟大的神迹，而是因为缺乏允许我们继续感知神迹的灵魂。虔敬的信徒感受到，凡上帝触及的地方，就有神迹存在：只是因为心不诚，才设想只有神迹发生的地方才有上帝实际插手。当然，在我们眼里，天堂的习惯应该比破例更神圣；至高无上的神决不会厌倦老习惯，相比之下，那些稀奇古怪的东西，他并没有爱到要不断重复的地步。谁某天早晨起来，要是能在太阳下认出全能者支撑世界的手指，他就能够恢复甜蜜而虔诚的惊诧，那是亚当在乐园第一次凝视曙光的惊诧。能够在我们灵魂中将沉睡的上帝重新唤醒的，不是外面的变化，亦非时空的迁移，而是心地纯洁者的爱的沉思：这将使上帝再次成为一种实在，并再次印证那个古老的美名，"活着的上帝"。①

① 马蒂诺(James Martineau)："帮助无信仰的我"(Help thou Mine Unbelief)布道的末尾，此文收入《追求基督徒的生活》(Endeavours after the Christian Life，2d series，1848)，第123—124页。请把这一段与从沃伊齐(Voysey)那里摘的那些话(第222页)与帕斯卡(Pascal)和居伊昂(Guyon)夫人的摘要(第230—231页)相比较。

当我们在上帝中看到一切，并将一切都归于上帝时，我们就从平凡的事物中体味到崇高的意义。习惯笼罩在熟悉之物身上的那种死气消逝了，整个存在似乎显出美丽的面容。心灵从麻痹中醒来的景象。可以用下边的文字表达，这是我从一位朋友的信里摘来的：

　　假如累计一下我们特许享用的一切仁慈和恩惠，它们的数目会把我们压垮（数目那么巨大，甚至可以想象，假如我们试图设想我们没有的东西，根本就找不到时间回顾）。我们叠加它们并意识到，我们实际上是被上帝的仁慈宠坏的；我们被无数的恩惠所包围，没有它们，一切都将崩塌。难道我们不应该热爱这种仁慈？难道我们不觉得是为"永恒之臂"托起的吗？

我们往往偶然才意识到，事实是神赐予的，不是平常那样，因而颇像神秘经验。格拉特里神父曾从他年轻时的忧郁期找到一个例子：

　　有一天，我得到片刻的安慰，因为我遇到一件事，似乎完美无缺。那是一位在巴黎街头敲鼓的可怜鼓手。当时是假日的傍晚，我回学校，正好走在他的后面。他的鼓传送出嗒嗒的鼓乐，手法之妙，的确无懈可击，至少在那一片刻，不管我多么挑剔，绝对找不出任何毛病。简直不能想象，还有什么能比这个敲击更有气魄，更有精神，更有节奏，更有韵律，更清晰，或更丰富了。理想的欲望不能再往前迈进。我完全被陶醉了,并感到极大的安慰;我从这个可怜人的完美动作体悟到善。我是说,善至少是可能的,因为理想之物常常可以具体表现出来。①

瑟南欲(Sénancour)②讲述阿柏门(Obermann)的小说,也记载了瞬间揭开面纱的相似事例。那是三月的一天,阿柏门走在巴黎街头,偶然看见一朵盛开的鲜花,一朵水仙花:

> 它是欲望的最强烈的表现:它是今年的第一次香气。我感到,一切幸福注定要赐予人类。这种无法言说的灵魂和谐,这种理想世界的魅影,完全占据我的心灵。我的感受从来没有这么伟大,这么迅捷。我不知道是什么形式,什么类比,什么关系的奥秘,使我从这朵花儿看出无限之美。……我决不能用概念把握这种伟力,这种广大没有什么东西可以表达;这种形式没有东西可以包容;这是人们感受到的更美好世界的理想,但是,自然似乎还不曾把它变为现实。③

我们在前边的演讲中谈到,在大梦初醒的皈依者眼里,世界的面目复活了。④ 宗教徒通常以为,凡以某种方式与他们命运相联 467

① 《回忆少年时代》(*Souvenirs de ma Jeunesse*)1897,第 121 页。
② 瑟南欲(1770—1846)法国伦理学作家。——译者
③ 该书(指 *Obermann*,第二版,1837 年)第 30 函。[第 159—157 页。——译者]
④ 见本书第九讲。也可以把它与忧郁症病人那一讲相对比,该讲谈到忧郁病人避世的情形。

系的自然事实,都表达了神的旨意。这个意旨通常并不明显;但是通过祈祷,便会为他们彻悟,而且,如果神的目的是"考验"(trial),祈祷就赋予他们经受考验的力量。因此,在祈祷生活的所有阶段,我们都发现一种信念,即进入交感过程,有上方的能量流入,以应付需求,并在现象世界发生作用。假如承认这种作用是实在的,那么,它的直接效应无论是主观的,还是客观的,都没有根本差别。这里基本的宗教观点是:在祈祷过程中,原来潜伏的精神能力,现在成为活跃的,而且,某种精神的运作发生实在的效应。

涉及任何交感的广义的祈祷,就说这么多。至于宗教的核心。我必须到下一讲再讨论。

我要讨论的宗教生活的最后一个方面,是这样一个事实:即宗教生活经常明显地与我们生存的潜意识部分相联系。你们或许记得,我在第一讲曾经谈到,宗教的传记材料渗透着精神病气质。①事实上,你很难发现有哪类宗教领袖,其生平没有自动症行为(au-tomatisms)的记录。我这里说的,不仅指蛮夷的祭司和先知,他们的信徒相信无意识言说和行为等同于神的启示;而且也指思想领袖以及具有理智化经验的主体。圣保罗见过圣显异象,体验过出神状态,并颇具口才天赋,尽管他认为这种辩才不甚重要。大批基督圣徒以及异教首领,包括那些最伟大的,如伯纳德、罗耀拉、路德、佛克斯、卫斯理之流,都出现过异象、幻语、极乐状态、指导印象,以及"开豁"。他们所以有这些经验,是因为他们高度敏感,高

①   见本书第一讲末尾。

度敏感的人容易出现这些现象。但是能对神学产生影响，就在于
这种倾向。凡有无意识行为印证的地方，信念必增。从意识域外
闯入的因素，具有加强信念的特殊能力。神灵显现的隐微之感，比
概念的作用强烈无限倍；但是，虽然很强烈，却很少当作幻觉的证
据。实际看见或实际听见救主的圣徒，达到确信无疑的顶点。无
意识运动的现象尽管罕见，但假如有，肯定比感觉更有说服力。这
种经验使主体觉得自己现实地为超越的力量所摆弄，完全不受意
志支配。这种证据是动态的；上帝或神灵运动他们身体的每一个
器官。①

　　这种为更高力量操纵的感觉，当然还有一个范围广大的领域，
那就是"灵感"。很容易将惯有灵感的宗教领袖与没有灵感的区别
开来。在佛陀、耶稣、圣保罗（除了他的口才天赐）、圣奥古斯丁、胡
斯（Huss）、路德，以及卫斯理等人的教义中，无意识或半无意识的　469

---

　　①　我的一个朋友，一个一流的心理学家，他动不动就进入书写的无意识状态。他
告诉我，当他自动书写时，觉得自己的胳膊受一种独立的力量支配，这种感受十分明
显，致使他不得不放弃以前相信的心理－物理学理论，这种理论认为，我们根本感觉不
到运动中枢的自动传送。他认为，一般情况下，我们有这种感觉，否则当它出现在这种
经验中时，我们的缺乏感不会如此强烈。据我所知，在宗教史上，高度发展的书写无意
识状态是十分罕见的。布理农（Antonia Bourignon）曾经说过有这样一种状态，"我只
是把我的手和精神借给我另外的一种力量"，从他的上下文来看，他似乎指一种灵感的
出现，而不是书写的无意识状态。一些奇怪的宗教派别曾经出现过书写的无意识状
态。其中最突出的事例是那本巨著《奥斯帕，耶和华和他的大天使所赐新约》（Oahspe,
a New Bible in the Words of Jehovih and His Angel Embassadors）,Boston and Lon-
don,1891,由纽约的纽布洛斯（Newbrough）博士自动书写并配有插图，据我所知，他目
前是或者最近成为新墨西哥沙兰（Shalam）唯灵学会的主管。我看到的最新自动书写
的作品是《历代的智慧：来自泽托勒姆的启示》（Wisdom of the Ages: Revelations from
Zertoulem,by George A. Fuller, Boston, 1901）。［纽布洛斯（1828—1891），美国牙
医。——译者］

成分似乎纯属偶然。相反,那些希伯来先知、穆罕默德,某些亚历山大派信徒(the Alexandrians),许多少数派的天主教圣徒、佛克斯,以及约瑟夫·史密斯(Jeseph Smith)等人,无意识现象似乎屡屡出现,有的已经习以为常。我们具有一种独特的职业,即被一种外部力量所左右,充当它的代言人。至于犹太先知,一个作者曾对他们做过详细研究。他说,可以惊异地看到:

　　在先知的书中,同样的特点一个接一个屡屡出现。这个过程与另一种过程极端不同,即先知不断尝试自己的天赋,从而洞悟神灵之物。某些东西突然间出现。也就是说,尽在弹指一挥间。而且,来者的方式总伴随一种巨大的外部力量,他奋力抵抗也是枉然。例如,听听耶利米(Jeremiah)书的开头。也可以用同样方式,读读以西结(Ezekiel)先知书的前二章。

　　然而,不只是在事业一开始,先知经历了一次危机,而且分明不是出于自身的原因。先知的著述中,通篇都散布着某些片断,谈论那些强烈的、不可抵抗的冲动,它们突然降临在先知身上,决定他对当时事件的态度,约束他的言论,使他的话成为一种媒介,传送比话语自身更崇高的意义。例如,以赛亚说:"主伸出一只强劲的手这样对我说"——这是强调,表示这个冲动具有压倒一切的性质——"并告诫我,不要跟这个民族的路径走"。……或者,像以西结的一段:"上帝的手放在我身上","主落在我身上的手强劲有力"。先知的一个固定特性是,他以耶和华本人的权威说话。因此,怪不得每位先知在宣讲的序言里都那么自信,张口"主的话",闭口"主这么说"。他们甚至敢用第一人称说话,好像是耶和华自己说话。例如,以赛亚书说:"雅各,以及我所说的以色列(Israel),听我说;我就是他(He),我就是第一,我也是最后。"诸如此类。先知的人格完全隐入了背景;他觉得自己那个时候就是全能上帝的代言人。①

我们必须记住,先知过去是一种职业,他们形成一个职业阶层。当时有先知学校,按照一定程序培养先知的才能。一群青年围绕在一个权威人物周围——一个撒母耳(Samuel)或一个伊利沙(Elisha)——不仅记录或传播他的言行,而且试图自己捕捉他的某些灵感。他们修炼之时,音乐似乎发挥了应有的作用……显然,先知的这些儿子们绝不可能完全成功,最多只能分享一点儿他们所追求的才能。那时,很可能有假冒的先知。这种假冒有时是故意的……但是,决不能由此得出,在传达错误信息的所有事例中,传达者都是有意这么做的。②

再举一个犹太人的例子,即亚历山大城的斐洛(Philo of Alexandria)。他这样描述他的灵感:

有时,我来工作时头脑一片空虚,突然间变得充实,思绪

_____

① 桑迪(W. Sanday):《上帝的神谕》(*The Oracles of God*,London,1892,pp.52—55),节略。[桑迪(1843—1920),英国神学学者。——译者]

② 《上帝的神谕》,第90页。作者引用了《出埃及记》第 iii 和 iv 章,《以赛亚书》第 vi 章中摩西和以赛亚的作为。

以无形的方式源源而至,从上方植入内心。由于神圣灵感的
影响,我激动不已,不知道我在什么地方,不知道有谁在场,不
知道我自己,不知道我说什么,也不知道我写什么。因为当
时,我的整个意识都充满了渊博的解释、令人赞叹的论说、最
深邃的洞见、无所不能的旺盛精力;它们对我心灵的影响,如
同最清楚的直观演示对眼睛的影响。①

　　假如我们转到伊斯兰教,就会发现,穆罕默德的启示统统来自
潜意识领域。

　　至于他如何获得这些启示的——

　　　　据说,穆罕默德的回答是:有时,他听到警钟一样的声音,
并对他产生极其强烈的影响;天使离开之后,他便得到启示。
有时,他也与天使接谈,就像与人接谈一样,因此,很容易理
解。然而,后来的权威……又分出其他种类。《抑干》(Itgan,
103)列举了以下几种:(1)伴随钟声的启示;(2)通过圣灵在穆
罕默德心里引发灵感;(3)通过人形的加布利儿(Gabriel)天使;
(4)直接通过上帝,或在醒时(譬如他上天堂的途中),或在梦
中。……"阿马哇协,阿拉都尼耶"(Almawahib alladulniya)列

_____

　　① 引自克利索尔德(Augustus Clissold):《先知的精神:与智慧和疯狂的关系》
(*The Prophetic Spirit*,*in Its Relation to Wisdom and Madness*,1870),第66页。克利
索尔德是瑞典神秘主义宗教家。瑞典神秘主义宗教当然是以超乎寻常的视听能力作
为宗教启示的基础。[克利索尔德(c.1797—1882),教士,瑞典神秘主义宗教家。——
译者]

出以下各类：(1)梦境；(2)加布利儿天使在这位先知心里引发的灵感；(3)加布利儿天使采取达希亚(Dahya)的形式；(4)随伴钟声,等等；(5)加布利儿天使自身显现(只有两次)；(6)天堂里的启示；(7)上帝自己显现,但遮着面纱；(8)上帝直接显现,没有遮掩。其他人又加了两个阶段：(1)加布利儿天使以其他人的形式显现；(2)上帝在梦中亲自显现。[1]

　　在所有这些例子中,启示显然都不是运动的。而约瑟夫·史密斯一例(除了接受启示翻译了金版,形成摩门教经典之外,他还有无数先知的启示),尽管可能有运动因素,但其灵感似乎主要是感觉的。他开始翻译时,借助了"窥观石"(peep-stones)。他发现(或者他认为自己发现,或者他说自己发现),窥观石与金版相合——这显然是一种占卜现象。他还用窥观石祈求其他启示,但通常似乎是祈求主赐予更直接的训示。[2]

472

————————————

　　① 尼尔德克(Nølderke)：《古兰经史》(Geschichte des Qorans, 1860, p. 16),可与穆尔(Williarn Muir)的《穆罕默德生平》(Life of Mahomet, 3d ed., 1894, ch. Iii.)的详细说明相对比。[尼尔德克(1836—1930),德国伊斯兰教学者。穆尔(1819—1905),英国教育家和作家,著有《穆罕默德生平与伊斯兰教史,伊斯兰教纪元》(Life of Mahomet and History of Islanm, to the Era of the Hegira, 3rd. London：Smith, Elder, 1894)。——译者]

　　② 摩门教的僧侣集团一直受直接启示的支配,启示由教会的主事和使徒们传达。1899年,一位杰出的摩门教徒写给我一封措词恳切的信,我从中摘引一些精华如下：

　　"你也许很想知道,摩门教会的主事斯诺先生(Mr Snow)自称,近期有大量的来自天堂的启示。要想充分解释这些启示是什么,必须知道我们这些人相信,凭借天堂送来的信息,耶稣基督的教会得以确立。教会首脑有预言家、先知、启示者,他们传达上帝神圣的意愿。启示是手段,上帝的意愿通过启示直接、详细地发布给人们。这些启示或是在睡梦中获得,或是醒着的时候在心灵里出现的幻象,可能是无幻象的声音,也

　　还有一些启示被描述为"开豁"（openings）——例如，佛克斯显然属于这一类，今天的教牧界称之为"印记"。所有引发变革的有效推动者，其生活必然在一定程度上依赖于精神变态，或者突然感知，或者相信新的真理，或者为执意行为的冲动所逼迫，非得发泄出来不可，对于这些常见的现象，我就不再多说了。

　　除了这些灵感现象，如果我们再考虑一下宗教神秘主义；如果我们想想皈依现象，那个冲突的自我如何突然统一起来；如果我们回想一下，圣徒性中那种对仁慈、纯洁以及自责的疯狂迷恋，我想我们必然得出以下结论，即，我们在宗教中表现的人性方面，通常与边缘意识或阈外意识领域具有密切的关系。假如你们有人觉得"阈外"一词不顺眼，灵学的气味太浓或属于旁门左道，那么，随便叫它什么都行，只要能够将它与完全明显的意识层面相区别。如果你们愿意，不妨把后者叫作人的 A 区，把前者叫作 B 区。显然，我们每个人的 B 区范围更为广阔，因为它是一切潜在之物的居所，是一切未经记录或未经观察之物的库房。例如，储存着我们暂时不活跃的记忆，而且，也是我们所有动机模糊的激情、冲动、喜欢、厌恶以及偏见的源泉。我们的直觉、假设、幻想、迷信、服膺、认信，以及我们一切的非理性的活动，都发源于此。它是梦的来源，显然也是梦的归宿。我们具有的一切神秘经验，我们的感觉或运

可能是圣灵在眼前真实地临在。我们相信，上帝已经来到人群中，同我们的预言家和启示者说话。"[斯诺（1814—1901）摩门教预言家。里奇（Russell R. Rich）的《国家的徽章：教会史——1846—现在》（*Ensign to the Nations: A History of the Church from 1846 to the Present*, Brigham Young University Publications, c1972）转述说，1898 年，基督向斯诺显现，命令他任摩门教主事。詹姆士把这封信记入他的手稿，但是删去了署名，时间是 1899 年 9 月 11 日。——译者]

动的无意识现象，都从那里发生；假如我们有催眠或似睡（hyp-
noid）状态，这种生活从这里发源；假如我们是歇斯底里病人，那些
妄想、固念以及歇斯底里状态从这里发源；假如真有超常认识，假
如我们会传心术，这种认识也从这里发源。它也是培育宗教的源
泉。我们现在已经充分看到，对深入宗教生活的人来说，进入无意
识领域的门似乎是打开的，而且相当宽敞——这就是我的结论。
无论如何，使他们进入此门的经验，在塑造宗教历史方面，始终发
挥着重要影响。

　　通过这个结论，我返回并终结了第一讲开启的圆圈，最终结束
了我从那时开始的对内心宗教现象的考察，这些现象，都是在发育
健全、口齿清晰的个人身上发现的。如果时间允许，可以毫不费力
地增加我的文献和甄别，但是我相信，概括的论述实质上更好，而
且我认为，宗教经验的最重要的特性已经展现在我们眼前了。下
一讲，也就是最后一讲，我们必须试着得出这么多材料可能暗示的
几个重要结论。

474

第二十讲　结　　论

　　研究人性的材料，现在全摊在我们眼前了；在这最后一小时里，我们的任务不再是描述，而是得出理论的和实用的结论。我在第一讲曾为经验的方法辩护，预言我们得出的结论只能凭借精神判断才能达到，即"从整体上"评价宗教生活的意义。我们的结论不可能像教义的结论那么清晰，不过，在下结论时，我将尽可能清晰地阐述它们。

　　假如用最广泛的方式总结我们所看到的宗教生活的特性，应该包括以下几个信条：

　　1.可见世界是更广阔的精神世界的一部分，前者的主要意义是从后者获得的；

　　2.与这个更高的世界达成融洽或和谐的关系，是我们的真正目的；

　　3.祈祷或与世界精神——这个精神无论是"上帝"，还是"法则"——的内心交感，是产生实际作用的过程，精神能量在现象世界流动并引发结果，无论是心理的还是物质的。

　　宗教也包含以下心理特性：

　　4.一种新的热情像天赐的礼物一样进入生活，其形式或者是感情的迷恋，或者激发真诚和英雄气概；

5. 安全的保障与平和的性情，而且，在与他人的关系上，友爱 476
的情感占优势。

我们前边引用文献描述这些特性时，实实在在地沉浸在情感
之中。我重读手稿时，几乎为其中所包含的强烈情绪所吓倒。经
过这么多的情感流露之后，现在我们应该能够着手眼前的其他工
作了，它们相对冷淡，较少同情。

我引用的许多文献带有强烈情感，这是因为，我是从该主题的
大量材料中找出来的。假如你们有人反对我们祖先所谓的"狂
热"，而此刻仍在听我演讲，或许觉得我的选择经常是乖僻的，希望
我引用比较冷静的例子。我的回答是：我选择这些比较极端的例
子，是为了提供更深刻的信息。要了解任何科学的秘密，我们必须
请教专家，即便他们可能乖僻，也不要去找平淡寻常的学生。我们
将他们的讲述与我们的其他知识结合起来，独立地形成我们的结
论。宗教也是这样。我们已经讨论了宗教的各种激烈表现，现在
可以确信，我们已经真正地知道宗教的秘密，就像任何人从其他人
那里获得的知识一样真实。下面，需要我们每个人自己回答一个
实际问题：生活里的宗教成分有什么危险？它在多大程度上需要
其他成分的制约，才能达到完全平衡？

但是，这个问题引起另一问题，我必须首先回答，将它解决掉，
因为它已经不止一次搅扰我们了。① 这个问题是：我们是否应当

---

① 例如，本书第 133、160、326 页［原书页码］。

假定,在一切人那里,宗教与其他成分的混合应是同样的? 我们是否应当假定,所有人的生活应该表现出同样多的宗教成分? 换句话说,有这么多的宗教类型、宗教派别以及宗教教义存在,是否是一件遗憾的事情?

对这些问题,我斩钉截铁地回答:"不。"我的理由是:世间的造物像我们人类个体一样,占据如此不同的地位,具有如此不同的能力,我看不出它们怎么可能具有完全相同的功能,怎么可能承担完全相同的义务。我们当中,没有哪两个人面临同样的困难,我们也不应期望他们求得相同的解决方法。每个人都从自己特殊的视角出发,考虑一定范围的事实和麻烦,而且必须用独一无二的方式应付它们。为了更好地维护自己拥有的地位,这个人必须柔软,那个人则必须强硬;这个人必须作出让步,那个人则必须立场坚定。假如一个爱默生被迫变成一个卫斯理,或者一位穆迪(Moody)被迫变成一个惠特曼,那么,整个人类对神圣的意识恐怕就要蒙受损失。神圣不可能仅仅意味一个德性,必定意味一批德性;不同的人倡导不同的德性,因此,都可能发现有价值的使命。每种态度只是人性全部信息的一个音节,所以,需要我们全体把它的意义完整地拼写出来。因此,应该允许"战争之神"成为一类人的神,"和平、天堂和家庭之神"成为另一类人的神。我们必须坦率地承认,我们生活在局部系统中,并且,各个部分在精神生活中无法彼此交换。假如我们暴躁且嫉妒,那么,毁灭自我必然成为我们宗教的一个因素;但是,假如我们生来仁慈、同情,那还有什么必要毁灭自我呢? 假如我们的灵魂是病态的,当然需要一种解救的宗教;但是,如果

我们心灵是健康的,为什么还要苦苦地考虑解救呢?① 毫无疑问,
宗教界与社会一样,总有一些人具备比较全面的经验,承担更高的　478
使命;但是,最好的局面是:每个人留在自己的经验里,无论那是什
么经验,而且,其他人宽容地允许他待在那里。

　　现在,你们或许会问,假如我们都将宗教科学奉为自己的宗
教,不就消除了这种片面性吗? 要回答这个问题,我必须再次提及
理论生活与实践生活的一般关系。

　　事物的知识不等于事物本身。你们恐怕还记得,我在神秘主
义一讲里曾经引证阿伽查黎的话——像医生那样理解酒醉的原
因,并不就等于酒醉。宗教科学或许能够理解宗教的一切原因和
因素,甚至根据它们与其他学科的一般和谐程度,决定哪个因素有
资格叫作真理;但是,即便最好的宗教学者,恐怕也会发现自己很　479

---

　　①　我在本书第 159—165 页[原书页码]说过,从这一观点看,健康的心灵和不健
全的心灵之间、一次生和二次生之间的对比,不再像许多认定的那样,处于一种激烈的
敌对状态。二次生者轻蔑一次生者直线式地看待生命,认为他们奉行的是"单纯的道
德",而不是严格的宗教。据说,一位正统的牧师曾经说过,"钱宁(Channing)博士由于
禀性过于正直,因而无法进入宗教生活的最高形式"。实际上,二次生者对于人生的见
解更广泛、更全面,原因是他的答案有更多恶的成分。他们那种"英雄式的"或者"庄严
的"生活方式,是一种"更高度的综合",健全的心灵和病态的心灵都进入这种综合,并
且在其中结合在一起。他们并不避讳邪恶,而是带着更高级的宗教快乐排除这些邪恶
(见本书第 47—52 页、第 354—357 页[原书页码])。每种人都有与神性相结合的最终
意识,对于个人来说,具有同等的实际意义;凭借自己独特的禀性,个人可以找到某些
通道,从而获得这种最终意识。我在第四讲引用的那些例子,即塑造健全心灵的精神
治疗方式中,可以找到再生过程的大量实例。在这一过程中,危机的严重性是个程度
问题。我们还要在邪恶的意识中陶醉多久我们何时能够排除它,摆脱它,这既是量的
问题,也是程度问题,因此,在许多事例中,我们把个人分作一次生还是二次生者,完全
是随意的。

难有个人的虔诚。理解一切即宽容一切。无疑,许多人可能想起勒南(Renan)的名字,把他作为一个典型事例,说明广博的知识也可能使人成为浅薄的涉猎者,磨掉人们生活信仰的锐气。[①] 如果宗教是一种功能,能够实际地推动上帝的事业或人类的事业,那么,人的宗教生活无论多么狭小,也比纯粹的宗教知识更有用,不管后者有多么丰富。生活的知识是一回事,有效地在生活中占据一席之地,随着生命之流展开你的存在,则是完全不同的另一回事。

因为这个缘故,宗教科学不可以代替活的宗教。而且,假如我们转向这门科学的内在困难,立刻就会看到,归根结底,它必须放弃纯粹理论的态度,要么让肿瘤继续生长,要么用积极的信仰切除它们。为了理解这一点,假定我们的宗教科学事实上已经成立,假定它吸收了一切必需的历史资料,并从中提取精华,得出我刚才所宣布的那些结论,假定它同意,宗教作为积极的东西,包含着对理想实在的信念,相信我们通过祈祷与它们交流时,[②]做了实际工作,并有某种实在的事物发生,那么现在,宗教科学必须开始它的批判活动,并根据其他科学以及一般的哲学,决定这些信念可能在多大程度上是真的。

武断地说,决定这一点是不可能的。不仅哲学及其他科学远没有最后完成,而且,就现状看,它们充满了矛盾。研究自然的科学丝毫不知道灵的存在,从总体上看,与一般哲学所倾向的理想主

480

---

① 例如,参阅本书第 37 页[原书页码]引用的勒南的话。

② 本书第 365 页[原书页码]以下,对通常使用的广义的"祈祷"作过解释。

义概念也没有任何实际的交往。所谓科学家,至少在他从事科学的时间里,是非常唯物的,因此可以说,科学的影响总体上反对宗教的观念。而且,这种对宗教的反感,就在宗教科学内部,也得到共鸣。从事宗教科学的人必须熟悉许多卑下而恐怖的迷信,以至于心里容易生疑,臆测任何宗教信仰大概都是虚妄的。当蛮夷与他们的那些乱七八糟的神灵进行"祈祷感通"时,我们很难看出其中做了什么真正的精神工作——即便相对于他们那些愚昧野蛮的义务。

结果,宗教科学的结论模棱两可:面对"宗教的本质是真的"这一主张,它很容易给予支持,同样也很容易提出反对。我们现在流行着一种观念,认为宗教已经不合时宜,已经成为一种"遗俗",一种返祖的陋习,是开化的人类早已摆脱的思想方式。甚至现在的宗教人类学家,对这种流行观念也很少提出反对。

既然这种看法目前十分流行,所以,我在提出自己的结论之前,必须对它进行开诚布公的讨论。为了简便,我把这种看法叫作"遗俗说"。

根据我们的考察,宗教生活围绕的轴心是个人对自己私人命运的关怀。简言之,宗教是人类自我主义(egotism)①史上的一个

①在手稿中,詹姆士有如下说明:"在近期的两篇文章中,柳巴教授明示他那美妙的激进的方法"。文章之一参见笔记 31.38;第二篇文章是"宗教意识的内容"(The Contents of Religious Conseiousness, *Monist*,11[July 1901],pp. 536—573)。在第一篇文章中,柳巴写道:"我们想要回答的最后的问题是,什么时候我们思考上帝存在的问题,或者道德秩序的一个或几个问题:我们将得到想要的肉和奶,为此我们愿意祈祷?神圣的手将治愈一个人吗? 我们将得到道德的支持吗? 友谊将会削弱我们的肉体渴望吗?"(第 209 页)——译者

重要篇章。人们——无论粗野的蛮夷，还是为理智陶冶的人——信仰的神，在承认个人请求方面，都是彼此相同的。宗教思想是以个人的方式展开的；这是宗教界的一个基本事实。今天同以往的任何时代一样，信教的个人会告诉你，神会见了他，其基础是他个人的关怀。

相反，科学最终完全摒弃了个人的观点。它排列科学的元素，记载科学的定律，至于它们到底为了什么目的，则无动于衷；它建构科学的理论，却完全不顾它们对人类的忧虑和命运将产生何种影响。科学家个人或许信奉一种宗教，在不承担任务时也可能主张有神论，然而，时过境迁，人们恐怕再不能说，"对科学本身而言，天空彰显了上帝的荣耀，苍穹展示了上帝的手工"。我们的太阳系及其各种和谐，现在只被看作一个暂时的情形，即天体间的一种动态平衡，这是在广漠骇人的无生命世界中发生的一个局部事件。按宇宙时间计算，哪怕只过一小时，太阳系或将不复存在。达尔文主义主张偶然产生，以后迟早灭亡。这个观念既适用于最小事物，也适用于最大事物。照目前科学想象的气质看，在宇宙原子的飘移中——不管它们的作用是普遍的还是特殊的——除了发现一种漫无目的的气候，[①]乍生乍灭，没有真正的历史，不留任何结果之外，根本不可能发现任何东西。自然没有明显的终极趋势，借以让人表示同情。按照现在科学家的想法，自然过程的整个运动节奏，似乎是在消灭自然。那些谈论自然神学的著作，只能满足我们祖

481

482

---

① 詹姆士从赖特（Chauncey Wright，1830—1875，美国哲学家）那里借来短语；相关内容可参见《实用主义》（*Works*，note to 54.19）。——译者

先的智力,在我们眼里,则是极其荒诞的;①因为它们似乎代表一个

---

① 我们会问,像沃尔夫[Christian Wolff(1679—1754),德国哲学家。——译者]这样的人,干燥乏味的头脑中充斥着18世纪早期的学问,人格中怎么可能保持着婴儿般的信仰,认为自然中有人格的和人的禀性,致使他在论自然物的使用的著作中,为自然物的运作辩护? 例如,他对于太阳及其功用做如下说明:

"我们看到,上帝创造太阳,是为了在地球上保持一种可变的状况,使生命、人和动物有序地栖居。由于人是最有理性的生物,能够通过对世界的沉思推断出上帝不可见的存在,由此进一步推论,太阳的贡献在于创世的首要目的:没有太阳,人类就不能生存繁衍……太阳发出日光,不仅照耀地球,也照耀其他行星;日光对我们最有用;因为凭借日光,我们可以便利地完成夜晚根本不可能完成,或者没有人造光就根本无法完成的事情。田野里的动物在白天能够找到食物,而在夜晚就没这个可能性了。此外,由于我们拥有日光,我们才能够看清地球近处和远处的一切,能够辨别远近事物的种类,这对我们也十分有益,无论是人生必须的事情,还是旅游,或者获得自然科学的知识,都离不开日光。这些知识都需要在日光下进行观察,没有日光,这一切都是不可能的。如果任何人想要铭记太阳给他带来的巨大利益,那么就让他想象一下,若是他只过一个月没有白天,只有黑夜的生活,看看他的一切将会如何。特别是他的工作是露天或野外作业时,他的经验足以让他相信这一切……我们从太阳那里知晓,日在中天时,只要准确地知道这一点上的时间,我们就可以调准自己的钟表,天文学主要得益于太阳……凭借太阳之力,我们才能够找到子午线……而子午线恰恰是我们制造日晷仪的基础,一般说来,如果没有太阳,就没有日晷仪。"参见《一个合理的想法:自然物的合目的性》(*Vernunfftige Gedancken, von den Absichen der naturlichen Dinge*, 1752, pp. 71—84)。

或者参阅德尔海姆[Derham(1657—1735),英国牧师,自然主义哲学家。——译者]《物理—神学》(*Physico-Theology: Or, a Demonstration of the Being and Attributes of God, from His Works of Greation*, 3ed. London, 1714, pp. 310—312)对于上帝仁慈的说明,他认为,"人的面孔、声音、笔迹等方方面面的差异,表现了上帝的仁慈"。这本书在18世纪曾经风靡一时。德尔海姆说:"假如人的身体是按照无神论的框架设计的,或者不是按照这个世界无限的上帝的意图,而是按照别的方法设计的,就不会有这些智慧的多样性:人的面孔也许是一个模子出来的,而不是千人千面,他们的语言器官可能发出相同的声音,而不是高低粗细不尽相同;相同的肌肉和神经结构,也许会使书写如出一辙。如果是这样,将会为整个世界带来几多混乱、几多干扰、几多祸害? 每个人就不会有任何安全感;我们的财产就不安全,我们的人身就没有保障;人与人之间没有正义;善与恶之间没有分别;友与敌、父与子、夫与妻、男与女之间无差异;恶意嫉妒和禀性邪恶之徒的作恶,流氓和歹徒的欺诈与暴力,狡猾的骗子的诈骗,娘娘腔和酒色

483 上帝,要让最大的自然事物去迎合我们最卑微的私人需要。科学

———————————————

徒的淫欲,以及种种诸如此类的东西公开暴露,使一切都成为流氓地盘上的杂碎! 我们的正义法庭,充其量只能证明一些可怕的结果:认错的面孔、伪造的手、假冒的文书。然而,智慧无边的造物主和主宰把一切事物搞得井井有条,在光明之中,可以辨别不同的面孔,在黑暗中可以辨得不同的声音;人不在场时,笔迹可以代言,为他做证,在他的后人中履行他的契约。神的无所不知无所不在的监管,由这一切中得到明白无误的证明。"(pp. 310—311)

按照18世纪英国人的说法,上帝就是神性(deity),上帝是人们精心安排的,就像银行支票和契约的签名一样准确无误。

我还要引用德尔海姆以山谷为证为上帝辩护(我省略了一些大写字母),也将引用沃尔夫对于水的说明,这说明颇带有烹饪气息:

沃尔夫说,"水对于人的生命的意义显而易见,无需细说。人与动物都需要饮水。尽管人为自己造了人工饮料,但是,没有水,饮料也造不出来。啤酒由水和麦芽酿造而成,而解渴的成分依然是水。葡萄酒用葡萄酿造成的,没有水,酒曲也没法发酵;用水果造的饮料,无论是英国的,还是其他国家的,都离不开水……由于上帝就是这样计划的世界,所以人和动物都按上帝的计划而生存,他们能找到一切所需要的、便利的东西满足需要;上帝造了水,使地球成为最有利于生存的地方。如果我们考虑水为我们带来的种种益处:洗涤居家器皿、漂洗衣物以及其他用途……这个道理就更加明白了。人们要是进入磨房就会看到,磨石必须始终是湿的,这时你就会更加深刻地体会到水的妙用"(pp. 345—356)。

德尔海姆赞美了山谷的美丽之后,笔锋一转如是说:"一些人拥有十分健康的体魄,强健的力量,能够适应任何地点,任何温度。但是,另外一些人却十分虚弱、娇懦,在一个地方就无法生存,换个地方,就能过得很舒适。一些人喜欢山上纯净稀薄的空气,大城市污浊恶劣的空气,会使他们迅速衰弱窒息,他们甚至受不了峡谷里温暖湿润的空气。而另外一些人在山上就虚弱下去,在峡谷温湿的环境中就变得强壮有力。"

"因此,对于虚弱、娇懦者而言,把我们的住所由山上移到峡谷,既悠闲舒适,又心旷神怡,且有极大的好处;这为他们提供了一种闲适舒服的生活,在别的地方,他们的生活痛苦不堪,迅速衰弱枯萎。"

地球的构造是有益于健康的,除此之外,我们可以说出山丘的另外一些益处,那就是它可以为居所提供宽敞的地方;"正如一个著名的作者所说,山丘是一道屏障,阻遏了来自北方和东方刺骨的寒风,反射温暖和煦的日光,使我们的居所在冬季能够享受更多的舒适和愉快"……

"最后,泉水源自山上,河道由此开启……因此,这些巨大的沟沟坎坎的地貌,常常被人指责为粗鄙无用的赘瘤,长在结构不完善的地球上,然而事实并非如此;它们是自

所承认的上帝,必然是掌管普遍规律的上帝,他做的是批发业务, 484
不是零售生意。他不可能调整自己的进程,以适应个人的方便。
狂风巨浪掀起的泡沫是飘浮不定的插曲,借风力而生,借风力而
灭。私人的自我就像这些泡沫——即"副现象"(epiphenomena),这 485
是克利福德(Clifford)① 的称呼,我以为很巧妙。发生的事件汹涌
澎湃,不可挽救,其中,自我的命运微不足道,无足轻重。

　　你们知道,从这种观点出发,自然要将宗教看作纯粹的遗俗,
因为事实上,宗教确实力图延续最原始的思想传统。在很长一段
时间里,强制神灵,或者收买神灵,让他们站在我们一边,是我们应
付自然的一个重要目的。在我们祖先那里,梦想、幻觉、启示,以及
荒诞不经的故事,都与事实混淆在一起,难解难分。甚至相对新近
的年代,证实之物与假设之物、非个人存在与个人存在之间的区
别,还很少被人发觉,很难为人设想。凡你用鲜活的方式想象的,
凡你认为应该真实的,你都自信地肯定它们;而且,凡你肯定的,你
的同志都相信。所谓真理就是未曾遭受反驳的;心灵接受的大多
数事物,都是因为它们对人有暗示,而且,人们格外注意事件的那

然最优秀的工具,由永恒的造物主构思安排,使它们履行自然界最有效的功能……如
果地表均匀平坦,岛屿和大陆中部不像现在这样多山隆起,就不会有河流倾泻而注,河
流也不会成道;现在的地貌则使河流从高地倾泻而下,一直流入大海,如果不是这种地
貌,那么河水将停滞、发臭、淹没大片陆地……"

　　"因此,山谷尽管使身体疲惫的旅游者深感不便,出行麻烦。然而它们却是伟大的
造物主最高尚的业绩,是上帝赐予现世的善德。"(第 72—73,76—77,80 页)

　　①　尽管克利福德通常持意识副现象的见解(参见《心理学原理》,Works, pp.
135—136),但是,詹姆士常常把这个词与霍奇森联系起来。霍奇森把意识描述为泡沫
氛围或旋律。《心理学原理》,(Works, p. 133)。

些美感方面和惊心动魄的方面。①

① 这种思维模式一直流行到 17 世纪。我们只需回忆亚里士多德对力学问题所做的戏剧性解释，例如，杠杆可以四两拨千斤的道理。按照亚里士多德的看法，这是由圆和一切圆形运动神奇的禀性造成的。圆是凸凹状的；是一个定点和另一个动点的运动轨迹形成的，二者相互对立，无论在圆上的运动是什么，都必须向相反的方向运动。不过，圆周运动是"最自然的"运动；杠杆的长臂有更大的运动圆周，因而有更多的自然运动，所以省力。我们也可以回想希罗多德对冬季太阳位置的解释：寒风把太阳吹到利比亚上空温暖的区域，因而太阳运行到南部。或者我们可以听听奥古斯丁的解释："是谁赋予粗糠如此力量，使它深埋在雪下面，而不至于化冻，这种温暖的力量可以催熟绿色的果实？谁能解释火神奇的力量，它自己发光，却把烧灼的一切熏得鳖黑；火焰有着最美丽的色彩，但是，火舌舔到的所有地方，都黯然失色，把一切可燃物全部化成肮脏的灰烬？……我们在木炭中发现了奇特的属性，木炭易碎，轻轻一击就成碎片，稍稍一压就变成一堆渣子，但是，它却是强大的，多么潮湿都不会腐朽，任何时候它都不会腐朽。"（《上帝之城》，*The City of God*，book xxi，ch. iv）

物体的自然与非自然属性，表面属性的相容与不相容，它们的古怪，它们的光明，它们的强盛和解体等方面，不可避免地吸引了我们的注意力。

你要是打开医学书，在每一页上都能找到同情的把戏。例如，巴拉克尔斯［Paracelsus(1493—1541)，瑞士裔炼金术士，医生。——译者］发明的著名的创伤软膏。这种软膏有许多不同的配方，通常含有人的脂肪，公牛、野猪或熊的脂肪；捣成粉末的蚯蚓，尤斯尼亚(Usnia，绞刑犯尸体长时间挂在那里头骨产生的苔)，还有一些别的令人不快的配料，全部配料必须在太白星之下获得，决不能在火星和土星之下获得。如果把曾经插入犯人尸体上的一块木片或伤及他的带血的武器放入软膏之中，把它放在伤口上紧紧扎住，伤口必定会愈合。现在我摘引赫尔蒙特［Van Helmont(1577—1644)，女医生、化学家。——译者］的说明，软膏涂在伤口上，沾上血的武器或木片，连同伤者的精神作用，激起了积极的反响，使人鼓起全部力量，从而产生治疗病体的作用。它仿佛从伤口吸出疼痛和外部不快，由此起到治愈作用。不过，要起到治疗作用，必须有公牛脂肪和软膏内的其他配料的作用。公牛的脂肪为什么能够有如此巨大的作用呢？原因在于，公牛被宰杀时，内心充满着神秘的抵抗和图谋报复意愿，因此，公牛死时比任何别的动物有更高的复仇激情。他还说，软膏神奇的效果是被输入的，不是靠撒旦辅助的作用，而是由于病人坚信，软膏中血和神秘脂肪有死后复仇的禀性。见赫尔蒙特：《疑题三论》(*A Ternary of Paradoxes*，tran. By Walter Charleton，London，1650)。我引述时有许多删节。作者还用其他自然现象的相似证明，远距离的两物之间也会有这种同情行为，这是这类事例真正的理论前提。他说，如果一匹马被巫婆杀死，从散发着血腥气的遗体中取出马的心脏，穿在一个箭头上，再用火烤，巫婆立即就呈现出难以

的确,怎么可能不是这样呢? 科学运用的数学和力学概念,具 486
有解释及预见的非凡价值,但这是事先无法期盼的结果。重量、运 487
动、速度、方向、位置等观念,是多么干瘪、苍白、无味啊! 自然既然 488
具有那么丰富多彩的灵性,它的稀奇古怪又使得自然现象更加绚
丽多姿、灿烂夺目,哲学如何不首先选择它们,将其作为认识自然
生活的有望途径,并循着它们前进呢? 好啦,宗教喜欢的栖居地,
还正是这些丰富多彩的灵性和激动人心的方面。给宗教徒印象最
深的,仍然是自然现象的恐怖和美丽:黎明和彩虹的"希望"、雷的
"轰鸣"、夏雨的"温柔",以及星宿的"崇伟",而不是这些现象所遵
循的物理定律。和从前一样,虔信的人还会告诉你,在孤寂的房屋
或田野,他依然觉得有圣神显现,应答他的祈祷,赐予的援助源源
不断,而且,祭拜这个看不见的实在者,会使他的内心充满安全与

忍受的痛苦,如受烈火煎熬般的拷问一样。如果不是巫婆的魂魄与马的魂魄相互沟
通,这一切都是不可能发生的。在散发着血腥气的、卜卜跳动的心脏中,巫婆的魂魄被
抓住了,箭状钩子死死钉着她,使其无法逃脱。同样,验尸官需要对被谋杀者的尸体进
行验尸时,当凶手到来时,许多尸体会有鲜血流出,或者伤口裂开。血流如注的样子,
像狂怒的爆发,灵魂顷刻间向体外迸发,仿佛要向凶手复仇雪恨。如果你有水肿、痛风
或黄疸,把你的一些鲜血放在鸡蛋壳和蛋白中,与一些饵混合在一起文火加热,尔后把
它们投给那些饥饿的狗或猪,疾病立即就从你的身体转入这一动物的身体,你就痊愈
了。同样,如果你焚烧一些牛奶或者人乳,乳腺就会干涸。布鲁塞尔的一位绅士在一
次斗殴中鼻子被打掉了,著名的外科专家塔格利克祖(Tagliacozzus)从波洛尼亚一位搬
运工人胳膊的皮肤上,为他挖出了一只新鼻子。在他返回家乡 13 个月以后,嫁接的鼻
子变冷、化脓,几天以后,鼻子掉了,几乎就在同一时间。搬运工死了。范·赫尔蒙特
说,在布鲁塞尔,有人亲眼目睹了这一切;他还说,"请问这里面有什么迷信或同情的想
象吗?"

　　近代医心文献,例如,默福德(Prentice Mulford)文献,有大量的同情魔术。[在《一
些哲学问题》(*Some Problems of Philosophy*,*Works*,p. 15n)中,詹姆士把默福德的呐
喊称作"同情的理论化"。——译者]

平和。

地地道道的落伍！"遗俗说"这样说。落伍需要医治,其方法是祛除想象的拟人化倾向。私人之物与宇宙之物的混淆越少,普遍的、非个人的因子就越多,我们越有希望成为科学的真正继承人。

尽管科学态度的这种非个人性鼓励一种大度,但是我相信,那是极其肤浅的。现在,我用三言两语说明我的理由:只要我们涉及宇宙和普遍,涉及的只能是实在的符号,但是,只要我们涉及私人的或个人的现象,涉及的就是完全意义上的实在。我想,我很容易把这些话的意思讲清楚。

我们的经验世界始终由两部分组成:客观部分与主观部分;前者可能比后者大无数倍,但是,后者万不能删除或压抑。客观部分是我们任何时候所思想的全部事物;主观部分则是思想过程所经历的内心"状态"。我们思想的东西可能巨大无边——例如,宇宙的时间和空间——而内心状态可能是最短暂、最微末的心理活动。但是,宇宙的对象,就经验的范围而言,不过是某物的理想图像,该物的存在并非我们内心具有,只能向外指涉;内部状态则是我们的经验本身,其实在性与我们经验的实在性是同一的。意识场加上它所感觉或思想的对象,加上对该对象的态度,再加上这个态度所隶属的自我之感——这么具体的个人经验或许只是一丁点儿,但是,只要它依然持续着,它就是坚实的经验。它没有空洞,也不像单独摆弄的"对象"一词,只是经验的纯粹抽象因素。它是一个充分的事实,即便是一个微不足道的事实。它属于任何实在必然隶

属的那一类(kind)；世界的生生不息的潮流穿过这类东西；它进入
将这些实在事物与那些实在事物联系起来的链条。我们每个人都
会感受到，当个人的命运随着运气的车轮旋转时，总有一种危机
感。这种不能与人共享的私人感受，可以因为它的自我主义(ego-
tism)而备受冷落，可以被人讥讽为不科学，然而，它是惟一能够充
实我们具体现实性的东西。任何所谓存在者，假如缺乏这种感受
或类似物，就只是一片半成品的实在。①

490

　　假如我们的说法是正确的，那么，科学扬言应该压抑经验的私
人成分就是荒谬的。实在的轴心仅仅从自我的地盘上穿过——它
们像念珠一样串在轴的上面。要描述这个世界，却删除所有个人
对自己命运的各种危机感，删除所有不同的精神态度——它们像
任何其他事物一样可以描述——这就如同用一张印制精美的菜
单，代替一顿实在的餐膳。宗教不犯这种错误。个人宗教可以是
自我主义的，与它保持接触的那些私人的实在也可以十分狭窄；但
是无论如何，就所及范围而言，他比起那个自命不涉及任何私事的
科学来，要少不知多少倍的空虚，少不知多少倍的抽象。

　　一张菜单，上面哪怕只有一颗实在的葡萄干，而不是"葡萄干"
的字样，哪怕只有一个实在的鸡蛋，而不是"鸡蛋"的字样，即使这
顿餐膳十分寒酸，但是，它至少是实在的一个开端。遗俗说主张我
们固守非个人的因素，听上去似乎是说，我们应当永远满足于阅读

----

①　参照洛采(Lotze)的学说，所谓"物自身"(in itseff)概念的惟一意义是设想它是
为自己(for itself)而存在，即对个人危机感的充分体验，或者与之相应的内心活动。
〔洛采(1817—1881)，德国哲学家，著有《形而上学》(Metaphysic, tran. Bernard
Bosamque, Oxford: Clarendon, 1884, WJ 751.88.12, p.169)。——译者〕

那张光秃秃的菜单。因此,我认为,无论我们如何解答有关个人命运的特殊问题,只有承认它们是真正的问题,承认它们生长于它们

491 所开启的思想领域,我们才会变得深刻。然而,这样生活就是信奉宗教。所以,我毫不迟疑地摒弃宗教遗俗说,并认为它的基础是极其错误的。我们的祖先确实犯过许多事实方面的错误,并将事实与宗教混为一谈,但并不能因为这个理由,便宣布我们根本不应相

492 信宗教。① 正是由于相信宗教,我们才使自己具有终极的实在,占领保证我们获得实在的惟一据点。我们的重大关怀,毕竟关系到我们私人的命运。

---

① 即使是事实的错误,也不可能像科学家假设的那样是大规模的。我们在第四讲看到,许多医心者根据自己的切身体验,日复一日地"证明了"普遍宗教概念的存在。"切身体验"(Experience of fact,也可以译作"事实经验")是一个包罗万象的领域,持门户之见的科学家在方法论上并不认同医心派以及其他相关人士所谓的"事实",他们认为这一切都是粗陋一类,是"废话"、"胡话"、"蠢话"。然而,他们忽略了大量原初的事实,如果不是由于宗教徒对于现实的个人方面有更热切的兴趣,这些事实根本就不会被记录下来。我们知道,在某些情况下事实就是如此;在另外一些情况下也是如此。神奇的治疗始终是超自然主义的专利,科学家认为它们是想象的虚构,因而不予理睬。然而,科学家在催眠术方面所受的教育太迟缓,他们新近掌握了统觉群(apperceiving mass),可以用来处理这类现象,因此,他现在允许这类治疗存在,条件是你必须明白地把它称作"暗示"(suggestion)的结果。根据这种说法,即使是圣方济各会员手脚上的圣疤也不是无稽之谈。同样,人们自古以来就相信的鬼魂附体现象,现在也被科学家视为事实了,只不过被命名为"癔病性的鬼魂附体"[hystero-demonopathy,《心理学原理》提到这个词,*Works*,note to 223. 38。——译者],源发于幻觉。没有任何人能够预见由科学新包装将鬼附现象合法化究竟能够走多远——甚至"预言"(prophecy)、"悬浮"(levitation)等都可以偷偷进入这一范围。

因此,科学事实与宗教事实的分离,不一定就像直观那样是永恒的,世界的人格主义和浪漫主义等在原始思维中显而易见的东西,也不一定就一去不复返了。总之,人类最终持什么意见,不是现在能够以某种方式预见到的,它也许会向更人格化的类型回归。任何发展之路都是螺旋式的,而不是直线式的。如果是这样,那么科学那种刻板的非人格化的观点,有一天会被视为暂时有用的偏见,而不是有门户之见的科学家目前坚信的那种能够获得全面胜利的见解。

现在你们明白了，我为什么在我的这些演讲中那么强调个性，为什么试图恢复宗教的情感因素，而将理智因素置于次要地位。个性植根于情感；要在世界中把握正在生成的真实事实，直接感知事件是如何发生的，功效是如何做成的，只能深入情感的幽深之处，即更隐秘、更盲目的性格层面。① 这个领域是个人的活生生的情感世界，相比之下，理智观想的那个普遍对象的世界，则没有坚实的基础，没有生命。就像在立体镜或放映机外观看胶片，第三维空间、运动、生命成分等等，统统没有了。我们看到的外观美丽的火车本应是运动的，但是，正如我的一位朋友所说，在图片上，哪有什么动力或每小时五十英里的速度呢？②

---

① 休谟的批判从物理对象的世界中排除了因果关系，根据共存关系的变化，科学绝对满足确定的原因，读读马赫（Mach）、皮尔森（Pearson）和奥斯特瓦尔德（Ostwald）的著作就可以清楚地看到这一点。因果关系概念的"发端"（original）在我们内部人格的经验，只有在那里，我们才能够观察到并描述出因果关系。

② 当我在宗教文章中看到这样的表述——"我们在上帝那里能够说出的最好的东西，上帝是不可避免的推论结果"，我认为，这一倾向使宗教在理智的层面上蒸发掉了。殉教者在火焰中，会为一个纯粹的逻辑结论（尽管这也许是不可避免的）而放声讴歌吗？宗教师级的宗教徒，如圣方济各（Saint Francis）、路德（Luther）、波墨（Behmen）等，通常都反对理智擅自干预宗教事务。理智侵入哪里，哪里就呈现出浅薄的迹象。看看博恩[Bowne（1847—1910），美国哲学家。——译者]教授之类的哲学家所写的奇特、合理的小册子，如《基督教启示录》（The Christian Revelation）、《基督徒的生活》（The Christian Life）、《赎罪》（The Atonement，Cincinnati and New York，1898，1899，1900）等，就会看到卫斯理公会派的古典精神是如何消解的。也可以看看哲学严格的、积极的排他性目的。

范切洛特在他的《宗教》[M. Vacherot（1809—1897），法国哲学家，著有《宗教》（La Religion，Paris，1869，pp. 313，436）。——译者]一书中写道："宗教是对临时状态和状况的回答，不是对人性永恒的确定性的回答，它仅仅表现了人的心灵受想象支配的状态……基督教财产只有惟一的继承人，这就是科学哲学。"

里博（Ribot）教授在《情操心理学》（Psychologie des Sentiments，p. 310）中，以更激进的倾向描述了宗教的蒸发过程。他把它概括为一个公式，合理的理智要素日益占优

　　因此,我们应该承认,既然宗教关心个人的命运,并始终涉及
493 我们所知道的惟一绝对的实在,它必定在人类历史上有着永恒的
作用。下一步需要解决的问题是:宗教对个人的命运揭示了什么,
或者,它是否确实清楚地揭示了什么,足以看作是对人类的普遍信
息? 正如你们看到的,初步工作已经完成;现在,我们开始进行最
后的总结。

　　我充分意识到,经过引证那些惊心动魄的文件,经过透视前此
演讲展开的那些激发情绪的制度和信念,我现在提出的干巴巴的
分析,在你们许多人看来,非但不增加原来的兴趣和结果,反而似
乎急转直下,一落千丈,将这个题目削得越来越小,压得越来越平。
我前不久说过,在天主教徒的想象中,新教徒的宗教态度似乎浑身
494 渗透着穷酸相。或许在你们一些人眼里,我对这个题目的最后总
结恐怕还要穷酸。因此,我现在请你们记住,在这一部分,我特地
将宗教化约到可为人们承认的最低程度,即最低量,它摆除个人的

势,激情的因素逐渐消退,理智的情感把激情的因素吸收掉。"严格说来,所谓宗教情
操没有什么东西能够残存下来,最终剩下的,只是对于不可知的 X 的模糊观念,这个不
可知的 X 是恐惧的最后遗迹,也受某种理想的吸引,后者是爱的遗迹,是宗教发展的较
早时期的特征。简言之,宗教倾向于变成宗教哲学。在心理学上,这是完全不同的东
西,一个是推理的理论构架,另一个是一群人,或者一个伟大的、受灵的领导者的生存
活动,使人的全部思想、情感和组织运作起来。"

　　鲍德温(Baldwin)教授在《心理的发展、社会和伦理解释》[*Mental Development,
Social and Ethical Interpretations*, New York: Macmillan, 1897, chap. X, pp. 405—
446。——译者]一书中,马塞尔[H. R. Marshall(1852—1927),美国建筑学家、作
家。——译者]在《本能和理性》(*Instinct and Reason*, chaps. Viii. To xii)[书的全称是
*An Essay Concering the Relation of Instinct to Reason, with Some Special Study of
the Nature of Religion*, New York: Macmillan, 1898。——译者]一书中,都企图把宗
教视为一种纯粹"保守的社会力量",我发现,他们同样不认为,宗教的中心点在个人
之中。

附加物,为一切宗教所包含,并作为核心,而且,一切宗教徒都寄希望于它。假如这一点成立,我们就应该有一个结果,尽管微小,但至少是实实在在的结果;在它的上面和周围,每个人都可以试着嫁接自己的更苗壮的信仰,让它们按照你们的意愿,开放出鲜艳的花朵。我要加上我的额外信念(我承认,它多少有点儿苍白无力,倒便宜了批评的哲学家),也希望你们加上自己的额外信念,用不了多久,我们又会进入五彩缤纷的世界,看到具体的宗教景观。此刻,让我以干巴的形式展开我们的分析任务。

思想和情感是支配行为的决定因素,同一个行为,或者出于情感,或者出于思想。我们考察整个宗教领域,发现流行其中的思想种类繁多,五花八门;但是,情感与行为却几乎总是相同的;斯多亚派、基督教以及佛教圣徒的生活,实际上难以分别。宗教所产生的理论千差万别,但都是次生的。如果你想把握宗教的本质,必须依靠情感与行为,因为它们是更恒久的因素。在两种因素之间,有一捷径,宗教就在这上面开展自己的主要事务;而观念、符号以及其他制度,则构成环路,可以不断地加以完善和改进,甚至某一天,统统整合成一个和谐的系统,但是,绝不能认为它们是宗教的重要机体,具有必不可少的功用,为一切宗教生活所必须。我以为,这似乎是从我们前边检讨的现象中应该得出的第一个结论。 *495*

第二步是描述情感的特征。它们属于哪类心理?

总而言之,情感的综合结果就是康德所谓的"亢奋"感情,一种愉快的、扩张的、"发自本能的"激动,像任何兴奋剂一样,增强我们的生命力。几乎在我的每次演讲中,尤其是论皈依和圣徒性的那几次演讲,可以看到这种情绪如何克服忧郁的性情,增强主体的忍耐力,或者,如何使生活的普通事物变得具有趣味、意义、魅力及荣耀。[①] 柳巴教授(Leuba)把这种情绪叫作"信仰状态",是一个很好的名称。[②] 这不仅是心理状况,也是生物状况。托尔斯泰把信仰划归人们生活所信赖的力量,是十分精确的。[③] 完全没有信仰,即快感丧失症,[④]就是崩溃。

信仰状态或许只含一丁点儿的理智内容。这样的例子见于突然感觉神灵临现的那种狂喜状态,或者像柏克描述的那种神秘力量的侵袭。[⑤] 也许,它只是一种模糊的、半精神半生理的热情,一种勇气,一种伟大而神奇之物即在空中的感受。[⑥]

然而,如果有积极的理智内容与信仰状态相联系,那么,它将 496

---

① 例如,参见第 200、215、219、222、244—250、270—273 页[原书页码]。

② 《美国心理学杂志》(*American Journal of Psychology*),vii. 345.

③ 同上,第 181 页。

④ 同上,第 143 页。

⑤ 同上,第 391 页。

⑥ 例如,佩利威[Henri Perreyve(1831—1865),法国神甫。——译者]写给格拉特里(Gratry)的信中说:"我不知道如何应付你今天早晨在我心中引起的快乐。它使我十分感动;我想做点什么,我又不能做什么,没有什么事情适合做的……我也许只得做大事。"此外,在一次受到感动的会面之后,他写道:"我返回家中,陶醉在喜悦、希望和力量之中。我想要独自品味我的幸福,远离人群。天晚了;但是,我没有在意,我沿着山间小路,像疯子般地继续走着,只管仰头看看天宇,不看地面。骤然间,本能使我急忙退步抽身——我正站在绝壁边缘,再多走一步,我就会坠落山崖。我害怕了,放弃了我的夜晚漫游。"(A. Gratry: *Henri Perreyve*, London, 1872, pp. 92, 89)惠特曼的一些诗句,也表达了信仰状态中,模糊的、膨胀的冲动,对方向感有更强的支配(见《草叶集》,*Leaves of Grass*, 1872, p. 190):"噢,面对夜晚、风暴、饥饿、嘲笑、意外、挫折,要像树木与动物一般……/亲爱的同伴,我承认,我一直鞭策你与我同行,现在,我依然鞭策你,却不知道我们预定的目标是什么,/我们将是胜利者,还是最终被镇压,被打败?"

准备应对大事,觉得世界因它而重要,而奇妙等等,是非常容易产生的心态,它似乎是更高级信仰未分化的种子。对我们自己的抱负梦想充满信心,或者相信我们国家扩张的命运,信仰上帝的神道,所有这一切,都是从我们那种乐观的冲动中奔流出来的,我们对于乐观冲动的感受,恐怕要比实际上可能拥有的强烈得多。

根深蒂固地铭刻在信念上面,①这可以解释,尽管各地宗教徒的教
义大相径庭,他们为什么还那么热烈地笃信其中的细枝末节。如
果将教义与信仰状态结合,形成"宗教",并把它们看作纯粹的主观
现象,不考虑它们的"真理"问题,我们就必须将它们归入人类最重
要的生物功能,因为它们对人的行动和耐力产生非凡的影响。它
们的刺激和麻醉效果那么强烈,以至于柳巴教授在新近的一篇论
文里说,②只要人们能够使用他们的上帝,至于上帝到底是谁,甚
至上帝究竟存在与否,他们都不在乎。柳巴说:"问题实际上可以
这么提出:上帝不是被认识,也不是被理解,而是被使用——有时
当作肉食的供应人,有时作为道德的支持,有时成为朋友,有时则
成为爱的对象。假如上帝证明自己是有用的,宗教意识也就别无
他求了。至于上帝真的存在吗?上帝如何存在?上帝是什么?都
是一些无关紧要的问题。归根结底,宗教的目的不是上帝,而是生
活,更多的生活,更广阔、更丰富、更满意的生活。无论在哪一个发
展层面上,热爱生活就是宗教的冲动。"③

497

---

① 参阅柳巴《美国心理学杂志》(*American Journal of Psychology*)的文章,第
346—349 页。

② "宗教意识的内容"(The Contents of Religious Consciousness),见《一元论者》
(*The Monist*, xi. 536, July 1901)。

③ 《美国心理学杂志》,第 571,572 页,有节略。也可参见作者对于宗教主要解决
世界在理智上的神秘的思想所作的十分正确的批评。可与本德[W. Bender(1845—
1901),德国神学家。——译者]在《宗教体验》(*Wesen der Religion*, Bonn, 1888, pp. 85,
38)中的论述相对比:"宗教并不是关于上帝的问题,也不是探讨世界的起源和目的问
题,而是关于人的问题。一切宗教对生活的态度都是人类学的。""宗教是人类在自我
保存激励下的人类活动,当人类感到自己的力量已经用尽时,凭借这种活动,可以自由
地把自己提升到世界有序的力量和支配力量的高度,以反抗世界的压力,从而达到最
根本的生活目的。"全书几乎是这句话的扩充。

　　因此,从这种纯主观的角度评价,我们必须承认,宗教就某种方式而言是正当的,那些批评者的攻击毫无道理。宗教不是纯粹的落伍和遗俗,而必然发挥着永久的功能,无论有没有理智内容,也无论这个内容(假如有的话)是真是假。

　　下面,我们必须超越纯粹主观的功能,考察一下理智内容本身:

　　第一,在千差万别的教义中,到底有没有一个共同的内核,得到它们的一致证明?

　　第二,我们是否应该将这种证明看作真实的?

　　我先讲第一个问题,并立刻给予肯定的回答。不同宗教的神灵和信条的确互相冲突,此消彼长,但是,仍然存在某种一致意见,似乎为一切宗教所赞同。它包括两个部分:

　　1.不安;

　　以及

　　2.不安的解决。

　　用最简单的话说,

　　1.不安就是觉得我们的自然状态有什么"不对劲"。

　　2.不安的解决就是觉得与更崇高的力量进行真正的接触之后,我们的不对劲消除了。

　　在我们专门研究的心性发达者那里,不对劲具有道德性质,救赎则带有神秘色彩,我以为,若让我们始终局限于能为所有这种人共同接受的范围,恐怕必须这样阐述他们的宗教经验的本质:

　　个人觉得不对劲而备受折磨,百般挑剔,所以,总想在某种程度上自觉地摆脱它,至少与某种崇高者进行可能的接触,假如真有这种崇高者存在的话。与不对劲并存的,还有其他的较好部分,即便它可能只是最孤弱的萌芽。在这个阶段,他将哪一部分认作自己的真实存在尚不明朗;但是,到了第二阶段(解决阶段或救赎阶段),[①]这个人就将萌芽状态的崇高部分认作自己的真我。具体方式如下:他意识到,这个崇高部分是与同一性质的"还有"(MORE)毗邻相继的,"还有"在他之外的宇宙运作,他可以与"还有"保持有效的接触,当他的低劣部分在海难中崩溃时,他可以依某种方式搭乘"还有"的船,使自己得救。

我以为,用这些简洁的概括,就可以将所有宗教现象精确地描述出来。[②] 它们涉及分裂的自我及其斗争;包括个人中心的改变与低劣自我的投降;表明出手襄助的力量似乎来自外部,说明我们与它会合的感受;[③]而且,它们证明我们的安全感和快乐感是正当的。我所引录的自传文件中,恐怕没有一例不适于这种描述。人们只需补充特殊的细节,使其适合各种神学和各种个人气质,就可以将各种经验用个体的形式复现出来。

然而,就目前的分析而言,这些经验只是心理现象。它确实具有重大的生物价值。一个人有了这种经验,就会现实地增强其精

---

① 请记住,对于某些人来说,它是骤然间达到的,对于另外一些人来说,则是循序渐进的,还有一些人则一生享有它。

② 实际困难是:(1)"认识"一个人更高部分的"实在性";(2)把一个人的自我与更高部分充分结合起来;(3)把它与理想存在的其余部分结合起来。

③ 当神秘主义的活动达到最高点时,我们发现我们拥有某种意识,它超过自我,又与自我同一:伟大到足以成为上帝;内在到足以成为我。在那种情况下,它的"对象性"应该被称作超越性,或者更确切地说是优越性。雷塞热(Récéjac):《神秘意识的基础》(*Essai sur les fondements de la conscience mystique*,1897,p. 46)。

神力量,开始一种新的生活。在他看来,这些经验似乎是两种宇宙力量汇合的场所;尽管产生了结果,但是,这也许只是他主观感受事物的方式,是他自己的一种幻想。现在我谈第二个问题:这些经验内容的客观"真理"是什么?①

与真理问题关系最密切的内容,是那个"同一性质的还有(MORE)",我们自己的崇高自我似乎在经验中与之形成和谐而有效的关系。问题在于:这种"还有"纯属我们的观念,还是真实的存在?假如是真实的存在,它以什么方式存在?它是否既存在又行为?宗教天才极为相信的那种与"还有"的"会合"(union),我们应以什么形式设想呢?

正是在回答这些问题的过程中,各种神学展开了它们的理论工作,而且,分歧也最为明显。它们都同意,"还有"实在地存在着,但是,有些神学认为,"还有"是一位神或多位神,另一些则认为,"还有"是潜藏于世界永恒结构中的理想趋势。另外,它们也都同意,"还有"不仅存在,而且行为,当你把生命交付于它的手中,确实产生某种实在的效果,使你的境况改善。只是在涉及"会合"的经验时,它们理论的差异才显示出来。关于这一点,泛神论与有神论,自然与二次生,修为、恩典与羯磨(karma),灵魂不朽与转世(reincarnation),理性主义与神秘主义,正进行着永无休止的争论。

我在"哲学"那一讲的结尾,曾经提出:不偏不倚的宗教科学,或许能够从各类神学中提取某种共同的学说,用物理科学不反对的方

---

① "真理"一词在这里意指纯粹的生活价值之外的某种东西,虽然人的自然倾向使人相信,任何对人生有重大价值的东西,都被证明为真。

式表述出来。我还说,宗教科学可以将它作为自己调和的假设,并推举它作为普遍信念。我在这一讲,仍旧试图建立这种假设。[①]

　　现在,进行尝试的时间到了。凡说"假设"者,当然放弃了强迫他人接受自己论证的野心。因此,我所能做的,至多不过是呈献一个假设,可以很容易地贴近事实,使你们的科学逻辑找不到任何貌似合理的托词,免得你们用它否认自己曾有内心的冲动,愿意承认这个假设为真实的。

　　我们的所谓"还有"以及我们与之"会合"的意义,构成了我们探究的核心。这些话可能转化成什么确定的描述?它们代表什么确定事实?恐怕我们绝不能冒昧地站在某种特殊的神学立场上,例如,基督教神学径直把"还有"定义为耶和华,把"会合"定义为他将基督的正义赋予我们。那么做对其他宗教是不公平的,况且,至少从我们目前的立场看,那是一种额外信仰。

　　我们必须从较少特殊化的方式开始。并且,宗教科学的职责之一是使宗教与科学的其他部分保持联系,因此,我们最好首先寻求一种描述"还有"的方式,让心理学家也承认它是实在的。今天,潜意识的自我(subconscious self)已是公认的心理实存;我相信,它正是我们所需要的中介(mediating term)。撇开宗教的考虑不论,从现实出发,我们的整个灵魂的生活比我们任何时候所意识到的还要多(more)。尽管对意识边缘场的探索至今尚未认真展开,但是,迈尔斯先生在 1892 年曾发表文章讨论过"阈下意识"

501

502

---

① 　见前文,第 445 页[原书页码]以下。

(Subliminal Consciousness),[①]他的话那时是正确的,现在依然正确。他说:"我们每个人实际上是一个持续的心理实存,比他所知道的要广阔得多——是绝不可能完全透过肉体现象加以表现的个体。自我透过机体表现出来;但是,总有某些部分不表现;而且,机体的某种表现力似乎总是有所间歇或保留。"[②]明显地将我们的意识生活衬托出来的这个广大背景,其内容大多是微不足道的。残缺不完的记忆、无聊的节奏、压抑而成的羞怯以及迈尔斯所谓的各种"零散"现象,占了其中大部分。但是,许多天才的创作,似乎也起源于此;并且,我们在研究皈依、神秘经验,以及祈祷时已经看到,来自这个领域的侵袭在宗教生活中起了多么显著的影响。

　　于是,我提出一个假设:我们在宗教经验中感觉接触到的"还有",无论它那更遥远的方面是什么,在更高的方面,就是我们的意识生活向潜意识延续。我们将一个公认的心理事实作为基础,并以此为出发点,似乎保持了与"科学"的接触——这正是普通神学家所缺乏的。同时,又可以证明神学家的主张,即宗教徒为外部力量所驱动,因为以客观现象的形式出现,向主体暗示一种外来的控

---

　　① 《心理学研究会会刊》对迈尔斯观念的充分阐述,我参考了他身后的作品《近期研究成果展示的人格观》,朗曼一格林公司已经宣布,这部著作正在付印之中。迈尔斯率先探讨在全部意识过程中运作的潜意识区域,把它当作一般心理学问题研究,并且阐述了这个结构中第一个有方法的步骤,他把自然系列当作一堆潜在的事实(迄今为止,这些事实只被作为稀奇的、孤立的事实),并且为它们系统命名。只有沿着迈尔斯开辟的道路继续前进的人,才能看到这一探索究竟有多么重要。也可以参阅我的论文"迈尔斯对心理学的贡献"("Frederic Myers's Services", *Proceedings of the Society for Psychical Research*, part xlii. , May, 1901)。

　　② 参见本书第472—474页的内容,也可参见第228—231,235—236页[原书页码]中潜意识自我的相关内容。

制,正是潜意识领域侵袭作用的一个显著特点。在宗教生活中,这种控制被感受为"更高"(higher);但是,按我们的假设,控制者主要是我们自己潜伏于心灵的高级能力,因此,我们与外在力量的会合感的确是对某种东西的感受,不仅貌似真实,而且实际上也真实。

在我看来,这个切入主题的门径是宗教科学的最好门径,因为它介于各种不同的观点之间。不过,它只是一个门径,我们一旦进入大门,询问那个引导我们奔向遥远彼岸的边缘意识,究竟能把我们带多远,困难就接踵而至。这时,额外信念登场:神秘主义、皈依的极乐状态、吠檀多派以及先验唯心主义等,便提出它们的一元论解释,[①]告诉我们有限的自我重返绝对的自我,因为有限的自我原本始终与上帝合一,而且与世界灵魂同一。[②] 在这儿,不同宗教的

504

---

① 参阅本书第 410 页[原书页码]以下。

② 再多引一些对于这一信仰的表达,以便使读者更熟悉这一信仰的内容:

"如果这间房子几千年来一直沉浸在黑暗之中,你进入了房子,在里面大声哭喊,'噢,太黑暗了',黑暗会消失吗? 划根火柴,带来光明,光明只是瞬间的。你一生都会思考,'噢,我做什么孽了,我犯了多少错误'? 不需要幽灵告诉我这一切。拿来光明,邪恶即刻离去。加强自然本性,培养你自己,在你所见到的每个人中,唤起辉煌的、灿烂的、永远纯洁的东西。我希望,我们中的每个人都进入这种状态,即使当我们看到人类的恶俗时,我们也能在其中看到上帝,而不是看到谴责,我们说:'起来,光明的你,起来,永远纯洁的你,起来,永生的、不死的你,起来,全能的你,显现你的本质'……这是不二论教给我们的最高祈祷。这是一种祈祷:记住我们的本性。"……"人们为什么要出来寻找上帝? 是你的心在跳动,你不知道,误以为这是外在的东西。他,近中之最近者,我的自我,我自己生命的现实,我的肉体和我的灵魂。——我是你,你是我。这就是你自己的本质。维护它、显现它。不用变成纯洁的,你已经是纯洁的了。你不用变成完善的,你已经是完善的了。你思考或者依照的每个善念只是撕开了面纱,纯洁性、无限性,以及它们背后的上帝都显现出来,它是一切事物永恒的主题,是宇宙和你的自我的永恒的证明。知识仿佛是较低的层次,是一种退化。我们已经是知识了;我们如何知道知识?"[辨喜(Vivekanada):《演讲》(Addresses, No. XII.)之"实用的吠檀多"(Practical Vedanta, part iv. Pp. 172, 174, London, 1897);《演讲集:真实的人和外在的人》(Lectures, The Real and the Apparent Man, p. 24),有节略。]

先知们纷纷拿出他们的异象、天语、极乐状态,以及其他"开豁",每个人都认为它们证实了自己的特殊信仰。

我们有些人并不偏好任何特殊的启示,必然完全站在局外,而且,至少此时此刻,必然断定,他们证实的神学学说彼此互不相容,因而互相抵消了,不会有任何确定的结果。如果我们追随其中的一个,或者,如果我们信奉哲学理论,在非神秘主义的基础上推崇一元的泛神论,那么,我们无非是行使自己的个人自由,用最适合我们个人感情的方式"营造"我们的宗教。在这些感情中,理智的情感起了决定作用。尽管宗教问题主要是生活问题,即是否依存于给我们恩赐的那个崇高会合;但是,只有接触到使个人深受感动的某些特殊的理智信念或观念,才能振奋他的精神,使他觉得"恩赐是实在的"。[①] 因此,这些观念对那个人的宗教来说,是本质因素;这等于说,各种额外信念绝对必不可少,我们对它们应该采取爱护和宽容的态度,只要它们能够容忍自己。我在其他地方

----

① 例如,一个妇女从出生就受到基督教思想的熏陶,但是,她必须等待,直到拯救经验到来之时,他们把她的观念变成唯灵论的公式:

"我能够对自己说,唯灵论拯救了我。在我的生活处在十字路口的时候,它给我启示,没有它,我就不知道我应该做些什么。它教导我与世俗事物分离,满怀希望地憧憬未来事物。通过唯灵论,我学会了把所有的人,甚至是十恶不赦的罪犯,使我饱受痛苦的人看作未长成的兄弟,我有责任帮助他们、爱他们、宽恕他们。我懂得了我必须制怒,不藐视任何人,为所有的人祈祷。最重要的是,我学会了祈祷! 在这一领域,尽管我还有许多东西需要学习,但是,祈祷使人变得更有力量、更有慰藉、更舒适。我甚至觉得,我在这方面还有很长的路要走;但是,这漫长的路并没有使我气馁,因为我坚信,那一天终究会到来,那时,我的一切努力都会得到应有的报偿。所以。唯灵论在我的生活中有很高的地位,事实上,它在我的生活中占据首要位置。"[出自《弗洛诺伊资料集》(Flournoy Collection)。]

说过，①一个人最有趣味、最有价值的东西，通常是他的额外信念。

撤开额外信念，仅仅关注共同的、一般的内容，我们就会看到一个事实：有意识的个人与更广大的自我是连续的，救赎的经验便由那个大我而生。② 这是宗教经验的积极内容，在我看来，它在自己的范围内具有实际的和客观的真实性。假如现在，我们更进一步，就扩大我们的人格界限提出自己的假设，那么，我将提出自己的额外信念，尽管我知道，在有些人看来，我的额外信念似乎不够格。对此，我只能请求宽恕，就像反过来看，我也应该宽恕你们的额外信念一样。

我以为，进一步深入我们存在的边远范围，便进入另一个存在层面，完全不同于可感觉和纯粹"可理解的"世界。我把它叫作神秘领域或超自然领域，你们可以随便选择。我们的理想冲动起源于这个领域（它们大部分确实来源于此，因为我们发现它们以某种方式支配着我们，完全无法用语言表达），就此而言，我们隶属于这个领域，这种隶属的意义比说"我们隶属于可见世界"更直接，因为凡我们理想所隶属的地方，这种隶属的意义是最直接的。但是，这里的看不见的世界不单纯是理想的，因为它在现世中产生结果。当我们与看不见的无形世界交感时，有某种效应现实地作用于我们的有限人格，我们变成了新人，并随着我们更生的变化，自然界

506

---

① 詹姆士的论文"什么使生活有意义"（What Makes a Life Significant, included in *Talks to Teachers*, *Works*）。——译者

② "圣灵（常常被绝妙地称作安慰者［the Comforter］）的影响是实际经验问题，就像电磁现象一样是坚实的实在"。（W. C. Brownell, *Scribner's Magazine*, vol. Xxx. p. 112）

507 里的行为方式也发生变化。① 然而，凡产生了另一种实在效果的，自身也必然称作实在，因此，我们似乎没有任何哲学的理由，把看不见的或神秘的世界叫作非实在。

上帝是最高实在的自然称号，至少我们基督徒这么看，所以，我用上帝之名称呼宇宙的崇高部分。② 我们与上帝之间有事务往来；当我们打开门户，接受上帝的影响时，我们最深切的命运就得到满足。我们的个人存在构成宇宙的一部分，因此，按照我们每个人满足还是逃避上帝的要求，宇宙也在一定程度上变得更好或更坏。在这一点上，你们大概同意我的观点，因为我只是把所谓人类的本能信仰翻译成概括的语言：上帝产生了实在的结果，所以上帝是实在的。

至此，我所承认的实在效果，都发生于不同主体的个人能量中

---

① 敞开我们自己的程序，所谓祈祷，对于某些人来说，是完全确定的事，这一点在前面的演讲中已经充分显现出来。为了加深读者的印象，我再举另一个实例：

"人们能够学会超越这些[有限思想的]界限，随意汲取力量和智慧……神的临在是通过经验被人们意识到的。转向更高层面，是意识独特的行为。它不是一种模糊的、幽暗的或半意识的经验。它不是一种狂喜；不是一种恍惚。不是吠檀多（Vedantic）意义上的超意识。它不是由于自我催眠，完全是平静的、稳健的、无疵的、合理的、常识的将意识从感觉—知觉现象，移动到未卜先知的现象，从自我的思想移动到一个不同的、更高的层次……例如，如果较低层次的自我是神经质的、焦虑的、紧张的，一个人能够在很短的时间内让他平静下来。这不是一句话就可以做到的。我再说一句，它不是催眠术，而是凭借力量的运作。一个人会感觉到平和的精神，就像他能够在夏日感受到灼热一样确定。力量肯定是有用的，就像太阳的光线能够聚焦，发挥作用，点燃木材一样。"（《更高的法则》*The Higher Law*, vol. iv pp. 4, 6, Boston, August, 1901）

② 超验主义者（transcendentalists）喜欢用超灵（Over-Soul），但是，他们在理智主义的意义上使用它，把它作为一个准则，具有交流媒介的意义。"上帝"是动力因，也是交流的媒介，我希望强调这一点。[爱默生有一篇论文，题目是"超灵"（Over-Soul），《文集》（*Essays*）第一系列。——译者]

心，但是，大多数主体却产生自发的信仰，相信实际效果波及更为
广阔的范围。大多宗教徒相信（或"知道"，如果他们是神秘主义者
的话），不仅他们自己，而且包括与上帝照面的所有存在，都安安稳
稳地攥在上帝慈爱的手掌里。他们确信，尽管有地狱之门以及世
上一切丑恶的现象，但是，有一种意义，有一个层面，其中，我们全
数得救。上帝的存在是理想秩序的保证，将使其永远得以保存。
固然，正如科学郑重宣布的，这个世界总有一天要烧毁，或冻结，但
是，假如世界是上帝秩序的一部分，那么，古老的理想必定会在其
他地方开花结果。所以，只要有上帝存在的地方，悲剧都是暂时
的、局部的，毁灭与崩溃并非绝对的结局。只有我们对上帝的信仰
再走这么一步，只有预言更加遥远的客观效果时，宗教似乎才完全
摆脱最初的那种直接的主观经验，才作为一个真正的假设充分发
挥作用。科学的假设除了直接提出来解释的现象，必然还有其他
属性，否则，不会结出丰硕的果实。"上帝"如果仅仅指宗教徒在会
合经验中感受的内容，将不会成为用途广泛的假设。上帝必须进
入更广阔的宇宙关系，才能证实信仰者的绝对自信和绝对平和是
正当的。

　　这个上帝——我们从自己的边缘自我这边出发，在遥远的外
缘与其交接——应该是世界的绝对统治者：这当然是相当分量的
额外信念。尽管是额外信念，却几乎是每个人的宗教必不可少的
信条。我们很多人自以为是，总想寻求某种方式用哲学支撑它，殊
不知，哲学本身恰恰是由这个信仰支撑的。我的意思不过是说，当
宗教最充分地发挥自己的功能时，它不仅仅是阐明别处已经给予
的事实，也不纯粹是爱一样的激情，用乐观的态度观看事物。宗教

确有这方面的功能,我们前边已经屡屡见到。但是,宗教不止于此,也就是说,宗教同样也是新事实的假设者。再说一遍,宗教解释的世界不是唯物主义的世界,只具有变化的面容,除了变化的面容之外,它必然还有一种自然构造,这一点与唯物主义的世界大相径庭。正因为这样,人们才能在其中预期不同的事件,才必然需要采取不同的行为。

　　这种彻头彻尾的"实用主义"宗教观,通常被普通人看作理所当然的事情。他们将神迹插入自然领域,他们建立了死后复往的天堂。只有先验主义的形而上学家才认为无须为自然增减任何具体细节,只需简单地把它叫作绝对精神的表现,你就可以使它更神圣,使它保持本来面目。我相信,实用主义对待宗教的方法更深刻。它不仅赋予宗教以灵魂,也赋予它肉体,它使宗教像任何实在事物那样,宣布某个特定的事实领域是自己独有的。除了信仰状态和祈祷状态中能量的现实流入,我不知道那种独特的神圣事实是什么。不过,我愿意冒险提出个人的额外信念,即这种神圣的事实存在。我接受的全部教育说服我相信,我们现有的意识世界只是许多意识世界中的一个,其他世界包含的一些经验必然对我们的生活也有意义;而且,虽然大体上看,那些世界的经验与这个世界的经验是分离的,但在某些点上,两者是连续的,更高的能量渗透另一个。我是在极有限的程度上忠于这个额外信念的,所以我自己以为,我能够保持更清醒、更诚实的态度。当然,我可以让自己采取某些科学家的门户之见,热情地畅想,那个包含感觉、科学定律以及客观对象的世界或许就是一切。然而,每当我这样想时,就碰见克利福德曾经写到的那个内心的忠告者,他低声说:"胡扯!"谎言就是谎言,即便它打着科学的旗号,况且,我从客观的立场看,人类经验的整个状况,都是以不可抗拒的力量逼迫我超越这个狭窄的"科学"界限。毫无疑问,实在的世界具有不同的气质,构造更为精致复杂,已经超出物理科学的想象。因此,我客观的良心和主观的良心都让我坚持我所表达的额外信念。有谁知道,个人在尘世间信奉他们自己微末的额外信念,是否是现实地帮助上帝更有效地进行他的伟大工作呢?

510

后　　记

　　我写结论一讲时,必须力求简明,因此,只能大略谈谈我的一般哲学立场,恐怕一些读者难以理解。所以,我加上这个后记,也是尽量简短,或许只能弥补一点点缺陷。我在以后的另一部著作里,也许能够展开谈论我的立场,因而可能更清楚。

　　在这种领域,所有可能的态度和性情早已见于文献,任何新作者都可以立即划归人们熟悉的类别,因此,别指望这里会有什么创举。假如把一切思想家分为自然主义者与超自然主义者,毫无疑问,我必然随同大多数哲学家,一并归入超自然主义者一类。但是,有两种超自然主义:粗糙的超自然主义与精致的超自然主义。现在的哲学家,大部分属于后者。他们如果不是标准的先验唯心主义者,至少趋同康德的方向,筛出理想的实体,不让它们在因果关系上干扰现象界的进展过程。精致的超自然主义是普遍的(universalistic)超自然主义;而粗糙的超自然主义,或许用"零碎的"(piecemeal)名称更合适。零碎的超自然主义总与古老的神学相伴随,据说,这些神学今天仅仅流行于那些没有文化的人群,或者,为极少数不识时务的教授所坚持,他们至今仍然主张已被康德推翻的二元论。这种超自然主义容许神迹和神意,并且发现,那些按照因果关系决定现实世界细节的力量,可以为理想世界的因素所影响,因此,可以将理想世界与现实世界混在一起,并无任何理智的困难。精致的超自然主义者认为,这将混淆了不同层面的存在。在他们看来,理想世界没有动因,绝不可能在特殊地点闯入现象世界。他们认为,理想世界不是事实的世界,而是事实意义的世界;是判断事实的一种观察点。它属于另一种"学"(-ology),栖居在另一个层面,完全不同于存在命题活动的层面。它不可能屈尊于经验的低水平,像有些人(例如,相信神灵以佐助应答祈祷的人)认为的那样,零星地渗入自然各部分的缝隙。

　　虽然我既不能接受通俗的基督教,也不能接受经院的有神论,但是我相信,通过与理想世界交感,新的力量进入尘世,并在这里形成新的起点。我想,这种信念将把我归入零碎的或粗糙的超自然主义者。[①] 在我看来,普遍的超自然主义太容易向自然主义投降了。它把物理-科学的事实当作票面价值,而像自然主义那样,将人生律法丢弃不管,万一产生恶劣的结果,[②]根本没有补救的希望。它只局限于对人生整体发表意见,可能有赞美,也可能有崇拜,但根本没有必要,系统的厌世主义存在这个事实就是证明。若用这种普遍的方法对待理想世界,实践宗教的本质恐怕统统蒸发掉了。我发现,无论出于本能还是出于逻辑的理由,很难相信有什

右边页码标注:511、512

---

　　① 詹姆士把他的彻底经验主义与狄克的缩头(Dyak's shrunken head)相比较时,阐述了同样的见解;参见《彻底经验主义文集》(*Works*, p. 24)。——译者

　　② 詹姆士对这一段的评论可参见 1905 年 7 月 10 日他给阿鲍兹(Abauzit)的信。

么原则存在却没有造成事实的差异。① 然而，一切事实都是特殊
的事实，我以为，上帝存在问题的全部意义，就在于可以期望这种
存在对特殊的事件产生影响。假如有上帝存在，其结果却没有任
何具体的特殊经验改变面目，在我看来，这个命题显然不可信。但
是，这似乎正是精致的超自然主义坚持的命题（无论如何，是暗含
其中的）。它声称：绝对只与整体经验保持关系。绝对不会屈尊与
细枝末节做交易。

　　我不熟悉佛教，谈论它难免出错，完全是为了更好地阐述我的
一般观点。如果按照我所领会的佛教羯摩论，原则上我同意它。
所有的超自然主义者都承认，事实要为更高的法则所判断。但是，
对于我所理解的佛教，对于尚未被先验主义的形而上学削弱的一
般宗教，这里所谓的"判断"，并非吠檀多或近代绝对主义系统的意
思，即纯粹学院式的裁决或柏拉图式的鉴别。相反，它连带着执
行，不仅在事后，而且也在事中，作为整个事实的部分因素产生"因
果"效用。用其他方式看，宇宙变成了单纯的灵知（gnosticism）。②

---

　　① 当然，先验唯心主义坚持认为，他的理想世界导致事实存在这种差异。因为我
们拥有绝对存在，我们才拥有事实世界。事实"世界"！——这就是麻烦所在。一个完
全的世界是最小单位，绝对存在能够在其中运作；在我们有限的心灵看来，运作最好在
现世中进行，在一些特定的点上进行。我们的难题和理想都是零零碎碎的事物，而绝
对存在不会为我们打点零碎；因此，我们贫乏的灵魂计划的一切利益，在他们的头脑中
萌生得太迟了。我们应该更早一点说，在这个世界诞生之前，确实地为另一个世界祈
祷。我听一位朋友说，他看到一个盲点，基督教思想最终会进入这个盲点，上帝不能替
我们扛任何东西，不能帮助我们解除任何个人的负担，他站在我们一边，也与我们的敌
人为伍，这实在是太奇怪了。从大卫《诗篇》中的上帝进化到现在的样子，确实奇特得
很！

　　② 参见我的论文《信仰的意志》（*Will to Believe*）和其他关于大众哲学的相关论
文 1897，第 165 页。

然而,判断与执行结合在一起的观点,正是粗糙的超自然主义的思 513
维方法,因此,从总体上看,本书必须与这种信条的其他表现同归
一类。

　　我所以这么直率地表述这个问题,是因为学术界的思想潮流
与我对立,好像一个人如果不想看见门被关上并上锁,就必须赶快
用背顶住那扇敞开的门。尽管对现代流行的理智情趣来说,零碎
的超自然主义惨不忍睹,但是我相信,如果老老实实地考察它,全
面地讨论它的所有形而上学关系,我们就会看到,它是一个能够满
足最大合理要求的假设。这种讨论当然需要计划其他著作。我现
在所说的,足以向哲学界的读者表明我的立场。

　　假如有人问,由于上帝存在而使事实不同究竟发生在什么地
方? 我的回答是:一般我只提出一种假设,即"祈祷交感"(prayer-
ful communion)现象的直接暗示,尤其是有潜意识的某种侵入参
与时。在这些现象中,某个理想之物——从一个意义看,它是我们
自我的一部分;但从另一个意义看,又不是自我——现实地施展影
响,提升我们个人能量的中心,产生其他方式无法产生的更生效
果。如果有一个比我们的日常意识更广阔的存在领域,如果这个
领域有些力量断断续续地作用于我们,如果产生效用的一个条件
是开放"阈下"之门,那么,我们就找到一些理论因素,宗教生活的
现象证明它们是合理的。我深切感受到这些现象的重要性,因此,
我所采取的假设是它们自然暗示出来的。我以为,至少在这些地
方,好像有超世界的能量(假如你愿意,可以称它为上帝),在我们 514
其他经验所隶属的自然界产生直接的效果。

　　我想,在大多数人眼里,有上帝存在而造成的不同的自然"事

实",应当首推人格不朽。事实上,我们人类的大多数以为,宗教的意思除了人格不朽,别无他意。上帝是人格不朽的创造者。谁要是怀疑人格不朽,无须再行审判,就可以判决他是无神论者。我在演讲中没有谈及人格不朽或这方面的信仰,因为在我看来,它似乎是次要之点。假如我们的理想只是因为"永恒"才得以关怀,那么我看不出,我们有什么理由非把关怀的责任攥在自己手里,而不交给别人。我还是同情迫切的冲动,即作为现在的我们自己。这两种冲动都很模糊,又都很高贵,在二者的冲突中,我不知道如何决定。在我看来,这个问题显然有待事实的证明。目前,尚无事实证明"灵魂回归"的现象,尽管我对迈尔斯、霍奇森、希斯洛波①等人的不懈努力极为敬重,并多少为他们的有益结论所影响。因此,我把这个问题搁下,暂不解决,只说这几句话,以免读者生疑,不知道这本书为什么不提人格不朽的问题。

我们感觉自己与之相关的理想力量,即普通人的上帝,为普通人和哲学家赋予了一些形而上学属性。这些属性,我在论哲学那讲中没有给予更多的重视。据假定,上帝理所当然是"惟一的",而且是"无限的"。至于多个有限神灵的观点,几乎无人以为值得考虑,更谈不上支持它了。然而,为了理智的清晰,我觉得有必要指出,根据我们的研究,不能认为宗教经验明确支持无限论的信仰。宗教经验明确证明的惟一东西,是我们能够经验到与更大的某物会合,并在会合中得到我们最高的和平。哲学酷爱统一,神秘主义则有孤意独想的倾向,因此,二者都走向极端,把这个某物等同于

---

① 希斯洛波(Hyslop,1854—1920),美国心理学研究者。——译者

独一无二的上帝,即包罗万象的世界灵魂。大众的意见尊重它们的权威,于是模仿它们所立的榜样。

但是我以为,只要人们相信,在每个人之外,有一个更大的力量与他相连续,并友善地对待他以及他的理想,就足以满足宗教的实际需要和经验。事实所要求的一切,无非是这个力量绝非我们意识的自我,它比我们的自我更广大。只要它大到足以期待它迈出下一步,任何更大的东西都可以。无须是无限的,亦无须是惟一的。甚至可以设想,它不过就是一个更大的、更似神的自我,目前的自我或许只是它的残缺表现,而且,宇宙也可以设想为这种自我的集合,这些自我具有不同程度的包容性,其中并无绝对的统一性。① 于是,我们回到一种多神论②——此时此刻,我不为其辩护,因为我现在惟一的目的,就是在正当的范围里清楚地证明宗教经验。[参照前面第 130 页(原书页码)。]

主张一元观的人将对这种多神论(顺便说一句,多神论一直是真正的平民宗教,现在仍然如此)说:假如没有一个包罗万象的上帝,我们的安全保障就不完善。在绝对中,而且只有在绝对中,一切才得拯救。假如有不同的神存在,每一个都照料自己那部分,我们有些部分恐怕就得不到神的庇护,因此,我们的宗教安慰就不完全。这又回到了我在第 129—131 页所说的,宇宙的某些部分可能完全沉沦,没有任何挽救余地。常识的要求没有一般的哲学或神秘主义那么彻底,能够容忍这个世界部分得救,部分沉沦。通常道

515

① 参见我的英格索尔演讲(Ingersoll Lecture)《论人的不朽》(On Human Im-mortality),Boston and London,1899,其中提到了这一概念。

② 詹姆士对这个问题的讨论可参见《多元宇宙》(Works,p. 140)。——译者

学家的心灵状态认为世界得救是有条件的，即首先成功地让每个个体安分守己。抽象地说，部分的、有条件的得救实际上是人们最熟悉的观念，惟一的困难是决定细节。有些人甚至无私奉献，甘愿自己不得救赎，只要能使他们相信，他们的事业将兴旺发达——当我们的活动激情如火如荼，日益高涨之时，人人都会情愿如此。事实上，我以为，宗教哲学最后必将更认真地考察多元主义的假设，远远超过迄今为止它所采取的态度。无论如何，对实践生活而言，有得救的机缘就足够了。人性之中，没有什么事实比随缘而生的意愿更能反映人性特点了。正如古纳（Edmund Gurney）所说，有无机缘存在导致两种不同的生活：一种基调是万念俱灰，另一种基调是满怀希望。① 不过，所有这些陈述都太过简短，无法令人满意。我只能说，我希望能在另一部书里重新讨论这些问题。

---

① 《第三者》（*Tertium Quid*，1887），第 99 页。也见第 148，149 页。

索　引

（索引中所标页码为原书页码，即本书边码）

中译者鸣谢

本书的翻译最终得以完成,实在仰仗前辈以及许多朋友和同仁的热情帮助。

首先感谢最早将《宗教经验种种》一书译成中文的唐钺先生,尽管先生已仙逝多年。按照原来的计划,此项译事不过是校订唐先生的译作。但由于年代久远,人们的语言习惯发生了很大变化,故决定另起炉灶。尽管如此,唐先生的译作仍然是我翻译过程中的一个基本参照,无论对理解原文的意义,还是对遣词造句,都有极大帮助。我真正体会到站在前人肩上的感受。

还需要感谢我的同事杜小真教授、姚卫群教授、张志刚教授和孙永平教授。我在翻译过程中曾就义理或文字上的一些疑难问题向他们求教,他们给予慷慨而热情的帮助。孙永平教授曾对文中一些拉丁文、法文片断和词句的译法提出宝贵建议,他的渊博知识为译文增辉不少,亦使译者受益匪浅。

还要特别感谢我的妻子杜丽燕。多年来,她不仅给我以生活的支撑、精神的享受和情感的共鸣,而且在学术上亦给予很大帮助。她通读了全书,并提出不少中肯的修改意见。

最后,感谢王成兵教授给予的大力支持,将本译作纳入他主持的社会科学基金重大项目"威廉·詹姆士哲学文集"的出版计划。

商务印书馆的编辑卢明静女士,为编辑此书不辞辛劳,一丝不苟,谨在此致以诚挚的谢意。

尚新建

2024 年 7 月

图书在版编目（CIP）数据

宗教经验种种：人性的研究 / （美）威廉·詹姆士著；尚新建译 .-- 北京：商务印书馆，2024.--（威廉·詹姆士哲学文集）.--ISBN 978-7-100-24455-8

Ⅰ. B920

中国国家版本馆 CIP 数据核字第 20241VB059 号

威廉·詹姆士哲学文集

第 3 卷

宗教经验种种

——人性的研究

〔美〕威廉·詹姆士　著

尚新建　译

商　务　印　书　馆　出　版
（北京王府井大街 36 号　邮政编码 100710）
商　务　印　书　馆　发　行
北京市艺辉印刷有限公司印刷
ISBN 978 - 7 - 100 - 24455 - 8

2024 年 12 月第 1 版　　　开本 850×1168　1/32
2024 年 12 月北京第 1 次印刷　印张 18½　插页 2
定价：93.00 元

威廉·詹姆士哲学文集